# 预付式消费
# 法律问题研究

YUFUSHI XIAOFEI
FALÜWENTI YANJIU

主　编◎时建中
撰稿人◎郜　庆　王煜婷　刘思洁
　　　　童肖安图　马　栋　杨胜男

中国政法大学出版社

2024 · 北京

**图书在版编目（ＣＩＰ）数据**

预付式消费法律问题研究/时建中主编. —北京：中国政法大学出版社，2024.7

ISBN 978-7-5764-1349-6

Ⅰ.①预…　Ⅱ.①时…　Ⅲ.①消费者权益保护法－研究－中国　Ⅳ.①D923.84

中国国家版本馆CIP数据核字(2024)第042252号

----------------------------------------------------------------------------------

| 出　版　者 | 中国政法大学出版社 |
| --- | --- |
| 地　　　址 | 北京市海淀区西土城路 25 号 |
| 邮　　　箱 | fadapress@163.com |
| 网　　　址 | http://www.cuplpress.com (网络实名：中国政法大学出版社) |
| 电　　　话 | 010-58908435(第一编辑部) 58908334(邮购部) |
| 承　　　印 | 固安华明印业有限公司 |
| 开　　　本 | 720mm×960mm　1/16 |
| 印　　　张 | 19.75 |
| 字　　　数 | 387 千字 |
| 版　　　次 | 2024 年 7 月第 1 版 |
| 印　　　次 | 2024 年 7 月第 1 次印刷 |
| 定　　　价 | 89.00 元 |

# 目　　录

## 第一编　现状与问题

## 第二编　域外经验借鉴

## 第三编　法律分析

# 第一编　现状与问题

# 第一章　预付式消费国内研究现状分析

## 一、预付式消费概述相关研究分析

### （一）预付式消费的由来及定义

预付式消费这一模式被认为从早期的预定牛奶、报纸等行为发展而来，我国计划经济时代发行的各类"券""票"就表现出预付式消费的特点。其曾被称为"消费卡消费"，是指消费者在经营者处预先存储一定款项，当消费者获得所需要的商品或服务后，经营者有权直接从预存的款项中扣除相应金额的消费方式。"消费卡"一词是由于最初的预付式消费凭证通常以纸质卡片、合同或记录为载体，因而以其形象化名称代指这一消费方式。随着科技的发展，预付式消费凭证逐渐由纸质形式转化为电子形式，并主要以具备小额转账、一般转账、预付及信用四功能于一体的IC卡为载体。[1]经过多年的发展，预付式消费呈现出智能化等趋势，但学界对其定义较为稳定，孙月红等将其归纳为消费者通过各类预付方式与经营者达成分次享有的商品或服务协议，[2]即"预先支付款项、随后逐渐消费"的模式。[3]

随着我国市场经济的发展，预付式消费模式由于满足了消费者追求优惠、交易效率和易用性的需求、经营者对稳定客户及资金流转的需求，以及经济发展对新型交易方式的需要而快速发展，并涉及越来越多的消费领域。[4]因此，除大部分学者提及的美容美发、娱乐健身、教育培训、汽车保养等行业外，学界对于房地产行业中有关商品房预售等属性问题也进行了讨论。其中，叶林主张商品房预售不属于动产买卖，且其所涉规则体系较为独立，因此应从实用主义考虑而否定其属于预付式消费模式。

在现有研究中，有关预付式消费的定义较为统一，即消费者向经营者先行付费

---

〔1〕 叶林："预付式消费合同的法律管制"，载《哈尔滨工业大学学报（社会科学版）》2011年第2期。

〔2〕 孙月红、周广友、王智贽："关于预付式消费市场源头治理的思考"，载《市场监督管理》2020年第15期。

〔3〕 刘梦雨："信用监管 为预付式消费加道安全锁"，载《中国信用》2020年第10期。

〔4〕 王建文："我国预付式消费模式的法律规制"，载《法律科学（西北政法大学学报）》2012年第5期。

后按照约定方式分次享受产品或服务的消费模式。[1]具体而言,预付费式消费是指经营者凭借向不特定的消费者发售会员卡,消费者在消费前预先支付费用取得会员卡,并凭会员卡进行消费、进而结算的一种消费行为。[2]预付式消费被界定为消费者向商家预先支付一定款项办理预付凭证,并凭借预付凭证在未来一定时间内,按照约定多次获取商品或者服务的消费模式。[3]此外,根据 2024 年 6 月 6 日最高人民法院发布的《关于审理预付式消费民事纠纷案件适用法律若干问题的解释(征求意见稿)》(以下简称《司法解释(征求意见稿)》)第 1 条,预付式消费可以指在零售、住宿、餐饮、健身、出行、理发、美容、教育培训等生活消费领域,经营者收取预付款后多次或者持续向消费者兑付商品或者提供服务的消费模式。

## (二) 预付式消费的特征

对于预付式消费这种新兴的消费模式,现有研究提出其具有以下特征。一是价款的预付性,与传统"一手交钱,一手交货"的现物交易不同,预付式消费必须先付款,后消费。二是权利的凭证化,消费者支付预付款后,经营者须出具相应的凭证,便于消费者将来主张债权以享受商品或服务,即预付卡。三是履行期限的长期性,预付卡有月卡、季卡、年卡,甚至终身卡。在使用期限内,消费者可以凭卡随时请求经营者履行,一旦消费者购买预付卡,即与经营者之间建立了长期、稳定的消费关系。[4]四是双赢性,即其帮助经营者无息使用预收价款、固定客源和抢占市场,帮助消费者享受廉价及便捷的服务,实现了双赢。五是预付式消费具有单向风险性,通常要求消费者在消费中独自承担其中的风险。六是预付式消费形式的表现多样,可按多种标准进行划分。[5]另外,从会员取得和权利取得的角度而言,预付费消费的会员权利以会员资格取得为标准,而会员资格是在消费者与经营者之间直接产生的,不需要媒介机构如银行、证券机构等,并且这些消费者权利并不是一次全部获得,而具有部分期待权的性质。[6]此外,预付式消费还具有信用性、不对等性、信息不对称性等特点。

## (三) 预付式消费与预付卡的关系

在有关预付式消费的表述中,常出现"预付卡消费""预付卡"等字眼。经过分析后发现,预付卡消费仅被认为是预付式消费的形式之一,所涉范围远小于预付

---

[1] 麻冠丽:"试论预付式消费的权益保护",载《中国工商管理研究》2009 年第 3 期。

[2] 黄萍:"预付费式服务消费中的法律问题",载《社科纵横(新理论版)》2008 年第 1 期。

[3] 赵祯祺:"预付式消费:如何实现理性健康发展?",载《中国人大》2020 年第 15 期。

[4] 朱金东、孙婷婷:"我国预付式消费履约担保制度的法律构建",载《东岳论丛》2014 年第 6 期。

[5] 麻冠丽:"试论预付式消费的权益保护",载《中国工商管理研究》2009 年第 3 期。

[6] 包哲钰、罗彪:"论预付费消费中的消费者权益保护",载《西部法学评论》2011 年第 2 期。

式消费。[1]而预付卡又名"预付式消费卡"或"预付购物卡",是指"在市场流通领域中,具有一定资质的商业企业或第三方发售并由购卡人预先支付一定数额的款项,双方按照约定的方式,在指定范围内由持卡人分次享有商品或服务的一种消费凭证"。因此,预付式消费与预付卡消费是包含与被包含的关系,而预付卡则通常被作为预付式消费的凭证。[2]根据《司法解释(征求意见稿)》第31条,其通常包括以磁条卡、芯片卡、纸券等为载体的实体卡和以密码、串码、图形、生物特征信息等为载体的虚拟卡。较为常见的预付凭证主要包括健身卡、加油卡、美容卡、洗车卡等。[3]预付卡作为预付式消费中的重要凭证,因要求预先支付价款而具有先付性,因不记名、不挂失而具有无因性,因在特定范围内使用而具有有因性,因可用于小额支付而具有流通性。[4]此外,其主要特点还包括具有一定面值和有效期、不能提现和透支、不能计付利息、不可转让等。[5]此外,在商业预付卡方面,其具有一定的不特定性,包括债权人不确定、债务规模不确定,以及履约质量不确定。[6]而正是这些不确定性给预付式消费带来了一定的风险。

通常认为,预付卡的产生具有必要性,即预付式是顺应信息时代电子支付条件下的产物、市场供需选择下的产物、是企业尤其是中小企业融资的手段。[7]而它的存在对于商业企业而言,一是可以作为其促销手段,从而提升竞争力;二是可以为其保持客户稳定性;三是提升融资效率,降低融资成本,加速资金流转。对于消费者而言,预付购物卡可以为其提供折扣、简化交易手续,并由于无需缴纳个人所得税而成为单位发放福利的工具。[8]

关于预付消费卡的性质,目前没有统一的意见。有观点认为其应为一种特殊的有价证券,具体而言是一种证权证券。[9]然而,有观点指出,预付购物卡本质上是特殊的债权凭证,而发售和使用预付卡的当事人之间是合同关系。在此关系下,发售方和持卡方的主体认定应当参照以下规则:商业企业自行发售预付购物卡的,发

---

[1]　孙月红、周广友、王智赟:"关于预付式消费市场源头治理的思考",载《市场监督管理》2020年第15期。

[2]　王建文:"我国预付式消费模式的法律规制",载《法律科学(西北政法大学学报)》2012年第5期。

[3]　赵祯祺:"预付式消费:如何实现理性健康发展?",载《中国人大》2020年第15期。

[4]　陈秀新、焦勇:"预付购物卡监管问题研究",载《中国工商管理研究》2009年第12期。

[5]　段宝玫:"预付式消费卡若干法律问题探析",载《上海商学院学报》2010年第2期。

[6]　罗培新:"预付卡市场监管要对症下药",载《解放日报》2017年2月21日。

[7]　上海市经信工作党委、上海市经信委、上海商学院联合课题组:"我国预付式消费卡规制研究",载《上海商业》2011年第2期。

[8]　陈秀新、焦勇:"预付购物卡监管问题研究",载《中国工商管理研究》2009年第12期。

[9]　上海市经信工作党委、上海市经信委、上海商学院联合课题组:"我国预付式消费卡规制研究",载《上海商业》2011年第2期。

售方即发卡人，商业企业委托具备发行资质的第三方发售预付购物卡的，发售方包括发卡人和第三方，两者之间是委托合同关系；持卡方包括购卡人和持卡人，由于预付购物卡持卡人之间可相互转让，故购卡人与持卡人之间可以是同一人，也可以是不同主体。[1]

还有学者对多类学说进行了比较和分析。具体而言，针对认为预付卡是证权证券的情况，该观点认为，预付卡的存在表明消费者享有在一定期限内要求经营者为其提供约定的商品或服务的权利，因此是确权证券；针对将预付卡消费方式中的持卡人和发卡人关系定义为消费服务合同法律关系的情况，该学者认为，这种说法和证券说本质一样，只是将预付卡的诸多问题纳入合同法的领域中加以规制和解决，这对于由商业企业发行、只在本企业或同一品牌连锁商业企业购买商品或服务的单用途预付卡的规范和管理有着较好的效果，但因为预付卡通常没有正式书面合同而在实践中存在合同双方权利义务不对等的情况；针对代币工具说，该学者认为应当区分变相货币和一般性预付工具的界限，且应当防止一般性预付式工具向代币工具演化，以维护金融稳定；针对类银行借记卡说，该学者认为预付卡不具备计息、适用于 ATM、充值、退卡、取现、转账等功能，因此其明显区别于银行卡；针对支付结算方式说，该学者认为可以在一定程度上将预付卡看作是一种支付结算方式，但不能放任其自由发展而损害消费者权益。因此，该学者认为预付卡更接近于确权证券，持卡人与发卡人之间的法律关系应被认定为一种合同法律关系。[2]

对于商业预付卡，即商业企业或发卡机构发行的、在一定范围内流通的、具有一定面额的、可代替人民币的卡或券、票，目前市场上出现的形式多样。有学者认为，依据不同标准，预付式消费卡可划分为不同类型。①预付卡可以分为封闭式预付卡和开放式预付卡，前者是指仅能在单个商户或者通过特定网络连接的多个商户内使用的预付卡，是一种行业储值卡；后者则是指能在银行卡组织的受理网络上使用的预付卡。[3]实际上，封闭式购物卡可被理解为封闭式预付卡，早年间明文禁止发行和使用，但却始终存在于商业活动中。[4]②根据发卡主体和适用领域的不同，可以将现存的预付卡分为三类，分别是公共事业领域消费卡、服务餐饮行业消费卡以及覆盖面更广的综合性消费卡。[5]③根据发行人与给付义务人的不同，划分为自行发出的预付式消费卡和第三方发行的预付式消费卡。进一步而言，可以分为商业企业自行发行的商业预付卡和商业企业与金融机构合作发行的商业预付卡。商业企

---

〔1〕 陈秀新、焦勇："预付购物卡监管问题研究"，载《中国工商管理研究》2009 年第 12 期。

〔2〕 马太广、范励："论商业预付卡的本质属性与法律规制"，载《东方法学》2013 年第 2 期。

〔3〕 马太广、范励："论商业预付卡的本质属性与法律规制"，载《东方法学》2013 年第 2 期。

〔4〕 郑基超、刘晴："规范我国购物卡发行秩序的思考"，载《黑龙江金融》2009 年第 1 期。

〔5〕 马太广、范励："论商业预付卡的本质属性与法律规制"，载《东方法学》2013 年第 2 期。

业自行发行的商业预付卡包括商业企业发行的用于本企业消费的商业预付卡以及与专门的制卡机构合作发行的商业预付卡；而后者作为分工专业化的标志，制卡机构则具有民间金融业的性质。[1]④根据预付式消费卡的载体不同，划分为购物券类型、提货券类型、会员卡类型、优待券类型和储值卡类型。⑤商业预付卡可以分为商业性商业预付卡和公益性商业预付卡，前者是商业企业发售给消费者的用于购买不特定种类商品或服务的有价支付凭证；后者是由公益企业、事业单位发售给消费者的用于购买其系统内特定种类商品或服务的凭证。⑥商业预付卡可以分为多用途商业预付卡和单用途商业预付卡。多用途商业预付卡是专营发卡机构发行的可跨地区、跨行业、跨法人使用的预付卡，而单用途商业预付卡是商业企业发行的只在本企业或同一品牌连锁商业企业购买商品、服务的商业预付卡。[2]

## 二、预付式消费现存问题相关研究分析

### (一) 预付式消费存在的问题

随着预付式消费的发展，市场中也体现出一系列问题，主要包括以下几个方面：

1. 从预付式消费的部分源头——经营者发行预付卡的角度看

该角度下主要存在以下几类风险或问题。其一，金融监管问题。预付卡从发行至资金清算过程均可能处于金融监管体系之外，从而扰乱金融秩序、危害消费者的预付资金安全。其二，经营者发行预付卡的同时可能存在不正当竞争行为，损害市场公平竞争秩序。[3]其三，信用风险问题。经营者通过发行预付式消费凭证吸收大量资金而不需付出相应对价，如果缺乏有力的监管措施，将可能出现发行机构挪用沉淀资金的行为。其四，税收流失风险。很多企业在购买预付式消费凭证后开具发票时，常将其列入办公用品、会议费等名目，而不在福利费用和业务招待费用中核算，从而达到冲抵利润收入的目的。[4]

2. 从预付式消费的交易过程来看

该过程中往往出现许多损害消费者合法权益的问题。由于市场不成熟、监管制度欠缺以及商业信用环境粗糙等情况，消费者可能面临欺诈、卷款外逃、虚假宣传、强制推销、擅自更改服务内容或服务承诺、不合理的限制性条件、拒绝返还余额等

---

[1] 刘迎霜：“商业预付卡的法律规制研究”，载《法商研究》2012 年第 2 期。

[2] 刘迎霜：“商业预付卡的法律规制研究”，载《法商研究》2012 年第 2 期。

[3] 王建文：“我国预付式消费模式的法律规制”，载《法律科学（西北政法大学学报）》2012 年第 5 期。

[4] 张驰：“中国预付式消费法律规制问题探讨”，载《财经理论与实践》2017 年第 3 期。

损害合法权益的风险，且可能因法律规制不足而难以得到救济。[1]具体而言，在对现有研究进行整理分类后，主要总结出以下几大问题：

第一，预付卡发行主体资格问题。目前市场上相当一部分发卡人的资格不符合规定，一是一些服务型机构只是合伙组织或个体工商户，不具备法人资格；二是其经营项目不满足发卡要求；三是大多数的发卡人净资产总额无法达到规定的数额，如一般的美容店、美发店、体育健身场所等。[2]

第二，虚假宣传问题。在预付费消费模式中，大幅折扣和免费体验是诱骗消费的两大杀手锏。总结起来，商家最常用的三个典型推销手段如下：一是限时抢购型，优惠折扣有时效性；二是众人拾柴型，即引导消费者拉拢身边亲朋好友、多人进行消费；三是新老都爱型，分别针对新老顾客采取不同的优惠措施。[3]然而，部分经营者在推销商品与服务时夸大其词，用虚假的承诺吸引消费者，从而骗取消费者的信任和预付款。[4]当消费者办理会员卡后，经营者可能将降低服务质量。[5]常见的情况有四种：一是服务降级，即对使用的产品以次充好，以劣充优；二是单方变更服务内容，降低服务标准；三是办卡后涨价，变相减少提供商品数量或服务内容；四是发卡后借故暂停使用、暂不开业，以拖延时间，使消费卡超过服务期限而失去价值。[6]此外，就预付消费卡的转让问题，部分经营者在办卡时口头承诺持卡者拥有转让权，但实际上却无法兑现。[7]

第三，霸王条款问题。这一问题主要体现为预付式消费交易过程中的不公平格式条款问题，即部分经营者随意拟订格式条款，又任意解释条款内容，致使消费者权益受损。[8]例如，一些会员卡上有"消费卡到期服务终止，卡内余额不退""会员卡遗失不补"等内容，都属于合同条款中的霸王条款，且为格式条款，难以保障公平交易权。[9]

第四，欺诈问题。例如，经营者利用消费者贪便宜的心理，吹嘘办理会员卡可享受种种优惠，怂恿消费者不顾实际需要办理年卡或金卡；部分经营者变更企业名

---

[1] 王建文："我国预付式消费模式的法律规制"，载《法律科学（西北政法大学学报）》2012 年第 5 期。

[2] 黄萍："预付式服务消费中的法律问题"，载《社科纵横（新理论版）》2008 年第 1 期。

[3] 陈音江："预付费消费与消费者权益保护问题探析"，载《中国市场监管研究》2019 年第 3 期。

[4] 熊武敏："预付式消费方式下的消费者权益保护——基于消费者权益保护法的视角"，载《商品与质量》2010 年第 A4 期。

[5] 黄萍："预付费式服务消费中的法律问题"，载《社科纵横（新理论版）》2008 年第 1 期。

[6] 陈音江："预付费消费与消费者权益保护问题探析"，载《中国市场监管研究》2019 年第 3 期。

[7] 黄萍："预付式服务消费中的法律问题"，载《社科纵横（新理论版）》2008 年第 1 期。

[8] 黄萍："预付式服务消费中的法律问题"，载《社科纵横（新理论版）》2008 年第 1 期。

[9] 黄萍："预付式服务消费中的法律问题"，载《社科纵横（新理论版）》2008 年第 1 期。

称，对会员卡实行"暂停使用"，目的是拖延时间，最终造成众多消费者蒙受损失。[1]

第五，卷款外逃等退款难问题。例如，可能存在消费者办理退款手续时才发现合同中有的已明确约定不能退款；消费者办理会员卡转让手续时才发现合同中有关手续费、违约金的条款；一些经营者借"开业促销"之名售出会员卡后，迟迟不开业，当消费者要求退卡时，又以"即将开业"为由拖延退款；一些商家因经营不善突然停止营业，或诱使消费者预先支付费用后便突然倒闭，却不告知消费者或会员，也不退还剩余金额，一夜蒸发等。[2]甚至，在办理预付卡时，消费者与经营者并没有签订相关的合同，导致在处理此类问题时，经营者常常会以消费者单方面违约为由拒绝退还卡内的剩余金额，不断引发争议和纠纷。[3]

第六，消费者的隐私外泄问题。消费者在办会员卡时，往往被要求填写个人的年龄、职业、电话、家庭地址等，而一些不法商家常常未经消费者同意就将这些信息用于其他商业行为，如提供给广告公司或将这些信息出售。[4]这些信息一旦泄露将使消费者的消费权益和其他民事权利遭到损害。[5]

第七，消费者面临维权困境。通常情况下，由于消费者法律专业知识的缺乏和维权意识的淡薄，加之预付式消费中的争议标的金额一般较小、维权成本较高等原因，消费者大都不愿通过诉讼等途径维权，从而导致其合法权益受损。[6]面对消费者群体如此庞大，而我国司法资源却十分有限的情况，消费者权益纠纷案例全交由法院处理不仅消耗了有限的司法资源，而且增加了消费者解决权益纠纷案件的成本，而这又成为消费者是否选择诉讼救济的困扰。[7]

3. 从预付式消费的功能来看

预付式消费可能被用于行贿受贿、洗钱等违法犯罪活动中，还可能因用预付卡发放员工福利而导致国家税收流失。[8]例如，预付卡由于不记名，且存在不入账、不开细目发票或开具发票名目不当的问题，往往具有相当的隐蔽性，使得预付式消费凭证发展成一种另类贪腐工具。[9]

---

[1] 黄萍："预付费式服务消费中的法律问题"，载《社科纵横（新理论版）》2008年第1期。
[2] 黄萍："预付费式服务消费中的法律问题"，载《社科纵横（新理论版）》2008年第1期。
[3] 段宝玫："预付式消费卡若干法律问题探析"，载《上海商学院学报》2010年第2期。
[4] 黄萍："预付费式服务消费中的法律问题"，载《社科纵横（新理论版）》2008年第1期。
[5] 段宝玫："预付式消费卡若干法律问题探析"，载《上海商学院学报》2010年第2期。
[6] 张驰："中国预付式消费法律规制问题探讨"，载《财经理论与实践》2017年第3期。
[7] 包哲钰、罗彪："论预付消费中的消费者权益保护"，载《西部法学评论》2011年第2期。
[8] 王建文："我国预付式消费模式的法律规制"，载《法律科学（西北政法大学学报）》2012年第5期。
[9] 张驰："中国预付式消费法律规制问题探讨"，载《财经理论与实践》2017年第3期。

## （二）预付式消费的新变化

除以上现存问题外，现有研究和调查还发现预付式消费近年来呈现出发展的新趋势：

1. 隐蔽性：预付费与金融信贷捆绑

根据中消协发布的 2018 年全国消协组织受理投诉情况，预付式消费与金融信贷捆绑叠加侵害消费者权益，成为 2018 年消费者投诉的新特点。

近年来，预付式消费一直是维权热点，横跨众多行业，维权难、监管难，群体性消费投诉多发。特别值得警惕的是，2018 年，预付式消费与金融信贷捆绑叠加侵害消费者权益的问题相对突出。预付式交易场景下的消费信贷是指由金融机构向消费者提供个人消费信用贷款，用于预先支付特定经营者的订单。[1]在这一信贷模式下，虽然预付式交易与消费信贷的结合能极大提高交易效率，具有开拓下沉市场、降低产品价格、优化资源配置的功能，从而实现市场共赢，但从实践情况来看，消费信贷的功能已经产生了异化，严重侵害消费者的合法权益、危害市场秩序。[2]

在装修房屋、美容整形、教育培训等消费领域，一些经营者在宣传时，把自己提供的商品和服务描述得较好，并有意淡化贷款的压力，甚至以无息贷款作为吸引点。消费者通过经营者推荐的金融机构贷款，预付高额费用后，往往难以察觉相关风险，直到商家不履行承诺、服务缩水甚至关门跑路时，才发现金融信贷条约中含有各种高额违约条款，消费者对服务不满或者享受不到服务时，仍需继续偿还金融贷款，造成消费者维权困难、权益受损。[3]

舆情信息显示，2018 年 5 月起，"租金贷""装修贷"问题被频频曝出，一些长租公寓公司、互联网装修平台发生资金链断裂，经营者跑路，导致租户无房可租，装修合同无法履行，而消费者却仍需偿还贷款。所谓"租金贷"业务的基本交易流程为：服务商从多个分散的房东处取得房源并统一进行整合，承租人通过服务商寻找合适的住房；承租人在与租赁方签订租房合同的同时，与网贷机构签订租金分期贷款合同；网贷机构一次性将租赁期内全部租金支付给服务商，服务商取得租金后再按约定以月付或季付的方式向房东支付租金，而承租人向服务商支付租金的义务则转化为分期向网贷机构偿还贷款的义务。[4]通过这样的方式，服务商能大大降低

---

〔1〕 马勇："预付式交易场景下消费信贷的异化及制度导正"，载《南方金融》2020 年第 8 期。

〔2〕 马勇："预付式交易场景下消费信贷的异化及制度导正"，载《南方金融》2020 年第 8 期。

〔3〕 "预付消费竟成不法商家'吸金利器'"，载中国青年报，https://baijiahao.baidu.com/s? id=1663290520738152559&wfr=spider&for=pc，最后访问时间：2022 年 1 月 4 日。

〔4〕 陈秋竹、邓若翰："长租公寓'租金贷'：问题检视、成因探析及规制路径"，载《南方金融》2019 年第 4 期。

其资金风险，却提升了承租人的风险。

长租公寓中介服务定金不能退、租金变贷款等成为租客反映的主要问题。例如，某长租公寓宣称可以"押一付一"，但实际却是以租客名义签订一年的贷款合同，相当于每月归还贷款。有的长租公寓甚至还联合小额贷款公司向消费者隐瞒了交租方式。在"租金变贷款"的背后，需要警惕由长租公寓衍生出的金融风险。少数长租公寓中介服务商自行或与其他贷款机构合作，使用租客信息签署贷款合同，将贷款资金扩充为资金池，不断进行租客和房东的资金和期限错配。公寓中介服务商沉淀的大量资金未被有效监管，因而该模式比传统的预付式消费更加具有隐蔽性和欺骗性，一旦长租公寓中介服务商非正常停止运营，就会产生大量租客无法正常偿还贷款的情况，金融风险的出现将难以避免。[1]在此过程中，房东也可能面临财产受损风险。此外，多家英语培训机构被指通过提供课程贷款服务，让学员背上几千元到上万元不等的"培训贷"，且其学员退款和维权异常困难。

2. 恶劣性：恶意诈骗行为屡现

近年来，预付式消费领域的恶意诈骗行为也屡次出现，有的不法经营者本身就是以预付款为借口进行诈骗，并不具备发放预付凭证的资质。例如，广州警方端掉的一宗涉及多所高校学生被骗的合同诈骗案，受骗人数达400余人，4名犯罪嫌疑人因涉嫌合同诈骗罪被警方依法刑事拘留。经查，该公司向在校大学生出售就业培训课程，承诺高薪就业，并以"培训贷"的形式实施诈骗。然而，该公司没有教育部门的批准，所谓的"讲师"也没有任何资质，核心"讲师"都是高中毕业，凭借自身的经验，自编整理一些教程，开展培训。

在加油消费领域，也有一些披着加油卡、储油卡外衣的骗局。比如，采用商城三级分销模式的某油卡俱乐部、利用油价差价补贴的某储油卡、宣称加油卡消费"全额返还"的某加油卡。不法加油卡经营者一般采用类似补贴的套路，许诺储值后有高额补贴回报，最后因无法兑现导致资金链断裂，演变成发起人卷钱走人的"庞氏骗局"。

3. 群体性：消费纠纷群体化

随着预付卡发卡量的不断增加，预付式消费群体不断膨胀，一旦出现卷款跑路等情况，因涉及人数众多、预付费数额巨大，往往引发群体性投诉。对于此类事件，虽然消费者的诉求不复杂，但由于商家经营主体变更、失联或是无法经营，调解处理难度非常大。[2]例如，某互联网家装平台突然宣布因经营不善而进入破产清算程

---

〔1〕 中国消费网："长租公寓中介服务有四大风险"，https://www.cqn.com.cn/pp/content/2018-09/19/content_ 6271016. htm，最后访问时间：2022 年 1 月 4 日。

〔2〕 增城日报："预付式消费捆绑信贷　商家跑路你也要还款"，http://zcrb.zcwin.com/content/201903/25/c115450.html，最后访问时间：2022 年 1 月 4 日。

序，数百消费者的装修款无法退还，装修公司也未收到该平台的款项，导致装修工程停滞。

### (三) 预付式消费现有问题产生的原因

针对前述问题，现有研究认为，预付式消费乱象是由诸多原因引起的，如市场信息不对称问题严重、相关法律法规不健全、存在监管漏洞、处罚力度较轻、征信体系不完善等，而法律规范不健全和存在监管漏洞是其中的重要原因。[1]

第一，预付式交易市场信息不对称问题严重。在一般消费活动中，消费者与经营者之间的信息不对称主要体现在商品和服务信息方面。但在预付式消费中，消费者对经营者的主体信息缺乏了解，尤其对经营者的资质、信誉、经营状况、财务状况的了解少之又少。大多数消费者仅仅依靠经营者的对外宣传或是表面形象，比如经营场所、装饰装潢、员工人数、员工介绍等，来判断经营者的经营实力和产品服务质量，进而决定是否购买预付卡。而且由于各类信息分散，消费者对经营者信息的收集成本过高，难以进行全面了解和知情选择。[2]除经营者与消费者之间的信息不对称问题外，政府对于预付式消费市场信息的掌握程度也较低，导致政府无法进行精准式监管，例如，尽管有关管理办法要求发卡企业自主填报预收资金额及相关业务情况，但政府并不拥有实时监控发卡企业相关数据和信息的手段。[3]

第二，法律法规不健全，与预付式消费快速发展的状况相比，当下立法进程缓慢。从现有规范文件的形式上看，我国对预付式消费的法律规制仅存在于零散的规章条例中，其层级较低，缺乏权威性，不足以有效保护预付式消费者的合法权益。从内容上看，《消费者权益保护法》[4]《合同法》等对预付式消费设置的仅为一般性法律规定，针对性和具体性不足，可操作性较差。[5]并且，现有针对性立法较为强调公权力的介入与监管，忽视了私法路径在预付式消费者保护中所发挥的作用。[6]更进一步，就商务部对单用途商业预付卡制定的部门规章而言，其规制的领域存在较大限制，使得体育、文化、旅游、交通等领域的单用途预付卡存在监管空白，更有大量的新业态、新模式未纳入监管；相关管理措施严重滞后于发展现状，更有"劣币驱逐良币"的现象发生。[7]从实施效果上看，由于形式和内容方面的缺陷，

---

〔1〕 赵祯祺："预付式消费：如何实现理性健康发展？"，载《中国人大》2020 年第 15 期。

〔2〕 "专家：完善法律监管体系　铲除预付式消费顽疾"，载经济参考报网，http://dz.jjckb.cn/www/pages/webpage2009/html/2020-04/07/content_63015.htm，最后访问时间：2022 年 1 月 4 日。

〔3〕 罗培新："预付卡市场监管要对症下药"，载《解放日报》2017 年 2 月 21 日。

〔4〕 即《中华人民共和国消费者权益保护法》，为方便表述，本书涉及我国法律省去"中华人民共和国"字样。

〔5〕 张驰："中国预付式消费法律规制问题探讨"，载《财经理论与实践》2017 年第 3 期。

〔6〕 王博："台湾地区预付卡法律规制的制度构造及其借鉴"，载《财经法学》2015 年第 6 期。

〔7〕 罗培新："预付卡监管，莫把小病拖成重疾"，载《解放日报》2017 年 7 月 25 日。

现行规范性文件实际上难以取得良好的实施效果。[1]例如，新修改的《消费者权益保护法》虽对预付式消费作出了一些规定，但对于一些核心问题仍然没有具体规定，很难有效保护消费者权益。中国人民银行、商务部分别通过规章对多用途、单用途商业预付卡做出了一些规定，但实践中，不具备发卡资质、不按规定发卡的情况仍然大量存在。特别是在单用途预付卡管理方面，对于小企业未设计资金存管制度，对于个体工商户发售预付卡未纳入管理，有关监管存在盲区，且"小店老赖"现象十分突出。[2]

而在具体的规定中，中央财经大学法学院教授邓建鹏曾指出，立法尚未明确预付卡预付资金的归属问题，是发卡商家滥用资金、卷钱跑路、侵占余额等乱象发生的原因之一。实践中，消费者购买预付卡后，无法实质控制预付资金的使用，而法律法规亦缺少对发卡商家使用预付资金的明确规定，致使一部分发卡商家不履行相应的保障预付资金安全的义务，甚至毫无顾忌地滥用预付资金，侵害预付资金安全。[3]而对于预付式交易过程中重要的合同问题，我国目前没有在立法上明确预付费合同的法律地位，导致消费者与经营者缔结的交易合同欠缺有针对性的合同法律规范。[4]

第三，监管存在漏洞，且现有处罚力度较小。其一，立法的缺失导致监管的缺位。缺乏约束管理机制，是导致预付卡发售、使用、监管处于无序状态而使消费者权益屡屡受侵害的根本所在。[5]由于预付卡法律监管方面特别是事前监管的缺失，使得一旦发生消费争议，只能套用《民法典》《消费者权益保护法》的一般规定进行调解或处理，无法对经营者作出实质性的处罚。而由于受消费者举证、经营者配合程度等诸多因素的影响，调解的难度较大，成功率也较低，使得消费者的合法权益难以得到切实保障，特别是经营者经营失败而倒闭，甚至恶意圈钱后卷款逃逸，极易引发群体性争议而激发社会矛盾。[6]同时，对于经营者售卡所获的资金，发卡企业几乎可以完全自主地使用相关资金而不受监管，但持卡人却要承受使用资金带来的风险。[7]其二，监管主体不明确、监管职能的重叠等致使监管主体在进行监管

---

〔1〕　王建文："我国预付式消费模式的法律规制"，载《法律科学（西北政法大学学报）》2012 年第 5 期。

〔2〕　"专家：完善法律监管体系　铲除预付式消费顽疾"，载经济参考报网，http：//dz.jjckb.cn/www/pages/webpage2009/html/2020-04/07/content_ 63015. htm，最后访问时间：2022 年 1 月 4 日。

〔3〕　赵祯祺："预付式消费：如何实现理性健康发展?"，载《中国人大》2020 年第 15 期。

〔4〕　赵云："我国预付费消费合同法律规制探析——以消费者权益的法律保护为视角"，载《中国政法大学学报》2013 年第 2 期。

〔5〕　麻冠丽："试论预付式消费的权益保护"，载《中国工商管理研究》2009 年第 3 期。

〔6〕　段宝玫："预付式消费卡若干法律问题探析"，载《上海商学院学报》2010 年第 2 期。

〔7〕　陈秀新、焦勇："预付购物卡监管问题研究"，载《中国工商管理研究》2009 年第 12 期。

时缺乏相关法律依据，进而导致监管出现盲区。[1]我国对经营者的经营活动行使监督权的部门有很多，比如市场监管部门、商务部门等对预付卡都有一定的监管权，但由于权责划分不明确，有时大家争抢监管权，有时又相互推诿，导致监管形同虚设。其三，我国行政部门对预付卡的监管主要是被动监管，通常是接到消费者投诉和举报后才对经营者进行调查，对于预防纠纷、解决纠纷具有一定的滞后性。[2]

第四，经营者缺乏法律意识，消费者缺乏防范和维权意识。消费者维权意识淡薄主要表现在：一是不考察商家资质、经营状况等相关信息，盲目订立预付费合同；二是不从自身需求出发，一味追求优惠力度；三是办卡时没有仔细阅读和询问相关事项，以至于发生纠纷时，不知如何寻求救济；四是对于相关单据不加以妥善保管，发生纠纷后，无法提供有力证据证明自己的主张；五是发生纠纷后，如果损失不大，不少消费者本着多一事不如少一事的想法，自认倒霉，放弃维权。[3]

第五，信用缺失，诚信机制不健全。从预付式消费纠纷处理结果来看，廉价失信成本是经营者实施侵权、违法行为的内在因素；企业商业资信数据基本上处于相对封闭的状态，因此消费者与经营者之间存在信息不对称，而一些不法分子也正是利用这点进行非法活动。[4]从某种意义上讲，预付式消费就是一种信用消费。从道德风险上看，诚信制度的缺失与企业社会责任的缺乏是造成该消费风险的两个最为根本的原因，而信用制度的尚未建立则是企业不诚信、经营者不诚信的根源。[5]由于市场经济发展的不完善导致市场失灵，从而容易促使经营者牺牲信用而追逐巨额利润，且诚实守信的成本极高而背信弃约的成本却很低廉，契约精神、信用精神在我国市场中还未完全形成。[6]实践中经营者不自律的行为造成了预付费交易的风险，损害了消费者的利益。经营者没有真实地披露企业动态信息，使消费者无法了解到企业实际经营及信用状况。同时，信用的褒贬机制亦不健全。由于目前我国尚未形成较完善的法律法规与监管体系，违法经营者的申请银行贷款等权利并未受到限制。[7]

**（四）就预付式消费现有问题的解决措施分析**

针对上述问题，出于维护实质公平、矫正市场失灵、维护市场秩序的需要，现

---

[1] 张驰："中国预付式消费法律规制问题探讨"，载《财经理论与实践》2017年第3期。

[2] 陈音江："预付费消费与消费者权益保护问题探析"，载《中国市场监管研究》2019年第3期。

[3] 陈音江："预付费消费与消费者权益保护问题探析"，载《中国市场监管研究》2019年第3期。

[4] 麻冠丽："试论预付式消费的权益保护"，载《中国工商管理研究》2009年第3期。

[5] 包哲钰、罗彪："论预付费消费中的消费者权益保护"，载《西部法学评论》2011年第2期。

[6] 包哲钰、罗彪："论预付费消费中的消费者权益保护"，载《西部法学评论》2011年第2期。

[7] 张驰："中国预付式消费法律规制问题探讨"，载《财经理论与实践》2017年第3期。

有研究主要从以下几方面提出了预付式消费的规制路径。[1]

1. 完善立法

虽然现有规定已对预付式消费进行了部分规范，但其中很多规定并未细化，执行落地效果也很差。因此，有学者建议，为弥补各行业主管部门由于各自有限政策措施造成的监管漏洞，在预付式消费领域应研究制定跨部门、跨行业的综合性治理政策。[2]

第一，预付卡发行作为预付式消费的源头，应被重点管控。因此，在预付卡发行环节，应再次充分明确发行主体的范围、资质、条件、发行方式和程序等，并推动预付卡核准登记、监督检查、兑换保证、发行人义务、地位继承等制度的建立。[3]考虑到我国目前社会信用体系尚不成熟，且由于预付卡发行引发诸多预付式消费纠纷，因此，有学者主张发行方式应采用申报审批制，由发卡人按照法定条件和程序向特定的主管部门提出申请，获得审批后方可投放市场。[4]同时，引导商家靠提升服务留住消费者，多措并举遏制预付卡消费乱象。[5]

第二，针对资金管控问题，立法重点在于明确预付卡资金的归属，规定资金的使用方式和存管机制。例如，可以建立和完善预付卡资金托管和保证金制度，即发卡主体事先向监管机构缴纳一定比例的保证金，一旦出现支付风险或消费者权益受损的情形，消费者对风险保证金较其他债权人享有优先受偿权。[6]同时，可以利用大数据等前沿科技，鼓励发卡商家与第三方数据服务机构合作，提高预付资金管理的科学化、规范化水平，有效减少部分商家卷钱跑路等危害预付资金安全现象的发生。[7]

第三，针对我国预付卡使用现状中不公平格式条款等合同问题，应确立预付费消费合同的法律地位，并在我国《消费者权益保护法》中增加预付费合同的专章规定。[8]同时，应制定相关的司法解释，明确预付卡中涉及格式合同的问题处理，配

---

[1] 王建文："我国预付式消费模式的法律规制"，载《法律科学（西北政法大学学报）》2012年第5期。

[2] 孙月红、周广友、王智赟："关于预付式消费市场源头治理的思考"，载《市场监督管理》2020年第15期。

[3] 上海市经信工作党委、上海市经信委、上海商学院联合课题组："我国预付式消费卡规制研究"，载《上海商业》2011年第2期。

[4] 段宝玫："预付式消费卡若干法律问题探析"，载《上海商学院学报》2010年第2期。

[5] 赵祯祺："预付式消费：如何实现理性健康发展？"，载《中国人大》2020年第15期。

[6] 马太广、范励："论商业预付卡的本质属性与法律规制"，载《东方法学》2013年第2期。

[7] 赵祯祺："预付式消费：如何实现理性健康发展？"，载《中国人大》2020年第15期。

[8] 赵云："我国预付费消费合同法律规制探析——以消费者权益的法律保护为视角"，载《中国政法大学学报》2013年第2期。

合行业规则，规范合同文本，做到有法可依。〔1〕虽然《司法解释（征求意见稿）》第9条提到了格式条款无效的情形，为解决预付式消费纠纷提供了重要指导，但后续仍可以加强对于合同文本的规范，对经营者和消费者均提供有效参考。

第四，针对消费者维权难问题，有专家建议采取公益诉讼等举措，降低消费者的维权成本。例如，检察机关应准确认定预付卡消费领域侵权行为损害的社会公共利益，重点针对破坏市场公平竞争秩序的行为提起民事公益诉讼等。〔2〕同时，允许消费者组织、社会团体或者个人，在法律规定的授权范围内，代表不特定的多数消费者进行公益诉讼。〔3〕更进一步，对于一些消费者与经营者有意愿继续履行消费服务合同的纠纷案件，在消费者或消费者协会代表消费者对经营者提起诉讼后，经营者可以承诺在法院认可的期限内向法院提供担保并采取相关措施消除给消费者带来的不利影响，消费者有损失的，应当赔偿其损失。〔4〕

2. 强化监管

对预付式消费模式的监管，是指政府通过特定机构对预付式消费模式中的相关主体进行某种程度的限制或规制，本质上是一种具有特定内涵和特征的政府规制行为。〔5〕有观点认为，应从总体上有效形成"行业主管牵头、综合监管配合、行业自律规范、信用联合惩戒、违法犯罪打击"的良好氛围，常态管理规范好相关行业，促进有关行业的良性可持续发展。〔6〕

第一，在预付卡发行环节，可以考虑建立以中央银行为主导、银行业监督管理机构和工商行政管理机关为辅助的预付卡市场监管模式。〔7〕同时，可以考虑实施分类监管——对发行量大、回收期限长、社会影响广的企业售卡行为采取特殊要求，进行重点监管，对流通量小、影响力弱的企业售卡行为纳入现有法规体系进行监管。〔8〕

第二，在资金监管领域，应重点监管企业所获预付款项的归属、用途和流向，这就需要进一步明确部门职责，从市场准入、合同监管、资金监管和失信管理等方

〔1〕 马太广、范励："论商业预付卡的本质属性与法律规制"，载《东方法学》2013年第2期。

〔2〕 赵祯祺："预付式消费：如何实现理性健康发展？"，载《中国人大》2020年第15期。

〔3〕 赵云："我国预付费消费合同法律规制探析——以消费者权益的法律保护为视角"，载《中国政法大学学报》2013年第2期。

〔4〕 包哲钰、罗彪："论预付费消费中的消费者权益保护"，载《西部法学评论》2011年第2期。

〔5〕 王建文："我国预付式消费模式的法律规制"，载《法律科学（西北政法大学学报）》2012年第5期。

〔6〕 孙月红、周广友、王智赟："关于预付式消费市场源头治理的思考"，载《市场监督管理》2020年第15期。

〔7〕 上海市经信工作党委、上海市经信委、上海商学院联合课题组："我国预付式消费卡规制研究"，载《上海商业》2011年第2期。

〔8〕 陈秀新、焦勇："预付购物卡监管问题研究"，载《中国工商管理研究》2009年第12期。

面着手，建立完整的综合监管体系。例如，可以在现有法律规范的基础上，由商务部门主要行使监管职责，及时对发卡商家进行排查和登记，当商家出现违法违规事由时，责令其改正或予以处罚，并且协调市场监管部门保护消费者合法权益，处理具体的消费纠纷，进行行政调解和行政处罚。[1]

第三，丰富监管手段，加强信用监管。应当尽快建立消费市场经营机构信用评价系统，定期公布信用评级。信用评价对象应当全面涵盖开展预付费业务的公司、企业、个体工商户，并且最终落实到经营负责人的信用记录，同时结合对经营者实施的预付费交易发行、申报制度，使消费者可以查询经营者和相关负责人的申报信息、信用记录，并以此决定自己的投入成本，避免过高投入产生的消费风险。[2]可以考虑为发卡商户建立信用档案，把曾有诈骗行为或消费者投诉较多的商户纳入"黑名单"，定期通过媒体向社会公布，将发卡主体的违法违规行为置于整个社会的监督之下。[3]

第四，建立行业协会，加强行业协会监管。在法律和政府监管之外，应当通过建立行业协会、规范行业标准、制定行业公约等方式进行行业协会监管，作为政府监管的有力补充。[4]例如，行业协会对于出现异常情况的行业成员应给予指导和警示，使预付费消费中的消费者能及时采取相应的措施以保护自己的合法权益。[5]此外，行业协会应加强管理，并对经营者进行诚信教育，建立行业的诚信档案，使消费者就经营者的诚信信息有充分的了解。

**3. 经营者应提升诚信意识**

法律应当明确发行机构所应承担的义务，对于预付费卡上必须载明的事项做出规定，严禁以不平等格式条款损害消费者利益。作为市场上的经营者，其应当树立契约意识，且应当建立健康合理的经营观，即企业的长足发展依靠的不仅是发展策略与产品服务质量，还有社会责任履行的好坏以及消费者的信赖程度。[6]

**4. 增强消费者维权意识**

消费者在各类预付式消费过程中，应注意保护自己的合法权益，增强维权意识。首先，消费者应加强自身法律意识的培养。其次，一方面国家应当充分利用现有法律人才优势与媒体优势加强法律宣传，另一方面应由司法机关选取一些经典且具有

---

〔1〕 赵祯祺："预付式消费：如何实现理性健康发展？"，载《中国人大》2020年第15期。

〔2〕 赵云："我国预付费消费合同法律规制探析——以消费者权益的法律保护为视角"，载《中国政法大学学报》2013年第2期。

〔3〕 陈音江："预付费消费与消费者权益保护问题探析"，载《中国市场监管研究》2019年第3期。

〔4〕 罗培新："预付卡市场监管要对症下药"，载《解放日报》2017年2月21日。

〔5〕 包哲钰、罗彪："论预付费消费中的消费者权益保护"，载《西部法学评论》2011年第2期。

〔6〕 包哲钰、罗彪："论预付费消费中的消费者权益保护"，载《西部法学评论》2011年第2期。

普遍参考价值的案例对消费者进行教育、予以启迪，引导消费者注意及时保护自己的合法权益，在发现有异常情况时即向有关人员咨询或向有关部门投诉。[1]

5. 引入冷静期制度

消费者通常在面对被经营者吹捧得天花乱坠的折扣中不知不觉就办理了预付式消费卡，然而，很多消费者在几天甚至几个小时之后便会后悔进行了冲动消费。因此，有学者建议，可以参考《消费者权益保护法》第 25 条的冷静期制度，赋予消费者在合同订立后的适当期间内单方面解除合同的权利，可使其有机会对消费决定重新考虑或寻求他人的意见，避免受不当营销方式的诱导而作出有违本意的消费决策。[2]

---

[1] 包哲钰、罗彪："论预付费消费中的消费者权益保护"，载《西部法学评论》2011 年第 2 期。

[2] 马勇："预付式交易场景下消费信贷的异化及制度导正"，载《南方金融》2020 年第 8 期。

# 第二章　中消协预付式消费投诉情况汇总<sup>*</sup>

## 一、预付式消费市场现状

### （一）投诉情况

1. 不同性质的投诉情况

预付式消费中各种不同性质的投诉总计 202 389 件。其中，售后服务与合同性质的投诉占比较大，分别为 29.97%（60 656 件）和 29.05%（58 795 件）；随后是虚假宣传和质量性质的投诉，分别占比 6.64%（13 432 件）和 6.48%（13 119 件）。除此之外，价格性质的投诉占比 2.86%（5790 件），安全性质的投诉占比 1.32%（2670 件），人格尊严性质的投诉占比 0.82%（1662 件），假冒性质的投诉占比 0.56%（1127 件），计量性质的投诉占比 0.38%（763 件），其他性质的投诉共占比 21.93%（44 375 件）。

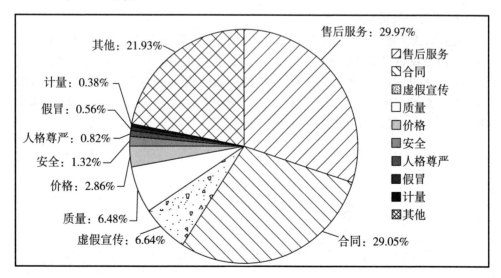

**图 2-1　预付式消费投诉不同性质的总计投诉占比**

---

＊ 本章数据根据中国消费者协会研究部提供的数据整理而成。

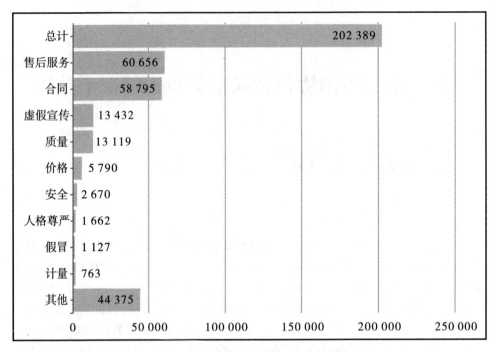

**图 2-2 预付式消费投诉不同性质的总计投诉量**

2. 不同问题的投诉情况

在预付式消费各种不同问题的投诉中，倒闭、经营变更或卷款跑路的问题最为突出，占总投诉量的 28.06%（56 786 件）；其次是虚假宣传或承诺问题，占比 18.66%（37 759 件）；再次是消费者预付费不退或拖延处理问题，占比 14%（28 330 件）。除此之外，不公平格式条款问题占比 9.02%（18 261 件），店面转让消费者问题占比 8.41%（17 012 件），其他问题共占比 21.86%（44 241 件）。

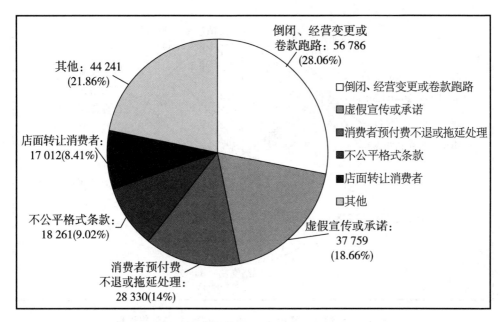

其他：44 241
(21.86%)

倒闭、经营变更或
卷款跑路：56 786
(28.06%)

店面转让消费者：
17 012(8.41%)

不公平格式条款：
18 261(9.02%)

消费者预付费
不退或拖延处理：
28 330(14%)

虚假宣传或承诺：
37 759
(18.66%)

□ 倒闭、经营变更或卷款跑路
■ 虚假宣传或承诺
■ 消费者预付费不退或拖延处理
■ 不公平格式条款
■ 店面转让消费者
□ 其他

**图 2-3　预付式消费投诉不同问题的总计投诉量**

3. 不同领域的投诉情况

预付式消费各不同领域的投诉中，生活服务领域的投诉最多，占各领域总投诉量的 37.17%（75 225 件）；其次是网络交易领域的投诉，占比 21.99%（44 499件）；再次是百货超市领域的投诉，占比 10.02%（20 278 件）。除此之外，教育培训领域的投诉占比 8.37%（16 949 件），电信领域的投诉占比 3.76%（7607 件），邮购领域的投诉占比 1.98%（4004 件），家居建材领域的投诉占比 1.30%（2641 件），商品房领域的投诉占比 0.57%（1144 件），其他领域的投诉共占比 14.84%（30 042件）。

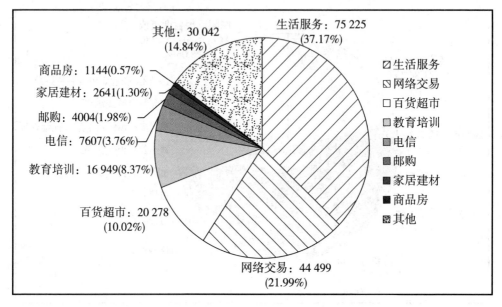

**图 2-4 预付式消费投诉涉及的不同领域的总计投诉量**

4. 不同省市的投诉情况

在 14 个省级行政区划中，广东省的投诉量最多，有 83 865 件；其次是江苏省，有 31 220 件；再次是浙江省，有 24 890 件。除此之外，其他省级行政区划投诉量为：上海市 16 436 件，湖南省 6366 件，重庆市 5949 件，陕西省 4533 件，吉林省 2180 件，安徽省 2044 件，广西壮族自治区 1982 件，贵州省 581 件，江西省 160 件。

在有统计数据的 8 个城市中，成都市的投诉量最多，有 17 395 件；其次是广州市，有 15 466 件；再次是青岛市，有 15 177 件。除此之外，统计中的其他城市按投诉量由高到低排列分别是：宁波市 14 010 件，南京市 9526 件，武汉市 8718 件，济南市 1584 件，西安市 781 件。

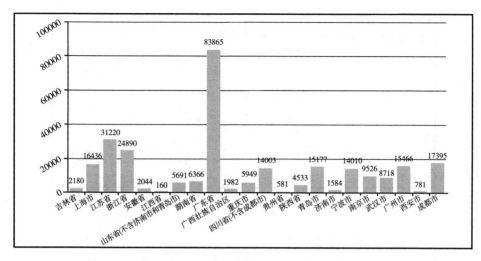

**图2-5  不同省市的投诉量总计**

5. 不同经营模式的投诉情况

在不同经营模式的预付式消费投诉中，实体店交易模式的投诉量最大，占各不同经营模式投诉总量的79.51%（160 928件）；其次是网络交易模式，占比20.49%（41 461件）。

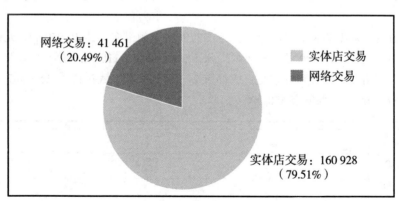

**图2-6  不同经营模式的投诉数量占比**

(二) 涉案金额情况

1. 不同经营模式涉案金额情况

在不同经营模式的预付式消费投诉中，实体店交易模式的涉案金额占涉案总金额的86.62%，共1007.01亿元；网络交易模式涉案金额占13.38%，共155.53亿元。

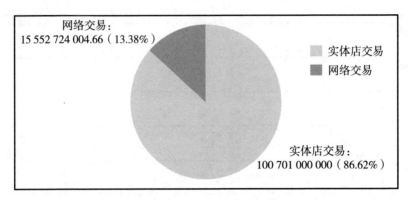

图 2-7　不同经营模式的投诉总金额占比

2. 不同省市的涉案金额总计

在有统计数据的 14 个省级行政区划中，山东省（不含济南市和青岛市）的涉案金额最多，共 51 669 894 元；上海市次之，共 49 168 770 元；浙江省再次，共 39 126 813 元。统计中的其他省级行政区划按涉案金额由高到低排列分别是：江苏省 37 328 835. 45 元，四川省 33 168 481. 3 元，湖南省 25 385 409 元，广西壮族自治区 19 103 526. 59 元，广东省（不含广州市）13 339 823. 05 元，安徽省 6 748 301. 5 元，吉林省 5 022 015. 2 元，重庆市 4 265 997 元，贵州省 4 194 130. 16 元，江西省 362 514 元。

在有统计数据的 8 个城市中，青岛市的涉案金额最多，共 45 950 154 元；其次是济南市，共 31 025 130 元；再次是广州市，共 30 633 110 元。统计中的其他城市按涉案金额由高到低排列分别是：成都市 24 314 569 元，武汉市 11 953 567 元，南京市 9 373 769 元，西安市 550 000 元。

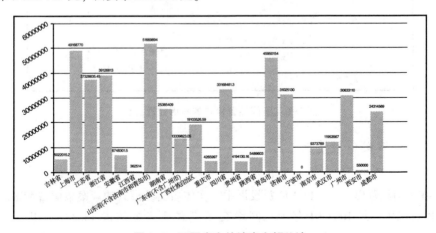

图 2-8　不同省市的涉案金额总计

3. 不同领域涉案金额总计

预付式消费各不同领域的投诉中，生活服务领域的涉案金额最多，占各领域总涉案金额的 70.16%（195 086 076 元）；其次是商品房领域，占比 11.94%（33 212 956.6 元）；再次是百货超市领域，占比 5.84%（16 249 707.76 元）。除此之外，教育培训领域占比 5.02%（13 949 067.13 元），网络交易领域占比 2.6%（7 240 848.7 元），家居建材领域占比 2.27%（6 314 589.2 元），电信领域占比 0.31%（867 327.55 元），邮购领域占比 0.03%（96 207.6 元），其他领域共占比 1.81%（5 042 619.34 元）。

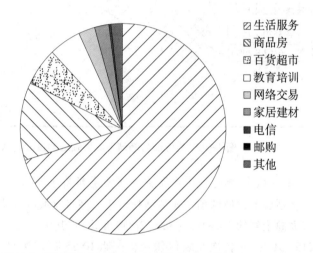

图 2-9　预付式消费投诉涉及的不同领域的涉案金额总计

## 二、细分市场的预付式消费现状（以生活服务领域与网络交易领域为例）

### （一）生活服务领域

1. 生活服务领域下具体领域的投诉情况

在生活服务领域的预付式消费中，健身领域的投诉量最多，占生活服务领域总投诉量的 32.89%（24 738 件）；其次是美容美发领域，占比 32.32%（24 311 件）；再次是餐饮领域，占比 8.20%（6167 件）。除此之外，洗浴领域占比 4.75%（3570 件），装修领域占比 4.15%（3122 件），洗车领域占比 3.88%（2918 件），洗染领域占比 2.57%（1936 件），家政领域占比 1.57%（1181 件），影院领域占比 1.20%

（900 件），加油领域占比 0.73%（552 件），送水领域占比 0.62%（464 件），其他领域共占比 7.13%（5366 件）。

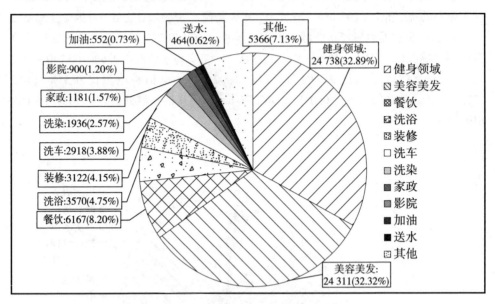

**图 2-10　生活服务领域下具体领域的投诉量总计占比**

2. 生活服务领域下具体领域的涉案金额情况

在生活服务领域的预付式消费投诉中，健身领域的涉案金额最多，占生活服务领域涉案总金额的 19.81%（38 652 389.8 元）；其次是美容美发领域，占比 19.08%（37 215 531 元）；再次是装修领域，占比 10.38%（20 245 246.1 元）。除此之外，餐饮领域占比 3.74%（7 293 040.53 元），洗浴领域占比 2.12%（4 145 235.9 元），家政领域占比 0.99%（1 931 918 元），洗染领域占比 0.89%（1 740 114 元），洗车领域占比 0.47%（911 819 元），加油领域占比 0.16%（307 669.25 元），影院领域占比 0.10%（192 868.63 元），送水领域占比 0.03%（57 988 元），其他领域共占比 42.23%（82 392 255.79 元）。

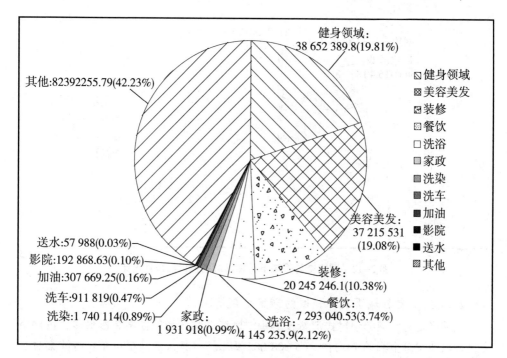

**图 2-11　生活服务领域下具体领域的涉案金额总计占比**

## （二）网络交易领域

1. 网络交易领域下具体领域的投诉情况

在网络交易领域的预付式消费中，共享单车的投诉量最多，占网络交易领域总投诉量的 58.07%（25 839 件）；其次是网络购物，投诉量占比 24.95%（11 101 件）；再次是网络游戏，投诉量占比 15.40%（6851 件）；复次是网约车，投诉量占比 0.84%（373 件）。除此之外，网络交易下其他领域的投诉量共占比 0.75%（335 件）。

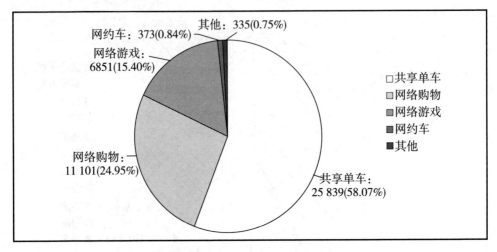

图 2-12　网络交易领域下具体领域的投诉量总计占比

2. 网络交易领域下具体领域的涉案金额情况

在网络交易领域的预付式消费投诉中，网络购物领域的涉案金额最多，占网络交易领域涉案总金额的 73.31%（5 308 083.91 元）；其次是共享单车，占涉案总金额的 15.85%（1 147 361.09 元）；再次是网约车，占涉案总金额的 3.01%（218 170.67 元）；复次是网络游戏，占涉案总金额的 2.81%（203 136.03 元）。除此之外，网络交易下其他领域的涉案金额共占总涉案金额的 5.03%（364 097 元）。

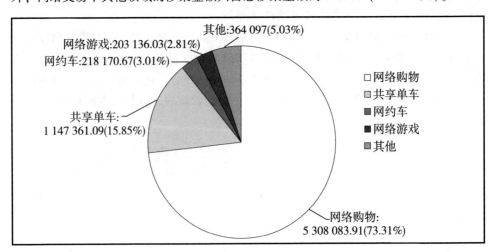

图 2-13　网络交易领域下具体领域的涉案金额总计占比

### 三、消协调解的情况

#### （一）不同问题消协调解的情况

在预付式消费各种不同问题的投诉中，针对消费者预付费不退或拖延处理的问题，消协调解成功的比例最高，达到 47.79%；针对不公平格式条款的问题，消协调解成功的比例最低，仅 32.31%。此外，针对店面转让消费者问题，消协调解成功的比例是 40.28%；针对倒闭、经营变更或卷款跑路问题，消协调解成功的比例是37.36%；针对虚假宣传或承诺的问题，消协调解成功的比例是 36.84%；针对其他问题，消协调解成功的比例是 54.58%。

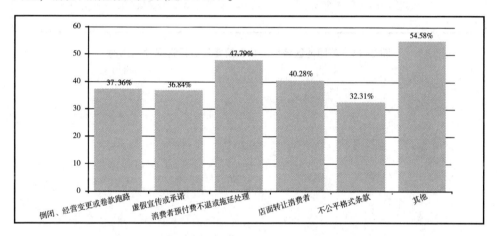

**图 2-14　不同问题消协成功调解案件占投诉案件的比例**

#### （二）不同地区消协调解的情况

在有统计数据的 14 个省级行政区划中，消协调解成功率最高的是重庆市，达到95.14%；其次是贵州省，达到 86.92%；再次是江西省，达到 81.25%。统计中的其他省级行政区划按消协调解成功率由高到低排列分别是：上海市 80.38%，广西壮族自治区 78.2%，四川省 75.39%，陕西省 74.06%，江苏省 74.04%，吉林省 65.55%，湖南省 63.84%，山东省 53.47%，浙江省 46.03%，安徽省 37.38%，广东省 21.4%。

在有统计数据的 8 个城市中，消协调解成功率最高的是武汉市，达到 99.81%；其次是成都市，达到 91.37%；再次是西安市，达到 70.55%。统计中的其他城市按消协调解成功率由高到低排列分别是：南京市 70.4%，济南市 53.91%，青岛市38.87%，宁波市 20%，广州市 7.58%。

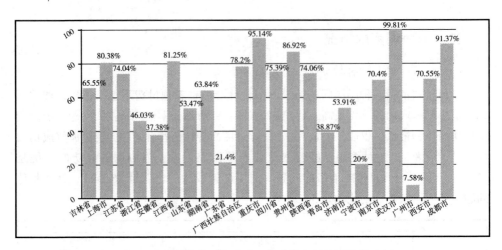

图 2-15　不同地区消协成功调解案件占投诉案件的比例

# 第三章　现有制度规范及问题分析

## 一、国家层面主要制度规范

目前针对预付式消费的法律法规中，在国家法律层面，一是《消费者权益保护法》第 53 条规定："经营者以预收款方式提供商品或者服务的，应当按照约定提供。未按照约定提供的，应当按照消费者的要求履行约定或者退回预付款；并应当承担预付款的利息、消费者必须支付的合理费用。"二是 2010 年 6 月 14 日，中国人民银行颁布了《非金融机构支付服务管理办法》，该办法将预付卡的发行与受理纳入非金融机构支付服务管理。[1] 该办法第 3 条规定："非金融机构提供支付服务，应当依据本办法规定取得《支付业务许可证》，成为支付机构。支付机构依法接受中国人民银行的监督管理。未经中国人民银行批准，任何非金融机构和个人不得从事或变相从事支付业务。"三是 2011 年 5 月 23 日，国务院办公厅转发人民银行监察部等部门的《关于规范商业预付卡管理意见》也属于对预付款实行管理的规范性法律文件，该意见规定：未经人民银行批准，任何非金融机构不得发行多用途预付卡。不记名商业预付卡面值不超过 1000 元，记名商业预付卡面值不超过 5000 元。记名商业预付卡不设有效期，不记名商业预付卡有效期不得少于 3 年。对于超过有效期但尚有资金余额的，发卡人应提供激活、换卡等配套服务。四是 2012 年商务部颁布的《单用途商业预付卡管理办法（试行）》（简称《管理办法》）。该办法界定了单用途预付卡和发卡企业，规定了备案制度，明确了预付卡的发行与服务以及资金管理等。但从实践来看，这个办法的落实极其不力，已经确定的各种制度还只存在于纸面上，基本没有得到执行，否则单用途预付卡的乱象也不至于如此突出并愈演愈烈。五是最高人民法院于 2024 年 6 月 6 日发布的《司法解释（征求意见稿）》，该解释对于处理预付式消费纠纷提供了明确的指导。其中，对于责任主体、退款责任、合同解释、格式条款无效、欺诈行为等方面作出了具体规定，有利于维护消费者权益，保障市场秩序的稳定。

---

[1]　王军："非金融机构支付服务法律监管比较研究"，西南政法大学 2011 年硕士学位论文。

## 二、地方主要制度规范

我国各地区对预付性消费的各类法规与监管方式，明显呈现出发展极不平衡的特点，大部分地区对该问题没有特别规定或仅进行概括性规定，而少数地区对此进行了专门立法，且建立了完整的监管体系。总体而言，我国各地区对预付性消费的规制主要包括如下部分：消费者权益保护条例、专门性规范、信用管理、行业规范。

### （一）消费者权益保护条例

在各地方消协的推动下，有十几个地方人大以地方性法规的形式出台了包含预付性消费规定的消费者权益保护条例。各地的消费者权益保护条例作为《消费者权益保护法》的配套法规，对预付款消费行为进行了细化规定，如针对以预收款方式提供商品或者服务的经营者的义务，设定了相应的法律责任。

1. 基本规定

各地区消费者权益保护条例中关于预付性消费的规定以概括性规定为主，主要包含三部分：其一，经营者以预收款方式提供商品或者服务的，应当与消费者明确约定经营地址、联系方式、商品或者服务的数量和质量、价款或者费用、履行期限和方式、安全注意事项和风险警示、售后服务、民事责任、争议解决等具体事项。消费者要求订立书面合同的，经营者应当与消费者订立书面合同；其二，经营者延期提供商品、服务的，应当在合理期限内告知消费者；其三，经营者不能按照约定提供商品、服务或者提供的商品、服务不符合约定要求，消费者要求退款的，经营者应当及时退款，不得无故拖延。

基于概括性规定的不足，有部分地区的消费者保护条例对预付性消费的规定进行了进一步的落实和细化，明确了责任主体、责任内容及责任承担方式，进一步加大了处罚力度。

在责任主体方面，多个地区的消费者权益保护条例规定经营者自营业执照核准登记之日起6个月后，方可发放单用途商业预付凭证，并对预付凭证进行了定义，规定单张记名预付凭证金额不得超过5000元，单张不记名预付凭证金额不得超过1000元。但是，有地区规定预付款存入第三方支付平台并且凭消费者指令支付的除外。此外，《湖北省消费者权益保护条例》还要求经营者向其工商登记注册地商务主管部门备案。

在责任内容方面，多个地区的消费者权益保护条例规定，经营者应当在一定期间内保存合同及其履行的相关资料。在预付凭证的使用期限届满后，经营者应当退还预付款余额或者延长使用期限，并不得收取额外费用。还有多个地区的消费者权益保护条例规定，经营者未履行约定的，应当按照消费者的要求履行约定或者退回预付款及其利息，并承担消费者必须支付的合理费用。另外，有地区规定，消费者因客观原因需要转让预付凭证的，经营者应当允许，并不得收取额外费用。此外，《河北省消费者权益保护条例》还规定消费者可通过通知经营者的方式转让预付凭证，且可以对预付凭证要求挂失。《陕西省消费者权益保护条例》则规定经营者对超过有效期但尚有资金余额的预付卡，应提供激活、换卡等配套服务。

在责任承担方式方面，多个地区的消费者权益保护条例规定承担责任的方式包括警告、责令改正及3万元以下罚款。此外，《甘肃省消费者权益保护条例》规定，骗取预收款应增加赔偿，金额为消费者购买商品价款或者接受服务费用的3倍；不足500元的，按500元赔偿。

2. 制度引入

除了责任制度的细化外，各地方的消费者权益保护条例中也不乏新制度的引入，如《江苏省消费者权益保护条例》及《河北省消费者权益保护条例》中建立了预付款的资金存管制度，规定经营者应当在商业银行开立预收款资金存管账户，在经营场所定期公示预付凭证资金总量和使用情况。此外，《江苏省消费者权益保护条例》中还引入了预付金担保制度，规定经营者应当对其发放的单用途预付卡向消费者提供担保。与之类似的《河北省消费者权益保护条例》中鼓励经营者购买单用途商业预付凭证履约保证保险。《江苏省消费者权益保护条例》还在全国率先在预付式消费领域引入"冷静期"制度，赋予消费者"后悔权"，使消费者可以在15日内无理由退款，给消费者带来重大福利。

3. 授权行为

消费者权益保护条例中还包括授权行为，如《湖北省消费者权益保护条例》授权省人民政府商务主管部门会同有关部门建立统一的单用途商业预付卡协同监管平台，归集经营者单用途商业预付卡发行、兑付、预收资金等信息，加强对单用途商业预付卡经营活动的监督管理和风险控制。《黑龙江省消费者权益保护条例》授权工商行政管理部门制定预付款合同范本。《江苏省消费者权益保护条例》和《上海市消费者权益保护条例》还授权地方政府制定预付式消费管理细则，为不同层级的法规做好了承接工作。

综上所述，这些规定有助于预付性消费中消费者的权利保护，但总体而言仍存在空白较多、力度较弱、监管和维权中可操作性不强等问题，造成很多经营者对地方性法规充耳不闻、相关执法部门互相推诿，造成有法难依的现象，给消费者维权带来了困难。

（二）专门性地方性法规

1. 上海市

2018年上海市人大常委会通过了《上海市单用途预付消费卡管理规定》，这是国内首部规范单用途预付消费卡的地方性法规。其中对预付式消费的规定包括两大部分。其一，对预付式消费经营行为实施全过程监管。事前，明确预付式消费资质门槛。凡拟推行预付式消费的，必须进行备案登记，不进行备案登记的，应视同违法违规行为予以处罚；事中，严格落实经营者信息填报制度，不按规定填报业务报告或填报过程中弄虚作假的，应视同违法违规行为予以处罚；事后，对严重失信的经营者采取相应的信用惩戒措施。其二，对预付式消费经营行为实施协同性监管。建立统一的协同监管服务平台，通过协同监管服务平台，可查询经营者基本信息、预收资金风险防范措施以及所持单用途卡余额、信息对接等情况，与本市事中事后综合监管平台、公共信用信息服务平台、相关投诉举报平台等信息系统实现互联互通。上述规定有助于克服领域受限造成的监管空白，解决信息失真带来的监管失败，变"被动监管"为"主动预警"，变"单边管理"为"多边共治"，构建对预付式消费经营行为监管的系统信息对接、资金风险防控、信用管理、社会共治的全方位、协同性管理框架。

2. 北京市

在《上海市单用途预付消费卡管理规定》出台之后，北京市人大常委会于2021年11月26日通过并公布了《北京市单用途预付卡管理条例》，自2022年6月1日起施行。该条例主要从以下方面对预付式消费进行规定：

第一，就预付卡的管理而言，要求各部门进行协同监管，以加强对预付式消费的源头治理。其中，市、区人民政府应当加强对预付卡监管工作的领导；街道办事处、乡镇人民政府应当依法做好本辖区预付卡监督管理相关工作；市场监督管理部门负责本条例实施的统筹、组织和协调工作；教育、科技、民政、人力资源和社会保障、城市管理、交通、水务、农业农村、商务、文化和旅游、卫生健康、市场监督管理、体育等行业主管部门按照职责分工，负责本行业、本领域预付卡的监督和管理工作；行业主管部门不明确的预付卡，由市人民政府指定相关部门负责监督管理工作；公安、地方金融监管等部门按照各自职责，做好预付卡监督管理相关工作；行业主管部门及其他相关部门应当加强对有关法律法规的宣传，运用政策解读、案例剖析和风险分析等多种方式，向消费者、经营者宣传注意事项，提示预付卡兑付风险；行业协会、商会应当加强本行业、本领域的自律管理、自我约束，引导会员依法、合规发行预付卡；消费者协会应当对违反本条例规定损害消费者合法权益的行为依法进行社会监督。

第二，对单用途预付卡的发行及兑付进行规定，充分保障消费者权益。例如，经营者在发行预付卡和办理续卡时应遵循诚实守信义务，应对收集的消费者个人信息严格保密，并应当向消费者出具载明风险提示等内容的凭据；消费者享有了解经营者备案及预收资金存管情况，向经营者全面了解预付卡所兑付的商品或者服务内容、数量和质量、价格和费用、有效期限、余额退回、风险警示、违约责任、争议解决等信息，自主决定购买预付卡等权利；经营者制定的格式条款、通知、声明、店堂告示、消费者须知等不得包含概不退款、不补办、解释权归经营者等对消费者不公平、不合理的规定；格式条款、通知、声明、店堂告示、消费者须知等包含本条前款规定内容的，其内容无效。

第三，就预付式消费建立专门制度，有针对性地解决现有问题。该条例规定：经营者发行预付卡超过一定数量、金额规模的，应当将名称、经营场所自有或者租赁、租期等信息准确、完整地向行业主管部门备案；经营者发行预付卡未超过一定数量、金额规模的，可以向行业主管部门自主备案。本市建立预付卡服务系统，为经营者备案、消费者查询等提供便利。本市建立预付卡预收资金存管制度。市地方金融监管部门建设预付卡预收资金存管信息平台，明确存管银行接入标准，规范存管服务，归集开展存管业务的存管银行报送的资金存管信息。

## （三）地方政府规章

2020年12月20日，江苏省经省人民政府第73次常务会议讨论通过了《江苏省预付卡管理办法》以加强单用途预付卡管理，该办法自2021年4月1日起施行。

其中对预付式消费的规定包括以下内容：首先，就单用途预付卡自发卡至使用过程中可能存在的问题，该办法进行了回应。其一，凡拟通过单用途预付卡推行预付式消费的，必须就经营者名称、注册资本、以发行预付卡方式提供的商品或者服务的名称、预收资金、担保情况等信息进行备案登记，并为消费者提供查询备案信息的途径。其二，经营者发行预付卡，应当依法采取抵押、保证等物或者人的担保方式，就发行的预付卡总金额向消费者提供担保，并鼓励保险等金融机构开展产品创新和技术创新，为经营者提供担保或者保险服务；同时，推动建立预付资金存管制度。其三，经营者在发行和兑付预付卡时，不得设定不公平、不合理的交易条件，不得强制交易，不得无偿占用预收资金余额，不得作虚假或者引人误解的宣传，并应当与消费者明确约定商品或者服务的数量和质量、价款或者费用、履行期限和方式、安全注意事项和风险警示、售后服务、民事责任等内容；并且，经营者应当建立方便、快捷的预付卡消费争议处理机制，与消费者以协商等方式解决预付卡消费争议。

其次，该办法通过建立系统或制度以实现监管预付式消费的目的。其一，该办法要求根据推进预付卡管理工作需要建设具备业务管理、资金监管、信息披露查询、异常监测预警等功能的预付卡管理服务平台，并与一体化在线政务服务平台、公共信用信息系统等平台对接，实现全方位协同监控。其二，江苏省积极建立预付卡风险警示制度，并要求行业主管部门对存在未依法备案、不符合资金保障要求、未按照本办法履行告知义务、未按照规定或者约定继续履行提供商品或者服务的承诺或者退回预收资金余额等情形的经营者实施风险警示。

### （四）行业规范

在立法和政府监管之外，部分地区也尝试发挥行业自律作用。

#### 1. 上海市

上海市对此方面问题进行了一定探索，主要包括两个方面。其一，制定和推广预付式消费相关行规、行业合同示范文本。通过该举措，行业协会发挥了其在政府和市场间的桥梁作用，配合政府增加对预付式消费领域的规则供给，通过制定推广预付式消费相关行规、行业及合同示范文本，明确预付式消费限定金额及支付方式、双方权责、退费办法、违约责任、争议解决途径等具体内容，为引导商家规范经营和保护消费者权益打好了基础。其二，加强预付式消费相关行业信用评价和诚信体系建设。通过该举措，行业协会发挥了其作为自律自治组织的平台优势，探索建立预付式消费相关行业信用承诺制度、行业信用信息归集制度、行业信用评价制度、行业信用黑白名单管理制度，引导预付式消费相关行业经营者规范经营、良性竞争。

#### 2. 江苏省

江苏省消费者协会、省美发美容协会联合发布《美发美容预付费消费卡发售企业自律公约》。江苏省消费者协会、省美发美容协会六月正式发布省内首份《美发美容预付费消费卡发售企业自律公约》，规定加入公约的单店企业（包括加盟店），按照实际经营规模缴纳保证金1万元至5万元不等，而连锁企业则按照门店交纳售卡保证金，保证金由连锁企业合并交纳。发生纠纷，消费者可以向美发美容协会申请退赔，保证金先赔付。公约还规定，美容美发卡将设15天的"后悔期"，在后悔期内消费者可以退卡。另外，细则中明确，消费者可以凭本协会、消费者权益保护组织、行政管理部门的"消费纠纷调解书"或仲裁机构、司法部门的"裁决书"向美发美容协会申请退赔。

常州市美发美容协会发布《诚信联盟企业自律公约》。为进一步维护市场秩序，加强行业自律，规范企业行为，常州市美发美容行业协会制定了诚信联盟企业自律公约。其中明确要求企业发售预付金消费卡应当向常州市美发美容行业协会交纳一定数额的售卡保证金。交纳保证金单位统一悬挂"交纳预付卡保证金单位"牌匾，售卡保证金的交纳、使用和管理细则另行制定。售卡入盟企业因服务质量、产品质量问题或权利、义务发生变更、终止等原因造成消费者权益损害的，入盟企业又不履行或无法履行退款、赔偿义务的，诚信联盟可以启用保证金向消费者退赔并承担连带责任。入盟企业实行"先行赔付"制度。当消费者的合法权益受到损害时，经明确是经营者责任的，诚信联盟可以启用保证金向消费者进行赔偿。

苏州消保委消协组织联合银行、电信运营商推广银行消费卡。苏州市消保委为杜绝预付式消费侵权行为的发生，以美容美发行业为试点行业，积极探索建立预付费式消费中的付费管理制度，建立美容美发行业和谐消费商户联盟组织，在和谐消费商户联盟组织中推广使用"和谐消费卡",开创性地对服务领域预付卡经营行为的监管做出了有益的探索。苏州消保委主动牵手第三方中国移动、中行合作,对和谐消费商户发的预付卡,实行第三方托管模式。这种引入第三方付费储存卡付费管理的制度,可以更好地防止经营者突然卷款潜逃,给消费者带来损失,可以更好地解决由此带来的群体投诉问题,还可以更好地提升经营者的社会影响力,促进自身的发展。

3. 宁波市

宁波市消保委在广泛征求各方意见的基础上制订了《宁波市商业预付卡消费争议暂行处理办法》。慈溪市消保委会同工商部门,引入第三方网站(慈溪消费网),实行网络信用备案制,在网站专门设立预付卡栏目,将发售预付卡经营户(企业)的名单在网站中进行公布,接受社会各界的监督。海曙区天一广场消保委分会(工商所),利用合同备案制度,对辖区70多家发售预付卡的企业和个体工商户进行登记,要求其签订《天一商圈预付式消费卡经营承诺书》;明确相关规定,特别是对暂停营业,需要迁址、注销或者转让经营的情况,进行了有效约定,从而很好地解决了预付式消费中商家携款逃跑的问题。

我国在行业自律方面的探索刚刚进入制度架构及实施阶段,其效用还有待市场的反馈和验证。但值得肯定的是,这类尝试可以从其行业自身特点入手,提出针对性强、具体可操作的行为规范。相信这类尝试会对本地区培训行业的规范和预付费消费问题的解决有积极的促进作用。但是,这类尝试只是针对行业内的行为规范,并不具备普遍约束力;其主要是从经营者角度进行了权利义务责任的规定,难免不能彻底解决预付式消费中的问题。

(五)信用管理体系

如洛阳消协施行的《消费维权信用信息管理办法》,将企业失信信息公开推送至洛阳市政府信用信息综合平台及第三方征信机构进行信用档案录入和披露,将该企业纳入全市信用联合惩戒。"信用联合惩戒"这一新的消费监督手段,将投诉数据转化为信用评价,充分发挥了消费信用对不良商家的威慑和惩戒作用,同时也有助于对广大消费者进行消费教育,提醒其审慎选择预付式消费。

江苏省宿迁市从2016年就开始积极探索将侵害消费者权益行为纳入社会信用体系建设框架的模式,并制定出台了《宿迁市侵害消费者权益失信行为惩戒办法》和《宿迁市侵害消费者权益失信行为认定办法》等。对经营者的严重失信行为,除列为"黑名单"公开曝光之外,还将依据有关规定推送至市信用中心,对失信行为人的信贷、担保、融资等金融活动,以及某些政府公共服务项目活动、工商登记等方面进行联合限制。这样的无缝对接,使得经营者违法成本加大,起到了很好的震慑作用,宿迁市内预付式消费投诉处理率得到显著提高。

2015 年以来，深圳市消委会积极探索运用消费维权信用监督手段加强消费者权益保护工作，取得了初步成效。一是初步建立消费维权信用信息与企业信用关联机制。制定了《深圳市消费者委员会消费维权信用信息管理办法（试行）》，对消费维权信用信息的征集、分类、推送、管理、使用等方面进行专门规定。在深圳市公共信用中心的支持下，消费维权信用信息在深圳信用网实行"双展示"，即在深圳信用网首页专门开设"消费维权信用"专栏，公布由消委会推送的投诉情况、严重侵害消费者合法权益案件、合同条款点评、比较试验、消费体察等各项消费维权工作信息，与消委会信息发布实现同步；同时在企业"基本信息"中设置"消费提示"子信息，发布对应企业的投诉情况信息、侵权简况、比较试验得分、消费调查结果等信息。二是探索将投诉处理数据转变为信用评价。消委会在"315消费通"建立消费维权信用评价模型，充分发挥其作为消费者大数据入口的优势，试行将投诉数据按一定规则转化为信用分值并引入消费者评价的制度，让每一宗投诉案件、每一条消费者评价成为经营者信用信息的来源。其探索逐步建立经营者的消费维权信用档案，通过互联网方式传播，引导消费者选择诚信经营者，让诚信得到回报，让失信受到惩罚。

## （六）诉讼支持

根据《消费者权益保护法》第 37 条第 7 款规定："就损害消费者合法权益的行为，支持受损害的消费者提起诉讼或者依照本法提起诉讼。"预付性消费长期以来是投诉热点和难点，为了探索解决预付性消费纠纷新途径，各地区消保委（消协）均尝试从支持消费者提起诉讼入手，在精细化、专业化上进一步发力，为消费者提供更专业更全面的维权服务。

如 2018 年 8 月 23 日，江西省消费者权益保护委员会指派了一位公益律师作为两位消费者的代理人，将已经关门、拒绝退还预付卡卡内余额的"南昌海之味海鲜城"诉至南昌市东湖区人民法院。最终，被告当场向消费者致歉并退还卡内余款。这是江西省消保委首例支持消费者诉讼案件，本次诉讼的发起，是省消保委主动发挥社会力量和司法力量的联动作用、运用法治思维、为日后建立诉调对接工作机制所进行的积极探索和有益尝试，让消费者维权更有底气。

从该类诉讼入手，消保委（消协）将联合司法机关建立诉调对接工作机制，以期实现司法机关与消保委（消协）资源共享、消费纠纷解决机制功能互补。此做法既能有效发挥消保委（消协）的职能作用，又能对司法机关依法公正、高效审理消费纠纷案件产生积极影响，有望最终实现降低消费维权成本、提高消费维权效能、共建和谐维权环境的目的。

# 第四章　本书研究背景及研究内容

## 一、研究背景

从前述分析可以看出，随着我国社会主义市场经济的发展，预付式消费这一新兴消费方式在娱乐健身、教育培训、美容美发、餐饮零售等行业被广泛应用，并呈现出涉及行业范围越来越广的趋势。预付式消费由于既有利于经营者筹集资金、稳定客户、抢占市场份额、提高市场竞争力，也有利于消费者享受价格优惠的商品和服务，方便结算，而且对扩大内需、刺激消费、繁荣市场具有积极意义而迅速普及，且通过单用途预付卡、多用途预付卡等形式集中体现。[1]

然而，随之而来的侵权现象及问题纠纷也逐渐增多，各地有关预付式消费的投诉量居高不下。除上述中消协的统计数据外，根据北京市的统计，2020 年全市单用途预付卡消费投诉共 17 万件。其中，教育培训领域 12 万件，投诉量是 2019 年的 10 倍；体育健身、美容美发等行业 5 万件，投诉量是 2019 年的 6 倍。同时，根据中国消费者协会 2015 年~2021 年上半年已公布的《全国消协组织受理投诉情况分析》，近年来预付式消费纠纷存在以下表现形式：

第一，经营者主体资格不合法。经营主体合法性的通常表现形式是，商家具有并展示各类经营证件以及其出售商品或服务的价格等信息。然而，经营主体的合法性往往最易被消费者忽视。[2]在预付式消费市场中，很多商家并未有效取得合法经营资格便先行发放预付卡或办理充值会员，该行为存在后期无法正常登记、运营的风险。

第二，经营者不与消费者签订书面合同。[3]经营者在为消费者办理预付费凭证时无书面合同、仅以一卡为证，在履行合同时无记录或仅有单方面记录。对预付款的用途、商品或者服务的数量和质量、合同履行期限和方式等没有约定或约定不明确的情形，极易引起消费纠纷。在事后主张权利时，因缺少相应的书面证据，消费

---

〔1〕 孙林美：“预付式消费现象及管理对策研究”，载《市场周刊（理论研究）》2016 年第 2 期。

〔2〕 陈音江：“预付费消费与消费者权益保护问题探析”，载《中国市场监管研究》2019 年第 3 期。

〔3〕 “董祝礼：推动预付式消费立法　切实保护消费者合法权益”，载人民网，http://consume. people. com. cn/n1/2019/0315/c425315-30978688. html，最后访问时间：2022 年 1 月 4 日。

者常常遭遇举证难、索赔难的困境。

第三，经营者虚假宣传，随意降低服务质量，且承诺兑现难、办卡容易退卡难。部分经营者在营销预付卡过程中，以免费体验、高额折扣、上乘服务等各种优惠为诱饵吸引消费者，但当消费者购买预付卡后，却发现经营者以优惠期届满、消费额度不足、特约人员不在、服务方式更新等各种理由不予兑现原本的服务承诺，或者予以推脱，态度与办卡前截然相反。部分经营者还擅自改变预付卡使用范围、履约方式、消费价格或优惠条件，且未有效告知或征得消费者同意，甚至拒绝给消费者退钱或扣除消费者高额违约金。[1]

第四，经营者利用不公平格式条款限制预付卡的使用期限、排除消费者退卡权利，甚至强制消费等。由于经营者在市场中通常具有相对优势地位，其可以利用双方的信息不对称，在预付卡或相关合同上注明一些不公平格式条款，诸如"本卡不得退卡转让""余额过期作废""本公司拥有最终解释权""本公司有权单方面解约"等，限制、排除消费者的合法权益。部分经营者还借用补充条款设置陷阱，采取"饥饿式"营销、"洗脑式"宣传等手段，或抓住消费者不仔细阅读合同的习惯，诱导消费者冲动、快速签约，若事后发生纠纷，消费者往往维权困难。[2]并且，当消费者要求经营者就合同条款进行解释时，经营者通常进行任意解释。如顾客要求退回只使用了一半期限的健身卡中的余额，本以为使用了一半期限至少能退还一半预付费，结果几经交涉后虽然经营者同意退款，但按照经营者的计费方式三算两算之后，不但消费金额没有剩余，反而消费者还欠一大笔费用，搞得消费者哭笑不得。[3]

第五，经营场所发生关门、歇业、易主、变更经营场所时，消费者追债难。大量市场实践发现，经营者在停业、歇业、转让或变更经营场所后，常常未对债权债务进行妥善处理就自行终止服务，且对消费者的合理诉求置之不理。例如，当经营者转让业务之后，接管的经营者往往不接纳前会员，从而导致消费者财产损失。案例中健身休闲中心在变更经营主体后，承受其权利义务的新经营主体却否认了之前所有的会员资格，因而王先生等人也失去了其应享受的权利，消费者权利被凭空剥夺更加凸显了其在市场交易中的劣势地位。[4]

第六，经营者诚信难保证。在各种预付式消费问题中，资金安全风险最为突出。

---

〔1〕 国际商报："预付消费纠纷频发消费者权益受侵害"，http：//epaper.comnews.cn/xpaper/news/49/591/3020-1.shtml，最后访问时间：2022年1月4日。

〔2〕 国际商报："预付消费纠纷频发消费者权益受侵害"，http：//epaper.comnews.cn/xpaper/news/49/591/3020-1.shtml，最后访问时间：2022年1月4日。

〔3〕 赵云："我国预付费消费合同法律规制探析——以消费者权益的法律保护为视角"，载《中国政法大学学报》2013年第2期。

〔4〕 包哲钰、罗彪："论预付费消费中的消费者权益保护"，载《西部法学评论》2011年第2期。

一些经营者利用低价折扣等方式诱导消费者支付高额预付款，若消费者未带足够费用，其甚至主动跟随上门取钱，其后在不事先告知消费者的情况下突然关门停业、携款潜逃。这些人中有的是因为经营不善、资金链断裂，深陷财务危机；有的则是故意设圈套、蓄意骗取消费者钱财，一旦得手便卷款走人，涉嫌诈骗。[1]消费者发现时，已人去楼空，难以追索。

第七，消费者信息安全难以得到保障。在办理预付卡的过程中，有些行业如健身房、大商场、教育培训机构等的经营者，常会索取消费者个人信息。其中，不仅有与经营业务相关的信息，也有一些更为敏感的无关信息，如收入、血型、个人喜好等。对于这些信息，有些经营者未加以妥善保管，或者将其出卖转让，造成消费者个人信息泄漏。[2]不少消费者反映，自从办理预付卡后，经常有人打电话推销商品，致使消费者的工作和生活受到严重干扰。

此外，在数字经济发展的背景下，通过电子化方式进行预付式消费的兴起虽为经营者和消费者带来了便利，促进了数字经济的繁荣，但也进一步加剧了传统预付式消费中已经体现出的问题，应当予以重视和解决。然而，现有规范和监管方式存在可操作性不强、监管效果差等局限性，有关制度和监管体系的建设亟待推进。

## 二、研究内容

基于对已有研究的总结，本书讨论的预付式消费主要是指消费者向商品或服务的提供者或第三方机构预先支付一定的资金，并获取支付凭证（如卡、券等），此后根据该凭证享受按次或按期的商品或服务，而商品或服务的供给方或第三方机构则从消费者预先支付的资金中扣除相应金额作为营业收入的消费模式。"预付式"这一交易模式具有双向的特点，即消费者以预先支付款项作为交易条件，从而获取经营者的优惠待遇；而经营者虽面向消费者让利以获取消费者预先支付的价款，但其获得的款项能为其带来充足的资金流，并且稳定了客户群。因此，在"预付式"交易模式中，消费者和经营者均从中获得了利益，而这一利益基础也正是"预付式"能广泛应用的前提。[3]对此，本书认为，"预付式消费"虽定义为"消费模式"，但这是从消费者角度出发进行的定义，而在其双向的交易特点下，我们应当充分考虑交易双方的利益需求，因此应当认为本书实际研究对象为"预付式交易"，

---

〔1〕　中国青年报："预付消费竟成不法商家'吸金利器'"，https：//baijiahao.baidu.com/s？id=1663290520738152559&wfr=spider&for=pc，最后访问时间：2022 年 1 月 4 日。

〔2〕　新京报："超 7 成网购参评受访者遭遇'默认好评'"，https：//baijiahao.baidu.com/s？id=1628098175089760539&wfr=spider&for=pc，最后访问时间：2022 年 1 月 4 日。

〔3〕　杭州市市场监督管理局："关于《杭州市预付式消费交易管理办法（征求意见稿）》起草的有关说明"。

即经营者以预收款方式向消费者提供商品或者服务的经营行为，但不包括：使用由人民银行监督管理的多用途商业预付卡的；使用按照国家规定在商务部门备案的集团发卡企业、品牌发卡企业或者规模发卡企业发售的单用途商业预付卡的；供电、供水、供气以及动力燃料销售企业，以预收款方式向消费者提供商品或者服务的；使用一次性兑付特定商品或者服务凭证的。

在预付式消费中，预付卡是一种较为普遍的交易凭证。本书认为，预付卡是经营者在预付式交易中向消费者提供的以传统卡、券等为载体的实体卡和以密码、图像、生物特征信息等为载体的虚拟卡等预付凭证。根据已有研究以及我国现有的相关规定，预付卡主要分为：多用途预付卡和单用途预付卡。多用途预付卡，由第三方中介机构（非金融专营机构）负责发放，可以跨地区、跨行业、跨企业使用，发卡人的资质与发卡经营活动，由人民银行进行监管。单用途预付卡由企业发行，只能在该企业或同一品牌连锁企业购买商品、服务。[1] 在单用途预付卡中，又可以按发行企业的特点划分为商业企业的预付卡、非商业企业预付卡。单用途商业企业的预付卡只限定企业，不限定所购商品、服务的种类，这类卡的规制由商务部门负责。单用途非商业企业预付卡，通常限定消费者购买约定的商品或服务种类。本书的研究对象主要为这一分类下的单用途非商业企业预付卡及其带来的预付式消费的问题，不包括多用途预付卡及其相关问题的研究，同时对单用途商业企业预付卡的研究所占比重较小。

在定义明确的基础上，为了探索出适合我国经济发展现实和具体国情的预付式消费监管模式，本书将主要从以下几方面进行研究：一是通过借鉴域外立法经验，分析对比保险和保证金制度、先行赔付制度、建立预付卡交易数据库、公开格式合同模板、严格的信息披露制度等制度安排，探索出适合我国市场的制度设计。二是针对预付式消费合同、保证金、税务等交易过程中的重要问题，分析构建法律关系识别体系，并在此基础上完善我国预付式消费监管体系。三是从信用立法、行政监管、司法救济和社会监督等多角度出发，通过理论分析和实践成果总结，构建出一套既与国际先进立法接轨，又符合我国当前实际情况的预付式消费全方位监管模式，以切实规范经营者行为，保障消费者合法权益，促进我国预付式消费的发展。

---

〔1〕 陈沛："预付式消费：本质、问题与治理——兼评《上海市单用途预付消费卡管理规定》"，载《北方金融》2019年第1期。

# 第二编　域外经验借鉴

预付式消费作为一种新的经营和支付模式，其最早起源于美国，随后在欧洲、日本、加拿大魁北克省等国家和地区逐渐兴起。一般情况下，各司法辖区的预付式消费制度既包括对单用途预付卡的规制，也包括对多用途预付卡的规制。如日本《资金结算法》按发行和兑现方式将预付式消费卡分为单用途预付卡和多用途预付卡；欧洲中央银行在定义预付式消费时也使用了"多用途支付"这一概念来与单用途预付进行区别。因此，本编将各司法辖区对单用途与多用途预付卡的监管制度统称为预付式消费监管制度，然后分而述之。

# 第五章 美 国

预付式消费最早出现在美国，起初以单用途预付卡的形式出现。在 20 世纪 70 年代早期的美国，大学校园卡和交通卡的出现标志着单用途预付卡的起源；80 年代后期，电话预付卡开始在美国的大中城市出现，单用途预付卡日益流行。多用途预付卡的出现是在 90 年代早期，政府发行的电子福利卡开始代替纸质的粮票发放给有需要的人们。预付卡在 90 年代中期以礼品卡的形式开始发展，首先是由 Kmart 等零售商发行的单用途礼品卡，后多用途礼品卡也伴着电子科技的发展而来。[1] 多用途预付卡系统覆盖面更广，通过使用 ATM 网络，可以给顾客提供更多的支付地点，使支付方式多样化、多元化。继多用途礼品卡之后，公司员工费用卡、"激励"卡、汇款卡、医疗卡等各类多用途预付卡纷纷涌现。

## 一、预付式消费的定义及分类

美国对于预付式消费的规制也集中体现在其对于预付卡的管理中。预付卡在美国被称为储值卡（stored-value cards）。美国存款保险公司（FDIC）在《关于非传统的存款机构开展预付卡储值融资活动的意见》中，将预付卡定义为以取代现金为目的的、在小额经常性交易中使用的支付卡，同时，将预付卡按发卡机构分为两类：商业企业发行的预付卡（封闭式系统）和银行机构发行的预付卡（开放式系统）。[2]

在美国，预付卡作为最新的非现金小额支付手段，广泛地包括了各种无独立对应账户的预付卡；即使有银行账户，一般也是公共账户，而非私人账户。目前，从使用领域来看，除了各种单种用途卡，还包括礼品卡、储值卡、青少年卡[3]、雇员激励卡、灾难救助卡、薪水卡等，可见美国的预付卡与社会生活联系紧密，早已不满足于购物支付的需求了。现在，美国预付卡产品的开发主体大多是商业银行，其中包括花旗银行、美洲银行、美国银行及摩根大通银行。不断创新的预付卡产品是商业银行重要的利润来源。

美国亦有商业预付卡。最普遍的是礼品卡，该类卡可以在销售点情报管理系统

---

〔1〕 杨爽："我国商业预付卡法律规制研究"，重庆大学 2013 年硕士学位论文。

〔2〕 郭立瑞："单用途预付卡发行使用法律规制研究"，河南师范大学 2013 年硕士学位论文。

〔3〕 何敏："中国预付卡市场研究与风险分析"，西南财经大学 2011 年硕士学位论文。

（POS）终端使用。在美国，超过95％的人使用过礼品卡[1]。

礼品卡的适用范围为一些特别的商店或连锁商店，如书店或衣服零售店。这种礼品卡分为一次性使用卡和充值卡两种[2]。一次性使用卡在市场上比较普遍，其不是由金融机构发行，而是由一般的商业企业发行。发卡商业企业不会也不能收集购卡人和受赠人的任何信息。虽然有些发卡商业企业会收取一定的交易费用，但不收取任何费用的发卡商业企业占绝大多数，这类企业也没有对礼品卡的到期日进行限制。[3]商业企业发行礼品卡通常是为了鼓励消费者去该企业消费，或是为了留住消费者。充值卡通常都有"Master""VASA"标志，这种卡的使用范围广于一次性使用卡，并且通常由金融机构发行并对其收取交易费用和维护费用[4]。

## 二、立法情况

美国没有特定的立法专门对预付式消费的相关事项进行规制，其规定多数散见于一些相关的法律文件，如1950年的《联邦存款保险法》（The Federal Deposit Insurance Act，FDIA）、1978年的《电子资金划拨法》（Electronic Fund Transfer Act，EFTA）及其实施细则《E规则》（Regulation E）、2006年的《礼品卡指导意见》（Gift Card Disclosures：Guidance on Disclosure and Marketing Issues）和2009年的《2009年信用卡业务相关责任和信息披露法案》。《联邦存款保险法》涉及预付卡的规制，但并非所有预付卡都能适用该法。联邦存款保险公司（FDIC）认为，潜在于预付式支付工具（Stored-value products）中的资金，只有在已寄存在联邦保险的存款机构（federally insured depository institution）的情况下才能被视为"存款"。而且符合条件的预付卡往往是开放式预付卡，一般不包括商业企业发行的预付卡。《电子资金划拨法》及《E规则》旨在规范通过电子系统转移资金的行为，但没有将全部预付卡纳入监管机制之中，只对在金融机构设有账户的预付卡进行规制。[5]《2009年信用卡业务相关责任和信息披露法案》旨在对信用卡经营机构的行为予以进一步规范，涉及与礼品卡相关的消费者保护问题。[6]《无主财产法》规定，无人认领财产的持有人在尝试寻找所有者未果的情况下应将此财产上交各州政府保管。[7]如此

---

[1] 刘迎霜："商业预付卡的法律规制研究"，载《法商研究》2012年第2期。

[2] 刘迎霜："商业预付卡的法律规制研究"，载《法商研究》2012年第2期。

[3] 刘迎霜："商业预付卡的法律规制研究"，载《法商研究》2012年第2期。

[4] 杨爽："我国商业预付卡法律规制研究"，重庆大学2013年硕士学位论文。

[5] 王建文："我国预付式消费模式的法律规制"，载《法律科学（西北政法大学学报）》2012年第5期。

[6] 张德富："浅议支付机构预付卡业务监管制度的完善——以消费者权益保护为视角"，载《金融会计》2015年第3期。

[7] 方赛飞："商业预付卡持有人权益保护问题的研究"，浙江大学2014年硕士学位论文。

可以对忘记使用卡中余额的消费者的利益进行保护。《电子资金划拨法》以保证非银行汇款业务的安全和稳定为宗旨，而并非对预付卡进行直接规制。[1]《礼品卡指导意见》（Gift Card Disclosures：Guidance on Disclosure and Marketing Issues）中就"消费者披露"（Consumer Disclosures）作了规定，详细规定了"disclosures on gift cards"（礼品卡披露）和"disclosures accompanying gift cards"（随礼品卡披露）两项内容。

在美国，商业预付卡作为一种金融工具，由《电子资金转账条例》（以下简称《转账条例》）进行规范管理。也就是说，《转账条例》为商业预付卡各方的权利、义务和责任提供了一个基本框架。美国于 2009 年 5 月 22 日出台的《信用卡责任、义务和信息披露法案》（以下简称《信用卡法案》）第 401 节对《转账条例》进行了修订，对礼品卡发卡商业企业的责任和义务作了更明晰的规定。

这些规定包括：①礼品卡的有效期不得低于 5 年；②礼品卡一般不收费，除非该卡在 12 个月内没有使用一次，即使收费，每个月也只能收取一次费用；③收费项目、到期日以及其他信息必须在礼品卡上清楚明白地披露出来。2010 年 8 月 22 日，上述新规定生效。夏威夷州在 2011 年 7 月成为第一个以《信用卡法案》为根据来修改其州法的州。正如其他州的做法，夏威夷州的州法同样对礼品卡的使用期进行了延长，[2]即电子卡的有效期不低于 5 年，纸质卡的有效期不低于 2 年。此外，收取的费用不得高于卡面值的 10%。很多州的州法对礼品卡的规范较《信用卡法案》更为严格。例如，在马萨诸塞州，其州法规定礼品卡的有效期不得少于 7 年。另外，多州州法规定，持卡人可以随时要求发卡商业企业支付现金以赎回预付卡[3]。

## 三、监管制度

美国对预付式消费进行监管的机构主要是联邦存款保险公司、联邦贸易委员会、联邦储备管理委员会、财政部等。[4]具体来看主要监管制度包括：

### （一）存款保险制度

该制度旨在维护存款人的合法权益，保证商业银行的流动性，进而维护金融体系的安全与稳定。存款保险制度，即一个国家或地区设立一个或多个专门的存款保险机构，[5]并强制商业银行按照吸收存款的一定比例向存款保险机构缴存保险金的

---

〔1〕 王建文："我国预付式消费模式的法律规制"，载《法律科学（西北政法大学学报）》2012 年第 5 期。

〔2〕 罗雪雯："论预付式消费的法律规制"，重庆大学 2014 年硕士学位论文。

〔3〕 李萌婕："我国单用途商业预付卡消费者权益保护研究"，安徽财经大学 2013 年硕士学位论文。

〔4〕 刘振："中国预付卡发展的经济风险研究"，武汉大学 2012 年博士学位论文。

〔5〕 王建文："我国预付式消费模式的法律规制"，载《法律科学（西北政法大学学报）》2012 年第 5 期。

制度。美国专门制定了《联邦存款保险法》以对存款性预付卡进行规制，即由联邦存款保险公司负责监督，消费者从银行或存款机构购买预付卡并寄存于该机构作为保险金。该法规制的预付卡属于开环卡，不包括商业企业所发行的卡。《联邦存款保险法》对美国的预付卡市场进行严格规制，对于市场秩序维护起到了关键作用。具体体现如下。其一，严格管控预付资金的风险。银行需要对其发行的资金进行审核并且按照比例向存款保险机构缴纳保险费，并向该机构上报本银行的经营状况、收入状况和财务报表等信息。如果银行出现违规等现象，联邦存款保险公司有必要介入调查，并对不合规银行或其工作人员进行警告、罚款、责令停业整顿、终止其存款业务的惩罚。其二，维护存款人的利益。存款保险制度使得银行有一定的保险金存放在第三方保险机构，当银行出现歇业、倒闭、携款逃跑等问题时，联邦存款保险公司则会负责将该银行存有的保险金额以合并、转让等方式赔偿给存款人，及时保护存款人的利益。虽然，美国的《联邦存款保险法》起到了关键效果，但是其也具有局限性，比如其仅能针对银行发行的开环卡，而无法对非金融机构发行的预付卡进行规制，导致此类存款人的资金存在风险、合法利益无法得到保护。

（二）电子预付卡的监管制度

预付卡产生之前，在 1978 年，美国出台了《电子资金划拨法》以及《E 规则》来对通过电子系统转移资金的行为（包括 ATM 交易、借记卡交易、ACH 转账、直接存款和电话交易等大部分支付活动）进行规制，具体规定为储户提供寄送报告书和账单、规定责任限额、信息公开等保护性制度。但是，《E 规则》仅对金融账户进行管理，其管理对象不包括礼品卡、旅游卡等非金融机构或者商家发行的预付卡。为了维护市场秩序，保障预付卡的顺利发展，《金融划拨主体法》将"金融机构""账户"的界定作扩大解释，"以保证所有提供相当于电子资金划拨服务者及其涉及的账户都受制于同一标准，拥有那些账户的储户受到同样的保障"。[1] 因此，在不久的将来，非金融机构或者商家发行的预付卡有可能会被纳入《金融划拨主体法》《E 规则》的适用范围。

（三）信息披露制度以及其他规定

美国出台的《信用卡责任和信息披露法》，对经营者的责任和义务进一步进行规范，其中，对礼品卡期限、卡内余额等作出明确规定，有效地保护了消费者合法权益。具体体现如下。其一，礼品卡的有效期限。该法明确规定礼品卡的最低有效期是 5 年，其起始时间是发卡之日或者在此充值之日。发卡机构必须在有效期内通过服务电话或者网站与消费者保持联系，以保障消费者能够换卡或者消费完毕。其二，礼品卡内未使用余额的处理方式。对于因礼品卡有效期届满后未消费完毕、

---

[1] 刘振："中国预付卡发展的经济风险研究"，武汉大学 2012 年博士学位论文。

持卡人忘记使用礼品卡或者因过失致预付卡丢失，使得礼品卡内余额剩余的情形，美国适用州《无主财产法》来处理。该法规定，如果占有他人财产的持卡人在没有找到财产所有人，应将其上交给州政府。此时，没有认领的卡内财产被认定为无主财产，各州政府通过报纸、网络等方式进行公告。只要财产所有人知道此公告，就可以随时取得财产。《无主财产法》对持卡人的合法权益予以保护，但是一些州出于政治利益考量，排除适用预付卡，违背了《无主财产法》的立法宗旨。

美国立法特别关注预付式消费涉及的金融犯罪。根据《银行保密法与反洗钱检察手册》，联邦金融机构检察委员会作为自律组织，对行业内涉及的以预付卡为手段的洗钱犯罪进行监督，对发卡者国内外资产进行检察，如果出现违法情况则迅速向有关部门报告。此外，联邦金融机构检察委员会和财政部下属金融犯罪执法局联合对商业预付卡洗钱犯罪进行严厉打击：联邦金融机构检察委员会收集犯罪信息；金融犯罪执法局组织协调全美商业预付卡反洗钱工作，并对反洗钱法规的适用进行执行监督。[1]

## 四、制度特点

美国预付式消费规制具有两个明显的特征。其一，法律层次明显，监管体系科学。虽然目前预付式消费的完整法律体系仍未形成，但美国对于预付卡的监管比较科学，从政府部门至自律组织、商业系统至金融机构，形成了美国所独有的一套监管方法。其二，通过登记和信息披露等方式，提高了发行门槛。比如，对预付消费的金额作了认定，规定了"存款"的标准，使得预付卡的"透明度"得以提高。[2]

## 五、对我国的经验启示

### （一）引入保险机制并细化理赔条款

一是可以考虑像美国一样引入保险机制，构成"备付金计提风险准备金+保险监督"的双重模式，[3]由发卡企业自主选择。如果发卡者已对自身发行的商业预付卡进行了投保或已提交风险准备金，则可允许其相应地少交或免交保险费或风险准备金。这样不但可以避免两种担保方式的对立冲突和给发卡者带来的资金运营成本

---

〔1〕 吴术豪、徐子淇："论预付消费的法律规制——基于美日的经验比较"，载《当代经济》2018年第12期。

〔2〕 郑爽："对引入保险制度降低预付卡资金挪用风险的探讨"，载《中国信用卡》2016年第12期。

〔3〕 李猛："论我国商业预付卡金融监管法律问题及其制度完善"，载《上海金融学院学报》2015年第1期。

上升的困难，更可实现两种担保方式的差异式互补与共同发展。[1]同时，保险公司要强化对投保企业的事前监督，细化保险理赔条款。针对预付卡企业的运营情况、资金现状，保险公司应做尽职调查，并对不同信用和风险等级的机构设置不同赔付比例。备付金银行的风险准备金计提比例也可以根据保险公司评级设定，一旦发生支付机构出现资金困境或"跑路"等情况，可提前预警并根据前期调查情况启动理赔程序，保障消费者权益。二是可以在人民银行作为多用途预付卡监管主体的基础上，建立工商、公安、法院的联动机制，合理分工，切实加强对支付机构预付卡业务的政府监管。[2]

## (二) 明确职责分工实施第三方监管

在联邦层面，美国没有设置专门针对商业预付卡的统一监管主体，但相关法律对商业预付卡主要监管部门应承担的监管职责进行了明确：联邦保险公司负责对发卡机构进行现场检查、审计监督、行政处罚等；联邦贸易委员会监管发卡机构的不公平和欺骗性行为，保护购卡人免受商品或者服务提供商欺诈和不公平交易行为的伤害；联邦储备委员会则主要通过强化商业预付卡的市场评估而承担对消费者权益的保护职责。[3]

## (三) 完善相关法律规定并构建统一的数据库平台

鉴于目前《非金融机构支付服务管理办法》《支付机构客户备付金存管办法》等对于商家或支付机构违规后的追责都仅限于罚款且金额较小、力度较弱，因此应从立法层面提高违规成本，对造成重大经济损失的商家或支付机构要追究刑事责任；同时，可借鉴美国"严格责任原则"，明确预付卡商家出现不能偿付风险后的责任划分及处理流程。对于保证金权属问题，可规定一定的时限内可以由监管机构进行债务赔付。此外，为控制违约风险，还可以建立预付卡发放资质分级制度，依据商户经营状况、资金实力、信誉度等标准对商家划分等级，并依照等级对所发放预付卡的单张最高金额及总额进行控制；同时，可以构建一个统一的数据库，与预付卡发卡企业的消费交易数据库进行实时对接，并将该消费交易数据库纳入监管范围。这样，一旦企业"跑路"，监管部门便能够请第三方进行独立核算，然后要求保险公司根据核算数据，就持卡人卡内金额进行赔付。[4]

---

〔1〕 王君权："我国预付卡业务监管现状、存在问题及政策建议"，载《中国信用卡》2018年第9期。

〔2〕 郑爽："对引入保险制度降低预付卡资金挪用风险的探讨"，载《中国信用卡》2016年第12期。

〔3〕 一种关联关系提取方法、装置及电子设备，CN202110295070.4支付宝（杭州）信息技术有限公司；INVENTION_ PUBLICATION；2021-03-17 00：00：00.0000000。

〔4〕 何锦强、王众："论预付型消费卡的本质及其规制路径"，载《消费经济》2010年第4期。

# 第六章　欧　洲

在欧洲，预付式消费最早出现在电信市场。1975 年，一家意大利的公司首先在公共付费电话上面使用磁条预付卡，很快该磁条技术传播到了瑞典、奥地利、英国以及法国。欧洲最著名的预付卡是英国国立西敏银行、米德兰银行和英国电信公司的合办企业蒙德克斯公司于 1995 年 7 月发行的蒙德克斯卡（Mondex）。此卡可以在停车场、自动售货机、火车站售票处等场所进行消费，开创了多用途预付卡的先河。蒙德克斯卡在全球发展得很快，蒙德克斯国际公司授权世界各地的银行使用其品牌，并提供一定的技术支持。与美国维萨卡的"单一发行人模式"不同，蒙德克斯卡可以实现持卡人之间预付币值的转移，更接近于现实中的货币。英国的蒙德克斯卡和美国的维萨卡都是依托银行发行的，虽然我国尚不具备银行发行预付卡的条件，但这两种模式都是日后努力的方向。

## 一、预付式消费的定义及分类

欧洲中央银行在《关于预付卡致 EMI 委员会的报告》（Report to the council of the European Monetary Institute on prepaid cards）中将预付卡描述为"以特种塑料板形式存在的，具有真实购买力的多用途支付卡"；[1]同时明确指出，多用途预付卡属于"电子货币"的一种，应将其和单一用途预付卡、有限用途预付卡区别开来。[2]

## 二、立法情况

欧盟国家的政策主张与美国引而不发的政策主张不同。欧盟国家在电子货币兴起之初就对电子货币予以高度关注，很早就提出对预付卡的规制，例如 1994 年《关于预付卡致 EM 委员会的报告》中就提出对预付卡发行主体加强监督的建议。这份报告对预付卡进行界定，认为预付卡就是"电子钱包"或者"多用途预付卡"；2009 年《电子货币指引》也明确规定，电子货币的指引并不适用于特定用途的预付卡。欧盟国家对预付卡的监管依据源于民事法律规范和商事法律规范，并未发布相

---

〔1〕　康洋、章承涛、李艳华："我国预付卡反洗钱监管模式研究"，载《西部金融》2012 年第 11 期。

〔2〕　柳佳丽："我国预付卡监管法律问题研究"，烟台大学 2013 年硕士学位论文。

关的具体管理办法，只是针对预付卡业务发展情况进行调查并发布指引。[1]

2016 年 1 月，第二版《欧盟支付服务法》（PSD2）正式生效。PSD2 明确了纳入监管范围的各类支付服务和支付服务提供商。其中与预付卡相关的非银行机构主要是电子货币机构，其主要特征是可以发行电子货币（预付卡和虚拟账户）。之前，欧盟委员会（EU）对电子货币的定义以预付卡为主。随着互联网的发展，电子货币逐渐扩展至用于互联网支付的虚拟账户，类似国内的支付宝和微信支付账户。欧盟委员会于 2009 年修订电子货币法令，对电子货币机构提出了相应的监管要求。与美国类似，欧洲对于有限网络预付卡在一定程度上进行了豁免，其监管重点在网络规模较大的预付卡。[2]上述法令重点规定了包括机构准入、客户备付金存管、存管保险以及反洗钱等方面的内容。

## 三、监管制度

欧盟委员会在 2000 年提出《关于对信贷机构经营监管规则的修订意见》和《关于对电子货币经营机构的审慎监管规则》，来监管预付卡行业的发展。上述规定明确了预付卡发行主体的地位，提出预付卡监管规则，明确将预付卡发行主体纳入金融机构范畴，确认预付卡发行机构是金融企业。同时，规则还提出预付卡发行机构是特许经营机构，必须得到行业主管部门批准才能经营：任何机构和个人未经许可，不得擅自经营预付卡发行业务。[3]预付卡发行机构只能进行预付卡发行和运营管理，不能同时进行物理货币收取和预付卡支付的业务，否则将会构成吸收存款或构成违法经营。此外，预付卡发行机构不能开展任何形式的信贷业务。

欧盟提出预付卡监管的具体原则如下。一是发行机构必须按照准入条件和流程申请预付卡发行机构牌照。二是预付卡应具可赎回性，即消费者可以在预付卡有效期内要求预付卡发行机构免手续费赎回预付卡内金额，并支付其物理货币。三是发行机构的资本，预付卡发行机构的资本、负债等条件应该符合监管要求。四是预付卡发行机构投资的审慎性，即预付卡发行机构只能投资高流动性、风险权重为零的资产，而且发行机构的投资额度不能高于自身资本的 20 倍。五是发行机构必须具有健全的内部控制和风险管理体系，能够防范 IT 风险、操作风险等。[4]具体来看其监管制度主要包括：

---

〔1〕 张璟霖："欧美预付卡市场发展状况及经验借鉴"，载《中国集体经济》2018 年第 2 期。

〔2〕 刘振："中国预付卡发展的经济风险研究"，武汉大学 2012 年博士学位论文。

〔3〕 赵赛："单用途商业预付卡政府监管难点及对策——以浙江省为例"，浙江师范大学 2015 年硕士学位论文。

〔4〕 张璟霖："欧美预付卡市场发展状况及经验借鉴"，载《中国集体经济》2018 年第 2 期。

1. 机构准入制度

支付服务提供商在欧洲开展业务需要获得银行牌照、电子货币机构牌照或支付机构牌照。[1]其中，获得银行牌照的机构无须申请电子货币牌照，其他从事电子货币发行的机构则必须申请电子货币机构牌照。因此，非银行预付卡发行机构和虚拟账户发行机构需根据自身业务范围申请不同的电子货币机构牌照。

2. 客户备付金存管制度

客户备付金要与电子货币机构自有资金隔离管理。客户备付金可存放于商业银行或用于投资低风险资产，但不得用于其他用途。例如，客户备付金不得构成电子货币机构的存款，不得用来发放信贷或抵债。此外，客户备付金在投资期间所获得的利息不得给予电子货币用户。

3. 存款保险制度

客户备付金可以由第三方保险公司提供保障，且保险金额要与隔离的备付金总额相等，以备破产时可以等价偿还贷款。

4. 反洗钱制度

电子货币机构对用户资金的管理需遵循欧洲有关反洗钱和反恐怖主义的规则。[2]

## 四、制度特点

从欧盟国家的监管实践来看，欧盟国家综合监管模式下的制度特点总结如下：

1. 保护预付卡消费者的合法权益

其法律实践中的监管目的，不同于美国的以维护金融安全为主，更体现维护社会公共利益、保护弱势群体的特点。

2. 监管的对象范围不局限于卡这一种形式

预付卡的监管包括预付消费模式下的任何交换卡、证明文件、非正式文书等，其介质不再局限于卡这一种形式。监管对象的扩大与其没有形成专门的预付卡监管有直接关系，因而其监管对象更加灵活。

3. 明确告知条件

发行预付卡之时，发行主体必须书面告知预付卡购买者发行人发行的条件，以及消费者使用预付卡的条件。这是欧盟国家对于预付卡发行主体予以严加监管的重要表现之一。除此之外，欧盟国家对于发行主体的资质有着严格的规定，并不像美

---

〔1〕 张璟霖："欧美预付卡市场发展状况及经验借鉴"，载《中国集体经济》2018 年第 2 期。
〔2〕 柳佳丽："我国预付卡监管法律问题研究"，烟台大学 2013 年硕士学位论文。

国那样备案即可。

4. 余额管理人性化

欧盟国家规定，对于"当预付卡消费后卡内余额到达何种程度时，发行主体应以何种方式将月支付告知给消费者"这一事项必须进行明确约定，或在预付卡发行章程中明确列示。即使双方没有约定，预付卡消费者也可以要求发行主体返还预付卡内的余额。这一规定的设置是为了避免消费者陷入放弃余额还是续费的两难境地。

5. 不设有效期限

无特殊情况，预付卡不得设置有效期限，不得加收不合理费用如激活费、服务费等。不设定时效期使得预付卡消费者可以随时进行消费，这对预付卡发行主体也是一种信用考验。[1]

## 五、对我国的经验启示

1. 调整现有预付卡业务监管框架

借鉴欧盟经验，按照业务实质和业务风险水平对预付卡业务进行监管，对现有预付卡业务监管框架进行调整。一是从有限网络和非有限网络对发卡机构进行牌照管理，从发卡机构的业务规模大小、影响范围等多维度考虑发卡机构是否可以申领牌照。二是对已经涉及金融业务的支付机构应要求其申领更高的业务资质。针对我国非银行支付机构同时经营虚拟账户发行、虚拟账户资金理财、互联网收单甚至清算业务的情况，管理主体应按照实际功能进行区分，并进行与该支付机构业务实质相匹配的准入监管和日常管理。三是将预付卡业务和第三方虚拟账户纳入同一监管框架，并适用同一牌照。预付卡和虚拟账户发行本质上是同一业务，只是业务渠道存在差异，因此可借鉴欧盟经验，将两者纳入同一监管框架。[2]

2. 放开部分业务限制

在我国央行于 2011 年底发布的《关于规范银行业金融机构发行预付卡和电子现金的通知》中，明确规定禁止商业银行未经批准发行预付卡和电子现金。但由于商业银行发行预付卡有其成本优势和渠道优势，而且在金融系统中对其进行一体化的监管效率更高，虽然现阶段对我国银行业的监管水平有限、银行业违规风险较高，但当条件成熟时，可以借鉴欧洲经验，允许商业银行、银行卡组织全面开展预付卡相关业务。因此，可适时放开商业银行发行预付卡的限制。由于商业银行具备较高的资信等级、较为雄厚的资本，其发行的金融预付卡在卡片安全、系统安全、网络安全、交易安全、资金安全等方面比商业预付卡更有保障。此外，应当允许银行组

---

〔1〕 张璟霖："欧美预付卡市场发展状况及经验借鉴"，载《中国集体经济》2018 年第 2 期。

〔2〕 冯源："商业预付卡法律问题研究"，山东科技大学 2014 年硕士学位论文。

织适度开展预付卡转接清算业务，包括有条件地向商业银行、支付机构等预付卡发行机构分配 BIN 号，对其实施持续的会员管理，为其提供预付卡转接清算服务。

3. 提升监管制度法律层次

虽然国内外对预付卡的监管规定存在诸多相似之处，但是国内预付卡机构挪用客户备付金的违规现象远比国外普遍，而国外关于备付金等的监管规定往往能够得到落实。一个重要的原因在于国外预付卡监管法律层次高、处罚严厉，对机构违规经营具有较强震慑力。因此，随着预付卡业务以及非银行支付机构在支付体系中的作用逐渐显现，有必要提升监管法律层级。我国应从立法层面提高违约成本、对挪用客户备付金等违法违规行为加大处罚力度，以有效保障消费者权益，促进市场公平竞争和健康发展。[1]

---

〔1〕 任筑：“商业预付卡监管法律制度研究”，重庆大学 2013 年硕士学位论文。

# 第七章　日　　本

日本的预付式消费起源于 1983 年。日本现在已经是使用预付卡购物最普遍的国家之一，其预付式消费监管制度包括对单用途预付卡的监管和多用途预付卡的监管这两类。在日本，预付卡被称为预付式证票，在服务业、百货业中的发行和使用非常普遍，米券、清酒券、商品券、啤酒券、电话磁卡等也非常常见。[1]相比美国的预付卡形式，日本的预付式证票大都标明面值或物品数量，并且可以流通。由于日本的工商业发达，预付式消费已十分普遍，并且对预付卡的监管也早已纳入相应的法制轨道。[2]

## 一、预付式消费的定义及分类

日本对预付卡有着严格而明确的定义，日本法律上将具有预付卡性质的券卡统称为"预付手段"或"预付卡"。[3]根据《资金结算法》第 3、4 条的规定，预付卡指由发行者发行、消费者同意支付对价购买，通过票证、电子或其他方式记载有金额、商品或服务，并能兑付的产品，包括纸质券、磁条卡、IC 卡等形式。但政府明确的车票、门票、政府或特设的公共福利组织发行的预付卡、政府明确的专为企业内部职工使用而发行的预付卡、正常的商业预付款等不适用预付卡相关法律。[4]

日本《资金结算法》规定，预付卡按发行和兑现方式分两大类：单用途预付卡（自家发行型）和多用途预付卡（第三者发行型）。[5]前者指仅能在发行者处使用的预付卡。后者指可在发行者以外的商品、服务等提供者处使用的预付卡，消费者使用后，再由发行者和特约商户结算。

## 二、立法情况

在日本，预付式消费非常普遍。早在 1989 年，日本就出台了《预付票证管理法》，对预付卡的登记、发行、保证金等内容进行了详细规定。2010 年 4 月，日本

---

〔1〕 曲琳："论我国预付式消费法律制度的研究"，河南大学 2014 年硕士学位论文。

〔2〕 杜晓宇："日本预付卡法律制度及对我国的借鉴意义"，载《金融发展研究》2012 年第 10 期。

〔3〕 蔡颖："单用途预付卡消费的法律规制"，哈尔滨师范大学 2019 年硕士学位论文。

〔4〕 薛亮："日美如何监管预付消费卡"，载《上海人大月刊》2018 年第 4 期。

〔5〕 杜晓宇："日本预付卡法律制度及对我国的借鉴意义"，载《金融发展研究》2012 年第 10 期。

出台《资金结算法》，代替了《预付票证管理法》，支付服务协会的职责进一步明确。[1]2011 年日本又出台了《资金结算法实施条例》《关于预付式支付方法的内阁府令》《关于资金转移者的内阁府令》《关于资金移动业的指定纷争解决机构的内阁府令》《预付款支付方式保证金规则》《资金移动的保证金规则》。总结而言，日本预付卡管理法律体系包括《资金结算法》《资金结算法实施条例》《预付卡管理条例》《金融工作指引·预付卡部分》，其主要内容由四项制度组成：登记制度、保证金制度、监督制度和支付服务协会自律制度。[2]

### 三、监管制度

#### （一）登记制度

日本在预付卡发行上，对单用途预付卡实行事后报告制度，对多用途预付卡实行事前登记制度。[3]依法律规定，申报与登记都由首相受理（实际授权金融厅处理，由于日本特殊的金融监管体制，部分职权金融厅又委托财务省在各地的财务局或支局行使，下文"金融厅"均包含金融厅及其委托的地方财务局）。[4]

单用途预付卡事后报告制度包括两个部分。第一部分是基准日余额申报制度。即在计划发行或正在发行预付卡时，若为在"基准日"之时（3 月 31 日和 9 月 30 日）未使用的余额在法定金额（1000 万日元）以上的发行者，必须在该基准日次日之后的 2 个月内，将发行情况报告金融厅，包括：发行人名称、注册资本、住所、高级管理人员，预付卡未使用的余额，预付卡名称、金额、期限、投诉方式、加入支付服务协会的名称等情况。第二部分针对已申报的单用途预付卡发行者，若其出现前述申报内容变更，应及时向金融厅报告。单用途预付卡的申报书只需符合基本的格式和内容要求，不需要经过严格的审批。但是，法律规定申报后的单用途预付卡发行人同样有支付保证金、提交业务报告书、随时接受主管机关检查的义务。

与单用途预付卡发行的事后报告制度相比，多用途预付卡的登记制度要严格得多。法律明确规定，多用途预付卡只能由获得金融厅批准的法人发行[5]，其登记制度程序为申请—审查—登记—公开。首先，欲获批准的法人须递交申请书。其次，金融厅将对申请人资格进行审查。审查是整个登记制度的核心程序。在审查时，遇到以下情况可以拒绝批准：①不具备法人资格；②提供的商品或服务违反公序良俗原则；③申请者欲使用的商号或名称与其他多用途预付卡发行者正在使用的商号或

---

〔1〕 杜晓宇："日本预付卡法律制度及对我国的借鉴意义"，载《金融发展研究》2012 年第 10 期。
〔2〕 豆万强："预付式消费背景下消费者权益保护探析"，载《新营销》2019 年第 12 期。
〔3〕 杜晓宇："日本预付卡法律制度及对我国的借鉴意义"，载《金融发展研究》2012 年第 10 期。
〔4〕 尹梦帆："预付式消费下消费者知情权法律保护研究"，西南政法大学 2020 年硕士学位论文。
〔5〕 薛亮："日美如何监管预付消费卡"，载《上海人大月刊》2018 年第 4 期。

名称相同或相似，有被误认的可能；④申请者系根据法律规定被取消登记后不满 3 年的法人；⑤申请者系根据相关法律规定被处罚金，执行完毕或刑罚消灭之日起不满 3 年的法人；⑥负责人中有不符合法律规定任职条件的人；⑦申请者系经确认没有足以完成多用途预付卡发行业务的财产基础的法人（发行范围为全国范围的总资产须达 1 亿日元，发行范围为地区范围的总资产须达 1000 万日元）。[1]

法律除了对申请法人经济实力等的审查进行了规定外，对负责人行为能力、个人信用和守法情况的审查也给予了明确的规定，这显然是为了更好地维护消费者的权利不受不法分子的侵害。审查完毕后金融厅对符合上述要求的法人予以登记，对不符合上述要求的法人不予登记。[2]完成登记后，金融厅将登记文本公开，以便民众在消费之前确认发售者的合法身份。经过以上四个步骤后，法人才获得发行多用途预付卡的资格。当多用途预付卡发行人登记事项发生变更时，要重新报金融厅登记。若预付卡发行资格不是永久性的，则发行人可以申请撤销登记，在一定情况下金融厅也可以行使监督权取消登记。[3]

## （二）保证金制度

保证金制度是日本预付式消费管理的特色之一。为了减少消费风险，保障预付卡所示债权的实现，法律特设保证金制度，又称预付卡发行保证金供托制度。所谓预付卡发行保证金的供托，就是依照法律规定，预付卡发行者在基准日之际，[4]所发行的预付卡未使用余额超过法定金额（1000 万日元）的，应在该基准日的次日起 2 个月内将相当于该基准日未使用余额 1/2 以上的金额作为发行保证金，委托距离主营业所最近的供托所（一般为辖区内的法务局）保管并向金融厅报告。预付卡所有者对于与预付卡有关的债权在发行保证金范围内优先于其他债权人受清偿。[5]供托作为一种债的担保，与质押有类似之处，但也有明显区别，即质押财产归中立机关（地区法务局）占有。[6]

除供托之外，法律还允许发行者根据规定与第三者签订"保全契约"，约定第

---

〔1〕 薛亮："日美如何监管预付消费卡"，载《上海人大月刊》2018 年第 4 期。

〔2〕 薛亮："日美如何监管预付消费卡"，载《上海人大月刊》2018 年第 4 期。

〔3〕 郑爽："对引入保险制度降低预付卡资金挪用风险的探讨"，载《中国信用卡》2016 年第 12 期。

〔4〕 郑爽："对引入保险制度降低预付卡资金挪用风险的探讨"，载《中国信用卡》2016 年第 12 期。

〔5〕 张斌："预付消费法律问题研究"，山东财经大学 2020 年硕士学位论文。

〔6〕 张晓姗："预付式消费合同的法律规制研究——以消费者权益保护为视角"，上海交通大学 2016 年硕士学位论文。

三者在必要时代为承担缴付部分或全部保证金的义务，并以此方式代替供托。[1]其性质类似于我国民法中的保证责任。签订"保全契约"的第三者必须是银行、信用金库、保险公司、信托公司或其他有供托能力的法定机关。由于"保全契约"涉及公共利益，缔约人应将契约详细内容告知金融厅。[2]

在发行者或保证人缴付保证金之后，如保证金额超过了基准日未使用余额的1/2，可依法取回全部或部分保证金；如保证金额不足基准日未使用余额的1/2，应补足缺额部分并报告。[3]保证金可用国债证券、地方债券或其他法定有价证券充抵（不同债券充抵保证金金额的比例不同，比例大致为80%~100%）。出现用保证金清偿预付卡债券的主张时，在确认保证金清偿事由（发行人丧失偿还能力等）发生后，主管机关应对所有权利人公示（具体程序由地方财务局负责），在一定期间内（60日以上）不主张债权的应视为自动退出债权清偿程序。[4]

（三）监督制度

在日本，预付式消费的监督权归属于金融厅，具体体现为报告书审查权、检查权、责令整改权、取消登记权和行政处罚权。预付卡发行人应于基准日次日起2个月内向金融厅提交业务报告书，详述发行额和未使用额等预付卡业务具体情况；金融厅应对报告书进行审查。检查权则允许监督主体在法律施行的必要限度内，对预付卡发行者的营业所或事务所有关业务、财产状况、账簿文件或其他物件进行检查，并可以对相关者进行讯问。金融厅发现有侵害预付卡消费者利益的情况发生时，为了保护消费者的利益，在必要的限度内，可以命令发行者采取必要措施改正有关业务方式、改善有关业务的运营状况。[5]此外，金融厅在一定情况下可以取消多用途预付卡发行者的登记，或命令在一定期间内（6个月以内）全部或部分停止预付卡的发行业务。金融厅的行政处罚权，即对于违反预付卡管理法律规定的相对人，可根据相关法律给予行政处罚。

（四）支付服务协会自律制度

日本支付服务协会的前身是日本预付卡发行协会，后者根据《资金结算法》变更为现日本支付服务协会。协会旨在促进预付卡行业、支付结算业有关业务规范的实施，并保护相关消费者的利益。《资金结算法》第五章专门对日本支付服务协会的宗旨和工作职责等相关内容作出了规定。就预付卡方面而言，协会吸收各类预付

---

[1] 郑爽："对引入保险制度降低预付卡资金挪用风险的探讨"，载《中国信用卡》2016年第12期。

[2] 杜晓宇："日本预付卡法律制度及对我国的借鉴意义"，载《金融发展研究》2012年第10期。

[3] 李沐珣："预付型消费履约保证机制研究"，北京大学2011年硕士学位论文。

[4] 杜晓宇："日本预付卡法律制度及对我国的借鉴意义"，载《金融发展研究》2012年第10期。

[5] 李钢宁："预付卡法律问题研究"，西南政法大学2011年硕士学位论文。

卡发行人入会，并开展以下业务：

（1）开展预付卡发行业务时，通过指导、劝告等形式提醒会员遵守相关法律和法令，根据自主规制规则对会员进行自律管理。

（2）在会员发行预付卡时，为了保护消费者的利益，对于其契约内容的规范性及公平合理性进行必要的指导和劝告。

（3）根据《资金结算法》第 13 条第 3 项的规定，对于预付卡票面表示事项，如预付卡名称、发行人姓名或商号、住所或营业所、预付卡额度、使用期限、余额查询方式、投诉电话等，在协会进行公示。[1]

（4）解决消费者针对会员发行的预付卡的投诉。

（5）预付卡发行人可以经由协会向财务局报送通知报告。

（6）为发行人提供预付卡审批咨询和服务。

（7）向预付卡发行人、消费者宣传或提供其他必要的信息和服务。[2]

其中，解决投诉是协会的重要职能。2010 年 7 月 1 日~2011 年 6 月 30 日，日本支付服务协会共处理消费者预付卡咨询 656 起、正式投诉 2 起。[3]协会根据预付卡消费者对于会员的投诉，通过沟通交流的方式，一方面给予投诉人必要的建议，另一方面在调查事实真相的同时将投诉内容通知该会员发行者，以寻求事件纠纷的迅速处理和解决。协会根据调查结果依法作出的决定，会员没有正当的理由不能拒绝执行。协会在事件解决后应将投诉及其解决结果告知所有会员。[4]就其性质而言，支付服务协会是具有一定强制约束力的自律组织。

日本支付服务协会在预付式消费中扮演着极为重要的角色，它成为了预付卡发行企业、金融厅、消费者之间的桥梁。该协会为预付卡发行企业审批提供咨询和服务，递交相关通知及报告；加强自律管理，传递监管信息；扮演消费者纠纷解决中间人的角色，具有中立性和协调性。[5]

此外，《资金结算法》针对预付式消费的规定还包括预付卡票面记载事项，该法还对预付卡企业分立合并、市场退出、清算程序、预付卡赎回手续等问题予以规定。[6]

---

[1] 程征远："预付卡消费合同法律规制研究——以消费者权益保护为视角"，广西大学 2016 年硕士学位论文。

[2] 杜晓宇："日本预付卡法律制度及对我国的借鉴意义"，载《金融发展研究》2012 年第 10 期。

[3] 张叶："预付卡消费模式下消费者权益的保护"，山东科技大学 2014 年硕士学位论文。

[4] 杜晓宇："日本预付卡法律制度及对我国的借鉴意义"，载《金融发展研究》2012 年第 10 期。

[5] 薛亮："日美如何监管预付消费卡"，载《上海人大月刊》2018 年第 4 期。

[6] 杜晓宇："日本预付卡法律制度及对我国的借鉴意义"，载《金融发展研究》2012 年第 10 期。

## 四、制度特点

### (一) 采用集中立法模式

在预付式消费制度中，由于预付卡存在单用途与多用途的类型差异，用于规制预付卡的立法也就可能存在不同的模式选择。若是将用于规制单用途预付卡与多用途预付卡的法律制度共同置于一部法律规范之内，则可被称为一元立法模式。日本用于规制预付式消费的立法《资金结算法》即采一元立法模式。因此，通过集中立法的模式来构建和完善相应法律体系是日本模式的一大特点。

### (二) 采用集中监管模式

在预付式消费的监管层面，日本采用中央政府机关为主导、自律组织为辅助的集中监管模式。在日本，对预付式消费的监督职责由金融厅承担。监督权具体体现为报告书审查权、检查权、责令整改权、取消登记权和行政处罚权。预付卡发行人应于基准日次日起2个月内向金融厅提交业务报告书，详述发行额和未使用额等预付卡业务具体情况；金融厅应对报告书进行审查。检查权则允许监督主体在法律施行的必要限度内，对预付卡发行者的营业所或事务所有关业务、财产状况、账簿文件或其他物件进行检查，并可以对相关者进行询问。金融厅发现有侵害预付卡消费者利益的情况发生时，为了保护消费者的利益，在必要的限度内，可以命令发行者采取必要措施改正有关业务方式，改善有关业务的运营状况[1]。此外，金融厅在一定情况下可以取消多用途预付卡发行者的登记，或命令在一定期间内（6个月以内）全部或部分停止预付卡的发行业务。违反预付卡管理法律规定的，金融厅可根据相关法律给予行政处罚。除此之外，日本亦专门设立自律组织来进行监管，但自律组织的主要功能还是受理消费者的投诉。由此可见，以金融厅为主的集中监管模式是日本制度的又一大特色。

### (三) 采用保证金制度

保证金制度是日本最具特色的监管制度。该制度是为了减少消费风险，保障预付卡所示债权的实现，法律特设保证金供托制度。该保证金制度一方面具有一定时间条件，其时间条件为基准日，在日本，每年存在两个基准日，而周期有半年之久，即过了基准日可称为具有"长期性"；另一方面又具有一定金额条件，其金额条件是指到了基准日，未使用余额如果超过法定金额（1000万日元，约合人民币63万元），则需在2个月内通过委托供托所或者与第三方签订"保全契约"的方式对半数资金进行托管，并向金融厅报告。预付卡所有者就与预付卡有关的债权在发行保

---

〔1〕 李钢宁："预付卡法律问题研究"，西南政法大学2011年硕士学位论文。

证金范围内是优先于其他债权人受清偿的。另外，上述供托作为一种债的担保与质押有类似之处，但也有明显区别，即质押财产由中立机关（地区法务局）占有〔1〕。

保证金制度最核心的效果在于不仅为消费者提供了最大限度的保护，也促进了预付式消费这种商业模式的发展。

## 五、对我国的经验启示

### （一）完善立法及相关配套制度

首先从立法模式角度分析，虽然日本与我国同为大陆法系，但日本却拥有更完备的法律体系。我国有关预付式消费的立法进程大致如下。2011年，国务院转发人民银行、监察部等七部门联合下发的《关于规范商业预付卡管理的意见》，首次明确了商业预付卡的地位、作用和分类，明确了分类监管的思路。其中，多用途预付卡由中国人民银行进行监管，单用途预付卡则由商务部进行监管。〔2〕2012年，中国人民银行发布了《支付机构预付卡业务管理办法》，商务部发布了《单用途商业预付卡管理办法（试行）》。通过立法层级可以看出，我国对于预付式消费的管理还停留在规章与部门规范性文件的层面。

随着经济社会的快速发展，预付式的消费方式必将在日常经济生活中得到越来越广泛的使用。如何对这一国际通行的消费方式探索出一套合乎中国国情的完善的、行之有效的监管体系，将直接关系到预付式消费行业的健康发展。〔3〕由于部门规范性文件本身存在一定的缺陷，且预付式消费的监管涉及多个部门的协同合作，国务院有必要出台专门的行政法规来予以规范。另外，预付式消费的监管是一个系统的工程，不仅有赖于完善的立法，还依赖于有针对性的监管措施和相关配套制度的合理构建。〔4〕因此，对日本成熟的立法模式的借鉴，对我国预付式消费监管有积极意义。

### （二）研究引进保证金制度

在单用途预付卡资金管理方面，《单用途商业预付卡管理办法（试行）》规定，对规模发卡企业、集团发卡企业和品牌发卡企业实行资金存管制度。就管理资金的比例而言，规模发卡企业存管资金比例不低于上一季度预收资金余额的20%；集团发卡企业存管资金比例不低于上一季度预收资金余额的30%；品牌发卡企业存管资

---

〔1〕"购物卡实名制考住了谁"，载《郑州日报》2011年6月10日，第9版。

〔2〕韩莉、傅巧灵、张峰："第三方支付法律风险的监管现状与问题研究"，载《金融发展研究》2016年第3期。

〔3〕郭立瑞："单用途预付卡发行使用法律规制研究"，河南师范大学2013年硕士学位论文。

〔4〕铁岭市市场监督管理局："关于加强广告宣传导向审查发布的提示"，载《民心》2021年第4期。

金比例不低于上一季度预收资金余额的 40%。在单用途预付卡方面，虽然规定了相应的资金存管制度和保险冲抵制度，但仅仅是对企业法人实行资金存管制度，对目前广泛存在的个体工商户、合伙企业通过发行单用途预付卡获得的预付资金未能进行有效规制。

在多用途预付卡资金管理方面，我国虽然规定预付卡发行企业收取的备付金不属于预付卡企业财产、不得挪用，但是备付金的管理规定实施起来有一定的难度。由于备付金专用存款账户仍属于预付卡企业，银行对该账户内的资金流向控制力有限，除非企业将预付卡受理系统与银行对接或者为每张预付卡单独开立一个支付结算账户，禁止企业主动划转账户资金而仅能靠特约商户发起贷记业务支付账户内资金，否则，备付金仍存在被挪用的风险。此外，目前的备付金管理政策无法解决预付卡发行企业备付金被司法机关查询、冻结、扣划的问题。[1]

为此可以参考日本立法，研究在第三方机构设立专门的托管账户等方式，规定预付卡发行企业的备付金额比例，然后每年进行两次审查，或者由银行、保险公司为预付卡企业做出相同额度的担保，并且明确托管资金的法律性质，确立企业破产后这部分资金能够让消费者进行优先受偿的制度。

### （三）完善信息公示制度

日本《资金结算法》第 8 条、第 13 条、第 20 条对预付卡的发行、变更、卡面表示事项、退出需公示的内容均作出了规定。预付卡的发行、变更和退出要在日本金融厅公示，预付卡的卡面记载事项则要在日本支付服务协会公示。消费者可以通过官方网站，查询了解预付卡相关信息。通过公示制度，消费者可以全面了解预付卡企业及其发行的预付卡信息，知晓合法的预付卡发行企业及信息。我国也应当建立预付卡公示制度，将合法的预付卡发行方、备付金情况、余额查询方式、投诉渠道等相关信息通过行业协会网络平台进行公示，便于消费者了解合法的预付卡信息[2]，更好地保护消费者的合法权益。

### （四）完善行业组织对预付式消费行业的自律管理

目前我国已经存在中国支付清算协会和中国单用途预付卡管理协会，对多用途和单用途预付卡进行监管。但在自律管理层面上，我们仍应该借鉴日本经验，加强对预付卡发行企业的自律管理。由行业组织监督预付卡企业执行法律法规，负责预付卡信息公示及统计，对预付卡企业风险情况进行评估及认证，处理预付卡消费者投诉并保证处理意见得到有效实施。

---

〔1〕　杜晓宇："日本预付卡法律制度及对我国的借鉴意义"，载《金融发展研究》2012 年第 10 期。
〔2〕　姜萌："国际视野下消费信托的法律问题研究"，西南财经大学 2016 年硕士学位论文。

# 第八章 加 拿 大

为了解决经济和消费领域频繁出现的问题，加拿大魁北克省立法机关于 2009 年 12 月专门针对预付式消费通过了《第 60 号修正案》，以对《消费者保护法》进行修订，修订后的法律于 2010 年 6 月 30 日生效。这部法律不仅在加拿大本土产生了重要影响，也引起了国外部分学者的注意。加拿大的立法活动对我国规范预付式消费的相关主体和行为具有一定的借鉴意义。

## 一、预付式消费的定义及分类

根据《第 60 号修正案》的规定，商业预付卡是指"通过预先支付的方式，允许消费者从一个或多个商人那里获得某种商品或者服务的交换卡、证明或任何文书"。[1]因此，商业预付卡不仅仅表现为卡，其介质可以是多样的。

加拿大《预付卡规则》第 1 条对预付卡和发行机构给出了定义，认为预付卡是"一种支付卡，无论是实物或者电子的，它是承载资金的或者能够承载资金和能够被持有者用来提款、购买商品或者服务的卡"。包括但不仅限于促销礼品卡等"能够被一个实体购买并且作为促销、忠诚或者奖励计划的一部分发行"的卡。

## 二、立法情况

加拿大对预付式消费的相关规定产生较晚，但也初步形成了体系。2009 年 12 月，加拿大魁北克省对《消费者保护法》进行了修订，关于预付式消费的第 60 号修正案得以通过，并于 2010 年正式生效。该修正案旨在维护消费者的合法权益，对发卡者加强了规制[2]。加拿大的这部商业预付卡监管法案对商业预付卡的监管比较全面，对消费者的权益保护也比较广泛，对我国预付式消费的立法具有指导意义。[3]2014 年 5 月 1 日生效的《预付卡规则》为预付卡的发行机构资格、信息披露等作出了更为详细的要求，该规则共有 12 条，其更加强调对消费者的保护。除此之

---

[1] See An Act to amend the Consumer Protection Act and other legislative provisions, Bill 60（2009, chapter 51）, Québec Official Publisher 2009. Art. 9.

[2] 司美玲："预付式消费法律问题研究"，黑龙江大学 2017 年硕士学位论文。

[3] 李猛："我国商业预付卡金融监管制度完善之域外经验借鉴"，载《上海金融》2015 年第 5 期。

外，加拿大《消费者保护法》也有针对预付式消费的规则。

## 三、监管制度

### (一) 信息披露制度

《第60号修正案》规定，售卡时商家须向消费者详细说明合同内容，包括预付卡使用时间、地点、方式以及其他应注意事项，以减少因合同条款解释或理解差异所引发的市场纠纷。[1]此外，该修正案还单列了使用条件告知制度，要求商业企业必须通过书面形式告知消费者使用商业预付卡的条件。

《预付卡规则》进一步要求发卡人在披露信息时使用"清晰简单没有误导性的语言和方式"，应当披露的信息内容包括：(a) 发行机构的名称；(b) 一个免费电话号码，可以用来询问产品的条款和条件；(c) 如果发行机构强制要求下列使用预付卡的限制行为：产品不能重复充值、产品不能提取现金、其他任何限制，该限制能够合理地被期待影响消费者的购买决策；(d) 涉及产品的所有费用，这些费用可能被发行机构强加给持卡者；(e) 一份对于该影响的声明，如果预付卡中存入的资金没有在加拿大存款保险公司投保；(f) 一份声明，该声明指示：当产品在促销的情况下，卡的持有者使用卡内资金的权利将不会到期或者该使用权利的时限将到期；以及对于其他预付卡，持卡者使用卡内资金的权利不会到期。《预付卡规则》要求披露的上述信息必须在预付卡发行之前，在发行预付卡机构为发行预付卡所准备的任何文件中提供，包括在产品的外观包装上，如果可能，也应当向任何发行机构以书面形式提供。

### (二) 余额返还制度

《第60号修正案》规定，当预付卡内余额少于行政法规规定数额且消费者要求返还的情况下，商业企业应当返还卡中余额。这一返还义务旨在使消费者避免陷入只能在放弃卡中余额与继续蓄卡消费之间进行选择的两难境地。[2]

### (三) 列举禁止性条款

针对商业预付卡合同霸王条款滥用的情形，《第60号修正案》明确将"到期卡内余额概不退还、一旦丢失概不挂失补办、业务办理收取相关手续费用、购买后概不受理退卡业务"等有损于消费者切身利益的条款归为禁止性条款，商家如果自行拟定上述条款，合约效力将不受法律承认和保护。《第60号修正案》还规定，除非商家与购卡者协商一致，商业预付卡不能增设使用的有效期限，发卡者不得单方以期限为由任意解除合同或免除自身责任义务。这使得购卡者不再受到用卡有效期限

---

〔1〕 孙心："预付型消费的合同法分析"，宁波大学2014年硕士学位论文。

〔2〕 刘迎霜："商业预付卡的法律规制研究"，载《法商研究》2012年第2期。

的约束，可在更长期间内享受商业预付卡优惠服务[1]。

## 四、制度特点

### (一) 加重预付卡供应商义务

不论《第60号修正案》或是《预付卡规则》，加拿大关于预付式消费的立法都强调对预付卡的供应商施以较重的义务与责任。一是预付卡供应商的告知与解释义务。如在办理商业预付卡前，以书面的形式来明确告知使用预付卡的条件是企业应尽的义务。与此同时，签订相关合约书时必须向消费者说明清楚卡内余额怎样归还给消费者。二是返还余额的义务，《第60号修正案》规定了"当商业预付卡中卡内余额低于法律规定金额数目，需要根据消费者要求退还金额"的情况，从而表明了预付卡发行企业的返还余额的义务。

### (二) 保护消费者权益

对于消费者群体，法律和相关规定采取了积极保护的态度。首先体现在将商业预付卡定义为"包含预付式消费的卡片、文书、协议和其他实物性介质证明"，从而突破商业预付卡原本单一的"卡模式"，将管理范围进一步扩大。这种对多样式商业预付卡的全面监管理念就体现出了广泛维护消费者权益的立法宗旨。[2]

其次，将《第60号修正案》放在《消费者保护法》之下，表明有关规则是以保护消费者利益、限制商人滥用优势地位为出发点和归宿。[3]该法案作为《消费者保护法》的修订，其出发点和宗旨便是维护消费者合法权益，内容上多是倾向于约束发卡者，包括加强对其的市场监管、限制其商业优势地位、增加其履约责任和义务等。相比之下，对于消费者则是多加宽容和保护。[4]

此外，《第60号修正案》还规定了诸多旨在保护消费者群体利益的制度。例如除法律、法规另有规定外，商业预付卡不得有失效时间，除非合同规定的是对某种服务的无限制使用；不得以送交或使用商业预付卡为理由向消费者收取任何费用，如激活费用、暂时不使用期间的费用；在订立合同之前，商业企业必须向消费者解释，若商业预付卡存在余额，该余额以何种方式返还给消费者。。

### (三) 体现意思自治原则

加拿大的预付卡规范体系在限制经营者，保护消费者的前提下，也为发卡人和持卡人双方留有一定的自治空间。如《预付卡规则》第10条规定，在预付卡激活日

---

〔1〕 李猛："我国商业预付卡金融监管制度完善之域外经验借鉴"，载《上海金融》2015年第5期。
〔2〕 刘迎霜："商业预付卡的法律规制研究"，载《法商研究》2012年第2期。
〔3〕 李猛："我国商业预付卡金融监管制度完善之域外经验借鉴"，载《上海金融》2015年第5期。
〔4〕 刘迎霜："商业预付卡的法律规制研究"，载《法商研究》2012年第2期。

之后的 12 个月内，发行机构不能对持卡者强行收取维持费，但持卡者已明示同意征收费用的除外。该规则第 11 条规定，在没有持卡者明示同意的情况下，发行机构不能收取预付卡的透支费用或者利息。

《第 60 号修正案》规定，除非商家与购卡者协商一致，商业预付卡不能设置使用的有效期限。该例外情况充分体现了当事人合同的意思自治原则，因此该规定是在遵循合同基本原则的前提下对消费者利益维护做出的最大让步。[1]

### 五、对我国的经验启示

#### (一) 建立完备的法律规范体系

相比于加拿大魁北克省以《第 60 号修正案》的立法形式对其《消费者保护法》进行补充，目前我国国内立法中没有专门规范预付式消费合同的法律，只能根据《民法典》《消费者权益保护法》等法律的相关规定对预付式消费相关问题进行调整。这些法律法规的相关规定对预付式消费的调整并不具有针对性，其适用十分有限。[2]

2011 年，国务院转发人民银行、监察部等七部门联合下发的《关于规范商业预付卡管理的意见》，首次明确了商业预付卡的地位、作用和分类，明确了分类监管的思路。[3]其中，多用途预付卡是由中国人民银行进行监管，单用途预付卡由商务部进行监管。2012 年中国人民银行发布了《支付机构预付卡业务管理办法》，商务部发布了《单用途商业预付卡管理办法（试行）》。通过立法层级可以看出，我国对于预付式消费者的管理还停留在规章、部门规范性文件的层面，在预付式消费日益增长的背景下，这样的规范体系缺乏必要的权威性。

最为可行有效的方法，是将法律与法规或部门规章相结合，这样既能体现预付式消费相关制度的权威性，又更加具备可操作性。因此，我国亟需确立预付式消费的法律地位，并制定一部关于预付式消费的法律规范，以提高预付式消费的立法等级。[4]

#### (二) 建立预付卡信息披露制度

加拿大《预付卡规则》第 4~7 条对预付卡发行机构的信息披露要求规定得非常详细，形成了较为全面的预付卡信息披露制度。其信息披露制度包括披露的内容、方式以及额外的信息披露要求。预付卡发行机构的信息披露不仅便于消费者了解经

---

[1] 司美玲："预付式消费法律问题研究"，黑龙江大学 2017 年硕士学位论文。
[2] "购物卡实名制考住了谁"，载《郑州日报》2011 年 6 月 10 日，第 9 版。
[3] 何秀华："我国商业预付卡监管法律问题研究"，西南大学 2014 年硕士学位论文。
[4] 司美玲："预付式消费法律问题研究"，黑龙江大学 2017 年硕士学位论文。

营者的真实经营情况，而且将会使得经营者在经营活动中更加注重诚信。[1]一方面这是消费者知情权的具体体现；另一方面，良好的信息披露制度能够对很多隐患进行事前排除，更有利于预付式消费的健康发展。

而目前我国并未有关于预付卡信息披露的规定，现有规范性文件中仅要求发卡企业在有关机关进行备案。然而，简单的政府备案并不利于对发卡企业进行监督，并且这些备案信息在日常的市场行为中并不容易为消费者所知悉，不利于切实保护消费者权益。

### (三) 侧重体现对消费者的保护

加拿大魁北克省的预付式消费立法更倾向于对消费者利益的保护，在结果上也促进了本辖区商业预付卡市场的规范化，保护了消费者的合法权利。[2]《第 60 号修正案》针对商业预付卡发行企业与消费者不平等的地位，一方面要求预付卡发行企业履行告知解释义务，同时规范了商业预付卡有效期限等格式化的要求；另一方面，确立了余额返还制度，较大程度上保护了消费者的资金安全。

相比之下，现有规范性文件中并未对经营者义务进行规定，也没有对消费者权利进行专门规定。目前多起影响较大的预付卡侵权案件都表明，消费者权益的保护是预付式消费立法与执法需要迫切关注的核心问题，而加拿大《预付卡规则》可以为我国未来针对预付式消费的立法提供很好的经验借鉴。

---

〔1〕 黄泽宇："预付式消费合同的消费者权益保护问题研究"，上海师范大学 2017 年硕士学位论文。
〔2〕 殷昭："预付式消费合同中格式条款的法律规制"，郑州大学 2019 年硕士学位论文。

# 第九章 小 结

通过对美国、欧洲、日本、加拿大相关法律规定的考察可知，预付式消费模式是国际上通行的经营手段，完全可以纳入法律机制予以规范和进行监管。

第一，各国关于预付卡的概念不尽相同。美国称预付卡为储值卡，将其定义为以取代现金为目的的小额经常性交易中使用的支付卡，并依据发卡机构的不同将其分为两类，即商业企业发行的预付卡（封闭式系统）和银行机构发行的预付卡（开放式系统）。[1]

欧洲国家将预付卡定义为以特种塑料板形式存在的，具有真实购买力的多用途支付卡，[2]并把多用途预付卡作为"电子货币"的一种，将其与单用途预付卡和有限用途预付卡相区分。[3]

日本将预付卡定义为发行者发行、消费者同意支付对价购买，通过票证、电子或其他方式记载有金额、商品或服务，并能兑付的产品，包括纸质、磁条卡、IC卡等形式，[4]按照发行和兑现方式将预付卡分为两大类，即单用途预付卡（自家发行型）以及多用途预付卡（第三者发行型）。[5]

加拿大在《第60号修正案》中规定，商业预付卡是指"通过预先支付的方式，允许消费者从一个或多个商人那里获得某种商品或者服务的交换卡、证明或任何文书"，[6]在《预付卡规则》中将预付卡定义为"一种支付卡，无论是实物或者电子的，它是承载资金的或者能够承载资金和能够被持有者用来提款、购买商品或者服务的卡"。

关于预付卡的发行主体，美国的预付卡发行机构包括商业企业、银行机构和存款机构，欧洲国家的预付卡发行机构为金融企业，日本的预付卡发行机构为金融企

---

〔1〕 郭立瑞："单用途预付卡发行使用法律规制研究"，河南师范大学2013年硕士学位论文。

〔2〕 康洋、章承涛、李艳华："我国预付卡反洗钱监管模式研究"，载《西部金融》2012年第11期。

〔3〕 柳佳丽："我国预付卡监管法律问题研究"，烟台大学2013年硕士学位论文。

〔4〕 薛亮："日美如何监管预付消费卡"，载《上海人大月刊》2018年第4期。

〔5〕 杜晓宇："日本预付卡法律制度及对我国的借鉴意义"，载《金融发展研究》2012年第10期。

〔6〕 See An Act to amend the Consumer Protection Act and other legislative provisions, Bill 60 ( 2009, chapter 51), Québec Official Publisher 2009. Art. 9.

业和非金融企业。

第二，各国就预付卡的立法亦各有不同。美国对于预付卡没有创设专门的立法，其大多通过一些相关法律文件的规定来对预付卡制度进行规制，如 1950 年的《联邦存款保险法》（The Federal Deposit Insurance Act，FDIA）、1978 年的《电子资金划拨法》（Electronic Fund Transfer Act，EFTA）及其实施细则《E 规则》（Regulation E）、2006 年的《礼品卡指导意见》（Gift Card Disclosures：Guidance on Disclosure and Marketing Issues）和 2009 年的《2009 年信用卡业务相关责任和信息披露法案》。

欧洲国家认为预付卡属于电子货币行列，早在电子货币兴起之初就对其加以较大关注，主要通过 1994 年的《关于预付卡致 EM 委员会的报告》、2000 年的《关于对信贷机构经营监管规则的修订意见》和《关于对电子货币经营机构的审慎监管规则》以及 2009 年的《电子货币指引》来对预付卡制度加以规制。

日本的预付卡消费较为普遍，其早在 1989 年便针对该制度出台了《预付票证管理法》，后在 2010 年出台了《资金结算法》来对 1989 年的《预付票证管理法》进行更新替代，2011 年又颁布了《资金结算法实施条例》《关于资金转移者的内阁府令》《关于资金移动业的指定纷争解决机构的内阁府令》《预付款支付方式保证金规则》以及《资金移动的保证金规则》。

加拿大的预付卡立法较晚，但也已初具规模。2009 年的《第 60 号修正案》、2010 年的《消费者保护法》以及 2014 年的《预付卡规则》都包含了有关预付卡的相关制度规则。

各国有关预付卡的监管制度具有不同特色。首先从总体的监管模式上看，美国、欧洲国家以及加拿大属于分散监管模式，日本属于集中监管模式。分散监管模式下的美国由联邦存款保险公司（FDIC）、联邦贸易委员会、联邦储备管理委员会以及财政部担任预付卡监管机构，同属分散监管的欧盟的预付卡监管机构包括欧洲中央银行（ECB）、欧盟委员会（EU）、成员国中央银行以及成员国金融监管机构。日本属于中央政府机关主导，自律组织辅助的集中监管模式，监管机构为金融厅以及自律组织。

再通过对各国的具体监管措施的梳理可得出以下启示：

比较美国、欧洲、日本、加拿大对商业预付卡的法律规制，这四种规制模式各有其优点和不足之处。美国监管模式关注的焦点在于其金融体系的安全，只要预付资金的使用得到严格的控制，法律可以先不对其进行严格管制，只在必要时才采取行动。待到预付卡市场自然发展成熟，完善的法律体系自然应运而生。这类监管方式的长处在于能够最大程度上实现金融系统的安全运行，其法律规制结构具有较高的可操作性，可伴随预付卡市场的成长而成长，具有相当程度的前瞻性；其缺点在于各部法律之间可能出现重复监管的情形。[1]

　　欧洲国家的监管模式偏向于对于预付卡发行主体严加监管，而且对于非银行机构发行的虚拟预付卡（电子货币）给予了很大关注。其优点是具有前瞻性，既顺应了现代支付趋势，又在事前最大限度地避免了风险；其缺点是制度不够灵活。

　　日本监管模式偏向于对发行主体的资质和信用等进行监管。它主要通过对发行主体的严格监管从而在初始阶段就最大限度地避免发生风险，其优点是具有前瞻性。但同样，这种制度的缺点也比较明显——形式僵硬、缺乏灵活性。

　　加拿大魁北克省的预付式消费立法更倾向于对消费者利益的保护，将《第60号修正案》放在《消费者保护法》之下，表明有关规则是以保护消费者利益、限制商人滥用优势地位为出发点和归宿的。[2]但同样，该制度的缺陷在于没有对预付资金进行严格的监管。

〔1〕　柳佳丽："我国预付卡监管法律问题研究"，烟台大学2013年硕士学位论文。
〔2〕　张子玄："'预付式消费'的法律规制研究"，湘潭大学2013年硕士学位论文。

# 第三编　法律分析

# 第十章　预付式消费合同的法律属性分析

　　预付式消费是消费者以获得特定的商品或者服务为目的，在消费前预先支付一定的费用，并于经营者处取得其提供的"会员卡"或者其他会员凭证，凭借"会员卡"或者会员凭证在一定次数或期限内要求经营者按照约定的方式提供商品或服务的消费形式。在预付式消费中，消费者根据经营者提供的营销内容，与经营者订立的先交付费用，后获得商品或服务并进行结算的合同即为预付式消费合同。[1]在实践中，预付式消费合同特征如下：

　　1. 资金的信用性。由于预付式消费中消费者支付预付资金后才可以按照约定获得相关商品或服务，因此消费者支付的预付资金具有向经营者提供信用的性质，因为在消费者支付预付资金后，消费者要承担企业因各种原因无法提供或者不能提供相关商品或服务的风险，这与企业承担消费者在购买商品或服务后不支付价款的风险是截然不同的。

　　2. 资金的融资性。预付式消费的初衷是为支持居民消费而创设的一种便利的消费方式，发卡人出售预付卡可以获得高额的流动资金，信誉好和规模大的企业预付卡的发行规模也较大，因此具有融资性。比如大型连锁超市或百货商场，一年内可以获得上千万乃至上亿元的预付款。预付款一旦收缴上来，即刻成为发卡企业零利息的短期贷款，在财务上反映为企业的短期负债。发卡企业获得这笔资金以后，一般会用于企业的经营活动和规模扩张[2]

　　3. 信息不对称性。信息不对称是指信息在交易主体之间的分布不对称。[3]消费者在与经营者订立合同时对经营者的了解仅限于经营者对商品或服务的宣传，甚至一部分消费者对经营者是否具有营业资格都不确定。这导致消费者在订立预付式消费合同的时候不了解经营者的履约能力和经营状况，因此会出现经营者"卷款跑路"的现象，使消费者很难维权。

　　4. 风险的单向性。如上文所言，由于预付资金具有很大的信用性，消费者在支

---

　　[1] 赵云："我国预付费消费合同法律规制探析——以消费者权益的法律保护为视角"，载《中国政法大学学报》2013年第2期。

　　[2] 施玉梅："预付式消费盈利模式探析"，载《学术交流》2013年第9期。

　　[3] 马勇："预付式交易场景下消费信贷的异化及制度导正"，载《南方金融》2020年第8期。

付预付资金时缺乏相应的担保，也不存在可以适用的双务合同履行中的抗辩权，致使消费者需要承担大部分交易风险。此外由于信息不对称，导致消费者订立的预付式消费合同常常以格式条款的形式出现，消费者对于格式合同只有拒绝或者接受两个选项，这使得经营者可以精心设计以最大限度满足其利益。

5. 消费的继续性。绝大多数的预付式消费合同都涉及长期且持续的商品或服务提供，经营者与消费者之间的债权债务关系并不因单次交易而归于消灭。而预付式消费则是在特定的期限内分多次完成的，是一个长期的过程，履约风险也随之升高。

6. 涉及群体的广泛性。一个经营者不可能只与极少数消费者签订预付式消费合同，经营者一定会面对社会公众进行宣传并发放预付式消费凭证吸引消费者，因此一旦发生纠纷必然涉及基数十分庞大的区域性消费者群体。

## 一、预付式消费合同的法律性质

### （一）无名、双务、有偿合同

无名合同是指我国《民法典》合同编没有明文规定的合同，依《民法典》第467条第1款规定："本法或者其他法律没有明文规定的合同，适用本编通则的规定，并可以参照适用本编或者其他法律最相类似合同的规定。"预付式消费合同在合同编并没有相关规定，因此应适用《民法典》467条。

双务合同是指当事人双方互负对待给付义务的合同。有偿合同则是指当事人取得权利必须支付相应对价的合同。[1] 预付式消费合同中，消费者取得请求经营者提供服务或商品的权利是基于消费者给付了对价，而经营者也基于合同履行了自己的义务，因此预付式消费合同是双务、有偿合同。需要注意的一点是，学界对预付式消费的合同构造尚未达成一致，有学者认为在多合同说中消费者与实际经营者（商品或服务的实际提供者）之间也应当存在一个实际的合同，[2] 因此无论是在消费者和经营者之间，还是在消费者与实际经营者之间都为双务、有偿合同。但如果将预付式消费合同的三方关系视作《民法典》第522条第2款规定的"真正的利益第三人合同"，即消费者与经营者之间存在合同关系且经营者与实际经营者之间也存在合同关系，基于经营者与消费者之间的约定，消费者有权请求实际经营者履行提供商品或服务的义务，那么双务、有偿合同的说法似乎也就不能完全适用于这个关系中了，这一点我们将在后文进行论述。

---

〔1〕 江平主编：《民法学》，中国政法大学出版社2019年版，第620页。

〔2〕 参见王叶刚："论预付式消费交易的法律构造"，载《现代法学》2015年第3期。

## （二）格式合同

我国《民法典》第 496 条规定：格式条款是当事人为了重复使用而预先拟定，并在订立合同时未与对方协商的条款。从实践中来看，完全由格式条款构成的合同是完全可能的，因此称之为格式合同并无不妥。

在预付式消费合同的缔结过程中，经营者往往会直接将制定好的格式合同提供给消费者，双方没有任何事前的协商，消费者也只有接受和拒绝两个选项，从这个角度上说，预付式消费合同是一种格式合同。

## （三）诺成合同

诺成合同，是指不依赖标的物的交付，只需当事人意思表示一致即可成立的合同。[1]预付式消费中，消费者与经营者达成和议后订立预付式消费合同，随后消费者支付预付款，经营者（实际经营者）提供商品或者服务。

## （四）持续性合同

持续性合同是指合同的内容非一次性给付，而是须经持续的给付才能履行完毕的合同。[2]持续性合同的本质特征在于其给付的持续性，给付范围依合同约定的时间或次数来决定。

预付式消费中，尽管消费者给付价金是一次性完成的，但经营者或实际经营者提供商品或服务并不是一次性完成，而是分多次进行给付。经营者往往根据消费者签订预付式消费合同提供的价款总量来确定消费者可以获得商品或服务的期限或次数，因此基于给付的持续性，预付式消费合同是一种持续性合同。

## 二、预付式消费合同的法律关系分析

预付式消费合同的法律关系就是消费者和经营者之间的权利义务关系，明确双方的权利义务，特别是消费者的权利，对于保护消费者权益具有举足轻重的作用。

### （一）预付式消费合同的主体

法律关系的主体是指一定权利的享有者和一定义务的承担者。在预付式消费合同的法律关系中，涉及的主体包括发卡人（经营者）、购卡人、持卡人（即预付卡实际使用人、实际消费者）和实际经营者四方主体，一般情况下，发卡人通常是实际经营者，购卡方通常就是持卡人。预付式消费主体的多样性决定了准确界定当事人之间的法律关系的重要地位。[3]预付式消费由"购买预付卡"和"持卡消费"

---

[1] 江平主编：《民法学》，中国政法大学出版社 2019 年版，第 620 页。

[2] 江平主编：《民法学》，中国政法大学出版社 2019 年版，第 621 页。

[3] 王叶刚："论预付式消费交易的法律构造"，载《现代法学》2015 年第 3 期。

两个环节组成。购卡发生在购卡人和发卡人之间，消费发生在持卡人和实际经营者之间。在特殊情况下，四方主体均不发生重合，四方之间的权利义务关系如何认定，给司法实践带来了不小的难题。

### （二）预付式消费合同的客体

法律关系的客体是权利和义务指向的对象，是法律关系的重要要素。无论预付式消费合同如何特殊，其本质仍然是一种合同。合同是债权的一种，而债权法律关系的客体是给付行为，因此我们可以说，预付式消费合同的法律客体是给付行为。有学者认为，预付式消费合同的给付行为和一般买卖合同的给付行为有所差异，购卡人（消费者）事先交付全部价金嗣后才能获得商品或服务是不同于买卖合同中"一手交钱一手交货"的交易模式的。[1]但实际上两者并无不同，透过现象看本质，我们不难发现这仍然是一种给付行为，并不会因为其交付的顺序、时间变化而影响其本质。

### （三）预付式消费合同的内容

法律关系的内容是指主体各方享有的权利和承担的义务，法律关系的内容是法律关系的核心要素。

通常情况下，在预付式消费合同法律关系中，消费者负有支付预付款的义务，同时享有要求经营者提供商品和服务的权利，而经营者负有提供商品和服务的义务，享有收取预付金的权利。但是，如果是在上文所述的四方关系，即购卡人、持卡人、发卡人（经营者）、实际经营者各不重合的情况下，预付式消费合同的内容则会略有不同，且涉及不同的合同关系构造情况会更加复杂。（关于预付式消费合同构造的问题我们将在下文进行详细论述。）

在单一合同说下，四方主体的关系为购卡人负有向发卡人交付预付金的义务，同时享有请求发卡人提供商品或服务的权利；持卡人同样享有购卡人对发卡人的权利和义务。

在多合同说下，四方主体的关系为：

（1）购卡人——发卡人：购卡人负有向发卡人给付预付金的义务；

（2）购卡人——持卡人：在购卡人与持卡人不为同一主体的情况下，购卡人通过赠与与交易的方式将预付卡转让给持卡人。若为赠与，则持卡人不承担任何义务。若为交易，持卡人承担向购卡人支付价金的义务。持卡人自始至终不会承担对发卡人支付价金的义务。

（3）发卡人——持卡人：发卡人负有担保持卡人可以在实际经营者处获得商品

---

[1] 参见黄泽宇："预付式消费合同的消费者权益保护问题研究"，上海师范大学 2017 年硕士学位论文。

或服务的义务；

（4）持卡人——实际经营者：持卡人负有向实际经营者提供预付式消费凭证的义务，实际经营者则负有向持卡人提供商品或服务的义务；

（5）发卡人——实际经营者：在持卡人与实际经营者完成交易后，发卡人负有向实际经营者支付相应价款的义务。

同单一合同说一样，在可以转让预付式消费卡或凭证的情况下，权利义务并不相同，理由同上。

## 三、预付式消费合同的合同关系构造

### （一）对现行法的解释——《消费者权益保护法》第 53 条

学界中对预付式消费中合同关系的构造，主要有单一合同说和多合同说两种观点：

第一，单一合同说。在预付式消费交易中，各个当事人之间仅存在一个合同关系，即购卡人与发卡人之间的合同关系。对预付式消费交易而言，预付费用并办理预付卡的阶段为合同订立阶段，具体消费阶段为合同履行阶段，实际经营者在法律上属于发卡人的债务履行辅助人，持卡人与实际经营者之间并不存在独立的合同关系。[1] 这一观点得到了一些学者的支持，即合同成立于预付资金交付之前，而支付预付资金的行为是对合同义务的履行，消费者（购卡人）有权请求发卡人提供商品或服务。[2] 也就是说，消费者要求经营者提供商品或服务的请求权是基于消费者与发卡人之间订立的合同，而不是基于消费者与实际经营者之间订立的合同。

第二，多合同说。预付式消费交易在构造上应当包括多个合同关系，其中最基础的有二：一是签订预付式消费合同的经营者（发卡人）与购卡人之间的合同关系；二是购卡人与实际经营者之间的合同关系。发卡人与购卡人之间的合同内容主要为：购卡人支付预付款，发卡人保证购卡人能够在合同存续期限内在实际经营者处获得约定的商品或服务。购卡人与实际经营者合同的主要内容为：持卡人提供预付卡凭证，实际经营者按照预付合同所载内容提供商品和服务。此外，结合预付式消费的交易实践来看，在预付卡的使用期限、余额返还等问题中，同时还可能涉及签订预付式消费合同的消费者与实际消费者、签订预付式消费合同的经营者与实际消费者之间的法律关系。

首先需要明确的是，我国现行立法并没有专门对预付式消费中的合同关系作出规定，仅在《消费者权益保护法》第 53 条中对预付式消费进行了简要的规定："经

---

〔1〕 王叶刚："论预付式消费交易的法律构造"，载《现代法学》2015 年第 3 期。

〔2〕 参见段宝玫："预付式消费卡若干法律问题探析"，载《上海商学院学报》2010 年第 2 期。

营者以预收款方式提供商品或者服务的，应当按照约定提供。未按照约定提供的，应当按照消费者的要求履行约定或者退回预付款；并应当承担预付款的利息、消费者必须支付的合理费用。"该条规定也是对预付式消费中的合同关系进行解构的基本法律依据，主要可以从如下几个方面进行解释：

第一，针对预付式消费中的预付款的性质，从《消费者权益保护法》第53条的规定来看，存在不同的解释。依据第53条的规定："经营者以预收款方式提供商品或者服务的，应当按照约定提供。"虽然使用了"预付款"这一表述，但并未明确其具体的性质。从文义解释的角度来看，既可以将"预付款"解释为是消费者购买约定商品或服务的对价，此种解释与"单一合同说"立场的解释相同；也可以将"预付款"解释为是消费者为经营者获得提供"按照约定提供商品或服务"这一服务而支付的对价，此种解释下签订预付式消费合同的经营者或其他与该经营者有协议的实际经营者可能还会在提供商品或服务时与消费者再单独订立合同，此时不再满足"单一合同说"立场下的预付式消费模式。可见，"单一合同说"立场下对预付款性质的界定并不能涵盖《消费者权益保护法》第53条中对预付款性质的解释。

第二，针对预付式消费中实际经营者向消费者提供约定的商品或服务这一行为的定性，《消费者权益保护法》第53条也没有作出明确的规定。要厘清这一行为定性的问题，就要对第53条中规定的"应当按照约定提供"进行解释，而从文义解释出发，既可以将"约定"解释为签订预付式消费合同的经营者与消费者之间的约定，从而将实际经营者提供商品或服务的行为解释为一种履行合同的事实行为，此种解释符合"单一合同说"立场下对实际经营者行为的解释；也可以将"约定"解释为实际经营者与消费者可以就商品或服务的提供单独订立的约定，从而将实际经营者提供商品或服务的行为解释为一种法律行为，例如消费者在使用超市预付卡消费时，需要同超市就商品的买卖另行订立合同，此种解释符合"多合同说"立场下对实际经营者行为的解释。可见，"单一合同说"和"多合同说"中对实际经营者提供商品或服务的行为的解释都符合《消费者权益保护法》第53条中对该行为的解释。

第三，针对违约责任的承担主体，《消费者权益保护法》第53条的规定是"未按照约定提供的，应当按照消费者的要求履行约定或者退回预付款；并应当承担预付款的利息、消费者必须支付的合理费用"。按照体系解释，该条规定的前一部分是对签订预付式消费合同的经营者和消费者之间的合同关系的规定，因此可以将后半部分解释为是对签订预付式消费合同的经营者违约责任的规定。这一解释符合"单一合同说"的立场，即认为当实际经营者所提供的商品或服务存在瑕疵时，应由签订预付式消费合同的经营者承担违约责任，实际经营者属于签订预付式消费合同的经营者的债务履行辅助人，无须对消费者承担违约责任。但是仍需注意，《消费者权益保护法》第 53 条虽然从体系解释的角度来看只规定了发卡人的违约责任，但是该条文并非封闭性的规定，即并没有排除实际经营者的违约责任，因此不能因为该条没有明确规定实际经营者的违约责任而当然否定消费者与实际经营者之间法律关系的独立性。与此同时，预付式消费中的违约责任在性质上属于违反买卖合同的违约责任，可以适用《民法典》的相关规定，因此，也无法依据《消费者权益保护法》第 53 条就当然确定违约责任的履行主体只能是签订预付式消费合同的经营者而非实际经营者。

由此可见，单从现行立法出发，无法当然得出或当然否认"单一合同说"或"多合同说"，两种立场的观点都能够符合对现行立法的一般解释。

### （二）对司法实践的反思——"单一合同说"及其不足

目前，从我国司法实践来看，许多法院在处理预付式消费纠纷时将实际经营者事后提供服务的行为认定为履行签订预付式消费合同的经营者与消费者之间的预付式消费合同的行为，也是采纳了"单一合同说"的立场。然而，"单一合同说"忽略了预付式消费中主体的多样化可能使当事人之间的法律关系复杂化的特点，例如针对目前随着预付卡商业交易的发展使得购卡人和持卡人可能并非同一主体，以及随着专业化发卡机构的出现使得发卡人和实际经营者也可能并非同一主体等情况，如果仅仅将预付式消费中的合同关系解构为单一合同关系，不仅不利于对消费者合法权益的保护，也不符合预付式消费的发展趋势。

第一，"单一合同说"不利于对消费者合法权益的保护。在预付式消费交易模式中，消费者一方面能够获得便捷的支付方式、较低的支付成本，但也面临较高的风险，例如实际经营者因经营不善而关门跑路、预付卡本身具有不合理的使用期限的规定、实际经营者发生经营转移等。消费风险的产生主要是基于如下因素：其一，在预付式消费中，消费者与经营者之间存在信息不对称的现象，具体表现为消费者在签订合同时虽然能了解到其使用规则、优惠方案等，但却缺乏足够的信息来判断实际经营者的财力水平、商品备货量，进而无法预测签订合同的经营者或实际经营者后续的履约能力，由此，当签订合同的经营者或实际经营者出现破产或其他丧失履约能力的情形时，则会损害消费者的合法权益。其二，预付式消费具有长期性，具体表现为消费者购买商品或服务的行为一般发生在签订合同之后，且时间长短不定，这也加大了消费者权利实现的风险。由此可见，在预付式消费交易中，有必要对消费者给予特别的保护。但是在"单一合同说"的立场下，不利于对消费者的保护，具体体现为：其一，基于合同的相对性，当实际经营者提供的商品或服务存在瑕疵时，消费者原则上只能向签订合同的经营者提出请求，而不能直接向实际经营者提出请求，这就使得消费者权益的保障全都依赖于签订合同的经营者的后续履行能力或承担责任的能力，而忽视了实际经营者在消费者权益保障中的作用。其二，当签订合同的消费者与实际消费者身份不一致时，由于实际消费者与签订合同的经营者之间并不存在直接的合同关系，实际消费者难以直接知晓签订合同的经营者的经营状况及偿付能力，加剧了两者之间的信息不对称性，不利于持卡人自身合法权益的维护。

第二，"单一合同说"有违预付式消费的发展趋势。在预付式消费交易发展的初期，其凭证表现为纸质的卡片、合同书或消费记录，且一般会载明商品或服务的种类、数量及使用期限等。在此背景下，很容易据此形成"单一合同说"的观点，即消费者所支付的费用在性质上属于预付款，而经营者提供商品或服务的行为是履行其与消费者之间预付式消费合同的行为。但是，随着预付式消费的发展，消费凭证在性质上逐渐转化为一种支付工具。具体体现为：其一，从消费凭证的形式来看，已逐步由纸质预付消费凭证转化为电子消费卡。在现代预付式消费中，IC 卡逐渐成为预付卡的主要形式，即通过在 IC 卡中嵌入电脑芯片的方式使其具有记忆、存储、运算等功能，预付卡已不再是简单的预付凭证，而是发展为特殊的支付工具。其二，从消费凭证的内容来看，与传统的纸质消费凭证不同，许多电子消费卡通常并不会载明特定的商品或服务，而只是载明卡内的金额与使用期限，支付功能显著。其三，从消费者与经营者订立预付式消费合同的目的来看，消费者在购买预付卡时，并非为了取得特定的商品或服务，而是为了获得便捷的支付工具。而商品或服务的提供则需要实际消费者与实际经营者达成独立的合意。其四，从预付卡的使用来看，对一些预付卡而言，当事人可以重复充值，多次消费，也更多地体现出支付工具的特点，而非简单的消费凭证。可见，"单一合同说"力图通过经营者与消费者之间的预付式消费合同关系涵盖整个预付式消费交易，否定实际消费者与实际经营者之间的合同关系的独立性，有违预付式消费的发展趋势，并且可能使当事人之间的法律关系复杂化，尤其是在实际经营者所提供的商品或服务存在瑕疵的情况下，可能使当事人面临多次求偿与追偿的问题。因此，"单一合同说"已无法满足单用途预付卡的发展需求。

### （三）"多合同说"的合同关系构造

1. 签订预付式消费合同的双方当事人之间的法律关系

在经营者与消费者之间的预付式消费合同中，对经营者而言，其主要义务是向消费者提供消费凭证，在消费者凭借消费凭证请求经营者提供约定的商品或服务时，经营者应当按照约定提供。在签订合同的经营者与实际经营者身份不一致时，签订合同的经营者应担保消费者能够购买约定的商品或服务。对此，当事人一般会在合同中对经营者的此种担保义务做出约定，但即便当事人没有做出此种约定，也可依据对《消费者权益保护法》第 53 条的解释认定经营者依法负有此种担保义务。在经营者未尽到上述义务时，消费者有权请求经营者承担违约责任。对消费者而言，其主要义务是需要按照合同约定向经营者支付一定的费用，也是消费者获得具有购买能力的消费凭证所应当支付的对价。需要注意的是，一些预付卡虽然名义上属于"储值卡"，但并不具有储蓄功能，并且在信用承担上与商业银行发行的信用卡正好相反：信用卡要求商业银行向个人提供信用，即商业银行应负担个人无法偿还借款的风险；而预付卡则要求消费者向经营者提供信用，负担经营者因经营不善而无法返还余额的风险。[1] 可见，预付消费除具有直接的财产性之外还具有一定的人身属性，即依附于特定的消费者（购卡人），如果实际经营者所提供的商品或者服务存在瑕疵，导致消费者购买的商品或服务不符合合同约定的质量或履行方式的，或者出现其他导致当事人之间的人身信赖关系丧失的事由，则消费者有权解除其与经营者之间的合同。类似地，《司法解释（征求意见稿）》第13条规定了消费者对预付式消费合同的解除权："消费者请求解除预付式消费合同，经营者存在下列情形之一的，人民法院应予支持：（一）变更经营场所致使消费者不便于接受商品或者服务；（二）未经消费者同意将预付式消费合同义务转移给第三人；（三）变更服务人员等行为导致消费者对经营者提供的具有人身、专业等信赖的服务丧失信任基础；（四）承诺在合同约定期限内提供不限次数服务，但无法正常提供服务；（五）法律规定或者合同约定消费者享有解除合同权利的其他情形。"此外，在解除合同方面，第14条规定："预付式消费合同成立后，消费者身体健康等预付式消费合同的基础条件发生了当事人在订立合同时无法预见的、不属于商业风险的重大变化，继续履行合同对于消费者明显不公平的，消费者可以与经营者重新协商；在合理期限内协商不成，消费者请求人民法院变更或者解除预付式消费合同的，人民法院应予支持。"这一规定体现了对消费者合理原因解除合同的要求。

2. 消费者与实际经营者之间的法律关系

消费者与实际经营者之间存在独立的合同关系。从预付式消费的交易实践来看，持卡人与实际经营者之间是存在独立的合同关系的，其独立性主要体现如下：其一，消费者与实际经营者之间合同的订立过程与内容具有独立性。在使用消费凭证进行交易的过程中，消费者需要就商品或服务的具体种类、价格、数量等内容与实际经营者达成合意，且消费者对实际经营者享有提供商品或服务的请求权，而实际经营者则需要向消费者提供具体的商品或服务，消费者与实际经营者之间存在独立的合同关系。其二，预付式消费在责任承担上需要具有独立性。如果承认消费者与实际经营者之间存在独立的合同关系，消费者可以根据实际经营者的履约能力、责任承担能力等对实际经营者进行选择，同时，在实际经营者提供的商品或服务存在瑕疵时，消费者可以直接请求实际经营者承担违约或侵权责任，这有利于改变消费者与

---

[1] 王叶刚："论预付式消费交易的法律构造"，载《现代法学》2015年第3期。

经营者之间的信息不对称，有利于消费者合法权益的保护。与此同时，从我国的司法实践来看，在实际经营者提供的商品或服务存在瑕疵时，消费者也大多请求实际经营者来承担违约责任。此外，在实际经营者与名义经营者不一致的情形下，2024年6月公布的《司法解释（征求意见稿）》第4条"消费者请求经营者承担民事责任，经营者以其并非实际经营者为由主张不承担民事责任，存在下列情形之一的，人民法院对消费者请求应予支持：（一）经营者允许他人使用其营业执照；（二）经营者的其他行为使消费者有理由相信其受预付式消费合同约束"的规定给出了具体解决方案。可见，承认消费者与实际经营者之间存在独立的合同关系，不仅是预付式消费自身发展的需要，也是保护消费者合法权益的需要。

3. 实际消费者与签订预付式消费合同的经营者之间的法律关系

在单用途预付卡消费交易中，当出现签订预付式消费合同的消费者与实际消费者身份不一致的情况时，由于实际消费者与签订预付式消费合同的经营者之间并不存在直接的合同关系，如何认定两者之间的权利义务关系也是司法实践中的一大难题。司法实践中两者之间的纠纷主要涉及如下两个问题：一是签订预付式消费合同的经营者担保消费凭证支付功能实现的义务问题；二是对预付式消费合同格式条款的解释问题。通过对这两个问题的讨论，可以进一步厘清两者之间的法律关系。

第一，签订预付式消费合同的经营者担保消费凭证支付功能实现的义务问题，即当实际经营者拒绝接受实际消费者进行消费时，实际消费者是否有权请求签订预付式消费合同的经营者承担责任。《消费者权益保护法》第53条规定了"经营者以预收款方式提供商品或者服务的，应当按照约定提供"，为了适应预付卡等消费凭证的流通和预付式消费交易的发展，应将签订预付式消费合同的经营者的此种担保义务解释为附着于消费凭证，而非附着于预付式消费合同，即签订预付式消费合同的经营者对实际消费者同样负有担保义务。2024年6月公布的《司法解释（征求意见稿）》第2条规定："不记名预付卡的持卡人起诉请求经营者承担民事责任的，人民法院应当依法受理。记名预付卡持卡人与预付卡或者预付式消费合同记载当事人不一致，但提供证据证明其系合法持卡人，起诉请求经营者承担民事责任的，人民法院应当依法受理。有其他证据证明消费者与经营者存在预付式消费合同关系，消费者起诉请求经营者承担民事责任的，人民法院应当依法受理。"这一规定也对上述问题进行了回应。

第二，对预付式消费合同格式条款的解释问题，例如经营者主张预付卡存在最低消费使用额度，在达到这一额度后要求消费者继续充值，否则不能使用，或者经营者以消费者没有在使用期限内用尽余额，而预付卡的使用期限已经经过为由，拒绝返还余额等。如果经营者没有将此类约定纳入预付式消费合同中，则不得单方面对消费者做出限制，否则该限制行为对消费者无效；如果经营者将此类规定纳入了预付式消费合同中，但没有以合理的方式对消费者作出提示，则可结合《民法典》合同编第 496、497 条宣告条款无效；如果经营者对此类规定已经尽到了提示、说明义务，而消费者仍愿与经营者订立合同，则应认定条款有效，但需要注意的是，在部分地方性法规中，如北京市人大常委会制定的《北京市单用途预付卡管理条例》中，存在经营者不得设定对余额不退还的格式条款的规定。[1]当消费者将消费凭证转让给其他消费者时，该消费者也应当受此限制，但有权基于不当得利返还请求权请求经营者返还余额，或基于与签订预付式消费的消费者之间的消费凭证交易合同请求经营者承担相应的违约责任。

综上可见，在对我国预付式消费合同关系进行解构时，应当从《消费者权益保护法》第 53 条出发，厘清不同主体之间的法律关系。目前学界中存在的"单一合同说"忽略了预付式消费交易主体多样化的特点，有违预付式消费的发展趋势，也不利于消费者合法权益的保护。而"多合同说"则认为在不同主体之间存在多个法律关系，其中强调了实际消费者与实际经营者之间是存在独立的合同关系的，同时可以结合司法实践中的风险从多角度分析不同主体之间的关系，不仅符合预付式消费的发展趋势，还有利于消费者合法权益的保护。

实际上，2024 年 6 月公布的《司法解释（征求意见稿）》对预付式消费合同中可能存在的问题进行了规定。例如，第 8 条规定了预付式消费合同的解释相关问题；第 9 条对格式条款无效的情形进行了安排；第 10 条对无民事行为能力人或限制民事行为能力人订立预付式消费合同的效力问题进行了阐述；第 11 条则规定了预付式消费合同债权的转让相关问题；第 12 条至第 16 条则为消费者七日无理由退款、返还预付款等要求赋予了相应权利，紧接着由第 19 条至第 26 条为退款金额的计算、附赠商品或服务的处理等问题进行了安排等，为预付式消费合同相关问题的解决提供了重要指导。

---

〔1〕《北京市单用途预付卡管理条例》第 15 条规定，经营者制定的格式条款、通知、声明、店堂告示、消费者须知等不得包含概不退款、不补办、解释权归经营者等对消费者不公平、不合理的规定。

# 第十一章　预付金的法律属性分析

从物权角度探讨预付式消费中涉及的法律关系则主要立足于预付资金的所有权归属问题，即消费者提前向经营者支付预付资金的行为是否意味着该笔资金的所有权会从消费者手中转移到经营者手中，如果发生了预付资金所有权的转移，那么所有权转移的时间点是何时。

在讨论预付资金所有权归属问题时，需要分两种情况，一种是以预付卡型消费为典型的预付式消费，另外一种是不存在预付卡，但消费者仍需支付预付款的预付式消费。前者还涉及预付卡到期后卡内余额是否应该退还的问题，这又与预付卡的法律性质直接挂钩。

## 一、预付式消费类型一：预付卡型预付式消费

### （一）预付卡的法律性质

对于预付卡的法律性质，学界主要有三种学说：

第一，证权证券说。该学说认为，发卡人和持卡人之间是一种债权债务关系，如果发卡人解散，预付卡作为一般公司债务或一般破产债权参与清偿；发卡人可以将吸收消费者预付款作为一种融资手段，以实现资金周转，缓解资金困难。[1]从预付卡的法律性质来看，其是一种特殊的有价证券，具体而言是一种证权证券，预付卡的存在表明消费者享有在一定期限内要求经营者为其提供约定的商品或服务的权利，而没有创设权利，因此是证权证券。

第二，债说。该学说认为，预付费式会员卡实际是预付费消费者（购卡人）与经营者（预付费服务企业）之间关于设立预付费服务合同的依据，其实质应该是一种债。债，作为民法上的概念，是指特定当事人之间可以请求一定给付的民事法律关系，购卡人是权利主体，是债权人，出售卡的经营者为义务主体，是债务人，该预付卡可以作为特定情况下的支付工具。

第三，债权凭证说。该学说认为，单用途预付卡实质上是一种持卡人要求发卡人履行债务的凭证，其法律性质应当是一种债权债务关系。消费者先向发卡人支付

---

[1]　参见王建文："我国预付式消费模式的法律规制"，载《法律科学（西北政法大学学报）》2012年第5期。

一笔购卡费用取得持卡人的资格，然后在预付卡有效期限内享受由经营者（发卡人）或实际经营者提供持续性的商品消费或服务消费，消费者支付购卡费用是履行债务的行为，债权债务关系在消费者和经营者约定费用支付之前即已成立。持卡人取得预付卡后，就应认为已经履行了将来购买商品或服务的付款义务，接下来就是享受经营者或实际经营者提供商品或服务的权利了，实际经营者应该按照事先的承诺履行《民法典》合同编中的相关义务。否则，即构成违约，要承担相应的违约责任。

该种说法和第一种证券说本质上是一样的，只是将预付卡的诸多问题纳入到债法的领域中加以规制和解决，这对于由商业企业发行，只在本企业或同一品牌连锁商业企业购买商品、服务的单用途预付卡的规范和管理有着较好的效果。[1]

### （二）预付卡型预付式消费中预付资金性质

根据国务院办公厅和中国人民银行的相关规定，多用途预付卡消费中，发卡经营者接受的预付资金不属于发卡经营者的自有资产，发卡经营者不得挪用挤占。这一规定实际上否定了预付资金可以被经营者作为融资手段的性质，但是在单用途预付卡中却没有类似的规定。因此对于提供单用途预付卡的经营者何时享有拥有消费者支付预付款的权利产生了争议，存在有两种观点：

第一，所有权说。该观点认为消费者将预付款支付给经营者时，经营者即享有预付款的所有权。因为基于民法理论，货币是一种特殊的物，谁占有货币谁就享有货币的所有权，即我们常说的"货币占有即所有"。这一原则的基础在于货币作为一般等价物，属于种类物，无法特定，因而一旦为某个主体占有之后，该款项即与该主体的其他款项相互混同，而无法区别。为了解决货币的区分问题，才特别规定了货币"占有即所有"的规则，这在很大意义上降低了交易对方的注意义务，降低了交易成本，起到了鼓励和促进交易的目的。因此从促进交易的角度上说，预付式消费中消费者将预付资金交给发卡人时便丧失了货币的所有权，消费者以丧失货币所有权为代价取得了对经营者或实际经营者的债权。即消费者支付预付资金，并请求实际经营者提供商品或服务。

持该观点的学者认为，预付卡是一种金融工具，具有融资的作用。实践中，发卡经营者之所以热衷于从事预付卡消费业务，一个重要原因就是能够获得消费者预付资金的所有权。如果规定预付资金不归发卡经营者所有，不仅违反了民法基本理论，而且还违背了预付卡产生的初衷和目的。

第二，保管合同说。该观点认为，消费者向经营者支付预付款，并不包含消费者有转移预付款所有权于经营者的意思，而是相当于一个保管合同。由于预付式消

---

〔1〕　马太广、范励："论商业预付卡的本质属性与法律规制"，载《东方法学》2013 年第 2 期。

费的性质特殊，不同于一般的买卖合同中的"一手交钱一手交货"模式，因此消费者对货币所有权是否转移的意思也应当不同。消费者将预付款交由发卡人的真实意思是将预付款交由发卡人保管，在消费者进行消费之时，预付款中对应消费者所需支付的价款的部分才发生真正的所有权转移。在此之前，预付款的所有权应当归消费者所有。

持该观点的学者认为，基于保护消费者利益的考量，并且基于国务院办公厅和中国人民银行的相关规定，建议在法律上明确单用途商业预付卡卡内金额的法律属性，确定其所有权应当归属于消费者，消费者享有法定取回权。可以将商业预付卡定性为代币工具或有价证券，采取这种理论，可以推定消费者对卡内资金享有所有权，可以转让、处分。

但这种说法没有考虑到商业预付卡的融资属性，发卡人发放预付卡并不仅是为了生产未来需要兑付的商品或服务，因为相较于一时性的买卖合同来说仅仅替消费者保管预付金并用来兑换未来商品或者服务的方式没有任何优势，反而会给经营者无端增加预付资金保管的成本和风险，这不会给经营者带来任何利益反而会徒增其成本。因此将预付资金的所有权保留在消费者手中很有可能会挫伤经营者发放预付卡的动力，进而影响消费者在消费中的便捷性。

### （三）现有理论的不足

现阶段理论界对于预付资金的所有权归属问题的分析论证较少，即便在文章中有所涉及，论证也不够深入，逻辑也不够周延。但不管是从保护消费者权益的角度来看，还是从预付式消费这种消费模式长远发展的角度来看，明确预付资金的所有权归属是一个很重要的问题。

之所以很少有专门研究这个问题的文章出现，原因可能在于，从预付式消费本身的特征与其兴起发展的原因来看，预付资金的所有权在消费者办理预付凭证（预付卡为主）的那一刻起就已经从消费者转移向经营者（卖卡方），但如果立法明确肯定预付资金的所有权归属于发卡人，那么卡内余额其实也是预付资金的一部分，但实践中预付卡经常难以按照约定将使用完的预付资金返还给消费者。这说明，正是因为现行法律未明确预付资金的归属问题，导致在实践操作中，预付资金的所有权是归发卡人所有。因此，在预付式消费中，消费者权益才会屡屡因经营者不诚信经营或经营不善携款跑路而受损。

从保护消费者权益的角度，法律应该明确预付资金所有权归消费者所有，即预付卡不再是债权凭证，而是物权凭证。这相当于赋予了消费者在预付式消费合同关系中的任意解除权，即可以随时将预付资金变现。相对应的举措就是利用第三方支付平台，或者在银行建立专门的预付资金账户，经营者不得随意使用，只能按照消费者的消费情况依次向经营者账户中划款，经营者也就丧失了利用预付式消费这种模式进行融资的机会。消费者可以随时根据自身实际情况决定是否要将预付卡资金变现。但正如上文提及的，如果利益的天平过分偏向消费者，预付式消费这种模式对于经营者而言毫无吸引力，经营者想要实现融资和扩大稳定客户群的目标都无法实现，那么经营者也没有动力去向消费者提供优惠、折扣。这种模式的唯一好处，可能就是对于消费者而言支付较为便利。这样久而久之，经营者也不会再去发行预付卡，这种预付式消费模式就会慢慢消失。因此，可以从预付资金监管角度入手，着力保护消费者利益，并适当考虑经营者需求。例如，可使用保证金或履约保证保险等方式管理预付资金。使用保证金方式的，可令经营者与预付式消费行业主管部门签订保证金托管协议，并在指定的商业银行开设托管账户。同时，应规定经营者将预付资金中固定比例的金额作为保证金缴存于托管账户。保证金额不足该固定比例的，经营者应补足缺额部分并向预付式消费行业主管部门报告。

从现有理论研究成果中可以看出，预付式消费模式如果得到完善科学的监管，可以实现经营者和消费者利益双赢的效果：一方面经营者可以充分回笼资金，让资金流转变得更有效率，稳定并扩大客户群，得到发展，从而推动市场经济的发展；另一方面可以便利消费者支付，同时使消费者享受优惠、折扣和较为稳定的服务。

## 二、预付式消费类型二：无预付卡型预付式消费

### （一）无预付卡型预付式消费特点

广义上的预付式消费还包括不以预付卡为媒介的预付款式消费，仍然以消费者提前向经营者支付一笔预付款，即消费者先履行部分义务，经营者在收到预付款之后再履行义务为典型交易特征，但如果经营者在收到预付款后并没有按照事先的约定提供商品或服务，这也会导致一系列预付式消费纠纷，据消协内部数据显示，此类预付式消费纠纷多发生于商品房买卖、家居建材、旅游产品预售和互联网交易等领域。

### （二）无预付卡型预付式消费中预付资金性质

商品房买卖中，房地产开发企业经常在订立正式商品房买卖合同前先与购房人签订一份认购书，就商品房有关事宜进行初步确认，并收取一定数量的预付款（定金）作为订立商品房买卖合同的担保。前述行为也经常出现在家居建材领域，其中所涉及的法律问题在本质上是一致的，下文着重以商品房买卖为切入点，归纳理论界对于该种预付式交易中预付款所有权归属的观点。

《商品房销售管理办法》第 22 条规定："不符合商品房销售条件的，房地产开发企业不得销售商品房，不得向买受人收取任何预订款性质费用。符合商品房销售条件的，房地产开发企业在订立商品房买卖合同之前向买受人收取预订款性质费用的，订立商品房买卖合同时，所收费用应当抵作房价款；当事人未能订立商品房买卖合同的，房地产开发企业应当向买受人返还所收费用；当事人之间另有约定的，

从其约定。"学界通论认为，对于在商品房买卖中的预付款性质，虽然相关立法并没有明确，但预付款实质上就是定金，其性质兼具立约定金和违约定金两个方面。当事人双方在最终就商品房买卖事宜正式签订合同时，该笔预付款的归属就可以参照法律对于定金的规定，即《最高人民法院关于适用〈中华人民共和国担保法〉若干问题的解释》第 115 条规定："当事人约定以交付定金作为订立主合同担保的，给付定金的一方拒绝订立主合同的，无权要求返还定金；收受定金的一方拒绝订立主合同的，应当双倍返还定金。"

对于该预付款的所有权是归购房人还是买房人，结合学者的观点、相关立法体现出的价值理念以及司法实践，可以认为，在正式签订商品房购买合同之前，该笔预付款的所有权是归属于购房人的。因为按照《商品房买卖司法解释》的规定，只要交易双方就商品房买卖达成正式协议，该笔定金就会抵作价款，未能订立合同的，房地产开发企业应该向购房人返还费用。虽然当事人可以另做约定，但学界认为双方约定的自由是有限度的，应该参照定金的相关法律规定，维护购房人的合法权益。同时，如果预付款在未能订立商品房买卖合同时全部归开发商或部分归开发商，此种情况下定金可不退还的观点是值得商榷的。原因有二，一是买受人与出卖人信息严重不对称，买受人处于弱势地位，最终未能订立商品房买卖合同的原因有很多；二是《最高人民法院关于审理商品房买卖合同纠纷案件适用法律若干问题的解释》第 4 条已经明确规定"因不可归责于当事人双方的事由，导致商品房买卖合同未能订立的，出卖人应当将定金返还买受人"。

据此，其他领域如旅游预售、家居建材预付款、网购预付款等均可参照前述观点，将预付款的法律性质界定为定金，从而适用与定金相关的法律，如《民法典》及其司法解释的规定去划分交易双方应承担的民事责任。

综上所述，实践中对预付资金问题中消费者权益的保护难以通过民法基础理论进行解决，而且需要加强监管制度的建设，使发卡人、经营者如期如约提供商品或服务，在其无法提供商品或服务时，将消费者为该商品或服务支付的对价予以返还。

现有理论研究成果中，不乏合理且具有可行性的监管建议。例如在发行预付卡前明确预付卡发行主体的资格标准，建立相应的备案登记制度；在已发行预付卡的发行企业中引入保证金制度，结合发卡企业发行资金总额和企业资产规模、运营状况等按照合理的比例提取保证金到银行或第三方监管账户，用以保证消费者的权益；引入保险制度等。总之，加强监管制度方面的建设，可以更好地平衡交易效率和安全之间的关系。

最后，在用尽前述手段，消费者权益还没有得到完全保护时，法律可以赋予消费者法定的取回权，在破产清算中，消费者对该债权享有优先受偿权。如果是由于经营者的原因而使消费者无法获得相应的服务或商品时，经营者对于未提供的商品或服务所对应的价款则构成不当得利，应当予以返还。

# 第十二章　预付式消费的税务处理

预付式消费的税务处理问题，从概念外延上讲，既包括预付卡消费的税务处理，也包括其他预付式消费的税务处理。实践当中，该问题主要也表现为预付卡消费的税务处理问题。而且，现有的相关研究绝大部分也是以预付卡为研究对象，它们通过实证研究和规范分析，探讨预付卡消费背后的税务问题。因此，本部分也是以预付卡为研究对象，通过对有关预付卡的涉税行为的研究，理解我国预付式消费中的税务现状和运作机理。

## 一、规则依据

《国家税务总局关于营改增试点若干征管问题的公告》(国家税务总局公告 2016 年第 53 号，以下简称“53 号公告”[1]）以《增值税暂行条例》为依据，明确售卡

〔1〕 53 号公告规定：……三、单用途商业预付卡（以下简称“单用途卡”）业务按照以下规定执行：（一）单用途卡发卡企业或者售卡企业（以下统称“售卡方”）销售单用途卡，或者接受单用途卡持卡人充值取得的预收资金，不缴纳增值税。售卡方可按照本公告第九条的规定，向购卡人、充值人开具增值税普通发票，不得开具增值税专用发票。单用途卡，是指发卡企业按照国家有关规定发行的，仅限于在本企业、本企业所属集团或者同一品牌特许经营体系内兑付货物或者服务的预付凭证。发卡企业，是指按照国家有关规定发行单用途卡的企业。售卡企业，是指集团发卡企业或者品牌发卡企业指定的，承担单用途卡销售、充值、挂失、换卡、退卡等相关业务的本集团或同一品牌特许经营体系内的企业。（二）售卡方因发行或者销售单用途卡并办理相关资金收付结算业务取得的手续费、结算费、服务费、管理费等收入，应按照现行规定缴纳增值税。（三）持卡人使用单用途卡购买货物或服务时，货物或者服务的销售方应按照现行规定缴纳增值税，且不得向持卡人开具增值税发票。（四）销售方与售卡方不是同一个纳税人的，销售方在收到售卡方结算的销售款时，应向售卡方开具增值税普通发票，并在备注栏注明“收到预付卡结算款”，不得开具增值税专用发票。售卡方从销售方取得的增值税普通发票，作为其销售单用途卡或接受单用途卡充值取得预收资金不缴纳增值税的凭证，留存备查。四、支付机构预付卡（以下称“多用途卡”）业务按照以下规定执行：（一）支付机构销售多用途卡取得的等值人民币资金，或者接受多用途卡持卡人充值取得的充值资金，不缴纳增值税。支付机构可按照本公告第九条的规定，向购卡人、充值人开具增值税普通发票，不得开具增值税专用发票。支付机构，是指取得中国人民银行核发的《支付业务许可证》，获准办理“预付卡发行与受理”业务的发卡机构和获准办理“预付卡受理”业务的受理机构。多用途卡，是指发卡机构以特定载体和形式发行的，可在发卡机构之外购买货物或服务的预付价值。（二）支付机构因发行或者受理多用途卡并办理相关资金收付结算业务取得的手续费、结算费、服务费、管理费等收入，应按照现行规定缴纳增值税。（三）持卡人使用多用途卡，向与支付机构签署合作协议的特约商户购买货物或服务，特约商户应按照现行规定缴纳增值税，且不得向持卡人开具增值税发票。（四）特约商户收到支付机构结算的销售款时，应向支付机构开具增值税普通发票，并在备注栏注明“收到预付卡结算款”，不得开具增值税专用发票。支付机构从特约商户取得的增值税普通发票，作为其销售多用途卡或接受多用途卡充值取得预收资金不缴纳增值税的凭证，留存备查。

行为不征税，不得开具增值税专用发票，只能开具注明"预付卡销售和充值"的增值税普通发票。该增值税普通发票因无具体货物劳务或服务的名称，故企业不能计入成本费用，无法在企业所得税中进行税前扣除。53 号公告对单用途卡和多用途卡的增值税处理作出了较为具体的规定。从涉及税种来看，预付卡业务不仅涉及增值税，还涉及企业所得税、个人所得税的税务处理。

## 二、基本模型[1]

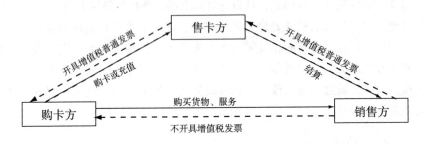

**图 12-1　预付式消费的税务处理基本模型**

## 三、涉税行为及税务处理

### (一) 售卡企业的售卡行为

售卡企业通过销售预付卡、接受预付卡充值，取得一定的资金。虽然货币以"占有即所有"为原则，但是不能径行认为这是售卡企业的收入。

1. 发票开具

由于第 53 号公告有明文规定，关于如何开具发票，学界争议较小。一般认为，售卡企业取得的价款属于"未发生销售行为的不征税项目"，不得开具增值税专用发票，只能向购卡方开具增值税普通发票。政策还规定在《商品和服务税收分类与编码（试行）》中的分类编码中增加 6 "未发生销售行为的不征税项目"，该分类编码用于纳税人收取款项但未发生实际销售货物、应税劳务、服务、无形资产或不动产等情形。同时，在该分类编码下设 601 "预付卡销售和充值"。

因此，预付卡销售方在销售预付卡时，开具增值税普通发票，使用"未发生销售行为的不征税项目"编码，且发票税率栏填写"不征税"。但是，对于 ETC 充值卡略有不同，可由消费者选择是否在充值时开具发票。[2]

---

〔1〕　因单用途和多用途卡的税务处理基本相同，此处仅以售卡方与销售方非同一纳税人的单用途卡为例。

〔2〕　周肖肖："不同预付卡消费方式，发票与涉税处理方法不同"，载《纳税》2018 年第 12 期。

2. 税务处理

商业企业销售单用途商业预付卡应当视为预收账款方式销售货物，在货物发出时征收增值税。[1]实际上，由于售卡企业在售卡环节未发生增值税应税行为，不征增值税。

同时，售卡企业取得的该笔资金不符合确认收入的条件，因此也不征企业所得税。商业预付卡未实际消费时，风险和报酬尚未转移，（企业）所得税方面也不确认收入。但是如果超市在发售卡收款时就开具发票的，对已开具发票的应确认收入，并缴纳企业所得税。[2]

此外，如果支付机构向支持预付款结算方式的商家结算款项，收取的相关费用（如手续费、服务费等）应该被确认为支付机构的营业收入，该部分收入应缴纳增值税。税务具体生效时间按合同约定的，以支付机构向第三人结算款项的具体时间为准。一般情况下，支付机构的结算时间与持卡人实际消费时间非常接近。[3]

当然，以上只是主流观点。在过去，实务中不同地区的操作方式不同，需要关注当地税务机关的有关文件规定：如大连市、四川省规定实际消费时计征增值税；北京市、浙江省、河北省、福建省规定收取款项时计征增值税。现在，由于53号公告明确售卡行为不征税，不得开具增值税专用发票，各地的操作才趋于统一。

## （二）实际经营者（销售者）向购卡方销售货物或服务的行为

实际经营者向购卡方销售货物或者提供服务，本质上与"一手交钱、一手交货"的传统交易模式并无不同。虽然购卡方事先交纳了预付金，但是实际经营者只有在交货后与售卡企业结算时才能取得该笔收入。由于预付资金事先已经不为消费者实际控制（无论是预付金所有权说还是预付金保管说），因此在实际经营者一方，整个交易过程基本上和买卖合同相同，即实际经营者提供商品或服务，对应的价款从预付资金中扣除，如果实际经营者和发卡人为同一主体，那这一过程就更为简单了。

1. 发票开具

根据53号公告的规定，此环节销售方不得向持卡人开具增值税发票。有学者认为，销售方向持卡人销售货物、劳务或服务，因发生了增值税应税行为，无论持卡人的预付卡是自己购买还是接受赠与，销售方均应按照货物、劳务或服务的实际名称，向持卡人开具增值税发票。[4]

---

〔1〕 蔡雪晴："商业企业销售单用途商业预付卡的财税分析"，载《时代金融》2015年第4期。

〔2〕 李卫国："未消费的预付卡财税处理不可任性"，载《中国税务报》2016年2月26日，第B04版。

〔3〕 王卫芳："商业预付卡涉税问题研究"，载《纳税》2020年第12期。

〔4〕 高金平："对预付卡涉税业务的解析"，载《注册税务师》2016年第12期。

这种考虑有一定的道理。因为 53 号公告既然规定"货物或者服务的销售方应按照现行规定缴纳增值税",则理应向持卡人开具增值税发票,否则二者便难以匹配,不符合最基本的税法原理。

2. 税务处理

在多用途预付卡购卡人购卡支付相关的款项时,还没有进行实际的消费,因此不能被确认为已经有消费行为,其支付的款项直接相当于其预付价值部分,做"预付账款"处理,这一环节不会对企业的所得税造成影响。

持卡人使用单用途预付卡购买货物或服务时,货物或者服务的销售方应按照现行规定缴纳增值税,同时,根据《国家税务总局关于企业所得税收入若干问题的通知》(国税函〔2008〕875 号)规定,销售方需确认销售商品或服务收入并结转成本。增值税、企业所得税处理与会计处理一致。

这种处理是正确的,因为对销售方而言,本质上仍然是应税销售行为。

### (三) 购卡人购买货物或服务

购卡人购买货物或者服务,包括三种情形。第一种情形是,购卡人作为持卡人直接购买货物或服务;第二种情形是,购卡人将预付卡发放给员工,由员工持卡消费;第三种情形是,购卡人将预付卡转交他人使用。

发票是商品和资金所有权转移的证明,开具发票是进行会计核算的需要和进行税收管理的需要,购卡人作为消费者,不是发票开具的法律主体,也不可能具备开具发票的能力,因此这个环节不涉及发票开具问题,故仅就税务处理问题进行讨论。

1. 购卡人作为持卡人直接购买货物或服务

购卡人购买预付卡之后,还没有进行实质性消费时,预付卡预存金额在本质上处于"寄存"状态,在进入实际经营者经营的场所消费前不能被发卡人和税收部门认定为消费行为,且购卡人购买货物或服务时无法取得增值税发票,只能将实际经营者提供的货物或服务明细单作为原始凭证。因此,只需要根据有关法律,将此款项归为"预付款项"进行详细记录即可。据此,对于购卡人而言,不涉及税务问题。

但也有观点认为,所有的预付卡企业在销售预付卡时,开具普通增值税发票,购买人获得发票可以列入当年费用,进而在税前列支。[1]

对此笔者认为,《国家税务总局关于进一步加强商业预付卡税收管理的通知》(国税函〔2011〕413 号)明确规定:"坚决依法查处商业预付卡购卡单位在税前扣除与生产经营无关的支出等行为,加强税前扣除凭证的审核和管理,虚假发票不得作为税前扣除的凭据;对与生产经营无关的支出,不管是否开具发票,均不得予以税前扣除。"购卡方的购卡消费行为不一定与企业的生产经营有关,如果确实无关,

---

〔1〕 杜向武:"预付卡行业税务研究浅析",载《会计师》2017 年第 4 期。

即使取得了增值税普通发票，也不得在税前列支，否则即涉嫌违反国家规定。

2. 购卡方的员工持卡消费

如果购卡方将预付卡给予员工，由员工按照自己的意志购买货物或者服务，对于员工而言，这属于一种非货币性收入。对此，高金平教授认为，非货币福利按照职工福利费扣除标准在税前扣除，向员工发放预付卡需并入员工当期"工资薪金所得"，由购卡方代扣代缴个人所得税。[1]这里不得不提及国税函3号文对员工福利税收的相关规定。国税函3号文从表面上看虽仅对《企业所得税法实施条例》第三十四条中"合理的工资薪金"的合理性作了解释和明确，该文似乎并未提及员工福利费用合理性问题，但根据其所列举的福利费的范围来看，该规定实际上已经隐含了职工福利费税前扣除的要求。如果企业借预付卡的形式发放不合理的福利费，税法则不允许税前扣除。

3. 购卡方将预付卡对外赠送

如果购卡方将预付卡对外赠送，那么，根据《企业所得税法》第10条第5项之规定，非公益性捐赠不得在税前扣除。对于受赠方而言，如其为个人的，根据《财政部国家税务总局关于企业促销展业赠送礼品有关个人所得税问题的通知》（财税〔2011〕50号）规定，企业在年会、座谈会、庆典以及其他活动中向本单位以外的个人赠送礼品，对个人取得的礼品所得，按照"其他所得"项目，全额适用20%的税率缴纳个人所得税。

对于这个问题，有学者认为，如果多用途预付卡用于赠送客户，按照业务招待费进行税务处理，只能税前扣除实际发生的60%，且不能超过当年营业收入的千分之五，超过部分需要进行纳税调增，同时赠送客户这种行为需要公司按照其他所得代扣代缴20%的个人所得税。[2]这一说法基本正确，因为此种赠送属于企业所得税意义上的"业务招待费"支出范畴，可以凭购买支付卡时取得的增值税普通发票，以及相关的赠送明细清单，按照业务招待费入账，进行税前扣除。一是代扣代缴个人所得税，应按照"偶然所得"项目，全额适用20%的税率，代扣代缴受赠者的个人所得税，二是企业所得税税前扣除。凭购买预付卡时取得的增值税普通发票复印件，以赠送的相关明细清单为附件，按照"管理费用——业务招待费"项目进行税前扣除。三是企业发生的与生产经营活动有关的业务招待费支出，按照发生额的60%，但最高不得超过当年销售（营业）收入（包括主营业务收入、其他业务收入和视同销售收入，下同）的5‰进行扣除[3]

---

〔1〕　高金平："对预付卡涉税业务的解析"，载《注册税务师》2016年第12期。

〔2〕　胡梦玲："多用途商业预付卡的涉税处理"，载《中国国际财经》2018年第8期。

〔3〕　杜国兵、杜兆彦："商业预付卡的会计核算和税务处理"，载《税收征纳》2020年第8期。

### （四）销售方向售卡方结算预付卡资金

销售方在销售货物或者服务后，若想取得对应的收入，必须与售卡方结算预付卡资金，由售卡方将购卡方预交的金额划入销售方账户。

#### 1. 发票开具

根据 53 号公告，销售方与售卡方不是同一个纳税人的，销售方在收到售卡方结算的销售款时，应向售卡方开具增值税普通发票，并在备注栏注明"收到预付卡结算款"，不得开具增值税专用发票。

#### 2. 税务处理

由于销售方销售货物或服务时已确认收入并缴纳相应增值税，收回价款的行为不作税务处理，否则便涉及重复交税问题。

### （五）售卡方从销售方取得的手续费收入

在预付卡交易模式中，售卡方实际上并非占有资金的所有者。实践当中，它更类似于一个为销售方提供服务的机构，因此，从销售方取得的手续费收入便是售卡方的重要利润来源。

#### 1. 发票开具

主流观点认为，售卡方从销售方取得手续费后，应当向销售方开具增值税专用发票。

#### 2. 税务处理

对于该手续费收入，有学者认为，售卡方因发行或者销售单用途卡并办理相关资金收付结算业务取得的手续费、结算费、服务费、管理费等收入，应按"企业管理服务""经纪代理服务"等缴纳增值税，同时并入当期收入总额计算应纳税所得额。[1]对于支付机构单纯销售卡片的款项以及办理相关资金收付结算业务取得的手续费、服务费等款项，应该被确认为营业收入，按照现行规定缴纳增值税。

对于这个问题，实务界也有不同的观点。例如，有学者提出两种观点，其一是按照"金融保险业"税目征收营业税。《非金融机构支付服务管理办法》出台后，根据其规定，未经中国人民银行批准，任何非金融机构和个人不得从事或变相从事支付业务。可以说是将第三方支付企业纳入了金融业务范畴，因此，第三方支付企业从事支付业务收取的手续费按照"金融保险业"税目征收营业税；其二是按照"信息技术服务——业务流程管理服务"税目征收增值税。受营改增的影响，部分省市将第三方支付业务归属于《关于将铁路运输和邮政业纳入营业税改征增值税试点的通知》（财税〔2013〕106 号）中的"信息技术服务——业务流程管理服务"。

---

〔1〕 高金平："对预付卡涉税业务的解析"，载《注册税务师》2016 年第 12 期。

因此将支付机构提供的第三方支付业务纳入营改增范围，按照"信息技术服务——业务流程管理服务"征收增值税。[1]

关于售卡方取得的手续费的性质、税务处理方式，53 号公告已有明确规定，"售卡方因发行或者销售单用途卡并办理相关资金收付结算业务取得的手续费、结算费、服务费、管理费等收入，应按照现行规定缴纳增值税"，在"营改增"的大背景下，确实不适宜走营业税。至于走何种增值税，应当根据售卡方提供服务的具体性质、内容来确定，立法不宜太过明确。

---

〔1〕　朱虹："从规范财税处理的角度加强支付机构预付卡监管"，载《金融会计》2016 年第 3 期。

# 第十三章  预付式消费风险控制的法律路径

## 一、事前风险控制——保险法路径的分析

对于预付式消费中保险制度的构建，商务部出台的《单用途商业预付卡管理办法（试行）》要求发卡企业按不低于上季度预收资金余额20%—40%（根据发卡企业性质而定）的比例缴纳存管资金；发卡企业可以使用担保预收资金的保证保险、保函等方式冲抵全部或部分存管资金，以防止因企业破产等原因导致消费者手中的预付卡无法兑付。

2013年10月，商务部与中国保险监督管理委员会联合下发了《商务部、中国保险监督管理委员会关于规范单用途商业预付式消费履约保证保险业务的通知》，明确了保险示范性条款，包括保险责任、金额、期限、赔付处理等，并规范了理赔服务，为该项工作提供了更明确的政策指引。在上海商委和保监局的指导下，2015年7月24号正式成立上海单用途预付式消费保险共保体。

上海共保体建立之初，基于商务部《单用途商业预付卡管理办法（试行）》的措施，对上海市单用途预付卡状况分析如下：其一，发卡主体量广面大。上海市发卡主体涉及餐饮住宿、零售、居民服务等多个行业，既存在大型集团、连锁企业又存在中小企业和个体户。可以说，上海市预付式消费发卡主体几乎涉及消费者衣食住行的各个方面。根据初步统计，上海市发卡主体接近10万家。其二，备案企业比例极低。整个上海市的零售企业、住宿餐饮和居民服务备案发卡企业累计336家。相较于接近10万家发卡主体的总量，366家可以说是九牛一毛。其三，侵权行为频发。根据上海市12345热线的统计数据，2015年市民热线累计处理因商户关停倒闭、经营者变更等导致消费者无法使用预付式消费卡购买商品、服务的投诉832件，半数集中在美容美发行业。不难理解，发卡主体众多，备案率低，造成整个行业无序发展，侵权行为自然不会鲜见。其四，潜在风险累积。上海市商务委员会认为，部分发卡主体以不计成本的低折扣吸引消费者购买预付卡，以使其在市场竞争中获得优势，同时还利用消费者购买预付卡的资金进行融资活动，风险巨大。[1]

---

〔1〕 本文引用的上海市商务委员会的资料系2016年上海市基于商务部《单用途商业预付卡管理办法（试行）》对上海市单用途预付卡情况进行的一次调查。

基于上述问题，上海市开始推行共保体建设，上海共保体单独建立了一个风控平台，以进行信息查询与反馈。并且由政府建立平台，促进保险双方的信息交流，以解决信息不对称的问题，同时增加保险补偿机制，保障消费者的权益。

在实践中，由于保险公司对道德风险的条款一般不予赔付，要对预付式消费进行承保，把道德风险也纳入保险的范畴，即在承保时就要判断其经营风险和道德风险。在这样的情况下，对保险公司来说，信息的真实性与对称性就非常重要。这需要监管平台作出较大的努力，推动保险公司将道德风险纳入保险范畴。

因此，在保险制度中，仍存在核心问题，即信用监管制度的缺失。信用监管制度牵扯到信息的真实性，是关乎保险制度成功实施的关键。只有对发卡企业所提供的信息有一定的信心，保险公司才愿意对相关内容进行承保，保险制度才能得以推动，保险制度所要保障消费者权益的目的才能达到。

## （一）预付式消费中的保险制度分析

### 1. 预付卡型预付式消费中的保险制度

在有预付卡形式的预付式消费中，由于我国缺乏商业预付卡保险制度，有学者认为针对该立法缺失可以在《保险法》中增加商业预付卡保险的相关内容，并且商业预付卡保险类比适用《保险法》中的合同保证保险的规定。相比较商业预付卡风险准备金而言，商业预付卡保险是更加有效的担保方式。[1]

商业预付卡保险制度将是我国商业预付卡担保制度的重要组成部分。既然要建立商业预付卡保险制度，那么再对预付卡发卡人规定准备金的额度无疑会增加发卡人经营的成本。因此，可以通过立法，规定发卡人享有在预付卡保险制度和预付卡准备金制度中二选一的权利，由发卡人自由选择，在两种制度中寻找最优措施是最有效率的办法，也能够维护消费者的合法权益。如果发卡人选择对自己发行的预付卡进行投保，那么根据其投保的金额可以要求其少交甚至不交风险准备金。两种担保方式相互结合既能避免经营者必须同时选择两种担保方式，造成其经营困难（大量流动资金被困于担保，造成预付卡的收益不能实现经营者的既定目标），也能预防"跑路"现象的出现，维护消费者权益，促进相关担保行业的发展和竞争。

在我国的现实状况下，并不能及时地制定相关法规，因此可以在经济较发达地区或规模规范化行业（大型百货公司）由行业协会带领大型企业主动为发卡人提供相应担保，以此引导其他小微企业也做出相应改变。[2]保险业务需要大量的资金支

---

〔1〕　参见李猛："我国商业预付卡金融监管制度完善之域外经验借鉴"，载《上海金融》2015年第5期。

〔2〕　叶林："预付式消费合同的法律管制"，载《哈尔滨工业大学学报（社会科学版）》2011年第2期。

持，大型企业用户多、资金流充足，以地区性大型连锁超市、商场等为先导，通过其大量资金流"喂活"相关保险企业，使其有充足的资金可以提供商业保险。以企业发卡规模为基础，按比例交纳风险准备金或者购买保险，即"发的越多交的越多、保险金额越大"，降低中小企业的负担，使其不因购买保险或交纳风险准备金而丧失经营能力。只有通过这种良性的循环，才能促进整个预付式消费的业态健康发展，不致因为"短板效应"影响整个行业的生态，进而损害预付式消费经营者的积极性。

我国尚未建立预付卡保险制度，对于预付卡消费保险的研究也较为滞后，这不仅使得保险公司错失了诸多商机，同时也增加了消费者的商业风险。因此，我国应当及时增设预付卡保险制度，在进一步完善本国保险体制的同时促进预付卡市场安全稳定发展。我国可通过保险立法将预付卡消费保险归于保证保险中的合同保证保险之列。保证保险细分为忠实保证保险合同、合同保证保险合同、产品保证保险、司法保证保险以及执照许可证保证保险五类，其中合同保证保险是指"因被保证人不履行合同义务而造成权利人经济损失时，由保险人代被保证人进行赔偿的一种保证保险"。[1]依据上文中预付式消费卡法律性质的债说，预付卡实质上是债的一种，所以预付卡保险也完全符合保证保险及合同保证保险中"合同"的定义，完全可以归结到合同保证保险中，并将保险法对合同保证保险的规定适用于预付卡保险制度。并且还从资金缴纳数量、适用主体范围和赔付效果三个角度区分了保险制度与保证金制度的不同。

也有学者另辟蹊径，认为应首先建立相应的制度来确保发行人对于消费者债的履行。现在学界对于存款保险制度中存款的内涵与外延是否需要改变、卡里的资金是否应作为存款、如果是存款又应否纳入存款保险制度中仍然存在争议。对于我国而言，我国尚未建立存款保险制度，加之存款保险制度本身是一个庞大的制度，要将电子预付卡的"存款"纳入其制度之内，首先还需要建立我国的存款保险制度。然而对于电子预付卡的规制却具有紧迫性，因此应首先建立相应的制度来确保发行人对消费者债的履行。

对于第三方发行主体发行记名电子预付卡的，可依照《非金融机构支付服务管理办法》规定。对于发行无记名电子预付卡，单一发行主体和联合发行主体发行电子预付卡的情况，可以采用向主管部门交纳保证金的方式进行担保。发行人在发行一定金额的电子预付卡之前，应向主管部门申报，并交纳一定的保证金，对于保证金的数额应根据申报发行的金额来计算，但应少于申报发行的金额。首先，交易必定存在风险，如果将所有的风险都让一方来承担是不合理的。其次，从鼓励行业发

---

[1] 李猛："论我国消费预付卡金融监管体制构建"，载《江汉学术》2015 年第 3 期。

展的角度来看，这样可以减少发行人的资金压力，有利于企业和行业的发展。再次，保证金的担保模式可以用于无记名电子预付式消费的发行，对于单一发行模式和联合发行模式这两种更多发行无记名预付式消费的发行模式来说，则更能起到债的担保作用。对于联合发行主体应交纳的保证金，由于由多家企业或商家联合发行，因此对于电子预付式消费发行后的主体性风险，由于发行企业或商家的增加，担保主体的增加而相应降低，因此可以在简单相加单个企业或商家所能发行最高金额的基础上再适当减少一部分保证金。这样可以区别于单一发行模式，鼓励联合发行模式，同时降低主体性风险。

2. 无预付卡型预付式消费中的保险制度

对于共享经济中的押金，有学者提到了共享单车押金和客户备付金的差别，并认为可比照客户备付金的集中监管制度对共享单车押金进行监管，如政府要求共享单车企业拿出与所收的押金成比例的自有资金作为备付金，用于及时满足需要退还押金的消费者。为避免公司倒闭带来的押金风险，我们依然可以借鉴银行业的存款保险制度，由共享单车企业为押金投保，一旦发生公司倒闭，由保险公司分担风险。

对于商品房买卖的预售资金，可参照日本的"定金保全制度"，该制度主要是消费者与房地产公司签订房屋买卖合同后，房地产开发商需要向具有资质的金融机构申请购买消费者所交付的定金的保险或者提供担保，并且金融公司将保险或者担保书交与买方手中。该制度的设立目的就是防止开发商因倒闭等原因无法向消费者退还定金，以担保和保险的形式来弥补因定金无法退还而造成的损失。[1]国内部分地区也对此进行了探索，开始采用商业银行与担保公司共同监管的方法，采用这种模式，需要由开发商出面，与担保公司取得联系，对建设工程质量与资金安全性提供担保。

在网络购物中，可以从网络交易渠道入手进行资金管理和规制。在我国，对于个体工商户和中小型企业由于其资金需求比较大且行政执法资源缺乏的情况，引入保险公司，要求发卡企业对预收资金进行全额投保，将投保信息印刷在卡、券的正面。对于大型企业法人而言，因为其资产状况比其他企业要好一些，原则上可以借鉴我国台湾地区的做法采取保证制度，由金融机构、信托机构、行业协会、同业企业发挥作用，无法提供保证制度的，可以向个体工商户一样提供保险制度，且也需要将保证信息进行公示，运用市场力量对其进行监督。

（二）上海共保体实践提出的探索方向

如前所述，在上海商委和保监局的指导下，2015年7月24号正式成立上海单用途预付卡保险共保体。但基于实践情况，我们发现了保单平台信息和监管平台信息

---

〔1〕　参见许祥平："浅析商品房预售的若干问题"，载《辽宁行政学院学报》2003年第4期。

不对称以及其他未实现的操作等问题，为解决这类问题，完善共保体运行机制，我们提出以下改进方式：

（1）鉴于保证保险相对于银行保函在索赔时效、理赔服务等方面所具有的不可替代的优势，建议监管部门尽快完成相关法规修订，明确保证保险在转嫁发卡企业兑付风险中的主渠道作用，引导发卡企业通过保证保险途径转嫁经营风险。

（2）加强与各地商务主管部门及预付卡相关行业协会的沟通交流，对具备统保基础条件的地区如山西、宁夏，进行实地调研，争取有利的统保机会和条件；加强拜访类似中国连锁经营协会等行业协会，探索有针对性的行业统保方案。同时对发卡企业开展有针对性的营销，深入推动业务发展，给予发卡企业合理的费率支持，将更多发卡企业纳入统一管理体系中。同时积极参加各类会议，加强与各地商务主管部门、发卡企业的沟通联系，深度挖掘客户资源，促进业务更快发展。

（3）依据修法调整共保体核保政策，确立视投保企业具体情况科学调整承保方案的承保思路。继续加大力度维护客户关系，扩大承保覆盖面，在风险可控的前提下，为更多发卡企业及广大持卡消费者提供更全面、更优质的风险保障。

（4）继续实行共保体内部激励机制，以充分调动各成员公司展业积极性。根据《共保体营销推动方案（试行）》中的份额调整机制，对贡献度较高的成员公司给予鼓励，对贡献度较低的成员公司加以鞭策。

（5）积极利用共保体各成员公司的对外宣传资源，加大宣传投入，以共保体名义逐步向已投保单用途商业预付卡履约保证保险且规模较大的发卡企业授予投保认证标识，进一步提高未投保发卡企业及消费者对共保体及其产品的认知度。

（6）定期召开共保体工作会议，或通过邮件、电话及时沟通等方式，对共保体运行过程中遇到的问题进行研究、磋商，及时完善相关管理制度、核保政策及操作流程。人保财险作为主承保，将进一步发挥牵头作用，加强共保体成员之间的联系沟通，增强共保体凝聚力，确保总对总、总对分之间沟通交流及信息传导的有效性、一致性，提高共保体对内、对外服务能力。

综上所述，预付式消费保险制度的完善需要综合两个方面，一是特征较为突出的预付卡消费，在现有法律规则下，结合实践经验进行相应调整；二是不以预付卡为载体的预付式消费，该形式广泛分布于共享经济、商品房预售、网络购物中的。据此，应当从法理学的角度，与传统定金形式进行比较，提炼其特征再进行保险制度的设计。除了对制度本身的设计及具体条款的细化之外，还应当在保险体系的政策、激励等方面增强保险机构的信心，既能促进预付式消费正常合理发展，又有完备的权利保护体系来保障预付式消费的可持续发展。

**（三）美国商业预付式消费监管的经验借鉴**

以美国为例，在联邦层面，美国没有专门对商业预付式消费进行统一监管的主体，但相关法律明确了主要监管部门对商业预付式消费应承担的监管职责，即联邦保险公司负责对发卡机构进行现场检查、审计监督、行政处罚等；联邦贸易委员会监管发卡机构不公平和欺骗性的行为，保护购卡人免受商品或者服务提供商因欺诈和不公平交易行为引发的伤害；联邦储备委员会则主要通过强化商业预付式消费的市场评估而承担对消费者权益的保护职责。

一方面，我国可以考虑像美国一样引入保险机制，构成"备付金监管+保险监督"的双重模式，强化事前监督，细化保险理赔条款。针对预付式消费企业的运营情况、资金现状，由保险公司做尽职调查，对不同信用和风险等级的机构，设置不同的赔付比例。备付金银行的风险准备金计提比例也可以根据保险公司的评级设定，一旦发生支付机构出现资金困境或"跑路"等情况，可提前预警并根据前期调查情况启动理赔程序，保障消费者权益。另一方面，建议在人民银行作为多用途预付式消费监管主体的基础上，建立工商、公安、法院的联动机制，各机构合理分工，切实加强对支付机构预付式消费业务的政府监管。同时充分发挥行业自律组织的作用，强化其预防和惩处支付机构侵害消费者权益的行为，在纠纷调查、监督、调解中发挥重要作用。

### （四）具体制度设计的建议

我国应当引入保险机制，细化理赔条款，完善预付卡监管体系。在借鉴国外预付式消费监管经验的基础上，完善相关法律规定，构建统一的数据库平台；借助"互联网+"提高信息透明度，构建良好的社会信用体系。

第一，所有发卡主体不分性质、大小，都需要选择至少一种债务履行担保方式。这一要求既是为了保障消费者的权益也是站在发卡人的角度进行平衡的结果。在保障消费者权益上，发卡人所提供的担保针对的就是预付式消费中风险的单向性，以发卡人提供的担保来抵消这种风险，或是降低消费者在遇到风险时的损害。在发卡人的角度上，如果要求资金完全不能由发卡人使用，那么这笔资金的效用就完全得不到发挥，无法实现预付式消费的融资功能，经营者通过发放预付式消费卡所带来的改善经营环境、提升产品或服务的质量也根本无法实现。出于促进预付式消费行业发展的目的，应当为发卡人提供一种既可以使其能够利用预付资金进行业务拓展或者提升质量的活动又能让消费者受到保护的方式，因此担保是必要的。

第二，规定多种担保方式，供发卡主体自行选择。预付式消费的灵活性和便捷性深受消费者的喜爱，但是，由于单用途商业预付卡的预付性特征，加上经营者和消费者对信息的掌握严重不对称，[1]需要严格的制度来规范这一领域的消费秩序。

---

[1] 参见徐孟洲、谢增毅："论消费者及消费者保护在经济法中的地位——'以人为本'理念与经济法主体和体系的新思考"，载《现代法学》2005年第4期。

但制定严格的规范并不意味着严格禁止预付式消费，我们需要保持其灵活性以便这一行业的规范生长。参考我国台湾地区为保证债务履行规定的履约保证责任，这一制度同时规定了五种可供发卡人根据实际经营情况进行选择的担保方式。在目前我国大陆地区先行的预付资金存管制度的基础上，我们可以进行以下改善：将资金存管人扩大至所有发卡主体，将资金存管比例设置为浮动资金存管比例，不同主体的资金存管比例根据发卡人的经营规模、发卡规模以及信用等级等来确定。[1]此外，通过将我国实际情况与域外经验相结合，我们可以在现行制度基础之上增加以下几种担保方式：①预付卡发行风险准备金：发卡人在发卡之前应当向相关部门交纳一定数额的风险准备金，这里的风险准备金性质与金融机构的存款准备金性质相近，交纳的数额根据发卡人发卡规模、经营规模信用等级来确定。这一做法的目的是保证消费者在退卡时能够及时得到预付的资金。如果不交纳存款准备金，在消费者要求退卡时发卡人很可能无法退卡，损害消费者权益，破坏发卡人信用，进而影响整个预付式消费市场的秩序。②抵押：发卡人发卡时还可以选择以抵押经营场所等不动产作为发卡的担保，担保的范围按照发卡人发卡量等为参照。这一担保方式相较于风险准备金可能更易操作，也有利于发卡人（不需要支付实际的现金，仅需要签订抵押合同，不会影响发卡人的资金流）。但对于消费者来说则存在较大的不确定性，首先，无法确定抵押不动产是否能够足额清偿其发卡总金额；其次，如果存在多数消费者选择退卡，发卡人缺乏流动资金的情况，抵押完全无法很好地应对；再次，许多中小经营者的经营场所都是租赁的，完全不能进行抵押。③发挥行业自律组织的作用：以行业协会为依托，发挥行业自律组织的自我管理自我监督的能力，尤其是加强对发卡人、实际经营者履约能力的监督，通过对加入行业协会的经营者进行信用评级，不加入行业协会的经营者不进行信用评级并提示消费者的方式，提高消费者的警惕意识，也有利于敦促经营者加入行业协会。

三是明确规定持卡人的优先受偿权。也有学者提出，在预付式消费中设立预付式消费款保险制度的机理在于经营者收取消费者的预付消费款之后，按照收取的消费款的一定比例支付给专门的预付款保险机构以担保消费者的预付款在经营者出现经营困难的时候依然能够得到有效的取回，此时，消费者可作为受益人，向预付款保险机构进行保险理赔。在具体的制度设计中，需要明确几个问题。首先，确立投保人。预付款保险的投保人可是经营者也可是消费者，主要是看双方签订的预付式消费合同的具体规定。其次，明确保险受益人为消费者。最后，预付消费款的保险受理机构的确立，就目前的市场情况而言，可以专门确立为预付式消费领域服务的专门性的预付消费款保险机构，也可以在传统的保险机构中开设预付款保险业务。

---

〔1〕 参见刘迎霜："商业预付卡的法律规制研究"，载《法商研究》2012 年第 2 期。

另外，上文提及的建立预付式消费备付金保险制度，尽管对预付式消费发行机构来说是一种负担，因为会极大地影响发卡人可以利用进行融资的资金，但在平衡其与消费者权益保护之间，应当侧重保护消费者权益。

首先，不论是单用途预付式消费还是多用途预付式消费，监管部门都应该建立保证金制度，要求预付式消费发行机构缴纳保证金，保证金缴纳比例可以参考银行业存款准备金率，即以预付式消费发行机构日均备付金余额来确定保证金的缴纳金额。这对预付式消费发行机构来说是一个巨大的负担，但能够保证预付式消费发行机构的流动性，维护备付金的安全。

其次，监管部门可以借鉴国外存款保险制度，建立预付式消费备付金保险制度。该制度可以先从预付款规模较大、业务范围不仅仅局限本地的发卡机构开始试点，然后逐步推广。当预付式消费发行机构出现流动性问题时，保险机构能够对消费者的消费进行支付和补偿，保证消费者消费权益不受损害。备付金保险制度对预付式消费发行机构来说是一种负担，但通过备付金保险制度可以保证消费者的利益。

再次，预付式消费信用风险监管与第三方支付相结合，强化电子预付式消费网络发行主体的监管，规避信用风险。由于电子预付式消费发行机构与第三方支付紧密相连，因此，为了监管电子预付式消费的网络风险，我们必须强化对第三方支付体系的监管。

最后，监管部门可以借鉴银行卡行业信用风险管理的经验，引入先进的信用风险识别和管理工具来识别预付式消费市场的信用风险。如利用历史模拟法、蒙特卡罗模拟、模型等来测量信用风险。此外，监管部门还可以利用发卡机构的财务和非财务因素结合概率模型和非概率模型来评判信用风险发生的可能性，建立预付式消费发行机构的评估体系，预防信用风险的发生。[1]

## 二、事后风险控制——破产法路径的分析

近几年预付式消费纠纷高发，如何在商家破产后及时保障消费者的合法权益，努力降低此类消费的风险，成为我们的当务之急。各界已达成的共识是，消费者支付预付费用的行为只是一种提前消费的行为，并非投资行为，企业不能主张消费者应承担投资风险，而应在破产时，将消费者的预付费用返还或退还给消费者。

### （一）针对经营者破产后预付金处置相关的立法实践

目前针对预付式消费的法律法规中，在国家法律层面，一是《消费者权益保护法》第53条规定："经营者以预收款方式提供商品或者服务的，应当按照约定提供。未按照约定提供的，应当按照消费者的要求履行约定或者退回预付款；并应当承担

---

〔1〕 刘振："中国预付卡发展的经济风险研究"，武汉大学2012年博士学位论文。

预付款的利息、消费者必须支付的合理费用。"二是由于现实中预付式消费的经营主体具有多样性，在此还可以再做出细分：经营主体属于企业的，按照《公司法》《企业破产法》的规定，进入破产还债程序。消费者作为债权人可以向破产清算组申报债权，卡内的余额并不属于企业的破产财产，而是持卡人对企业享有的普通债权，应按照破产相关程序和比例返还卡内余额。若是经营主体是个体工商户，则未退还的预付金或预付费用属于经营者个人债务，按照《民法典》合同编普通民事买卖合同债权债务纠纷规定处理，个体经营者应以其全部财产承担无限责任。

在地方层面，我国部分省市出台了一些地方性法规和公约等进行了尝试，如：

1. 江苏省

一是江苏省消费者协会、美发美容协会联合发布《美发美容预付费消费卡发售企业自律公约》。江苏省消费者协会、美发美容协会六月正式发布省内首份《美发美容预付费消费卡发售企业自律公约》，规定加入公约的单店企业（包括加盟店），按照实际经营规模缴纳保证金 1 万元至 5 万元不等，而连锁企业则按照门店交纳售卡保证金，门店数在 50 家以下的，每个门店交纳保证金 2 万元，门店数 50 家以上的，前 50 家每个门店交纳保证金 2 万元，以后每个门店交纳保证金 1 万元，保证金由连锁企业合并交纳。发生纠纷，消费者可以向美发美容协会申请退赔，保证金先赔付。二是常州市美发美容协会发布《诚信联盟企业自律公约》。为进一步维护市场秩序，加强行业自律，规范企业行为，常州市美发美容行业协会制定了诚信联盟企业自律公约。其中明确要求企业发售预付金消费卡应当向常州市美发美容行业协会缴纳一定数额的售卡保证金。交纳保证金单位统一悬挂"交纳预付卡保证金单位"牌匾，售卡保证金的缴纳、使用和管理细则另行制定。售卡入盟企业因服务质量、产品质量问题或权利、义务发生变更、终止等原因造成消费者权益损害的，入盟企业又不履行或无法履行退款、赔偿义务的，诚信联盟可以启用保证金向消费者退赔并承担连带责任。入盟企业实行"先行赔付"制度。当消费者的合法权益受到损害时，经明确是经营者责任的，诚信联盟可以启用保证金向消费者进行赔偿。三是苏州消保委为杜绝预付费式消费侵权行为的发生，以美容美发行业为试点，积极探索建立预付费式消费中的付费管理制度，建立美容美发行业和谐消费商户联盟组织，在和谐消费商户联盟组织中推广使用《和谐消费卡》，开创性地对服务领域预付卡经营行为的监管做出了有益的探索。苏州消保委主动牵手第三方中国移动、中行合作，对和谐消费商户发的预付卡，实行第三方托管模式。这种引入第三方付费储存卡付费管理的制度，可以更好地缓解经营者破产无力退还预付费用的尴尬，可以更好地解决由此带来的群体投诉问题，还可以更好地提升经营者的社会影响力，促进自身的发展。同时，这种做法也符合国务院办公厅刚刚转发的人民银行、监察部、国家市场监管总局等 7 部门出台的关于规范商业预付卡管理的要求。

2. 宁波市

针对预付式消费问题，宁波市做了一些实践尝试。市消保委在广泛征求各方意见的基础上已制订了《宁波市商业预付卡消费争议暂行处理办法》。慈溪市消保委会同工商部门，引入第三方网站（慈溪消费网），实行网络信用备案制，在网站专门设立预付卡栏目，将发售预付卡经营户（企业）的名单在网站进行公布，接受社会各界的监督。海曙区天一广场消保委分会（工商所），利用合同备案制度，对辖区70多家发售预付卡的企业和个体工商户进行登记，签订《天一商圈预付式消费卡经营承诺书》，明确相关规定，特别是对暂停营业，需要迁址、注销或者转让经营的情况，进行了有效约定，从而很好地解决了预付式消费中商家携款逃跑的问题。

除上述规定外，我国在司法适用方面也提供了解决路径。2024年6月公布的《司法解释（征求意见稿）》第16条第1款规定："预付式消费合同解除、无效、被撤销或者确定不发生效力，消费者请求经营者返还剩余预付款并支付利息的，人民法院应予支持。"实际对经营者提出了返还预付款的责任。此外，第7条规定："经营者收取预付款后因经营困难不能按照合同约定兑付商品或者提供服务的，应当及时清理资产和负债、通知消费者办理返还预付款等事宜。经营者依法应当清算但未及时进行清算，造成消费者损失，消费者请求经营者的清算义务人依法承担民事责任的，人民法院应予支持。第三人帮助经营者逃避债务，造成消费者损失，消费者请求第三人和经营者承担连带责任的，人民法院应予支持。"这一规定也为清算义务人和帮助逃债人作为责任主体提供了参考。

综观上述规定和实践，对于消费者预付费，各地主要采取资金存管或者保证金提存制度，保证专款专用，防止挪用。

### （二）现有立法的困境与不足

尽管有上述规定，但对于经营主体破产后如何保障消费者的预付费用及时得到偿还的问题，相关规定仍很不完善，其局限性主要表现为：

其一，多数文件效力不足，法律层级过低，甚至不具备强制性或权威性，仅为当地政府或社会自律团体发布的规定或与商家达成的监管协议，相关"先行赔付"的规定由于法律层级较低，也无法从根本上切实保障消费者的合法权益。

其二，对于预付金的性质界定问题没有明确规定，导致在破产后预付金的处置仍有争议。预付金的性质不同于银行储蓄存款，也不同于押金，

其三，多数规定均要求企业必须采取银行担保方式或第三方监管方式来保障预付金，现有备案企业大多选择了后者（第三方监管方式），即在银行或其他第三方设立专有账户。但由于银行和银联的职责和义务未规定明确，仅由企业通过监管协议进行规定，如若企业有其他违法行为或其他因素导致破产、资金冻结，按照法律程序，在银行托管的资金第一顺位的偿还人并不是持卡人。因为根据《企业破产

法》规定，破产财产的赔偿顺序依次为：①享有担保权的权利人；②破产费用和公益债务；③职工工资和医疗、保险等各类费用；④社会保险费用和税款；⑤普通债权，购物卡持有人属于普通债权人，要和其他普通债权人按照比例分配破产财产，届时将无法保障持卡人利益。

### （三）具体制度设计的建议

#### 1. 引入资金担保和保证金制度

预付式消费在消费者和商家之间建立了消费合同的债权关系，商家接受的、客户用于未来支付消费需要的预付资金，在"资金所有权说"下资金属于发卡人所有，因此有必要设立资金担保和保证金制度，以保证发卡人有足够的能力返还消费者预付金，也可以避免"卷款跑路"的现象发生。从"保管合同说"的角度看，资金不属于发卡人，发卡人无权将资金挪作他用，因此其使用应遵守合同约定。所以理应在商家停业破产无法继续提供商品或服务时，将消费者的合法财产予以退还。在实践中绝大多数发卡人和实际经营者是同一个主体，在消费者购买预付卡后，发卡人也就是实际经营者会当然地将预付资金用于门店扩张、提升服务水平、增加产品种类的改善经营的活动中，因此即使是采用"保管合同说"，在经营者将预付资金用于经营的业务之后，也无法要求其返还，尽管在法理上拥有正当性，但在现实中已经无法操作，因为消费者的预付金可能已经不存在。因此，建立保证金制度或资金担保制度实为必要之举。

建议可借鉴日本、我国台湾地区有关预收资金的管理办法，适用资金担保和保证金提存制度，一是要求经营者提供担保，如保证保险、银行托管、第三人担保等；二是适用保证金提存制度，规定预收资金余额超过法定限额的，向管理机关提存，以保障消费者的资金安全。[1]

这是因为我国将破产特殊债权的类型区分为五类：其一，物权担保债权；其二，劳动债权；其三，税收债权；其四，侵权债权；其五，特别法上规定的优先权。根据现有规定，在企业破产后，消费者债权被视为普通债权，需要与其他债权人一起行使债权。在企业资产所剩无几的情况下，一般与其他债权人按照债权比例确定受偿数额，消费者权益难以得到救济。如果引入担保或保证金制度，消费者的预付金或预付费用就可视为担保债权，在破产程序中作为特殊债权而获得优先受偿，否则只能被视为普通债权而排在破产程序中的末位。

#### 2. 明确消费者的优先受偿权

根据我国立法规定，并非所有对破产人发生的债权都是破产债权。债权分为有担保的债权与无担保的债权两种。根据担保形式的不同，有担保的债权又分为由物

---

〔1〕 任震宇："冻结押金'预授权'防止资金流失"，载《中国消费者报》2017年12月22日。

（或称财产）担保的债权和由保证人担保的债权。无担保的债权与保证人担保的债权统称为无担保物的债权。这种债权是针对债务人设立的，即以债务人所有的非特定的全部财产为清偿保障，债务的清偿必须经过债务人的履行行为。因其是设定于债务人非特定财产上的权利，没有因物权担保而产生的优先受偿权，故在破产宣告后属于破产债权，必须依破产程序受偿。

将消费者预付金或预付费用置于具有优先受偿权的费用范围内具有充分的法理基础和依据。建议在《消费者权益保护法》中明确规定，"企业破产清算时，对侵害消费者权益造成的损害应当优先赔偿。"

从实践可知，消费者预付费用债权的产生原因、债权人身份，以及债权给付性质等方面存在特殊性，不能对此债权以普通债权之绝对平等的原则对待，且如果过分追求形式上的平等，往往会使这类债权在实现过程中出现实质上不正义和不平等的结果。而且预付费用通常为消费者日常生活所开支，来源于消费者的劳动收入或报酬，应该提请和注重对消费者预付金债权的重视，最大限度保障破产商家的消费者的合法利益。

# 第四编　完善监管

# 第十四章　信用立法

## 一、预付式消费的法律规制现状

第一，在法律层面，我国目前没有法律对单用途预付卡消费市场专门进行直接而全面的规制，主要援引《民法典》《消费者权益保护法》中的条文。首先，《消费者权益保护法》作为专门维护消费者合法权益的法律，同样也是预付式消费的消费者享有权利和承担义务的依据，尤其是在格式合同、经营者欺诈问题上都有着直接规定。虽然《消费者权益保护法》将国家和社会对消费者权益的保护责任作了明确规定，也确立了相应的经营者监管机制，但面对预付式消费这一新型的消费模式，《消费者权益保护法》仍然存在一定局限性。比方说并未明确预付式消费的确切定义及类型，因此很难在实践中起到指导作用；关于预付式消费中经营者义务和责任的基本规定太过笼统，不能有效应对预付式消费的特殊性等。其次，预付式消费归根到底是经营者与消费者双方的合同关系，《民法典》合同编在调整单用途预付卡市场中产生的法律关系的运行过程中可作一般性条款予以适用。如基本原则，规范合同的订立、履行、变更和终止的过程以及格式条款、缔约过失责任和违约赔偿等规定。同时，《民法典》在理念上更加注重人权保障和私权保护，重申了平等、公平、自愿、诚信的基本原则，在一定程度上能够指导如何处理部分预付式消费纠纷，尤其是对重大误解和显失公平的法律行为进行救济。但预付式消费合同履行阶段中经营者只负有提供商品或服务的义务，消费者只享有购买商品或服务的权利，交易双方并非平等地互相承担权利义务，消费者是风险的唯一承担方。而《民法典》调整对象是平等的交易双方，无须法律倾斜保护，因此只依靠《民法典》调整预付式消费纠纷无法真正实现对消费者权利的有效保护。

第二，在部门规章层面，央行和商务部先后出台了文件进行规制。其中适用最广泛的是 2012 年商务部颁布的《单用途商业预付卡管理办法（试行）》（以下简称《管理办法》），内容涉及实名登记、资金存管、非现金购卡、业务管理限额发行等方面的要求。该管理办法针对单用途商业预付卡的发卡、售卡企业违反该办法应承担的法律责任进行了单章（即第六章）规定。虽然相较于以往只存在禁止性规定而不存在违反规定之后涉案企业如何承担法律责任的规定，即相对应的处罚主体、处罚方式等都存在立法空白的情况，该管理办法的出台意味着对发放、售卖商业预付卡的违法企业进行处罚具有了规制依据，并具有一定的可操作性。但不可否认，该管理办法仅以罚款为主的处罚方式所能产生的震慑效果，同时，缺乏有效的信用监管机制，无法很好地适应现实的商业模式和技术水平的发展。随着互联网、大数据、云计算等技术的应用，企业的预付式消费运营行为也随之越来越智能化、隐蔽化。传统的以警告、罚款为主要方式的处罚措施效率低、效果差，在处罚技术应用和处罚方式等问题的创新上存在明显短板。

另外，在商务部《管理办法》的牵头下，地方各地也在加强预付式消费市场综合治理的立法。2018 年 7 月，上海市通过了《上海市单用途预付消费卡管理规定》（以下简称《管理规定》），是国内第一次出台专门规制单用途预付卡的地方性法规，于 2019 年开始施行。2019 年 4 月，上海市政府印发《上海市单用途预付消费卡管理实施办法》，从信息对接、风险警示、日常监管（含信用治理）三个环节进一步细化有关规定，并建立上海市单用途预付消费卡协同监管服务平台，实行动态智能监管。

2021 年 4 月 1 日江苏省出台了《江苏省预付卡管理办法》，并于 5 月 1 日正式实施；2021 年 8 月 16 日，杭州市市场监督管理局主导制定了《杭州市预付式消费交易管理办法（草案）》；2021 年 11 月 26 日，北京市人大常委会通过了《北京市单用途预付卡管理条例》（以下简称《条例》），于 2022 年 6 月 1 日起施行。以《条例》为例，其主要内容包括明确政府监管职责，建立健全社会共治机制，规范预付卡发行与兑付以维护消费者合法权益，建立备案和资金存管制度以保障预付资金安全，强化法律责任、民事责任、行政责任并举等方面的要求。

| 时间 | 发布主体 | 文件名称 |
| --- | --- | --- |
| 2010 年 6 月 | 中国人民银行 | 《非金融机构支付服务管理办法》 |
| 2010 年 12 月 | 中国人民银行 | 《金融机构支付服务管理办法实施细则》 |
| 2011 年 5 月 | 国务院办公厅转发央行监察部等部门 | 《关于规范商业预付卡管理意见的通知》 |
| 2012 年 9 月 | 商务部 | 《单用途商业预付卡管理办法（试行）》 |
| 2015 年 7 月 | 商务部 | 《单用途商业预付卡管理办法（试行）（修订征求意见稿）》 |
| 2016 年 8 月 | 商务部 | 《单用途商业预付卡管理办法（试行）》2016 修正 |
| 2018 年 7 月 | 上海市 | 《上海市单用途预付消费卡管理规定》 |
| 2019 年 4 月 | 上海市 | 《上海市单用途预付消费卡管理实施办法》 |

续表

| 时间 | 发布主体 | 文件名称 |
|---|---|---|
| 2020 年 12 月 | 江苏省 | 《江苏省预付卡管理办法》 |
| 2021 年 8 月 | 杭州市 | 《杭州市预付式消费交易管理办法（草案）》 |
| 2021 年 11 月 | 北京市 | 《北京市单用途预付卡管理条例》 |
| 2024 年 6 月 6 日 | 最高人民法院 | 《关于审理预付式消费民事纠纷案件适用法律若干问题的解释（征求意见稿）》 |

综上可以看出，目前在预付卡消费领域，一般性的法律规定可操作性不强，法律规范不成体系，没有基本法律支撑，各部门及地方自立规矩，法律适用不统一。但近些年部门规章和地方立法在不断探索预付卡相关的实施条例，关注到了预付卡消费市场存在的热点问题，为相关领域的消费者权利保护提供了切实可行的依据，一定程度上弥补了立法层面对于预付式消费规制的不足。只是这类部门规章和地方性法规的法律位阶较低，其是否可以直接作为消费者维权的依据，尚值得研究，也难以满足预付式消费的全国性制度建设需求。

## 二、预付式消费的信用法律约束存在的问题

信用评价体系不仅是对经营预付式消费的企业信用的考量，还是消费者给出的最直接反馈，信用评价体系的建立是在信息系统基础上完成的。我国目前还尚未形成完整的社会信用体系。对于经营者而言，谋取利润是其生存目标，由于失信违约的成本很低，他们易在金钱和诚信的天平上铤而走险，无视诚实信用原则，侵犯消费者的权益。目前，厦门市商务局于 2017 年 10 至 11 月针对单用途预付卡违法经营的行为进行现场检查以及治理，格外关注发卡规模大的经营者。针对单用途预付卡的违法经营者，相关工作人员责令其立即整改，如经营者不予整改或者改正的效果不佳，则将这些违法经营者列入经营者失信的黑名单里，同时给予一定的处罚。列入黑名单的经营者，会在各大相关网站上予以公示以及在"信用中国"上公布。这种失信惩戒制度是将经营者的经营行为与社会信用体系挂钩，通过失信惩戒来加大对经营者的威慑作用。此外，上海市在 2017 年 12 月份决定通过地方立法的方式增加对经营者的信用治理。信用评价体系是对《管理办法》中处罚手段不足的补充。然而，这一体系尚待完善。

第一，信用约束机制的责任承担主体范围过窄。目前，相关法规中规定的承担法律责任的主体仅限于企业法人。但是，预付式消费模式的兑付风险预警机制尚未建立，屡屡出现。经营者在收取预付资金之后由于自身经营原因不提供商品或服务，甚至出现企业破产、携款逃跑等现象，兑付风险较大。因此，有严重失信行为的市

场主体及其法定代表人、主要负责人、实际控制人、直接责任人员等不应当被排除在失信惩戒机制之外。

第二，信用惩戒、信用处罚的措施存在着模式单一、种类较少的问题。信用惩戒的种类少、模式单一会导致信用机制对企业和责任个人的约束力度降低、难以真正对经营预付型消费的企业和相关个人形成有效的约束。对此，可以建立"黑名单"管理制度，以及实施社会信用联合惩戒予以应对。

第三，信用惩戒、信用处罚的惩戒力度不足。《管理办法》规定了商务部门还可以在指定媒体上公示对违法违规发卡企业的处罚信息，表面上看，这似乎可以对非法发卡企业进行名誉上的惩戒。然而，这一规定的震慑作用并不大。执法机关在信息披露上的不足，导致绝大部分消费者并不熟知获取相关信息的渠道，大多数人不能便捷地获取到相关信息。预付式消费主要集中于日常生活消费，涉及的预存资金金额也较小，一旦出现消费纠纷，消费者一般自认倒霉。尽管工商部门、消协会不定时地在媒体发布消费警示公告，但消费者很少会关注这方面信息，对预付式消费也是一知半解，更别提其中的消费陷阱。在实践中，消费者往往会被商家的甜言蜜语所迷惑，轻信商家给出的承诺和约定。

第四，信用惩戒、信用处罚存在着惩戒对象错误的风险。例如，沃尔玛、家乐福等大型企业，可能一贯具有良好的信用度，但是因为其基数过于庞大，导致其受到处罚的概率很大，因为总会遇到挑剔的、找麻烦的消费者，或者总有一些管理不到位的地方。如果从信用处罚的实践情况来讲，反倒是大企业容易受到大量处罚，反之，小企业受到的投诉比例小，故而受到处罚的概率也会比较低。

第五，信用信息分散或者缺失是当前预付型消费业务中争议事件频发的一个重要原因。由于信用信息的不完善，经营预付型消费业务的企业在濒临失去偿付相应物品或服务的能力时仍然不能为消费者和监管机构所察觉，且缺少相关证据，最终致使消费者蒙受损失。信用信息的不完善也使得事后对企业以及法定代表人、实际控制人等个人的信用惩戒无法顺利进行。

## 三、完善预付式消费的信用立法

在立法中完善信用责任机制，刺破公司面纱，追究企业的法定代表人、主要负责人以及实际控制人等的个人责任，依法进行信用惩戒。引导生活服务型行业彻底从依赖发行预付卡、开展预付型消费的生存模式，转变到靠发展企业品牌、提升服务技能、注重服务品质的正确道路上来，有效减少经营者收到预付资金后不履行承诺的服务和提供商品，甚至出现破产倒闭或携带预付资金潜逃的现象，保护消费者的合法权益。为加大经营者失信成本、实现对经营者的信用监管，可以由行政部门主导建立预付卡信息平台，将经营者的预付卡发行资质、财产状况、运行情况、行政处罚情况在平台上进行定期公布；可以对经营者的信用风险变动实施动态监控并进行信用等级评价，并与企业征信系统、相关投诉举报平台等实现互联互通；行业协会与消费者协会应当及时地将经营者所发生的可能影响消费者权益的事实通知相关部门；人民法院可以将经营者因预付卡被诉次数及被判决承担民事赔偿责任的判决结果与行政主管机关进行互享互通。

## （一）建立事后信用惩戒制度

2017 年 11 月 9 日，国家发改委、人民银行、商务部等 30 个部门联合签署了《关于对国内贸易流通领域严重违法失信主体开展联合惩戒的合作备忘录》，对国内贸易流通领域严重违法失信主体进行联合信用惩戒。完善预付式消费的信用机制，应当在法律中建立针对企业和个人的信用惩戒机制，明确预付型消费失信惩戒对象的认定依据、认定标准、认定程序。

第一，确定信用惩戒对象。确定信用惩戒的对象为企业及其法定代表人、主要负责人和其他负有直接责任的人员。该主体为其他经济或行业组织的，联合惩戒对象为其他经济或行业组织及其主要负责人和其他负有直接责任的人员；该主体为自然人的，联合惩戒的对象为本人。

第二，建立失信"黑名单"制度。当经营者存在以下行为时，应当将其列入严重失信主体名单，并标明对该严重失信行为负有责任的法定代表人、主要负责人和其他直接责任人的信息：①因停业、歇业或者服务场所迁移等原因未对消费者的预存资金等事项作出妥善安排且无法联络的；②一年内因违反本规定受到两次以上行政处罚的；③非法吸收公众存款或者集资诈骗的；④其他严重侵犯消费者财产权益的行为。

第三，取消失信经营者经营预付型消费活动的资格。当经营者或者其法定代表人、主要负责人、控股股东、实际控制人被司法机关确定为失信被执行人或五年内因单用途卡失信行为被列入严重失信主体名单；或者经营者的法定代表人、主要负责人、实际控制人五年内对单用途卡严重失信行为负有责任的，经营者不得经营预付型消费活动，包括发行预付卡、收取押金等。

第四，采取联合惩戒措施。

（1）在申请信贷融资、财产保险或办理信用卡等金融服务时，金融机构将其失信行为作为考量和审核的重要因素。

（2）在审核批准证券公司、期货公司、基金管理公司、银行卡清算机构、非银行支付机构的设立及变更持有 5% 以上股权的股东、实际控制人时，重点关注其违法失信信息。

（3）将违法失信信息作为私募投资基金管理人登记、重大事项变更以及基金备案时的一项衡量指标。

（4）在审批保险公司设立及变更持有 5% 以上股权的股东、实际控制人时，以及在保险专业中介业务许可中，重点关注违法失信信息。

（5）相关主体担任证券公司、基金公司、期货公司的董事、监事和高级管理人员及分支机构负责人时，重点关注违法失信信息；将其作为相关主体担任保险公司、保险资产管理公司、保险专业中介机构、融资性担保公司、银行卡清算机构、非银行支付机构的董事、监事和高级管理人员的一项衡量指标；对相关违法失信主体已成为上市公司董事、监事和高级管理人员的予以重点关注；对相关违法失信主体已成为证券、基金、期货机构从业人员的予以特别关注。

（6）对违反相关法律法规，被相关部门给予行政处罚，且被相关部门申请人民法院强制执行的失信当事人，未按执行通知书指定的期间履行《行政处罚决定书》确定的给付义务的，由人民法院依法将其纳入失信被执行人名单，并向有关部门推送，限制其乘坐飞机、列车软卧、G 字头动车组列车、其他动车组列车一等座等高消费及其他非生活和工作必需的消费行为。

（7）惩戒对象为失信被执行人及失信被执行人的法定代表人、主要负责人、实际控制人、影响债务履行的直接责任人员的，限制新建、扩建、高档装修房屋，购买非经营必需车辆等非生活和工作必需的消费行为。

（8）限制惩戒对象被招录（聘）为公务员或事业单位工作人员。

（9）按程序及时撤销相关荣誉称号。取消惩戒对象参加评先评优资格，不得向惩戒对象授予"文明单位""道德模范""劳动模范""五一劳动奖章"等荣誉。

（10）在商务部等有关部门网站、"信用中国"网站、国家企业信用信息公示系统、商务诚信公共服务平台等公示联合惩戒对象的违法失信信息。

## （二）建立事前信用承诺制度

信息的掌控是建立事前信用承诺制度的基础。预付式消费模式许多方面的有效管理依赖于信息的收集。所以应建立起以信息为核心的事前信用承诺制度。为了保障信息及信用状况的完整性和权威性，应强化信息整合共享制度建设。具体有以下几种措施：

第一，建立健全预付式消费信息系统。在事前信用承诺制度的构建上，一方面，经营者信用信息的收集、整理是了解一个企业基本情况的途径，是管理的基础；另一方面，对经营企业进行经营状况的实时动态监管，有利于协助监管机构发现问题，从而立即采取相应治理措施。

但根据北京市盈科律师事务所的单用途商业预付卡管理状况调查报告，在对各地方商务部门共计 185 份的调查问卷中，有 77% 的地方商务部门没有单独的单用途商业预付卡业务信息系统，有 46% 的地方商务部门不会定期审查登记企业的变动情况。通过对以上数据的分析可以了解到，实际操作中信息化这一要点并不受重视。

因此，首先要建立的是预付式消费经营机构的信用档案，即记录经营机构的基本信用信息，动态监控经营机构的风险变动。通过为经营机构建立信用档案，一方面为评价经营机构的信用风险提供信息基础，另一方面通过公示经营机构的信用优劣，引导消费者预付资金时选择信誉良好的经营机构。将预付式消费运营商户的违规行为纳入企业信用记录，督促商户自觉地、依法合规地管理和经营，一旦发现违法违规，应将其纳入诚信建设的黑名单，并加以惩戒，增强违法违规成本，从源头上防止商户预付式消费乱象的产生。

第二，强化事前信息披露制度。信息披露是消费者判断兑付风险和服务风险的重要途径，通过信息披露，消费者可以了解到作为预付式消费契约合同相对方的权利与义务，进而判断是否要缔结契约、如何行使自己的权利、履行相关义务，这从很大程度上可以避免或减少纠纷。此外，披露经营者的其他相关信息，如信用评价、合法经营情况、风控措施、预付款金额等，则有利于约束企业及其法定代表人等个人的行为，增加企业和个人的违法成本。因此，应当规定经营者的信息披露义务，以此来尽可能制约经营者，减少因信息的不对称导致的消费者和经营者的地位失衡，从而根本上保护消费者权益。

在之前的《管理办法》中，没有规定发卡企业对公众的披露义务，而在社会监督中，经营预付式消费的企业的信息披露直接依赖于经营主体自身的自觉性，企业没有向社会公众主动披露信息的动力，社会公众也鲜有渠道获知企业的信息，预付的余额无法兑付甚至经营企业捐款跑路的违规行为时有发生。

因此应特别规定企业信息披露的义务与内容，同时对涉及消费者切身利益的退付预存资金的事项进行规定。首先，经营者应当明确规定退付预存资金的条件（提供特殊商品或服务无法退卡的除外），同时以显著方式提请消费者注意，并根据消费者的要求对其进行说明解释。如预付式消费的经营企业没有事先对退付预存资金事宜进行披露，则应接受消费者的退付要求。其次，应该在经营者经营该类业务之时就对经营者课以信息披露义务，如经营者需在经营场所明显的位置处公告，以便于消费者知晓的方式公示经营者的资质、预付款金额、备案情况等，保证消费者在充分了解商品或服务及潜在的消费风险的基础上理性消费。最后，在预付型消费的过程中，强化对消费者知情权的保护，如要求经营者在每次消费完毕后应主动向消费者提供对账单等。

第三，建立市场准入制度。以信用为核心的信息系统的建立需要在政府的主导下强制推行。政府应在统一的信用监管平台上向社会公众公开市场主体的失信情况，各部门之间应加强失信信息的共享。而为了更好地管理经营企业，建议实行预付式消费经营备案制度，所有运营主体只有在备案后才能收取预付资金。鉴于商务部门的人员配备不够，可以逐渐将备案职责转移至地方行业协会，由行业协会具体实施。

此外，不同经营主体备案内容可以有所区分：首先，经营者可以根据自身经营状况预先申请本年度的预付资金总额度，在确认额度后，经营企业需在所申请额度范围内经营预付式消费，收取预付资金；其次，根据企业申请额度的不同区间，备案需要提交的材料也有所不同。个体工商或合伙企业一般因规模较小，申请的额度也较小，提供备案资料较简单。申请额度较大的，不仅需要提供原《管理办法》规定的资料，还需要引入第三方机构进行辅助审查，主要为律师事务所出具法律意见，会计师事务所出具审计报告。最后，所有企业均需与系统公司签订服务协议，以便系统公司对经营主体信用信息的实时收集。申报的具体额度区间，可以由各地区根据自身经济水平等因素确定。

第四，完善以信用为核心的治理体系。创新治理方式，在预付式消费管理领域率先推进信用治理，形成以信用为核心的治理新体系。在预付式消费事前、事中、事后管理中，通过信用承诺、信用公示、信用预警、信用分类监管、信用联合奖惩等方式，全过程嵌入信用监管手段，通过硬化信用约束，提高监管成效。

第五，建立信用评价制度。信用是社会经济发展的必然产物，是经营者在商业活动中应当遵守的基本准则，是现代经济社会正常运转中必不可少的关键环节。维持和发展信用关系，是保护社会经济秩序的重要前提。为防范风险，维护正常的经济秩序，信用评价在预付式消费业务中对于降低信用惩戒、信用处罚对象错误的风险能够发挥重要的作用：

（1）可以为消费者提供公正、客观的信息，从而起到保护消费者利益的作用。

（2）可以弥补商务部门执法手段的限制，增加企业失信成本。

（3）能够作为单用途商业预付卡管理部门审查批准决策的依据，保持预付式消费业务的秩序稳定，有效避免信用惩戒对象错误。

（4）有利于信用评级高的企业快速发展，避免因基数大、收到投诉较多而受到不应有的处罚。企业迫切要求自己的经营状况得到合理的分析和恰当的评价，以帮助社会公众按照企业的经营管理水平和信用状况来选择商品、服务提供者，最大限度地享受其守信应获得的权益。

（5）可以使得民众和执法机关能够清晰地掌握在日常生活中最易发生纠纷的小微企业和个体工商户的信用状况，有效预防纠纷的发生。

### （三）完善事中信用公示制度

事中监管主要是指整合预付式消费经营企业信用信息、消费投诉信息、行政执法信息，使企业应备尽备，全面掌握企业的经营情况，同时加强同业数据、往期数据比对分析，建立风险预警模型。推动建立重点经营企业分级监测机制，对跨地区经营、收取预付资金规模较大的企业进行重点监测，切实防范和有效应对潜在风险。抓紧系统公司，着重对经营企业的信息更新，对信用信息实行动态监管。并且结合信用评价体系，实时更新经营主体最新信用评价情况。例如，在上海，相关条文中专门设立风险警示，即在违规违法要进行处罚前，还有一个警示线。警示线就是黄灯，这是由行业管理部门来设立的。设立以后，如果出现了黄灯，行业管理部门就通过平台发出监管的警示函。假如经营企业已经到达规定警戒线的80%，行业管理部门就会发函，被监管人如果不予回应则会变成红灯，黄灯经过警示函整改以后就变成绿灯。

利用社交媒体建立网络消费者查询平台。通过消费者公共查询监督预付式消费经营企业规范收取预付资金，消费者可通过企业在营业场所提供的企业名称、商号或者平台中企业信息的二维码等信息，查询该企业是否已备案，信息报送是否及时，以及明确资金管理方式等要素。例如上海所建立的微信平台，所有备案企业通过网站、通过微信等进行发布，也即所有的预付式消费备案企业都可以通过网站微信平台去查询它的信用状况，比如通过设立三星级四星级五星级、设立名牌制度。现已有17000多块的名牌，企业可将名牌挂在自己卖卡用卡的地方，扫描名牌上的二维码就可以扫出企业的信用状况。在平台上可以看到星级，同时也可以查询企业的信用报告。在微信上可以看到，比如某企业的信用状况是五星级，以及它的信息申报是否及时和资金情况是否正常。通过此信息平台，可以引导企业规范收取预付资金，推送该领域的焦点话题，警示企业的不规范经营行为和信息处罚通告，展示消费者对经营企业服务的质量评价。同时也可以考虑把它纳入到企业的信用状况、信用报告中，并且跟保险挂钩，如果企业在预付式消费业务方面的信用跟业务、交易、金融挂钩，企业和相关责任个人会对预付式消费业务的信用更加重视。

市场经济是诚信经济，诚信是保证市场经济健康发展的必然要求。我国应借鉴西方发达国家建立社会诚信体系的成功经验，完善预付型消费的信用法律体系，建立以行业信用为主导的社会信用体系，依托信用信息系统，全面记录和高效传递信用信息，保护消费者的合法权益，维持预付式消费的良好秩序。从法律规范上来看，中国目前对于预付式消费的法律规制尚处于相对不完善的夹断状态，现有的监管规则还需进一步完善和细化，必要的监管规则亟需出台。[1]因此，加强对消费者权益的保护，建立起较为完善的预付式消费信用监管法律体系，对于解决预付式消费法律规制所存在的核心问题具有重要的作用。

---

[1] 金大薰："中国预付券/卡法律规制的完善"，载《网络法律评论》2016年第1期。

# 第十五章  行 政 监 管

## 一、预付式消费行政监管的发展阶段与现状

预付式消费的产生与发展通常需要形成较为发达的买方市场格局。在买方市场中，商品供过于求，卖主之间竞争激烈，买主处于主动地位。对于处于买卖双方中较为不利地位的卖方来讲，发放一定的"礼品卡"具有锁定客源、解决资金周转的困难等有利因素；消费者也可以避免携带零碎钱币的麻烦，并获得一定的价格优惠。这就是预付式消费的滥觞。然而，在我国，由于我国市场经济体系的建立经历了一个从有限开放到较完全开放的发展历程，针对预付式消费的行政监管体系的建立也经历了一个从完全禁止到规范监管的过程。

### （一）预付式消费行政监管的发展阶段

#### 1. 完全禁止阶段

早在 20 世纪 60 年代，我国就出现了仿照人民币字样印刷的代币票券（又称代金券），并且在特定范围内取代人民币流通。[1]进入 20 世纪 80 年代，我国市场经济体制逐步建立，"购物券""信用券""礼宾券"等代币票券是我国预付式消费卡的雏形。与此同时，鉴于发行预付卡的"行为不仅影响了市场的正常供应，扰乱了金融秩序，逃避了国家对工资和奖金的监督管理，扩大了消费基金支出，而且还助长了不正之风。"1991 年，国务院办公厅出台了《关于禁止发放使用各种代币购物券的通知》，并在《关于禁止发放使用各种代币购物券的通知》中要求各地政府组织其有关部门，对本地区发放、使用预付卡的情况进行一次全面检查，并按财务、税收和金融管理的有关规定进行处理。例如，晋城市政府根据《关于禁止发放使用各种代币购物券的通知》要求出台了《晋城市人民政府办公厅关于坚决制止发放使用各种代币购物券的通知》，形成了以审计部门牵头为主，财政、税务、银行等有关部门为辅的预付卡管制体系。由此，以代币购物券形式为主的预付卡消费模式消失了一段时间。

1993 年，国务院颁布《国务院关于禁止印制、发售、购买和使用各种代币购物

---

〔1〕 李喆："预付式消费卡的法律规制和政府监管研究"，上海交通大学 2011 年硕士学位论文。

券的通知》，对屡禁不止的预付卡消费模式提出了更加严格的管制措施。先由各单位自查预付卡消费问题，并向主管部门报告；后由政府牵头组织为主，财政、税务、商业、审计、工商管理和银行等有关部门参加为辅，形成联合检查组进行执法的管制体系。1998 年开始，各种形式的代币购物券重新出现。国务院再次下发《国务院纠正行业不正之风办公室关于坚决刹住发放使用各种代币购物券之风的紧急通知》，指出代币购物券给税收和财务管理带来混乱，禁止使用、发售、购买和印刷各种代币购物卡和购物券。2000 年以后，预付卡逐渐发展并扩张。2001 年国务院纠风办、国家经贸委和中国人民银行联合发文禁止使用预付卡和预付券。2004 年，我国相关监管部门针对零售企业提出的预付卡、预付券的问题进行研究，提出预付卡、预付券应该加强监管，而不是一律限制禁止。2006 年以前，我国政府的相关政策基本以禁止预付卡发展为主，预付卡没有明确的法律地位。

2. 监管真空阶段

2006 年，商务部办公厅《关于购物返券有关问题征求意见的函》和国务院行业研究办公室《关于代币购物券（卡）有关问题征求意见的函》等文件指出，[1]预付卡和预付券等属于商业促销手段，不属于法律禁止的代币券（卡）范畴，从而为预付卡的发展提供了一个较为宽松的市场环境。预付卡由此迎来高速发展期，发卡企业数量和发卡规模迅猛增长。在商贸流通中以单用途商业预付卡为主，发卡商家涵盖零售商超、百货、美容美发、娱乐健身等。在这一时期，预付卡的监管环境比较宽松，对于第三方机构发行的多用途卡，除了零星的登记之外，基本处于监管真空状态。[2]

3. 规范监管阶段

2010 年，中国人民银行发布《非金融机构支付服务管理办法》和《非金融机构支付服务管理办法实施细则》，[3]建立了中国人民银行通过支付机构核准制度、支付机构备付金专用存款账户制度以及央行及其分支机构定期或不定期现场检查和非现场检查制度，初步建立起预付式消费的央行监管模式。

2011 年 5 月，国务院办公厅转发七部委颁布的《关于规范商业预付卡管理的意见》《关于规范商业预付卡管理的意见》，将我国的预付式消费模式分为多用途预付卡和单用途预付卡，实施分类监管，形成了央行主导的多用途预付卡监管模式和商

---

〔1〕 王维东："第三方支付迎来新的运营主体预付卡行业进入监管时代"，载《互联网天地》2011 年第 11 期。

〔2〕 梁晨陇、陈吕赞："对区块链相关专利申请的《专利法》第 5 条审查"，载《中国发明与专利》2020 年第 9 期。

〔3〕 张丹阳："（会议）我国互联网第三方支付的法律监管问题研究"，载《第三届长三角金融法研究生论坛》2015 年第 1 期。

务部门主导的单用途预付卡监管模式。首先，在多用途预付卡监管方面，人民银行要严格按照《非金融机构支付服务管理办法》的规定，加强对多用途预付卡发卡人的监督检查，完善业务管理规章，维护支付体系安全稳定运行。未经人民银行批准，任何非金融机构不得发行多用途预付卡，一经发现，按非法从事支付结算业务予以查处。其次，在单用途预付卡监管方面，商务部门要强化对商业企业发行单用途预付卡行为的管理，商务部门应当尽快制定行业标准，适时出台管理办法。金融机构未经批准，不得发行预付卡。最后，在消费维权方面，工商部门要加强监督检查，加大工作力度，严厉打击侵犯消费者权益的不法行为，及时开展相关消费提示，营造良好的消费环境。《关于规范商业预付卡管理的意见》的出台，标志着预付卡行业的监督管理从监管真空逐步向规范监管过渡，进入了一个良性发展阶段。2012 年11 月，商务部《管理办法》正式开始实施，对单用途商业预付卡的规范使用等作出一系列规定。《管理办法》区分规模发卡企业、集团发卡企业与品牌发卡企业，并适用不同的备案条件和方式；《管理办法》还区分记名卡与不记名卡，对单用途商业预付卡发行服务、金额等进行规制，并规定了预收资金的管理方法。重要的是，《管理办法》专章规定对单用途预付卡的监督管理，首先，区分日常监管和应急监管两种模式。日常监管中，商务部和各地商务部门对发卡企业和售卡企业的单用途卡业务活动、内部控制和风险状况等进行定期或不定期的现场及非现场检查。同时，省级商务部门还应当制定专项应急预案，预防、处理本行政区域内的重大突发性事件。其次，《管理办法》对单用途预付卡的信息化管理提出了具体的要求。由商务部负责建立"单用途商业预付卡业务信息系统"。同时，各地商务部门也应当运用信息化手段加强对发卡企业的监督管理。最后，在执法制度设计的方面，发卡企业违反备案义务、发行义务与服务义务的，由违法行为地县级及以上商务部门负责执行；发卡企业违反资金管理义务的，由备案机关[1]负责执行。

除了上述原则性规范文件以外，2012 年 9 月，中国人民银行颁布了《支付机构预付卡业务管理办法》，对多用途预付卡的发行及受理程序，预付卡的使用、充值和赎回以及预付卡发行的监督管理进行了更为细致的规定。2013 年 6 月，央行又出台了《支付机构客户备付金存管办法》，对备付金银行账户管理、客户备付金的使用与划转等问题进行了明确。商务部于 2013 年和 2014 年组织制定了《单用途商业预付卡术语》《单用途商业预付卡发行服务规范》《单用途商业预付卡业务系统规范》等行业标准，明确了针对单用途预付卡监管的实施程序。2015 年，央行颁布《非银

---

[1]《管理办法》第 7 条规定，发卡企业应在开展单用途卡业务之日起 30 日内按照下列规定办理备案：①集团发卡企业和品牌发卡企业向其工商登记注册地省、自治区、直辖市人民政府商务主管部门备案；②规模发卡企业向其工商登记注册地设区的市人民政府商务主管部门备案；③其他发卡企业向其工商登记注册地县（市、区）人民政府商务主管部门备案。

行支付机构网络支付业务管理办法》，对《非金融机构支付服务管理办法》中的相关规定做出了进一步细化的解释，更具有实践性。上述文件对明确和细化央行和商务部在多用途预付卡和单用途预付卡监管方面的职责起到了重要作用。

（二）预付式消费行政监管范围的现状

目前，我国预付式消费的行政监管状况已经进入了规范监管阶段，形成了由《单用途商业预付卡管理办法》为指导文件，以中国人民银行及其分支机构为主导的多用途预付卡监管与以商务部及各地商务部门为主导的单用途预付卡监管并举的监管模式。同时，工商部门在消费者维权和保护方面提供一定的监管支持。

1. 中国人民银行多用途预付卡的监管范围

（1）多用途预付卡监管的行业范围。根据《非金融机构支付服务管理办法》第3条的规定，多用途预付卡第三方发卡机构应当由中国人民银行核准，取得《支付业务许可证》，才能成为支付机构。未经中国人民银行批准，任何非金融机构和个人不得从事或变相从事支付业务。根据《支付机构预付卡业务管理办法》第4条规定，支付机构应当严格按照《支付业务许可证》核准的业务类型和业务覆盖范围从事预付卡业务，不得在未设立省级分支机构的省（自治区、直辖市、计划单列市）从事预付卡业务。由此可见，中国人民银行并未预先限定多用途预付卡监管的行业、地域等范围，而是在授予《支付业务许可证》的核准过程中，根据支付机构的具体情况，在许可证的"业务类型"中认定该支付机构是否符合授权条件；另外，采取"准入负面清单"条款的方式，认定支付机构不得在未设立省级分支机构的省级范围内从事预付卡业务。一方面，多用途预付卡支付机构要进行商业拓展、行业跨越，另一方面，多用途预付卡支付机构要发行、销售卡片。发卡量及合作商户的规模决定了发卡机构的盈利能力，这就决定了支付机构的业务"跨地区、跨行业、跨法人"，发行多用途预付卡成为该类支付机构的主营业务。[1]

（2）多用途预付卡监管的对象范围。《非金融机构支付服务管理办法》第3条规定，非金融机构提供支付服务，应当取得《支付业务许可证》，成为支付机构。支付机构依法接受中国人民银行的监督管理。第8条规定，《支付业务许可证》的申请人只能是有限责任公司或股份有限公司，且为非金融机构法人。同时，第36条规定，中国人民银行及其分支机构对支付机构的预付卡业务活动、内部控制及风险状况等进行监管和检查，表明中国人民银行主要针对多用途预付卡发卡机构即第三方支付服务机构进行监管。另外，根据《支付机构预付卡业务管理办法》第2条第2款的规定，第三方支付服务机构又可以分为办理"预付卡发行与受理"业务的发卡机构和获准办理"预付卡受理"业务的受理机构。

---

〔1〕 孙方江："我国多用途预付卡支付风险及监管思考"，载《金融科技时代》2016年第2期。

（3）多用途预付卡监管的类别范围。《非金融机构支付服务管理办法》第2条规定了多用途预付卡监管的类别范围：中国人民银行及其分支机构监管非金融机构在收付款人之间作为中介机构提供的、关于多用途预付卡发行与受理的部分或全部货币资金转移服务。[1]同时，第2款规定了预付卡的概念和类别，也即以营利为目的发行的、在发行机构之外购买商品或服务的预付价值，包括采取磁条、芯片等技术，以卡片、密码等形式发行的预付卡。另外，《非金融机构支付服务管理办法实施细则》的第2条对《非金融机构支付服务管理办法》第2条的预付卡类别进行了限定，将单用途预付卡排除在中国人民银行的监管范围以外。该实施细则规定，中国人民银行监管的预付卡类别不包括：①仅限于发放社会保障金的预付卡；②仅限于乘坐公共交通工具的预付卡；③仅限于缴纳电话费等通信费用的预付卡；④发行机构与特约商户为同一法人的预付卡。随后出台的《关于规范商业预付卡管理的意见》，对上述规定予以重申，基本形成了以央行主导的多用途预付卡监管模式。

（4）多用途预付卡监管的发卡服务协议范围。中国人民银行对多用途预付卡的发卡服务协议的监管是对协议条款进行的形式监管，主要包括两种发卡服务协议，第一是发卡机构与消费者之间的发卡协议，第二是发卡机构与特约商户之间的受理协议（或发卡机构、受理机构与特约商户之间的三方合作协议）。首先，发卡协议一般由第三方发卡机构自行拟定格式合同，依照《非金融机构支付服务管理办法》第21条的规定进行公开披露，并报所在地中国人民银行分支机构备案。[2]《支付机构预付卡业务管理办法》第14条对发卡机构的预付卡章程或协议规定了形式条款的要求，例如预付卡的名称、种类和功能，预付卡的有效期及计算方法和交易、账务纠纷处理程序等。该管理办法明确要求，如发卡机构变更预付卡章程或协议文本的，还应当提前公告。[3]其次，受理协议的形式条款由《支付机构预付卡业务管理办法》第25条予以明确，主要包括特约商户基本信息，收费项目和标准，卡片信息、交易数据、受理终端、交易凭证的管理要求，特约商户收款账户名称、开户行、账号及资金结算周期，账务核对、差错处理和业务纠纷的处置要求等。[4]总而言之，央行依照《非金融机构支付服务管理办法》和《支付机构预付卡业务管理办法》两个规范性文件，基本明确了多用途预付卡监管的发卡服务协议范围，规定了发卡协议、受理协议的形式要件，并要求发卡机构、受理机构加强对特约商户的巡检和监

---

〔1〕 "发预付卡不能再'任性'"，载《上海法治报》2017年5月8日，B07版。

〔2〕 李光禄、冯源："商业预付卡法律关系及其规范"，载《济南大学学报（社会科学版）》2013年第3期。

〔3〕 韩莉、傅巧灵、张峰："第三方支付法律风险的监管现状与问题研究"，载《金融发展研究》2016年第3期。

〔4〕 "央行或密集调研 拟统一支付监管"，载《金融科技时代》2013年第7期。

控。然而，相关制度并未对预付卡合同条款进行细化要求，持卡消费者的权益是否得到上述规范性文件的有效保障仍存在疑问。[1]总体而言，在发行服务的具体环节和具体规章制度模板的监管上，尚不全面。

2. 商务部单用途预付卡的监管范围

（1）单用途预付卡监管的行业范围。根据《管理办法》第 2 条第 1 款的规定，从事零售业、住宿和餐饮业、居民服务业的企业法人在中华人民共和国境内开展单用途商业预付卡业务的适用本办法。从《管理办法》第 2 条可以看出，监管的行业范围限定在零售业、住宿和餐饮业以及居民服务业，具体如下表所示：[2]

| 零售业 | 综合零售 | 百货、超市、杂货店、便利店 |
|---|---|---|
| | 专门零售 | 食品、饮料、烟草制品、纺织、服装、日用品、文化体育用品及器材、医药及医疗器材、汽车及零配件、摩托车及零配件、机动车燃料、家用电器及电子产品、五金、家具、室内装饰材料 |
| | 无店铺及其他零售业 | 互联网零售、邮购、电视零售、旧货零售、生活用燃料零售 |
| 住宿和餐饮业 | 住宿业 | 旅游饭店、一般饭店 |
| | 餐饮业 | 正餐服务、快餐服务、饮料和冷饮服务、餐饮配送服务 |
| 居民服务业 | 居民服务业 | 家庭服务、洗染服务、理发及美容服务、洗浴服务、保健服务、婚姻服务 |
| | 修理业 | 汽车摩托车修理与维护、计算机和办公设备维修、家用电器维修、其他日用产品修理业 |
| | 其他服务业 | 清洁服务 |

（2）单用途预付卡监管的对象范围。《管理办法》第 2 条第 1 款规定，企业法人在中华人民共和国境内开展单用途商业预付卡业务适用本办法。[3]单用途预付卡的监管对象仅针对企业法人，根据《民法典》的规定，具体包括有限责任公司、股份有限公司和其他企业法人等，不包含个体工商户以及合伙企业等非法人企业。因此，需要通过减少监管对象、备案主体来缩小监管责任和监管范围，即通过采用限

---

〔1〕 "多地健身卡消费设立'冷静期'预付费模式亟需完善相关法律加强监管"，载《中国产经新闻》2021 年 3 月 25 日。

〔2〕 "呼和浩特市商务局关于单用途商业预付卡管理工作的公告"，载《呼和浩特日报》2017 年 3 月 31 日。

〔3〕 王建文："我国预付式消费模式的法律规制"，载《法律科学（西北政法大学学报）》2012 年第 5 期。

制单用途商业预付卡概念外延、对小微企业采取自愿登记制、排除个体工商户在监管对象之外等一系列措施来解决这个问题。然而，单用途预付卡比起多用途预付卡的明显优势在于前者经营方式灵活，有大量的实体企业支撑，更为重要的是，这些实体企业更多的是经营灵活的小微企业，包括个体工商户、合伙企业等非法人企业。过度压缩监管的对象范围，将会引发小微企业滥发单用途卡、企业跑路风险加剧、严重影响消费者利益等问题。

（3）单用途预付卡监管的类别范围。《管理办法》第2条第2款关于预付卡概念和类别的规定同《非金融机构支付服务管理办法》第2条第2款的规定十分类似：单用途商业预付卡，是一种兑付货物或服务的预付凭证，包括以磁条卡、芯片卡、纸券等为载体的实体卡和以密码、串码、图形、生物特征信息等为载体的虚拟卡。由此可见，《管理办法》明确了虚拟型电子预付卡（虚拟卡）属于预付卡的范畴。从广义上来讲，电子预付卡是以电子方式存储在信息技术设备中的货币价值，是一种有预付价值的无记名支付工具，被广泛用于电子预付卡发行人或者是发行人以外的其他经营者的支付活动。具体来看，电子预付卡可以分为以实物卡附加电子芯片为基础的预付价值卡和以使用计算机和特殊软件为基础通过计算机网络进入电子商户而使用支付卡进行支付的"进入类产品"，即虚拟型电子预付卡，狭义的电子预付卡仅指后者。[1]随着互联网、移动支付、电子商务等新技术新业态的发展，单用途卡载体由实体卡向虚拟卡发展，呈现智能化特征。单用途卡电子化步伐加快，以电子卡、二维码等为载体的各种虚拟卡日益增多，传统的实物卡越来越少，依托于虚拟网络的预付价值，"进入类产品"将会被广泛应用。[2]

（4）单用途预付卡监管的发卡服务协议范围。除了上述单用途预付卡监管的行业、对象和类别范围外，《管理办法》第三章对发卡企业发卡服务协议的内容进行了规范。首先，直接规定发卡服务协议应当包括的条款。例如，《管理办法》第14条第2款规定："单用途卡章程和购卡协议应包括以下内容：（一）单用途卡的名称、种类和功能；（二）单用途卡购买、充值、使用、退卡方式，记名卡还应包括挂失、转让方式；（三）收费项目和标准；（四）当事人的权利、义务；（五）纠纷处理原则和违约责任；（六）相关法律法规章和规范性文件规定的其他事项。"其次，直接规定发卡企业的各项如实告知义务。第一，发卡企业须在实体卡卡面上记载发卡企业的各项信息，如企业名称及联系方式、卡号、使用规则、注意事项等；第二，发卡企业或售卡企业应公示或向购卡人提供单用途卡章程，以规范发卡服务协议签订过程中的公平性，保障消费者的知情权。此外，还直接规定了发卡企业对

---

〔1〕 姜瀛、王博："预付卡虚拟化的腐败风险及其法律应对"，载《信阳师范学院学报（哲学社会科学版）》2016年第2期。

〔2〕 王博："我国消费预付卡法律规制的现状与反思"，载《武陵学刊》2015年第5期。

购卡人协议信息的保存、保密等义务。总而言之,《管理办法》对发卡服务协议签订的形式问题予以了解答,但是,与多用途预付卡的发卡服务协议的监管类似的是,上述规定在发行服务的具体环节和具体规章制度模板的监管上,仍然存在不足之处。

## 二、预付式消费行政监管范围存在的问题

目前,依照《非金融机构支付服务管理办法》《支付机构预付卡业务管理办法》和《管理办法》,我国已经建立起由人民银行和商务部主导的,包括多用途预付卡和单用途预付卡在内的多行业、多对象、多类别的监管模式。然而,近年来的执法实践显示,由于预付式消费本身极具扩张性、普遍性,央行、商务部及其相关部门的监管仍然存在着一定的障碍,现行的相关制度规范亟需修订。研究显示,预付式消费行政监管范围存在着以下问题:

### (一) 监管行业范围狭窄

《管理办法》所规定的监管行业范围并不包括现在广泛存在的健身、文化教育等行业,上述行业没有被纳入法定监管范围,造成相关领域投诉量激增,监管难度较大。比如在上海地区,2017 年有 12 106 件的投诉,比 2016 年同比增长 25.9%,其中关门跑路有 1864 家。2018 年第一季度的数据与第二季度的数据加在一起就已经超过了 2017 年全年。这主要是因为上海市商务委将文化教育、体育行业也纳入了 2018 年的投诉管理,投诉量突增 109%。从上述数据和案例来看,文化教育、体育行业的预付卡管理具有紧迫性。此外,根据中国消费者协会关于预付式消费投诉涉及各领域情况的调研资料,受到消费者投诉的预付卡行业领域包含健身、影院、电信、商品房、教育培训、共享单车、网约车和网络游戏等,其中,仅电信、商品房、教育培训和包括共享单车、网约车和网络游戏等在内的网络交易行业投诉量总和就达到了全国预付卡消费者投诉量的 34.7%。上述行业领域,大多尚未受到监管。因此,《管理办法》所规定的监管行业范围并不能适应当前的预付卡消费市场发展状况。即使各省有对其他行业违法经营预付卡进行处罚的先例,但由于缺乏统一的法律规定,行政监管的效果仍然十分有限。

### (二) 监管对象范围有限

目前,根据法规规章的规定,单用途卡的监管对象范围只包括企业法人,具体包括有限责任公司、股份有限公司和其他企业法人等,不包含个体工商户以及合伙企业等非法人企业。但是,无论是从理论研究方面还是监管实务方面来看,单用途卡执法部门忽视对小微企业的监管并不符合当前预付卡消费模式发展的现状。

首先,学理上并不认为个体工商户的经营行为应当被完全认定为自然人的行为,个体工商户的经营行为是包含企业性质的,应当受到监管部门的规范。理论上,对个体工商户经营行为的认定包括自然人说、法人说以及特殊主体说三种学说。根据

自然人说的理论，认为个体工商户的经营行为属于自然人的行为，因此自然人的经营行为是一种行政确认行为而非行政许可行为，因此主张个体工商户的经营行为无需政府的监管。根据法人说的观点，认为个体工商户的经营行为并非以自然人的名义开展的，且以营利为目的是一种准法人的行为，那么对于这种行为是应当受到监管的。第三种学说认为个体工商户属于特殊主体，区别于自然人与法人，在个体工商户的经营中确实存在企业经营的行为，因而一味地把它归结于自然人的行为，不但不利于市场监管，更不利于整个经济的社会秩序。因此第三种学说更符合目前个体工商户广泛参与单用途卡发行，并且不断深入影响预付卡消费者日常生活的现状。因此，将个体工商户纳入监管对象范围加强对个体工商户发行预付卡行为的规范，有利于保护消费者的合法利益。

其次，从监管实务上看，忽视对以个体工商户为代表的小微企业的监管，不但不利于预付卡消费市场的正常运行秩序，还存在着危害社会秩序的风险。上述非法人企业发卡行为的监管不到位，导致监督管理部门在监管责任上相互推诿，产生监管真空。实务中，预付卡发卡企业已经由原来的少数知名连锁商家扩展到小微企业，造成了行政监管上的制度障碍，严重损害消费者利益。例如，上海市在 2018 年 1 月份进一步对单用途预付卡的监管范围扩大到个体工商户的立法草案进行审议，但是由于缺乏上位法的依据，立法上出现了很多难题，主要表现在地方政府规章的合法性与规范措施的有效性之间的权衡。[1]再如，根据重庆市商务委员会的调研，商务部门处理的单用途卡投诉中，有 90% 涉及小企业、个体工商户，这类经营者游离在备案门槛之外，同时又没有存管资金，因而是风险最大的发卡经营者，也是最难对其进行监管的发卡经营者。对于这类经营者，一旦发生"跑路"事件或者其他问题，商务部门囿于无监管法规依据，工商部门、公安部门普遍不愿意介入，最终形成"几不管"的局面，一旦出现较大的消费纠纷，将会对市场秩序和社会秩序造成损害。

### （三）多部门协同监管难度较大

混业经营问题影响预付卡消费监管行业范围的划分，进而降低行政效率，增加行政成本。当前我国预付卡发卡机构鱼龙混杂，所涉及的行业面很广，单用途预付卡领域尤甚。而部门之间监管职责常有重叠，执法资源配置不均，且能够真正明确不同行业领域内预付式消费归哪个部门监管的法律规范尚属空白，带来实践中监管主体与经营者之间出现多对一管理现象，责任的集体化必然产生"踢皮球"、责任不明等弊端。上海市商务委已经针对行业监管进行分业处理，即在一个统一的规则和框架下各行政执法机构管理各部门分内的任务，但仍然产生了许多新的问题。例

---

〔1〕 孙方江："我国多用途预付卡支付风险及监管思考"，载《金融科技时代》2016 年第 2 期。

如，许多公司无法切实明确其经营何种主业，但它们也能发行预付卡，它们发行的预付卡在许多领域都可以使用，对于政府部门来说，在如何进行监管的问题上分歧很大、问题较重，对于该类企业的主业如何明确，缺乏界定标准，从而导致行政的成本加大，降低了行政的效率。另外，我国实行多用途预付卡与单用途商业预付卡分业监管模式，两者分属人民银行及商务部监管。尽管相关规范业已明确人民银行是多用途预付卡业务的主管部门，但预付卡业务纷繁复杂，需要众多执法部门共同实施监管。比如，人民银行要与工商部门协调处理好《支付业务许可证》与《营业执照》之间的衔接问题；还要联合税务、财政、纪委等部门遏制发行机构滥开发票问题；要借助工商、公安等部门的力量有效打击无证经营行为。在单用途预付卡的监督与管理当中，将监管职责交给了商务部。但是涉及具体的预付式消费卡纠纷时，往往会涉及诸多部门，主要包括当地政府进行协商以及其他行业监管部门共同监管。从美发、餐饮行业来看，对这种单用途预付卡经营者进行管理的管理部门往往会涉及市场监督管理局、税务以及卫生局等。因此，单用途预付卡的监管主体出现了理论与实践不统一的现象，如此一来，单用途预付卡监管主体的职责同样不明确，就会存在多个部门之间推卸责任以及行政不作为等不良现象。而目前各相关部门间的协作监管机制尚未建立，部门职责尚未明确，给监管工作的深入开展增加了难度。[1]在我国，预付卡行业一般定位于小额便民领域发展，但为拓展业务受理范围，部分机构在未获发《支付业务许可证》的情况下从事多用途预付卡的发行与受理。[2]由此可见，部分所谓的"单用途预付卡"实际已跨行业、跨法人、跨地区使用，造成单用途、多用途无法区分。[3]因此，有必要在随后出台的规范性文件中设计更加完善的监管制度，根据预付卡消费行业领域情况，合理确定行政机关各相关部门的监管权力和职责。

（四）发卡服务协议条款不公平问题突出

根据中国消费者协会的调研结果，从全国范围来看，预付式消费中"不公平格式条款"的投诉量与涉案金额分别为 18 261 件和 14 179 245.89 元，平均每一起投诉的消费者就要遭受 776 余元人民币的损失，对于普通消费者而言，损失不可谓不大。目前，央行发布以《非金融机构支付服务管理办法》和《支付机构预付卡业务管理办法》为代表的众多规范性文件，将多用途卡发卡服务协议条款的形式审查纳入到央行的监管体系下；无独有偶，《管理办法》第三章亦对发卡企业发卡服务协议的形式进行了规范。但是，上述规范文件仍然未能解决实践中部分突出问题，例如，

---

〔1〕　方志敏："加强预付卡业务监管体系建设"，载《中国金融》2011 年第 11 期。
〔2〕　孙方江："我国多用途预付卡支付风险及监管思考"，载《金融科技时代》2016 年第 2 期。
〔3〕　郑爽："对引入保险制度降低预付卡资金挪用风险的探讨"，载《中国信用卡》2016 年第 12 期。

针对当前预付卡发行服务的具体环节和发卡服务章程、协议条文模板的监管尚不全面，发卡服务协议签订的过程中存在着严重的公平性缺失的问题。实务中，有些发卡企业不能严格履行条款中的实体卡面标明义务和提示告知义务，采用格式合同、条款，其中可能存在标明的义务不全面、未提示告知的情况。许多消费卡的背面印有"余额过期作废""售卡概不退换""不挂失、丢失不补""本店享有最终解释权""免除责任条款"等字样。预付费消费者在享受服务过程中，一旦出现问题或造成人身伤害时，经营者均会援引"免除责任条款"摆脱其应承担的责任。[1]有些发卡机构没有购卡协议，仅凭简略的《用户须知》约定双方的权利义务。在这种情形下，消费者与发卡方处于信息不对称的地位，发生纠纷时，商家使用不合理甚至不合法的合同规定或"最终解释权"来逃脱个人责任。而当消费者不满意提出退卡请求时，发卡方通常以消费者单方面违约为由，或依据格式条款拒绝退还卡内余额，或以高额退卡手续费阻碍消费者退卡。

**（五）资金监管的手段缺位**

市场上绝大多数的预付式消费模式是由商家直接收取消费者价款，而不是通过第三方支付平台收取资金，经营者通常能够在短时间内通过发售预付卡获得大量现金，由此实现未来收入提前变现，为自身运营提供资金支持。面对巨额资金的诱惑，难保所有经营者都有能力合理规划使用，盲目投资或扩大店铺很可能导致经营困难、资金流失。在单用途预付卡的资金监管上，《管理办法》仅针对特殊的三种企业规定资金存款制度，并对消费者的预付资金进行一定的限制使用。比如只能在本企业的主营商品或服务上使用，对于其他的一般企业并没有作出其他特别的规定。加之没有明确的资金监管部门及执法依据，规制经营者抽逃资金难上加难。

而与之相反，关于资金监管，若是完全限制单用途预付卡存管资金的用途，在一定程度上可能会导致资金的过于闲置从而不利于整个经济市场的发展。当前单用途预付卡中普遍存在大量的剩余资金，包括消费者还未使用的、放弃使用以及过期不能使用的残值，这些资金随着经营者经营行为的不断扩大，就形成了一笔巨大的沉淀资金。这些资金问题，明显暴露了当前资金监管的缺位。因此对于单用途预付卡的资金监管必须要在不损害企业的合法经营与维护消费者预付资金的安全这两者之间搭建一个合适的平台。

对于预付款资金安全性的监管，可以参考其他国家和地区的监管模式。例如，美国以存款保险的形式对预付资金的使用即时监控，避免因过多的事前干预对经营产生不利影响；日本对监管对象即经营者、第三方金融机构等提出一系列严格要求，如履行信息披露义务、定期报告经营状况以及交纳保证金等，以期全程掌握预付资

---

〔1〕 施玉梅："中国商业预付卡规范性发展研究"，载《消费经济》2013 年第 2 期。

金流向；欧盟通过多次立法将预付式消费的主体限定于金融机构，侧重点在于对金融体系的审慎监管，其对预付资金的影响范围较为有限。[1]因此，在预付款资金的保护上，可以考虑创建风险救济基金，保障消费者合法权益受损后有足够的财产对其进行弥补。基金来源可以是多途径，如经营者提供保证金、商业保险赔付、预付资金账户利息、预付款余额沉淀及行政罚没收入等。

## 三、厘清预付式消费行政监管范围的政策建议

尽管以《非金融机构支付服务管理办法》《支付机构预付卡业务管理办法》和《管理办法》为代表的预付卡消费监管制度已经形成，由人民银行和商务部主导的多用途卡和单用途卡的监管模式发挥了一定的稳定预付式消费市场、安抚社会矛盾的作用。但是，鉴于上述规范性文件在监管行业范围、协同监管、监管对象范围和发卡服务协议条款方面存在的问题，预付式消费行政监管应当从下述方面进行完善：

（一）扩大监管行业范围，收紧监管政策

鉴于《管理办法》尚未将文化、体育、网络交易、影视、电信等行业纳入监管范围中，全国人大、国务院以及其他机关在后续的立法、修法过程中，应当适当扩大监管行业范围，统一规定对行业内各发卡机构的监管程序、执法力度。尤其在单用途卡监管领域，部分省市已经在尚未纳入监管范围的文体行业中具有了一定的监管执法经验，与此同时，发卡机构的预付卡经营范围呈现出跨行业、跨地区的特征，单用途卡的业务范围不断扩展，应当删去《管理办法》第2条中关于限定监管范围、仅针对"从事零售业、住宿和餐饮业、居民服务业"等行业发卡机构的规定。与此同时，应当适当引入非金融机构支付服务市场较为发达的国家的监管理念，对预付卡消费模式的监管政策应当从适当放宽、"自律的自由"转向"强制监管"模式。应当明确的是，在所有支付机构的支付业务当中，预付卡业务收取消费者备付金最高，预付卡业务是风险最大、监管力度较低、消费者损失极高的领域。[2]因此，立法、修法机关应当明确，对预付卡业务的监管应建立"强制监管"模式，在立法、修法过程中明确规定预付式消费的监管行业范围覆盖国民经济全部行业。

（二）填充监管对象范围，强化监管力度

《管理办法》第2条规定，企业法人开展单用途商业预付卡业务的才适用该管理办法。[3]其第6章对非法从事预付卡业务的行为设定了较低数额的财产罚则。无独

---

〔1〕 胡嘉桐："预付式消费的法律规制研究"，东北财经大学2018年硕士学位论文。
〔2〕 赵玉文、郝惠泽、任丽丽："预付卡业务监管问题探讨"，载《金融会计》2013年第5期。
〔3〕 国家市场监督管理总局等："社区商业设施设置与功能要求GB/T 37915-2019"，2019年8月30日。

有偶，《非金融机构支付服务管理办法》第8条规定，《支付业务许可证》的申请人只能是有限责任公司或股份有限公司，且为非金融机构法人。其第47条规定，任何非金融机构和个人未经批准擅自从事或变相从事支付业务，由中国人民银行及其分支机构责令其终止支付业务。[1]从上述法条本身来看，并未明确规定监管部门如何处置小微企业违法发行行为，且应对非法从事预付卡发行行为的监管力度并不高，不利于保护消费者的合法权益。在预付卡发行的实务中，合伙企业、个体工商户等非法人企业扩张性最强、风险最高，还因为小微企业的数量多如牛毛，监管部门在无法规依据的情况下鞭长莫及，导致非法人人发卡企业几乎不受到监管，成为造成消费者合法权益损害的主要方面。其根本原因在于，针对合伙企业、个体工商户等非法人企业发行预付卡的行为的监管，并没有《管理办法》和《非金融机构支付服务管理办法》等规范的明确依据，各个省市的监管实践无统一标准，从而使得它们游离于预付卡监管法规之外，扩大了信用风险，增加了消费纠纷。因此，未来立法、修法的过程中，应当由更高层级的规范性文件明确规定禁止非法人企业发行多用途、单用途预付卡，在明确授权监管部门禁止相关违法行为的同时，应当设计更为严格的财产罚则和名誉罚则。例如，监管部门可以处以非法发放预付卡所得金一定比例的罚款，或采取按日向监管部门缴纳罚款的制度，为违法发卡机构设定更加难以接受的处罚措施。被曝光的违法发卡机构，一经查证属实，情节严重的应当纳入信用黑名单，并向社会公示。

## （三）设立预付式消费监管办公室，完善协同监管

首要的原则是，在推进综合执法改革的背景下，对预付卡业务进行整体规划和梳理，合并多用途卡、单用途卡监管部门，多用途、单用途不再成为监管职责的划分标准，而是作为业务指导的划分标准，如此才能协调各部门对预付卡业务的统一监管，联合多部门开展专项整治，进一步理清管理中的各环节，重点理顺执法事权，推进综合执法力量的建设。

实践经验表示，由市政府牵头组织的统一预付卡监管模式是可以实现的。在上海市的单用途卡监管实务中，市人大赋予市政府组织权限，由市政府牵头组织联合执法，执法机制覆盖全行业和所有经营主体，采取属地经营、区域监管的模式，无法明确行业类别的经营主体，由商务委兜底负责监管。

通过上述实务经验，可以设计统一的预付式消费监管制度，确立由省级、市级政府牵头组织设立的预付式消费监管办公室，办公室设有指导小组、咨询小组和执

---

〔1〕《非金融机构支付服务管理办法》第47条：任何非金融机构和个人未经中国人民银行批准擅自从事或变相从事支付业务的，中国人民银行及其分支机构责令其终止支付业务；涉嫌犯罪的，依法接送公安机关立案侦查；构成犯罪的，依法追究刑事责任。

行小组。指导小组由央行分支机构、商务部门选派熟悉预付式消费业务的人员组成，主要负责多用途卡、单用途卡相关业务的指导工作；咨询小组由文化、体育、教育、旅游等部门或行业协会的工作人员兼任，主要负责接受指导小组、执行小组在相关业务上的咨询；执行小组由各省级、市级市场监督管理部门、财政部门、税务部门、公安部门、银行业监督部门等部门的联络专员组成，接受央行机构、商务部门在多用途卡、单用途卡业务上的指导；无法明确类别的经营主体，由市场监督管理部门兜底监管。

在执行小组的具体职责上，可以做出如下设计。市场监督管理部门为预付卡纠纷的行政处理部门，负责经营者登记备案、业务申报和经营行为的具体监管，处理具体的消费纠纷，进行行政调解和行政处罚。[1]银行业监管部门主要监管银行所从事的预付费资金监管业务，作为受理存管资金商业银行的管理部门，税务部门负责对企业开具发票、执行财税制度情况进行监管，并通过税收掌握预付式消费的发展情况。[2]此外，公安、财政在查处犯罪方面也各自履行职责。在协同合作的过程中，应当明确各部门的分工和职责，赋予与各自职权相适应的监管措施。同时也应规定各经营者配合调查询问、提供有关票据、账簿等材料的义务。[3]

预付式消费监管办公室的设立，既可以建立协同监管、统一监管的具体职责部门，又可以明确执行部门的职责；既有指导，又有执行。相比于部际联席会议、联络专员的制度，监管办公室更加正规正式，且具有持续性，在执法力度上更有保障，值得在立法、修法过程中予以适用。

### （四）发卡服务协议条款法定，增加实质监管

预付式消费具有信用性、信息不对称性等特点。尽管消费者与经营者均是在自由意愿下签订合约，具有形式公平，但是，一旦消费者交付预付资金后，消费者已经丧失了根据经营者履约情况进行救济的机会。对发卡服务协议进行实质监管，法律直接规定部分与消费者合法权益联系最为紧密的条款内容，在原有的消费者权利保护制度设计上，延伸预付卡消费者的知情权，扩大经营者的信息告知义务和披露范围，可以有效地降低预付式消费的信息不对称性。实务中，部分地方政府已经出台了单用途商业预付卡合同示范文本，对于减少消费纠纷，保护消费者权益方面起到了积极的作用。

因此，应由预付式消费监管办公室的指导小组会同咨询小组或各行业协会，根据不同的行业，设计不同的合同示范文本，并规定同一行业的发卡机构使用相同的

---

[1] 陈音江："预付费消费与消费者权益保护问题探析"，载《中国市场监管研究》2019年第3期。

[2] 胡家强、孙骥韬："完善我国预付费交易法律规制的思考"，载《中国海洋大学学报（社会科学版）》2015年第3期。

[3] "完善法律制度　加大惩戒力度"，载《经济日报》2017年3月15日。

合同示范文本，通过预先审核制度保障消费者的权益。可以借鉴我国台湾地区的做法，由法律明确规定合同及礼券上必须注明不得记载事项，防止经营者利用自拟格式合同免除己方义务、转嫁风险，侵害持卡人利益。确立禁止记载事项，例如，将"①过期作废、恕不退还卡内余额；②丢失卡片将不予挂失补办、余额概不退还；③不受理业务咨询服务；④根据营业情况发卡方有权随时注销卡片并不再承担余下义务"[1]等条款列为发卡服务协议禁止记载的事项。从本质上看是否应该办理退卡和转让实际上是诚信、公平、自由之间的博弈。消费者办理退卡和转卡实际上是拒绝继续向经营者提供信用，与诚实守信原则不符，应避免发卡机构利用优势地位或发卡服务协议部分条款的模糊性强迫消费者签订不公平协议或欺诈消费者获取非法利益的情况发生。此外，还可以确定必须记载事项，具体包括关于投诉方式、发卡机构违约赔付标准、预付卡优惠服务等内容的条款，并且要求发卡机构必须在签订协议时对消费者予以明确提示；同时还要明确预付卡消费者冷静期内的后悔权和冷静期外的合同解除权、预付卡转让权，构建预付卡消费者的退出机制，减少消费纠纷，在保护消费者自由选择权和公平交易权的同时平衡双方利益。

---

〔1〕 李猛："论我国商业预付卡金融监管法律问题及其制度完善"，载《上海金融学院学报》2015年第1期。

# 第十六章 司 法 救 济

## 一、引言：问题的提出及研究思路

预付式消费方式在一定程度上为商家和消费者都带来了一定的好处。对于商家来说，通过这种营销模式，一来可以建立稳定的客户关系，通过为会员客户提供更为丰富的产品组合而与其加深信任，[1]从而为长期经营计划的实施奠定基础；二来可以通过预收资金解决周转困难问题。对于消费者而言，主要好处体现在更优惠的价格和更便捷的支付方式所带来的成本节约。预付式消费本应是互利双赢的新型消费模式，却在现实生活中"走了样"，有时竟然成了商家玩弄陷阱、欺诈消费者的手段。根据有关调查，各领域消费者对于预付式消费的满意程度都不尽人意，投诉率的居高不下引发了监管部门和理论界共同的担忧和思索。对于预付式消费的既存问题与改善方向，理论界通常在立法和执法领域针砭利弊，常见的问题包括但不限于发卡人资格问题、经营者欺诈问题、预付式消费合同中的格式条款问题、资金存管机制问题、预付卡的转让和退卡问题等。而对此提出的解决方案也大都近似，可概括总结为外部加快立法进程、优化监管方式、加大惩处力度，内部加强经营者诚信教育与消费者维权意识。但不难看出，前述对策大多都是"治本"之道，需要长期筹划才见成效，却难解近渴。面对当下预付式消费纠纷层出不穷的现象及消费者对依法维权的迫切需求，在司法救济层面寻求变革才是当务之急。权责明晰且科学有效、高效的司法救济机制是保障消费者权益、净化预付式消费市场生态的镇定剂，也是追求立法归位、执法深化道路上的基石。

### （一）刑事救济的方向

在预付式消费模式中，虚假宣传、隐瞒真相等诈骗行为层出不穷，而对商家利用预付式会员卡诈骗行为的准确定性，影响着消费者救济途径的选择，也是司法实践中认定罪与非罪的关键。当不法商家所实施的诈骗行为构成社会危害性严重程度达到刑法所需规制的犯罪时，检察机关应该对诈骗行为人进行刑事审查起诉。然而，应该援引何种刑法诈骗罪名对预付式会员卡刑事诈骗行为人定罪量刑，在司法实践

---

〔1〕 黄萍："预付费式服务消费中的法律问题"，载《社科纵横（新理论版）》2008 年第 1 期。

与学术讨论中仍存有争议。

　　预付式消费模式下，商家提前收取了大量消费者的预付款，而当商家在收受大量消费者的预存款办理会员卡之后，不提供相应服务反而携款外逃，商家店铺人去楼空，根据最高人民法院《关于审理非法集资刑事案件具体应用法律若干问题的解释》第 7 条第 2 款第 5 项的规定，"抽逃、转移资金、隐匿财产、逃避返还资金的"，可以认定为"以非法占有为目的"，以集资诈骗罪定罪处罚。在此，商家是否已向相关主管部门申请发行预付式会员卡成为关键所在。此外，在预付式会员卡消费模式下，消费者预先向商家交付一笔服务费用，获得一张会员卡，以后分次接受商家提供的商品或服务。如此，二者建立了在债权基础之上的预付费服务合同法律关系。[1]经营者利用预付式会员卡诈骗行为是以故意非法占有公私财物为目的的，其满足合同诈骗罪的主观方面。合同诈骗罪是指以非法占有为目的，在签订、履行合同过程中，以虚构事实或者隐瞒真相的方式，骗取对方当事人财物，数额较大的行为。根据《刑法》第 224 条规定，合同诈骗行为具体有：①以虚构的单位或者冒用他人名义签订合同的；②以伪造、变造、作废的票据或者其他虚假的产权证明作担保的；③没有实际履行能力，以先履行小额合同或者部分履行合同的方法，诱骗对方当事人继续签订和履行合同的；④收受对方当事人给付的货物、货款、预付款或者担保财产后逃匿的；⑤以其他方法骗取对方当事人财物的。不法商家采用如前文所述的诈骗手段、利用预付式会员卡非法取得消费者财物的，符合第 224 条第③④项合同诈骗行为描述，因此，其满足合同诈骗罪的客观方面。

## （二）民事救济具体路径探析

　　民事救济以一模拟案例为引，有助于更直观地发现预付式消费在司法救济层面所面临的难题与困境。某服饰公司制作并对外销售会员储值卡，该卡可以在与其有合作关系的某商场内使用。王某购买了价值 10 万元的会员卡后，为抵偿欠款将其转给李某。后商场经营不善面临倒闭，李某的会员卡无法使用，求偿未果欲诉至法院。本案涉及发卡人（服饰公司）、实际经营者（商场）、购卡人（王某）、持卡人（李某）四个主体，给司法实务带来诸多困扰。首先面临的问题是，持卡人李某是否具有原告资格？发卡人与实际经营者谁是适格被告？其次，鉴于购买会员卡的交易双方是王某和服饰公司，李某与被告之间并无直接合同联系，则其起诉的案由为何？是买卖合同违约之诉还是侵权之诉？案件进入审理阶段后，由于先前缺乏书面约定，双方的举证责任如何分配？最后，李某仅凭所持会员卡是否足以证明双方交易关系的存在？是否需要其他证据的支持？针对上述问题，接下来将从立案标准、举证责任、原告资格三个角度切入分析，以求为预付式消费司法救济现状的改善提供可行

---

[1]　胡婷婷："预付费式会员卡法律问题研究"，载《法制与社会》2012 年第 34 期。

的新思路。

## 二、立案标准：预付式消费纠纷作为独立案由的必要性与可行性

民事案件案由是民事诉讼案件的名称，反映案件所涉及的民事法律关系的性质，是人民法院将诉讼争议所包含的法律关系进行的概括。[1]前文述及，预付式消费交易主体的多样性使得相关纠纷往往难以为法院的立案范围所覆盖。最高院新修改的《民事案件案由规定》也并未将预付式消费合同纠纷明确列为合同纠纷中的一类。在实际操作层面，有关该类型的诉讼依然由法院以合同纠纷为由进行立案并直接适用《民法典》以及《消费者权益保护法》中的有关条款。但预付式消费方式的独特性决定了法院应当将其作为独立案由在司法实务层面予以特殊对待，否则就无法解决一系列现实问题与矛盾。

### （一）必要性：问题与依据

1. 预付式消费的救济难题

消费者权利发展至今，有着与其他权利一样的发展历程，但更具艰辛与曲折。由于市场机制不完善、法律本身的滞后性以及消费者对权利认识的不同程度等因素的存在，使得消费者权利的保护本身就十分复杂，继而，在预付式消费这种新型消费模式中，更多复杂的新因素渗入到消费过程中，给消费者权利的保护和救济增添了几分新的挑战。[2]首先，预付式消费纠纷的诉权归属难以确定，合同关系复杂。比如消费者将预付资金提前支付给经营者是属于买卖合同还是保管合同？经营者分批次提供产品或者服务又属于什么性质？如果是第三方发行预付式消费凭证是否涉及居间合同的问题，这些都是在单独的"买卖合同"一章中无法解决的问题。其次，如果将预付式消费交易背后的法律关系限缩为购卡人与发卡人之间的合同关系，即把办卡付费视为合同订立阶段，把具体消费视为合同履行阶段，把实际经营者视为发卡人的债务辅助履行人，则在持卡人与购卡人身份不一致时，前者将无法基于合同诉因直接寻求司法救济。此外，在实际经营者所提供的商品或者服务存在瑕疵或者缺陷时，[3]持卡人只能从发卡人处获得救济，持卡人的权利能否获得有效救济，取决于发卡人的后续履行能力或者承担责任的能力。[4]这无异于为消费者一方加诸众多诉讼障碍，不利于交易双方权益的平等保护。

---

〔1〕 罗东川、黄建中："《民事案件案由规定》的理解与适用"，载《人民司法》2008年第5期。

〔2〕 参见包哲钰、罗彪："论预付费消费中的消费者权益保护"，载《西部法学评论》2011年第2期。

〔3〕 王建文："我国预付式消费模式的法律规制"，载《法律科学（西北政法大学学报）》2012年第5期。

〔4〕 王叶刚："论预付式消费交易的法律构造"，载《现代法学》2015年第3期。

预付式消费合同区别于一般买卖合同的特性有三。首先，在该种交易方式中，是由消费者向经营者提供长期信用。消费者通过这一类消费合同所享有的权益，并不是直接获得商品的所有权或商家提供的服务，而是享有对商品、服务的期待权，需要靠商家履行合同义务才能得以实现。[1] 这种商家先向消费者收取费用再提供服务的模式使得消费者不得不承担商家破产、欺诈或是关闭的风险，消费者在合同的框架下缺乏对经营者履行合同义务的约束力，预付费用之后十分被动，弱势地位明显。其次，消费者预支了款项后，在实际上已经失去了根据商家的经营状况以及履约能力自我救济的机会。[2] 由于预付式消费是消费者没有得到全部商品或服务前就支付所有费用，而经营者之后的债务履行有着太多不确定性和变动性，使消费者在享受优惠和便利的同时往往也承担着单向的法律风险和经济风险。这源于其与经营者之间信息的不对称性。一般的买卖合同在总体上是以信息对称为基础，即使针对格式条款，合同法有关规定也充分衡量了交易双方法律地位的差异，但在预付式消费合同中，消费者几乎处于完全不知情状态，发展到后期诉讼阶段，消费者更加难以仅凭自身所掌握的信息与经营者相对抗。甚至在实际生活中，往往会出现经营者卷款失踪的情形，缺乏明确被告成为阻拦消费者迈入司法程序的第一道障碍。最后，不同于即时清结的合同，预付式消费合同具有继续性。消费者支付足额的价金作为交易双方权利义务关系开始的标志，商家先一次收取费用，后分次履行义务，消费者先履行交费义务，后分次行使合同权利，这种长期债务关系无疑将加大债务的履行风险。也就是说，它是在消费者还没有得到或者完全得到商品或服务的所有权之前，就将商品或服务的所有权相对应的货币所有权转让给了经营者。由此，消费者的权利义务发生了变化，在传统的消费模式下，消费者和经营者的权利义务是一致的，而预付式消费由于预付性的特点，消费者先向经营者履行了付款义务，然后经营者才分次提供商品或服务，为消费者权益保护平添风险。

2. 案由独立的相关依据

基于上述对预付式消费特性的分析，在司法救济层面将其作为独立案由具有必要性。实践中，关于案由的确定，以法律关系性质作为主要标准的同时，对少部分案由也依据请求权、形成权或者确认之诉、形成之诉等其他标准进行确定，表述也包含了争议焦点、标的物、侵权方式等要素。而预付式消费法律关系的复杂性对其案由确定也要求加以特殊对待，主要依据包括以下三个方面：其一，维护实质公平的需要。预付式消费纠纷成为独立案由后，法院能够直接基于该案由进行立案，从

---

〔1〕 赵云："我国预付费消费合同法律规制探析——以消费者权益的法律保护为视角"，载《中国政法大学学报》2013 年第 2 期。

〔2〕 叶林："预付式消费合同的法律管制"，载《哈尔滨工业大学学报（社会科学版）》2011 年第 2 期。

而使合法权益受损的持卡人或是购卡人都能够享有诉讼资格。一定程度上实现了对消费者的倾斜保护。此外，案由独立为立法上进一步细化相关条款和规则铺平了道路。其二，维护市场秩序的需要。在预付式消费中，消费者很难充分了解产品或服务的全部信息，包括价格标准、优惠条件、有效期限、使用权限、违约责任等，[1]强烈的信息不对称为经营者实施欺诈或剥削性行为提供了便利，使市场信用环境每况愈下。独立案由的确立加大了经营者的被诉风险和法律成本，有利于倒逼其遵守诚实信用原则，从而维护市场秩序与消费者合法权益。[2]其三，提高司法效率的需要。如前所述，预付式消费合同性质复杂，诉权归属难以确定，如预付金提前付给经营者是属于买卖合同还是保管合同？经营者后续长期分批次提供产品或者服务又属于什么性质？如果是第三方发行预付式消费凭证是否涉及居间合同的问题？由于存在多个不同身份的主体，预付式消费交易所涉的法律关系较为复杂，法院对此进行辨别、分析和论证的过程往往冗长繁琐，可能要耗费大量的资源。案由独立可以略去前期部分分析环节，加快审理进程，更高效地解决消费者面临的难题。

## （二）可行性：对《民法典》和《消费者权益保护法》的有效补充

我国目前没有在立法上明确预付式消费的法律类型与地位，导致消费者与经营者缔结的交易合同欠缺有针对性的合同法律规范。依照现行立法，预先支付费用的一方可依据《消费者权益保护法》的规定，享有消费者的各种权利，并承担相应的义务。同时，在合同关系中根据《消费者权益保护法》《民法典》的相关规定，还享有获得商家承诺优惠服务的权利、获得服务的知情权、受损利益赔偿请求权等。但预付费合同还未作为一类相对独立的合同出现在我国《消费者权益保护法》中，也不属于我国《民法典》合同编分则囊括的有名合同。与其直接相关的法律规定见于《消费者权益保护法》第53条："经营者以预收款方式提供商品或者服务的，应当按照约定提供。未按照约定提供的，应当按照消费者的要求履行约定或者退回预付款；并应当承担预付款的利息、消费者必须支付的合理费用。"但该规定显然过于笼统，"经营者"和"消费者"范围的大小、"约定"存在与否的证明标准、合同解释权的归属以及救济时效等重要问题都无法得到解答。因此在实务中，无论是受害的消费者还是主持审判的法官，通常都是以《民法典》合同编中的规定为其引据，[3]但尴尬之处在于，《民法典》合同编总则中的一般规定不能满足消费者法律保护的特别需求，而分则中的有名合同又没有涵盖预付式消费合同这一类型[4]，因此其

---

[1] 张倩："预付卡业务监管比较研究"，载《中国信用卡》2011年第1期。
[2] 吕亚玲："浅谈预付式消费中消费者权益保护"，载《法治与经济》2015年第Z2期。
[3] 毛伟炜："预付式消费司法救济的机制研究"，载《法制与社会》2014年第28期。
[4] 包哲钰、罗彪："论预付费消费中的消费者权益保护"，载《西部法学评论》2011年第2期。

对消费者的保护力度难以令人满意。[1]但同时，经营者却常常利用格式合同对消费者的权利予以限制或加重消费者的义务，深层次意义上说，这也是经营者对其在市场中的优势地位滥用的结果，通过与消费者订立霸王条款来重现"沉默的大多数"。[2]当前，对于预付式消费有专门规定的是商务部发布的《管理办法》，《管理办法》对于从事零售业、住宿和餐饮业、居民服务业的企业法人发行单用途商业预付卡进行了规范，但未对《管理办法》所规定的企业法人以外的机构或单位发行与单用途商业预付卡相类似的预付式消费卡进行相应的规范，如健身卡、电影卡以及新兴的互联网行业会员卡等，使得《管理办法》的适用范围有一定的局限性。[3]

简言之，现行相关法律规范对于预付式消费这一交易类型并无明确具体的规定或存在明显的局限。因此将其作为独立案由在司法层面特殊对待，反而能够起到良好的补充和完善作用，具有相当的可行性。

### 三、举证责任：责任倒置与监管支持

目前，预付式消费中的消费者在权益受损失时有两种救济途径，一是向监管部门投诉，二是向法院提起诉讼。依照《民事诉讼法》的有关规定，消费者向人民法院提起诉讼时应当提供明确的被告和初步证据。如前所述，将预付式消费作为独立案由能够解决原告主体资格问题，也可以在此基础上针对被告难以确定或消费者无法提供被告具体信息等问题制定具体的应对机制，从而使消费者有处可诉、有人可诉。藉此，进入诉讼审理阶段后，法院以及消费者共同面临的第二个难题是举证责任的分配问题。

#### （一）举证责任倒置的必要性

1. 缺乏书面合同，原告举证难度大。实际生活中，消费者与经营者之间就办卡事项往往没有签订书面合同，绝大多数的经营者采用的都是交钱拿卡的申请办法，基本上不会有书面的合同文本可供消费者签字确认。[4]这种被动的掌握信息过程导致对于合同何时成立、合同内容效力如何等基本问题，消费者均无法提供最为直观和基础的证据来支撑其诉讼请求。在双方的权利义务及相应责任的划分并不明确时，消费者难以有利举证。出于公平合理的角度考虑，显然不能把"谁主张，谁举证"的常用规则适用到该类案件中。

---

〔1〕 参见陈秀新、焦勇："预付购物卡监管问题研究"，载《中国工商管理研究》2009 年第 12 期。

〔2〕 段宝玫："预付式消费卡若干法律问题探析"，载《上海商学院学报》2010 年第 2 期。

〔3〕 参见王建文："我国预付式消费模式的法律规制"，载《法律科学（西北政法大学学报）》2012 年第 5 期。

〔4〕 赵云："我国预付费消费合同法律规制探析——以消费者权益的法律保护为视角"，载《中国政法大学学报》2013 年第 2 期。

2. 信息不对称，被告行为违法性难以证明。对于民事纠纷，典型的适用举证责任倒置的案件类型有产品责任诉讼、环境侵权诉讼、专利侵权诉讼、医疗行为侵权诉讼等等，上述案件的共同点在于，原告碍于各方面原因在与被告的对立关系中处于信息严重不对称的劣势地位，基于公平需要，法院应将证明责任分配给被告以达到双方举证难度的平衡。在预付卡消费过程中，经营者常以卡为消费凭证，而不是与消费者签订书面的消费合同。当出现消费纠纷时，在办卡时消费者对经营者的实际经营情况和相关信息并不了解；在后续的消费过程中，消费者也常常不清楚自己的消费金额与卡内金额，也没有保存消费凭证的意识，更无法证明自己遭受的损失。预付卡的出售以及预付卡的具体消费记录都在经营者手中，一般以电子形式存放在电脑系统中，对消费者来说让其收集调查相关的证据存在较大难度。如在张漫儒与北京首石缘加油站产生的预付卡纠纷中，消费者认为经营者存在盗刷加油卡行为，但因不能证明自己的消费次数和金额而败诉。[1]消费者在预付式消费中同样处于信息严重不对称的不利地位，对被告的行为难以掌握，毋论提供充分的证据证明其违法性。

3. 格式条款大量存在，原被告权利义务分配不均。实际生活中，一些预付卡上常常写有"本卡一经办理，概不退订""本卡使用的最终解释权由本店享有"等内容，这些条款实为格式条款。依照《民法典》的相关规定，提供格式条款一方不得不合理地免除、限制自身责任或加重对方责任。然而实际的情况是，消费者由于缺乏法律知识加之各类优惠的诱惑，而在未被明确告知双方权责分配的情况下与经营者达成了合意。原被告双方依照约定所分配的权利义务明显不均的现象屡见不鲜，举证责任倒置的安排既能为消费者提供更为公平的诉讼环境，鼓励其积极寻求司法救济；又能为经营者敲响警钟，使其日后在预付式经营中恪守法律义务和道德底线。

## （二）监管支持的可行性

基于预付卡消费的长期性，对预付卡的监管应当建立动态监管和信息留存备查的制度。对经营者的预付卡消费活动进行实时监测包括定期检查和随机抽查，变被动监管为主动监管，督促预付卡经营者依照法定程序经营，这样做除了便于行政部门可以及时地发现和消除隐患，降低风险，也为消费者诉讼举证提供支持。

首先，如果监管部门能够在完善预付式消费经营者准入和审批制度的同时，定期对经营者的经营状况进行检查和披露，则可以为消费者提供其原本无法掌握的信息，在很大程度上减轻其举证负担。其次，建立健全预付资金查询系统不失为另一种对消费者举证有所裨益的监管措施。通过预付资金信息入网联网，消费者对预付费的使用状况和消费信息能够及时更新，并能作为有力证据得到长期保存。此外还

---

[1] 北京市第一中级人民法院：（2019）京 01 民终 7954 号民事判决书。

可与法院、消协建立联动机制，将多次被法院判决赔偿或被消费者多次投诉的经营者划入监管的重点范围；经处罚后再次出现侵犯消费者合法权益的行为且违法行为情节严重的，应当对其从重处罚。最后，从防患于未然的角度出发，监管部门在日后可以根据不同行业制定统一的预付式消费的合同范本，对预付式消费的具体履行方式、费用收取、使用年限、违约责任等进行明确。[1]对于已经采取备案的合同文本，一旦出现消费纠纷，就可以依据行政部门所备案的书面合同进行有效解决。[2]这样不仅可以在保证公平合理的前提下减轻甚至免除消费者的举证责任，还能进一步提高司法效率。

## 四、余论：引入公益诉讼机制的现实意义

无救济则无权利。在预付式消费模式中，造成消费者维权难的原因是多方面的。立法缺位、监管不力、独立起诉难、举证难等一系列现实困难无疑加大了诉讼结果的不可预期性，提高了诉讼成本，给消费者对于通过诉讼维护自身合法权益的信心蒙上了阴影。《民事诉讼法》第58条第1款规定："对污染环境、侵害众多消费者合法权益等损害社会公共利益的行为，法律规定的机关和有关组织可以向人民法院提起诉讼。"想在有限的司法资源下给予更多的消费者更为有力的救济，单凭对个体的鼓励是不足够的，这需要集体力量的发挥，首要的便是消费者协会。消费者协会首先具有监督和调解的桥梁职能。对于广大消费者的屡次投诉的不法经营者，消费者协会应积极作出回应，及时调查和整理事实情况，在消费者和经营者中间作为桥梁，公正、合理地调处纠纷、化解矛盾、解决问题。如果经调解能够达成一致意见且给出即时、可行的履行方案的，协会应当持续跟踪督促双方在合理时间内履行。经调解无果的，面对在当下随处可见的预付式消费模式，消费者协会能够发挥的作用不应当仅局限在调解纠纷和支持起诉的范畴内，而应当尝试作为适格原告直接提起公益诉讼。

从域外角度看，消费者组织代表特定消费者提起诉讼的模式在德国、日本、英国、美国、法国都有相对完整的立法例。如德国的消费者团体诉讼制度就是通过法律授权，赋予经过许可的消费者团体代表消费者提起诉讼的权利，消费者团体经过授权，可以主张禁令请求权、损害赔偿请求权以及不当利益剥夺请求权等权利。[3]就我国而言，可以通过建立消费者公益诉讼制度，允许以消费者协会为代表的消费者组织、社会团体，在法律规定的授权范围内，通过内部主动调查和外部受理投诉相结合的方式积极搜集证据，进而代表不特定的多数消费者进行公益诉讼。

---

〔1〕 毛伟炜："预付式消费司法救济的机制研究"，载《法制与社会》2014年第28期。

〔2〕 孙方江："我国多用途预付卡支付风险及监管思考"，载《金融科技时代》2016年第2期。

〔3〕 陶建国、谢何芳："德国消费者团体诉讼制度评介"，载《陇东学院学报》2011年第5期。

预付卡消费纠纷具有受侵害者数量较多、争议同质的特征，经营者实施的不法行为如虚假宣传、服务缩水等会造成牵连较广的社会影响。根据《最高人民法院关于审理消费民事公益诉讼案件适用法律若干问题的解释》第 2 条规定的消费者公益诉讼的情形，针对被消费者多次投诉的预付卡经营者，省级以上的消费者协会可以直接向法院提起消费公益诉讼，鉴于市级和县区级的消费者协会数量更多，且对本辖区内的预付卡市场更为了解，也可由省级消费者协会作出委托，由市级和县区级的消费者协会作为代理人对辖区内的大规模预付卡消费侵权案件提起公益诉讼。[1]消费公益诉讼案件受理后，因同一预付卡纠纷提起诉讼的消费者可向法院申请中止案件审理。消费者公益诉讼不仅可以降低消费者的诉讼成本，减轻其举证负担，解决维权难等现象，从而及时有效地保护消费者的合法权益；还能够分担监管部门管理、规范经营者不法行为的压力，为市场秩序的稳定助力。另外，通过公益诉讼揭露、批评了不法经营者，进一步对消费者宣传教育，提高消费者警惕性，避免其再次掉入相同陷阱。总之，将公益诉讼机制引入预付式消费纠纷具有相当的可行性以及良好的发展前景，在未来应当成为立法关切的重要议题之一。

现阶段我国实践中，除了提倡消费者协会作为适格原告提起公益诉讼外，以检察院为代表探索预付卡消费领域提起检察公益诉讼的模式已在多地展开。2019 年 9 月，黑龙江省佳木斯市向阳区检察院依法受理了崔某等 32 人预付卡纠纷申请，并支持起诉，向法院发出支持起诉书并派员参加庭审，同法院联合开展调解工作，最终帮助消费者维权成功，挽回了消费者经济损失，收到了良好的社会反响。

总之，我国的预付式消费监管仍然是以行政力量为主导，以行业协会为代表的社会监管力量比较薄弱。这样容易造成对行政命令过分依赖的弊端，从而导致出现监管漏洞。在这样的情况下，应当更加重视预付式消费行业自律标准的建设，通过发挥行业组织的指导监督作用，建立行业规范，形成行业约束，从而指导并规范相关从业机构的发卡行为和用卡环境，引导预付式消费业务良性发展。

---

[1] 刘俊海："完善司法解释制度　激活消费公益诉讼"，载《中国工商管理研究》2015 年第 8 期。

# 第十七章 社 会 监 督

## 一、社会监管现状

在很多国家处理预付式消费纠纷时，相关的行业协会在其中起着不可替代的作用。这类行业协会一般是由专门人员在符合一定标准后成立的特定组织。比如专门协会与综合协会。其中专门协会是专门为预付卡消费这个行业而成立的。而综合协会是包括很多职责，宗旨也有很多种的，它们的职责总的来说有三种：一种是对预付卡发行机构的发行行为的一种约束或规制，例如日本法律就给予了日本的发行协会监管的权力，来监督预付卡发行机构的某些活动；第二种是对预付卡经营者的履行义务的监督，也就是让预付卡的经营者必须按照规定向预付卡的购买者履行商品或服务义务；第三种也是最关键的一种，是对预付卡消费纠纷双方进行调节。因此，行业协会对监管的积极作用是不可忽视的。但是，由于历史以来的各种条件的限制，我国的行业协会并没有发挥其应有的作用。

《管理办法》的第6条规定："单用途卡行业组织按照章程为其成员提供信息咨询和宣传培训等服务，发挥行业自律作用。"这条规定的意义在于实际上确立了我国单用途预付卡的监管模式是以商务部以及其他地方主管部门为主导的，其他单用途预付卡行业协会与自律组织监督为辅的监管模式。这种监管模式无疑是符合我国当前的单用途预付卡消费市场的，但是仅仅依靠法律规范的一般规定，却并没有作其他细化说明，如对行业协会以及组织的地位并没有作确切的说明。因而我国现行的单用途预付卡的监管模式实际上是仅依靠行政部门主导的单一监管机制，这种单一的监管机制已经难以应对当前日益精细的企业分工。[1]

在当前的市场经济当中，经营者的经营行为十分复杂，他们在企业生产经营当中积累了丰富的经验，因此仅仅依靠单一的监管主体是很难全面掌握经营者的经营情况和及时处理好消费纠纷的。比如在单用途预付卡的消费纠纷中，消费者往往很难收集到证据证明经营者的过错，那么缺乏证据支持的消费者们一般不会直接去找主管部门继而放弃维权。此外，仅仅依靠单一的行政监管就会增加监管人员的监管

---

[1] 于代松、刘俊："发挥行业协会作用 优化市场监管体系——以四川省成都市为例"，载《西华大学学报（哲学社会科学版）》2010年第2期。

任务，这不仅会导致监管的成本加大，同时也降低了监管的效率。[1]因为在众多的消费纠纷中，监管部门不可能每个纠纷都事必躬亲，再加上监管部门内部分工不明，就会进一步加大消费者维权的难度。

不仅如此，如果仅仅依靠单一的行政监管，由商务部解决各类的单用途预付卡纠纷，很可能由于过于保护消费者的权益而侵害了经营者正常的经营。比如在接到消费者举报时，监管机关必须全面地进行调查然后得出最后的结论，在此期间经营者正常的经营行为会因此暂停或者经营状况无法保持原样。这样不仅没有解决好问题，反而可能加大纠纷矛盾。在消费者与经营者这种民事关系存在时，公权力的介入如果没有界定好介入程度，就很可能会侵害到一些经营状况良好的企业的利益。由于我国的单用途预付卡实际上是公权力介入下的独家监管机制，监管主体就必然过分依赖行政命令。此外，在单用途预付卡的经营过程中必然会关系到行业的内部制度以及其他行业组织的社会监督。因此，仅仅依靠行政机关的监管必然会出现一些监管的漏洞。但是我国行业组织发展规模较小，历史较短，功能较弱，因此其自律监管和解决纠纷的能力并未得到重视。这些都充分说明了我国单用途预付卡监管机制的单一，缺乏行业组织的监督机制的现状。[2]

在地方层面，许多省市也已经意识到了这个问题，并且在制度层面加强了行业协会监管的力度。以上海市为例，上海市在2014年成立了单用途预付卡协会（英文缩写是Shcard），该协会是由各类单用途预付卡发卡企业以及银行、保险、信用、系统建设等相关企业组成的专业行业协会，涵盖零售业、餐饮与住宿、居民消费、电子商务等门类。协会行业主管部门是上海市商务委。同时，为了应对近年来单用途预付卡消费者权益被侵犯的事件频发的现实状况，上海市也加强了单用途预付式消费的法制建设，于2018年7月27日颁布了《管理规定》，这是全国首部针对单用途预付消费卡管理的地方性法规[3]，并已经于2019年1月1日起施行。《管理规定》的第20条对于行业协会的具体职能做了规定，即"加强行业自律，制定行业规则，开展行业培训，指导、督促会员单位依法、诚信经营，推进行业信用体系建设，开展会员单位信用评价和风险预警，并配合行政管理部门开展投诉处理等工作"。这样的细化规定将有利于行业协会进一步开展社会监管的工作。

## 二、多用途预付卡的社会监管现状

《支付机构预付卡业务管理办法》的第41条规定："支付机构应当加入中国支

---

〔1〕 李伯侨、罗艳辉："论行业协会参与市场监管的法律困境与对策"，载《行政与法》2014年第11期。

〔2〕 李惠雯："预付式消费中的信托保障机制研究"，载《中国物价》2020年第10期。

〔3〕 陈沛："预付式消费：本质、问题与治理——兼评《上海市单用途预付消费卡管理规定》"，载《北方金融》2019年第1期。

付清算协会。中国支付清算协会应当组织制定预付卡行业自律规范，并按照中国人民银行有关要求，对支付机构执行中国人民银行规定和行业自律规范的情况进行检查。"〔1〕中国支付清算协会在 2012 年 3 月颁布了《预付卡行业自律公约》，该公约对预付卡行业自律的基本原则、成员单位应遵守的准则、预付卡的业务系统、实名登记制度等作出了规定。该公约尤其在第 21 条规定了预付卡工作委员会可以对违约会员采取的措施：口头警告；书面警告；通报批评；暂停行使权利；取消成员资格；对涉嫌违规经营的，及时向有关部门反映情况；对涉嫌犯罪的，及时向司法部门报告。

可以看出，行业协会并没有实质性处罚的权力，大多数措施只是针对协会内部的一种惩罚。这也就导致行业协会缺乏对发卡机构、商家内部经营管理、风险管控、财务结算和柜面服务等具体业务实行统一的内部管理标准，容易导致预付卡发行与受理管理混乱、售后服务质量下降、预期违约和企业经营困难等情形，以致发卡机构财务危机和经营状况恶化；对于消费者而言，也存在无法享受预期服务、挂失困难、资料泄密、一旦违约无法维权等潜在商业风险。

## 三、完善预付式消费的社会监管

在对预付卡的经营者行为的规制上，仅仅依靠行政机关的单一监管是远远不够的，在处理消费纠纷的能力上来看，行业协会的功能也是不容小觑的。行业协会实质上维护所属行业的整体利益，处理政府和企业之间的关系以及制定行业规则。同时，行业协会也可以协助监管部门监督行业内部行为，对违法的经营者行为能够提前预防，遇到纠纷时也能够及时地解决。这样的监管机制可以帮助树立政府在预付卡监管中的权威，又可以保障预付卡消费市场的健康发展。建立我国的预付卡行业协会监督机制并不能完全照搬国外的制度，而是要在充分借鉴其有益经验的同时明确我国的行业监督机制。我国应当充分保障行业协会的存在，给予行业协会较多的支持和引导，使预付卡的消费者利益得到充分保护。以下是对我国预付卡行业协会监督机制具体完善建议：

### （一）建立协会内部奖惩评价制度

当前，上海市对经营者的违规行为进行了信用治理，厦门市针对当前经营者违法的行为，也建立了失信惩戒制度，将经营者的经营行为与社会诚信体系结合起来，并将严重违法的企业拉入失信的黑名单。在具体的单用途预付卡行业协会的自治方面，可以考虑与监管部门的失信惩戒制度对接，设立预付卡行业协会的内部奖惩评价制度。其规则评价的组成人员可以由预付卡协会的主要负责人、协会的专家、与

---

〔1〕 孙方江："我国多用途预付卡支付风险及监管思考"，载《金融科技时代》2016 年第 2 期。

预付卡经营行为有关的协会、社会独立评价机构以及其他相关人员共同担任，成立预付卡内部评价机制。[1]通过协会的内部评价之后汇总出优秀的预付卡经营者，只要符合行业协会订立的评价标准的经营者，都会给予其相应的奖励，同时会加强对这些经营者合法经营的宣传。这些措施会在一定程度上激发经营者合法经营的积极性。

针对不合法的经营行为，虽然行业协会并没有权力处罚，但是可以采取一定的惩戒措施，比如对于情节轻微的可以首先给予一定的改正期限，对于情节较重的可以取消相关福利政策，对外公布经营者名单，接受广大消费者以及新闻媒体的监督，也可以将这些严重违法经营者的名单上报单用途预付卡的监管部门，对他们采取失信惩戒。对于拉入黑名单的企业，可以借鉴上海市的信用治理措施，对经营者实行信用门槛，只要是被拉入严重失信的经营者名单中，其不得再经营预付卡业务，直到彻底改变违法行为为止。这种将行业协会监督与监管部的监管对接起来的方式，不仅有利于降低行政部门监管的成本，同时又可以有效地规范经营者的经营行为。

## （二）规范单用途预付卡合同文本

预付卡的行业协会可以向发行预付卡的经营者积极地推送有关预付卡规范的合同文本。[2]在预付卡交易关系中，消费者遇到纠纷难以救济的原因之一就是没有与经营者签订合同或者签订的霸王条款不利于消费者。那么，这些情况都可以通过事先规范的合同文本来规避法律风险。当前部分省市对预付卡进行监管的一条重要措施正是通过积极推送关于预付卡的消费合同示范文本来实现的。这种举措是有利于维护当前预付卡的市场秩序的，但是预付卡的监管部门的主要职责是监督和检查经营者的经营行为，对于预付卡合同文本的制定可以由当地的行业协会进行。行业协会可以深入到经营者与消费者内部，又有其他专门人士的指导，在订立预付卡的规范文本时具有一定的优势。预付卡涉及的行业颇多，消费者可以在遇到纠纷时，拿着合同文本去当地行业协会寻求解释，这也有利于行业协会对经营者行为的监督。

需要注意的是，行业协会制定出来的预付卡的合同文本，应该先提交当地预付卡监管部门审核，审核通过的可以由监管部门通知行业协会立即发布。如果审核不通过，监管部门必须向行业协会提出修改原因，以便行业协会积极修改。预付卡合同文本的形式要件必须明确，且必须采取书面方式。同时，预付卡合同文本必须对双方的权利义务进行细化，合同中不仅需要填写经营者的基本经营状况如营业的期限，还需说明预付款如何管理以及违约金的相关规定。此外，关于消费者对经营者

---

〔1〕 于代松、刘俊："发挥行业协会作用 优化市场监管体系——以四川省成都市为例"，载《西华大学学报（哲学社会科学版）》2010年第2期。

〔2〕 黄伟："拨开云雾：把握商业预付卡立法的关键点"，载《检察风云》2017年第18期。

服务缩水行为的救济途径以及消费者的预付卡可以转让等条款都应当在合同中说明。这些条款的规定可以在一定程度上保障消费者的权益，同时也会减轻监管部门的监管压力，从而提高我国行业协会的监督地位。

### 四、消费者协会需扮演的角色

尽管上文强调的是行业协会在预付卡消费监管中的作用，但是这也不意味着消费者协会在这中间无法施展作用。结合我国目前行业协会较为弱势，而消协开展消费者维权工作却更加有经验的现状，消协完全可以在预付卡消费监管中发挥自己的独特作用。具体作用有以下两点：

（一）处理消费者投诉

在行业协会的监督职能仍然无法落实的情况下，消费者如果遇到预付卡消费争议，要么无从找到行业协会，要么不信任行业协会处理纠纷的能力，因此很难在第一时间想到去寻求行业协会的帮助。此时，消费者协会作为公信力较高的、维权经验较为丰富的消费者组织，很有可能是消费者们想要寻求帮助的去处。消协可以和相关主管部门建立沟通渠道，在第一时间受理预付卡消费争议之后，进行简单调查，若纠纷已经涉及了预付卡消费纠纷特有的事项，则需移交相关主管部门处理；若该纠纷只涉及普通的消费关系纠纷，则可以在消协自身的争议解决框架内处理。

（二）进行信用信息推送

发卡企业与消费者之间的信息不对称是出现预付卡消费纠纷的重要原因之一。随着社会经济的进一步发展，企业分工进一步细化，企业与普通消费者之间的信息鸿沟被越拉越大。在这样的情况下，切实保障消费者的知情权，让消费者知晓更多有关经营者的真实信息，是减少预付卡消费争议、保护消费者权利的重要举措。鉴于目前行业协会的影响力有限，消费者协会可以从保障消费者知情权的角度出发，与相关主管部门建立长效沟通机制，对预付卡发卡企业的企业信用信息进行收集、整理、更新、推送，让更多的消费者了解发卡企业的真实信用状况，从而帮助消费者作出合理的消费决定。

# 第五编　案例选编

# 第十八章　典型案例

## 典型处理手段一：要求商户退款

### 【处理手段简述】

要求商户退款往往是消费者在预付式消费纠纷中的主要诉求，各地消费者权益保护组织也将要求商户退款作为纠纷解决的最优手段，故而在实践中产生了多种保障消费者要求退款权利的举措。在各地案例中，江苏省新消保条例赋予消费者"反悔权"，安徽省《安徽省消费者权益保护条例》保障在未签订正式购房合同时商户向消费者退还预付款，这些举措为有效保护消费者利益提供了创新性思路。各地消费者权益保护组织也在具体纠纷处理中，通过积极调解等方式，敦促商家在无法履约的情况下向消费者返还预付款，产生了一些解决预付式消费纠纷的成功案例。

### 典型案例一：江苏省新消保条例赋予消费者"反悔权"

### 【案情简介】

2017 年 8 月，江苏省的姜先生热情高涨想学做面包，于是在江苏省常州市新北区某面包店预付了 3900 元办理了一张烹饪培训服务卡，没过两天，姜先生嫌学做过程太麻烦，心生退却之意。姜先生想着在尚未开课前退卡应该容易些，于是找商家要求退款退卡，但商家迟迟不办理退款，姜先生无奈向新北消协投诉，要求商家尽快退钱。

### 【处理情况】

收到投诉后，新北消协龙虎塘分会工作人员首先与消费者姜先生取得联系，并让消费者提供了购买烹饪培训服务卡的消费凭证。在详细了解事情发生的经过后，工作人员又将该消费者的情况向商家的相关负责人予以核实，并当场查验了商家资质状况、培训内容、费用标准等情况，并且了解到姜先生所办的预付卡尚未使用。

《江苏省消费者权益保护条例》第28条规定："经营者以发行单用途预支付卡方式提供商品或服务的，消费者有权自付款之日起十五日内无理由要求退款，经营者可以扣除其为提供商品或服务已经产生的合理费用。"据此可知，消费者在15天冷静期内享有提出无理由退款的权利，这是江苏省新消保条例赋予消费者的合法权益，应当受到保护。经过消协工作人员耐心调解协商，商家同意当场一次性退还姜先生3900元，姜先生表示满意。

## 【案例评析】

当前，"先充值后消费"已然成为新消费模式。在预付式消费过程中，消费者往往处于弱势地位，尤其在维权方面相对困难。为此，江苏省率先在预付式消费、会议推介领域引入"冷静期"制度，赋予消费者"后悔权"，两个领域的消费者分别可以在15日和7日内无理由退货（款），这一举措给消费者带来重大福利。

2017年7月1日，《江苏省消费者权益保护条例》正式实施，其中第28条第1款规定了"冷静期"制度："经营者以发行单用途预支付卡方式提供商品或服务的，消费者有权自付款之日起十五日内无理由要求退款，经营者可以扣除其为提供商品或服务已经产生的合理费用。"

此外，《江苏省消费者权益保护条例》对发放预付卡经营者的违规行为打出"组合拳"，如办卡要有约定，否则发生纠纷按对消费者有利的方案处理；发卡要有限额，否则将受到商务部门处罚；退卡有冷静期，15日内可无理由退卡；停业歇业要提前告知，否则卷款逃逸以欺诈论处等，经营者一旦违反《江苏省消费者权益保护条例》，将受到行政处罚，同时处罚信息将被记入信用档案，向社会公布，"一处受罚、处处受限"将成为现实。

## 【推荐意见】

《消费者权益保护法》第25条规定了特定消费方式下的"冷静期"制度。在预付式消费中，鉴于其"先充值、后消费"的消费新模式，也应当赋予消费者"后悔权"，体现对特定消费方式下消费者权益的保护。本案中，江苏省消委会率先在《江苏省消费者权益保护条例》中规定了预付式消费中的"冷静期"制度，并据此成功维护了消费者的权益，让商家退还了预付款，为消费者权益保护的制度构建起到了示范作用。

（案例来源：江苏省消费者权益保护委员会）

### 典型案例二：安徽规定如未签订购房合同，即退还商品房买卖中的预付费用

## 【案情简介】

2017 年 6 月，有消费者向安徽省芜湖市消保委反映，其 6 月 8 日为购房预付了 2 万元，6 月 15 日去售楼处准备签订购房合同，开发商却称目前无法签订购房合同，消费者要求开发商退还预付的 2 万元或者签订购房合同，开发商与消费者意见不统一，因此产生纠纷。

## 【处理情况】

安徽省芜湖市消保委接到消费者投诉后，立即联系双方当事人了解情况，经核查消费者所反映情况基本属实。后经调解，双方当事人达成了协商意见，消费者与开发商签订了商品房买卖合同，顺利购房，消费者感到满意。

## 【案例评析】

目前在我国的商品房买卖过程中，比较常见的情况是购房者先与房地产开发商订立一份认购性质的预约协议，并交给房地产开发商一定数额的定金或认购金。这类预约协议、定金或认购金往往都具有为签订正式商品房买卖合同提供保证的作用。《商品房销售管理办法》第 22 条规定："不符合商品房销售条件的，房地产开发企业不得销售商品房，不得向买受人收取任何预订款性质费用。符合商品房销售条件的，房地产开发企业在订立商品房买卖合同之前向买受人收取预订款性质费用的，订立商品房买卖合同时，所收费用应当抵作房价款；当事人未能订立商品房买卖合同的，房地产开发企业应当向买受人返还所收费用；当事人之间另有约定的，从其约定。"《安徽省消费者权益保护条例》第 37 条第 1 款规定："商品房买卖合同签订前，消费者放弃购买的，商品房开发经营者应当全额退还预收的费用。"即不论"预收的费用"是什么性质，均应全额退还。

本案中，消费者与经营者未签订商品房买卖合同，预付的费用只是确定将来双方有义务订立正式的商品房买卖合同，而不详细涉及房屋买卖的具体事项，购房合同中的权利义务关系尚未确定。开发商收取预付款后有责任按照约定如期签订商品房买卖合同，因为自身原因无法正常签订合同，已经违反了预付款规则；拒绝退还预付款的行为侵害了消费者的公平交易权，消费者完全有权利要求开发商如期签订购房合同或全额退还预付款。通过此案例建议消费者购房时能对商品房认购的定金

或认购金在法律上是如何适用的有关规定有一定的了解，不要因为害怕失去定金或认购金而非要和开发商签订正式的商品房买卖合同不可；也不要害怕失去定金或认购金而在与房地产开发商签订正式房屋买卖合同时接受一些不公平条款，从而损害自身的合法权益。

## 【推荐意见】

诚实信用原则是经营者应当恪守的重要原则，且《消费者权益保护法》第 10 条规定了消费者享有公平交易的权利。本案中，商品房开发商收取预付款后未按约定签订商品房买卖合同，已经违反了诚实信用原则，损害了消费者的公平交易权。消保委依据《安徽省消费者权益保护条例》中专门针对商品房买卖预付费用纠纷的规定，成功督促了商品房开发商按约定与消费者签订商品房买卖合同，保护了消费者的合法权益，对规范我国目前的商品房买卖行为具有重要参考价值。

(案例来源：安徽省消费者权益保护委员会)

## 典型案例三：美容养生误导老年消费者，消协调解得退款

## 【案情简介】

2018 年 3 月 10 日，消费者黄女士到黑龙江省大庆市消费者协会进行投诉。据其反映，黄女士在大庆高新区某减肥养生馆一次性消费 66 000 元，回家后感觉上当受骗，在儿女的陪同下到大庆市消协投诉。黄女士今年 60 多岁，经常去一些养生馆做养生，在去这个养生馆的时候，工作人员说她肩颈不好，身体毛病很多，需要治疗调理，如果不及时调理，可能会引起重大疾病。建议购买各类养生项目共 66 000 元，这些项目做完保证能调理好黄女士的身体。黄女士表示身上没有这么多钱，经营者提出如果黄女士同意可以陪其回家取钱，结果经营者陪同黄女士到银行取了 66 000 元钱。交完钱经营者也没有给黄女士提供任何票据及消费明细。回到家后，黄女士将此事告知了家人，家人认为其上当受骗了，立即向当地公安局报案，公安局建议消费者先向消费者协会投诉，如果处理不了，再向其报案。

## 【处理情况】

接到投诉后，大庆市消费者协会认为这是一起典型的诱导和强迫老年人的消费骗局。随后，大庆市消协与经营者取得了联系，了解当时的情况，经营者表示，他们没有误导和强迫消费者，都是消费者自己自愿办理的养生项目，办理过后又来要求退款，经营者没有责任，也没有违反任何法律规定。消费者表示，自己年龄大了

有点糊涂，当时很多人围着自己，说得很吓人，又连拉带拽地把她带到银行取钱，就稀里糊涂地跟着去了，交完钱又什么都没给她，回到家后认为不对劲才向儿女说起此事。消协工作人员向经营者表示，消费者有自主选择权和公平交易权，消费后经营者也应当向消费者提供详细的服务明细、发票以及收据等，而其销售过程中存在严重误导、强迫以及违规的问题，消费者有权要求退款。经调解，最终商家一次性将 66 000 元全额退给消费者。

## 【案例评析】

《消费者权益保护法》第 9 条规定，消费者享有自主选择商品或者服务的权利。第 10 条规定，消费者享有公平交易的权利。第 22 条规定，经营者提供商品或者服务，应当按照国家有关规定或者商业惯例向消费者出具发票等购货凭证或者服务单据；消费者索要发票等购货凭证或者服务单据的，经营者必须出具。本案涉及金额较大，服务项目众多，经营者没有给消费者开具任何票据及明细，严重侵害了消费者的合法权益。

当前，有些美容院或销售保健品的经营者向老年人下手，销售时用尽各种手段欺骗老年人，直至老年人付款，付款后还不出具任何票据，老年消费者想要维权都没有证据。此案件中看似商家没有强迫消费者，但经营者通过言语、行为给消费者带来了很大压力，感觉自己必须付款才能了事。还有很多类似的消费者，消费后认为金额不大都选择了沉默，只能自认倒霉。

随着居民生活水平的提高，越来越多的老年人为了追求夕阳美，开始选择做一些美容健身等项目，需要提醒广大老年消费者：在选择预付款消费时，不要贪图小便宜，应理性消费，特别是需要预存较大金额的预付款时要慎重，不要被商家的夸大、虚假宣传所迷惑，同时应保存好诸如购物发票，宣传广告等相关的证据，以备维权之需。

## 【推荐意见】

《消费者权益保护法》规定了消费者享有自主选择权和公平交易权。本案是一起典型的以老年消费者为受害人的预付式消费纠纷案件，经营者利用老年人的心理，变相诱导、强迫老年人进行不合理的消费，侵害了老年消费者的自主选择权和公平交易权，反映了目前老年人更容易上当受骗的社会问题，对老年消费者起到了提醒作用。

（案例来源：黑龙江省消费者权益保护委员会）

## 典型案例四：公司注销不履行承诺，消协调解退会员卡余额

### 【案情简介】

赵先生于 2018 年 3 月在榆林榆阳机场花费 1500 元购买某公司机场 VIP 服务会员卡，服务内容为享受与其公司合作的全国所有机场 VIP 通道服务。但当赵先生于 2018 年 6 月去榆阳机场乘机，持卡到 VIP 中心时，却被告知该公司与机场的会员服务已终止，赵先生不能再享受机场 VIP 服务。赵先生当即联系办卡人了解情况，也被告知服务终止，他随即要求退卡，对方却说退不了，而且经过多次联系该公司都是以种种理由推托，不给退卡，截至投诉时，该卡还有 1240 元未消费。同样的情况还涉及另外一名消费者刘先生。两人先后到消协进行投诉，希望得到帮助。

### 【处理情况】

榆林市工商局榆阳分局消费者协会在接到这两起投诉后，立即安排工作人员着手调查，了解事件真相。经认真调查，确认消费者所投诉的情况属实。随后，在调解过程中，消协工作人员对该公司法定代表人进行了批评教育，该公司负责人表示诚恳接受。经调解，双方最终达成如下协议：该公司向消费者赔礼道歉并退还消费者卡内剩余金额。

### 【案例评析】

该公司违反了《消费者权益保护法》第 53 条之规定：经营者以预收款方式提供商品或者服务的，应当按照约定提供。未按照约定提供的，应当按照消费者的要求履行约定或者退回预付款；并应当承担预付款的利息、消费者必须支付的合理费用。

### 【推荐意见】

健身、美容美发以及生活超市等是预付式消费纠纷的多发领域，本案涉及的机场 VIP 服务并非预付式消费纠纷多见的领域。本案的价值在于告诉消费者，无论在任何领域，消费者权益都是不容侵害的。榆林市消费者协会经过调解，最终使刘先生得到了退款，保护了消费者的合法权益。

（案例来源：陕西省榆林市消费者权益保护委员会）

## 典型案例五：商场游乐园撤柜，投诉消协获赔偿

### 【案情简介】

2018 年 6 月，青州消费者协会接到多起关于青州泰华城小蚂蚁攀岩游乐园的投诉。消费者称此前在泰华城小蚂蚁攀岩游乐园办卡后尚未消费完，该游乐园就撤柜了，消费者也无法与游乐园经营者取得联系。消费者找到商场，商场也无法与游乐园的经营者取得联系，同时，商场表示卡内的余额不能退还，消费者只好求助消协。

### 【处理情况】

消协工作人员接到投诉后，及时联系青州泰华城调查情况，通过调查发现，小蚂蚁攀岩游乐园于 2015 年入住青州泰华城，2018 年 5 月 30 日撤柜，6 月初负责人留存电话都已停机，泰华城及顾客联系不到负责人，储值卡一直无法退还余额，涉及消费者 140 人，金额 15 900 元。经消协工作人员依据《消费者权益保护法》第 43 条调解，青州泰华城负责人本着负责任的态度给出了退储值卡方案，为全部受损消费者兑换其他儿童游乐店铺代金券，消费者对处理结果满意。

### 【案例评析】

《消费者权益保护法》第 43 条规定："消费者在展销会、租赁柜台购买商品或者接受服务，其合法权益受到损害的，可以向销售者或者服务者要求赔偿。展销会结束或者柜台租赁期满后，也可以向展销会的举办者、柜台的出租者要求赔偿。展销会的举办者、柜台的出租者赔偿后，有权向销售者或者服务者追偿。"本案例中，因小蚂蚁攀岩游乐园撤柜，消费者有权向柜台的出租者青州泰华城要求赔偿。

### 【推荐意见】

《消费者权益保护法》第 43 条规定了展销会举办者、柜台出租者的不真正连带责任。本案在游乐园撤柜之后，经消协调解由商场赔偿消费者的损失，以实践的方式对上述法律规定作出了很好的诠释，为今后消费者在类似案件中的维权提供了思路。

（案例来源：山东省消费者权益保护委员会）

## 典型案例六：预付消费欲引群体事件，消协约谈商户成功化解

### 【案情简介】

2018 年 3 月 8 日，贵州省遵义市赤水市消费者协会接到赤水市政府有关部门交办的关于"赤水市车友会汽车美容服务有限公司发展会员可能引发群体上访"的函，赤水市消费者协高度重视，按照交办意见，汇同市场监管局成立了联合工作组进行调查处理。

### 【处理情况】

经调查，赤水市车友会汽车美容服务有限公司自开业来，每发展一户会员收取 1980 元/年费用，向会员提供一年的洗车业务（次数不限），同时向每一户会员每月提供 150 元的油卡，至案发总计发展会员 288 人、涉及车辆 299 台。在经营过程中，由于股东之间产生了矛盾，自 2018 年，公司开始出现亏损，停止向会员提供洗车和发放油卡业务，共有约 170 户会员没有获得洗车服务和每月 150 元的油卡，涉及款项约 33 万元，引起会员强烈不满。

2018 年 3 月 23 日下午，赤水市消费者协会与市场监管局共同召集综治办、司法所等部门参加关于赤水市车友会汽车美容服务有限公司损害消费者合法权益的约谈会。通过约谈，赤水市车友会汽车美容服务有限公司认识到自身错误行为及可能引发的严重后果，同意马上通过发短信或电话等形式，告知每户会员将退还其余款。通过赤水市消费者协会调解，一件可能引发群体上访事件得以圆满解决，消费者合法权益得到有力维护。

### 【案例评析】

此案件是典型的预付式消费纠纷，消费者入会时交的 1980 元年费，其实就是预付消费款，经营者提供的服务就是洗车和加油卡。由于经营者股东之间产生了矛盾，导致公司经营不善出现亏损，致使停止提供服务，让消费者承担损失，是典型的经营者经营不善导致的预付式消费纠纷案。此案件牵涉的人数众多，也是预付式消费的典型特征。因此，对预付式消费纠纷的处置必须引起高度重视。

### 【推荐意见】

预付式消费纠纷往往牵涉人数众多，稍有疏忽或处置不当，就有可能引发群体事件，影响社会稳定。本案中赤水市消费者协会协同相关政府部门，及时对案件作

出处理，既维护了消费者的合法权益，又避免了事态的进一步升级，是预付式消费
纠纷处理的典范。

（案例来源：贵州省消费者权益保护委员会）

# 典型处理手段二：要求商户权利义务继受者继续提供商品或服务

## 【处理手段简述】

在进行预付式消费的经营者终止经营之后，如果其有权利义务继受者，那么要求其权利义务继受者继续向消费者提供商品或服务也成为一类解决预付式消费纠纷的相对妥善的解决方式。在实践中，因为经营者将业务转售或变更给其他经济主体进而引发预付式消费纠纷的情况颇为常见，故而这种纠纷解决手段在各地案例中也占比颇高。但是因为当前我国立法中尚未有将预付式消费合同直接转由经营者的权利义务继受人承受的相关规定，这些案例均是经消费者权益保护组织调解作出，呈现出一定的随意性。

### 典型案例七：美容美发店转成新店，预付费金额继续有效

## 【案情简介】

2017 年 9 月 7 日起，消费者高、李、陈、吴等 9 位女士先后发现，她们之前在双流蛟龙港消费的美容美发店，突然更换招牌变成了一个"护肤美容美发"的新店，原来的美容美发店已经停业。新店告知，新店与原店的债权债务无关，在原店办卡充值的消费者不能凭卡继续消费，这直接导致 9 位消费者遭受经济损失，少的损失一二千元，最多者损失近两万元。于是高、李、陈、吴等 9 位女士在 9 月中、下旬分别拨打电话举报投诉，要求予以维权。

## 【处理情况】

经受理查明：原美容美发店系林某强于 2015 年 3 月经注册登记开设的个体经营户，并从当年 5 月起开展预付式消费经营，到 2017 年 9 月停业时，拥有较稳定的预付卡客户 30 余位，停业时剩余未消费的预付费金额共计约 15 万元。而新开业的美

容美发店，系江某川在 2017 年 8 月底申请注册登记后成立的个人独资企业。虽然前后两家店的法律性质不同，但在对江、林之间的资产转让与收购关系展开调查时发现，江某川此前也开办有一家美容美发店，因无照经营被责令限期整改，于是找到好友林某强，两人商议将两店合并，并签订了合伙经营协议，而新店以江某川个人独资名义进行营业活动。

既然是合并与合伙关系，那么两人不仅都要对美容美发店的债务承担无限连带责任，而且合并后的企业还要依法承受合并前企业的债权债务关系。最后，在消协工作人员的教育、引导与督促下，10 月 23 日，新店门前贴出告示，为持有原美容美发店预付卡的消费者提供了两种解决方案：①可以持原卡继续在新店消费，消费标准与原有标准一致；②在新店试消费 2~3 次后，仍不满意的可以退卡结款。这样的解决方案得到了持卡人的认可，至 2018 年 2 月 9 日止，本案涉及的卡、费问题全部处理完毕。

## 【案例评析】

该案中，原美容美发店的店主林某强企图隐藏在江某川的个人独资企业身后，以逃避原店的预付卡债务，这种名义上的个人独资，事实上的合伙经营大大增加了消费者维权的难度，这显然是违反当时《合同法》《公司法》《合伙企业法》等民事法律法规的行为。《合伙企业法》规定合伙人对合伙企业债务承担无限连带责任；《公司法》规定公司合并时，合并各方的债权、债务由合并后存续的公司或者新设的公司承继。因此，本案中消协依法落实对预付卡债务的追偿，不仅是保护消费者的权益，也是要让开展预付式消费的经营者明白，预付卡债务不因经营者关、停、并、转而消失！

## 【推荐意见】

经营者与消费者签定的预付式消费合同，确定了双方的债权债务关系，预付式消费债务不因经营者关、停、并、转而消失。经营者企图通过关、停、并、转的方式来逃避债务，不仅是违反商业道德的行为，更是违反市场经济法律法规的行为。成都市消费者协会对本案的处理合情合法。

（案例来源：成都市消费者权益保护委员会）

## 典型案例八：预付会员卡因商户更替遭冻结，经消协协调继续使用

## 【案情简介】

2017 年 5 月，消费者徐先生从鄱阳县某购物广场的原经营者手中兑换了 16 000

元 VIP 会员卡，至 2017 年 12 月，徐先生在其店内共消费了 4000 余元，还有 11 000 多元余额的购物卡被购物广场现经营者强制冻结，不能使用。理由是原经营者与现经营者之间存在经济纠纷，目前仍在诉讼阶段，而且消费者的 VIP 会员卡是原经营者提供的，与现经营者没有关系，因此徐先生的会员卡在双方的纠纷解决之前不能使用。徐先生多次与该购物广场交涉，还是没有得到解决。2018 年 1 月 28 日徐先生向鄱阳县消协请求帮助。

## 【处理情况】

鄱阳县消协对此事进行了受理，并依法对此事开展了调查工作。通过调查，确定了消费者反映的情况基本属实，于是组织双方进行了调解。在调解过程中，现经营者仍表示，消费者的会员卡是从原经营者手中兑换来的，而且原经营者与现经营者之前存在经济纠纷，目前仍在诉讼阶段，因此不能让消费者继续用卡。调解人员建议经营者顾全大局，为自己的企业形象着想，以企业的长远发展为重，避免事态发展给企业带来不良影响，恢复徐先生会员卡的使用。经过调解，双方达成一致意见：现经营者同意从 2018 年 3 月 6 日起恢复徐先生的会员卡在其店内的正常使用。

## 【案例评析】

《江西省实施〈中华人民共和国消费者权益保护法〉办法》第 23 条规定：经营者以预收款方式提供商品或者服务，应当与消费者明确约定商品或者服务的数量和质量、价款或者费用、履行期限和方式、安全注意事项和风险警示、售后服务、联系方式、民事责任等内容。经营者未按照约定提供商品或者服务的，应当按照消费者的要求履行约定或者退回预收款，并应当承担预收款的利息、消费者必须支付的合理费用。以预收款方式提供商品或者服务的经营者，暂停营业、歇业或者变更经营场所的，应当提前 1 个月通知已交付预付款的消费者。

因此，超市的现经营者既然从原经营者手中承接了相关的营业资产，就应当承担原经营者所兑换的购物卡的债务。

## 【推荐意见】

购物广场、生活超市是预付式消费纠纷多发的经济领域，在这一领域通过预付式消费方式消费的消费者数量巨大，因此这一领域的预付式消费纠纷往往牵涉到更多普通消费者的利益。江西省消费者权益保护委员会对此案的调解处理保护了消费者徐先生的经济利益，同时对于恢复并巩固消费者对购物广场、生活超市预付式消费方式的信心起到了重要作用。

（案例来源：江西省消费者权益保护委员会）

## 典型案例九：汗蒸馆经营者变更，消协调解贵宾卡继续使用

### 【案情简介】

2017 年 3 月 14 日，消费者致电吉林省白山市八道江区消协，称其于 2014 年 12 月，在星泰小区东门的帧美汗蒸馆办了一张汗蒸卡，2000 元可以汗蒸 200 次。当时的老板告诉张女士贵宾卡没有期限可以随时使用。之后，张女士又在汗蒸馆办了一张刮痧卡，400 元可刮痧 10 次。目前，张女士的汗蒸卡剩余 170 次，刮痧卡剩余 9 次。张女士最近接到汗蒸馆电话，称现在由于汗蒸馆经营者更换，要求张女士必须在 2 个月之内把汗蒸卡里剩余次数全部用完。另外，对于张女士购买的刮痧卡，新老板称不知道有该卡的存在，拒绝为张女士提供该卡的刮痧服务，张女士认为不合理，向八道江区消协投诉。

### 【处理情况】

经白山市八道江区消协工作人员多次电话调解，双方最终达成一致，新更换的经营者同意张女士无限期继续使用之前办理的汗蒸贵宾卡和刮痧卡，消费者对调解结果表示满意。

### 【案例评析】

根据《消费者权益保护法》第 41 条规定："消费者在购买、使用商品或者接受服务时，其合法权益受到损害，因原企业分立、合并的，可以向变更后承受其权利义务的企业要求赔偿。"同时，第 53 条规定："经营者以预收款方式提供商品或者服务的，应当按照约定提供。未按照约定提供的，应当按照消费者的要求履行约定或者退回预付款；并应当承担预付款的利息、消费者必须支付的合理费用。"因此，现汗蒸馆经营者有义务继续履行之前的消费合约，或者将预付款退给消费者。

### 【推荐意见】

本案告诉广大消费者，经营者的变更并不会影响预付式消费合同的债权债务关系。本案更重要的警示作用在于提醒消费者，面对经营者"办卡"之前作出的各种承诺，要谨慎判断，理性消费。

（案例来源：吉林省消费者权益保护委员会）

### 案例十：健身房随意转让拒服务，突然停业引发集中投诉

#### 【案情简介】

2017 年 1 月至 7 月，上海市闵行区消保委共计受理贝塔健身（凯锦［上海］体育发展有限公司）投诉 39 件，消费者集中反映该公司无法按约提供游泳池服务，且拒不解决消费者退卡、退款诉求。

#### 【处理情况】

闵行区消保委与闵行区法院启动诉调对接程序，并由闵行区法院出具《民事裁定书》，督促贝塔健身按照调解协议约定自觉履行义务。但是贝塔健身公司负责人以公司转让给奥森健身（上海奥森健身有限公司）为由拒不履约，而奥森健身也拒绝承担贝塔健身债务，致使消费者再次面临退款无门境地。12 月，奥森健身突然关门停业，再次引发大批量投诉。据了解，此次事件涉及会员超 10 万。

#### 【案例评析】

近年来，健身房因转让、停业、倒闭等自身原因停止服务的情况时有发生。本案中，消费者与贝塔健身之间形成服务合同关系，贝塔健身将与消费者达成的服务合同中的权利义务转让给第三人奥森健身，应征得消费者同意。依据当时《合同法》第 84 条规定："债务人将合同的义务全部或者部分转移给第三人的，应当经债权人同意。"贝塔健身未经消费者同意将合同的义务转移给奥森健身，对消费者不发生法律效力，消费者仍有权要求贝塔健身履行合同义务。

（案例来源：上海市消费者权益保护委员会）

## 典型处理手段三：民事诉讼

#### 【处理手段简述】

民事诉讼途径通常成为各地消费者权益保护组织在无法联系经营者负责人或调解无效之后建议消费者采取的处理手段。但是鉴于负责人难以联系，单个消费者怠于起诉或提起诉讼、收集证据能力有限、经营者赔偿能力不足等原因，通过民事诉

讼解决预付式消费纠纷在当前往往效果不佳，只能成为兜底手段之一。在各地案例中，曾有消费者权益保护组织提起集体诉讼或协助消费者进行起诉的案例，这些案例或许能为通过民事诉讼解决预付式消费纠纷提供一定的创新性思路。

## 典型案例十一：干洗店几经易主终倒闭，消协组织集体诉讼获胜诉

### 【案情简介】

2016 年 5 月，位于浙江省武义县城汇景新城的威特斯干洗店突然关门停业、店主失联，导致大量顾客送洗衣物不能取回、会员卡无法使用，短期内共有 790 余名消费者向县消保委投诉，引发群体性消费投诉事件。

### 【处理情况】

为维护武义县众多威特斯会员卡消费者的合法权益，县消保委联合县市场监督管理局、县 8890 便民服务中心启动支持消费者集体诉讼准备工作，就诉讼可行性咨询县法院民事庭，并经多番努力联系到威特斯干洗店所使用的洗衣管理软件的供应商——浙江雄伟智慧科技有限公司取得技术支持。2016 年 2 月 24 日，县消保委召开威特斯会员代表会议，参会代表协商后一致决定通过集体诉讼维权。会后，县消保委通过当地媒体发布通知，共有 396 名威特斯会员登记同意起诉，上交会员卡 933 张，案值金额达 39.86 万元。至 4 月 10 日，以干洗店转让人泮某、上手转让人张某二人为共同被告的起诉状顺利提交给县法院，案件正式进入司法程序。2017 年 5 月 24 日，经法院公开审理调解后，双方达成协议：被告潘某支付原告 127 000 元，被告张某（潘某之前店主）支付原告 58 000 元。

### 【案例评析】

本案中，威特斯干洗店以预收款优惠打折方式吸引单位和个人办理会员卡，期间几经转让，但该店各经营者均以威特斯名义进行经营，并一直按照约定对持卡消费者提供洗衣服务，直到合同纠纷发生后才关停，导致持卡会员无法正常消费。武义县消保委在确认双方合同纠纷已经结案后，认为转让合同既已撤销，应当由转让人按照消费者的要求承担返还预付款的责任，即按照《消费者权益保护法》第 37 条规定，就威特斯干洗店业主的违约行为支持 396 名预付卡消费受害者提起集体诉讼。

预付费类消费投诉中面临的主要难题包括经营者关门跑路，或是相互扯皮、避不出面解决问题。在确认经营者身份、财产的条件下，即使费时费力也应当启动集体诉讼程序，挽回消费者损失。

## 【推荐意见】

《消费者权益保护法》第 37 条规定了消费者协会履行的公益性职责包括为受损害的消费者针对损害其合法权益行为提起诉讼提供一定支持。本案中，面对洗衣行业的群体性预付式消费投诉，消保委通过支持 396 名预付卡消费者提起集体诉讼，使消费者最终获得共计 185 000 元赔偿金。本案是消委会通过支持消费者提起集体诉讼成功解决群体性预付式消费纠纷的典型案例，对今后更好地保护群体消费者合法权益具有重要的现实意义，也对消委会开展群体性维权工作起到了引领示范作用。

（案例来源：浙江省消费者权益保护委员会）

## 典型案例十二：早教中心加盟商关门失联，消协协助诉总部

### 【案情简介】

2017 年 12 月，早教机构东方爱婴广州海珠中心突然停业关闭，负责人失联，广州百余名家长遭受经济损失。面对维权的家长，东方爱婴北京总部称，东方爱婴海珠中心是加盟商，自己对此次事件不负责任，北京总部只提供转中心复课的处理方案，拒绝消费者的退款要求。于是，王女士与其他 10 多名消费者发起集体维权，一同向市消委会求助。调解过程中，东方爱婴北京总部仍坚持只能提供异地复课的处理方案，而海珠中心负责人仍处于失联状态，消委会已无法通过调解手段处理上述问题。

据不完全统计，单单 2017 年广州市关于预付费式早教机构的消费投诉就有约 200 宗，预付费式早教机构卷款跑路、突然停业的事件影响范围之大，涉及金额之多，消费者维权道路之难，无疑已成为破坏消费环境的一大"公害"，直接增大社会不稳定因素。

### 【处理情况】

本案涉及的加盟式特许经营的特许人——东方爱婴北京总部企图以海珠中心经营者违反加盟合同，转让他人经营为由，拒绝承担责任。根据《商业特许经营条例》和《商标法》的有关规定，特许方允许加盟方使用其商标、店内装潢、统一名称，并要求加盟方按照特许方的经营方法和服务技术开展经营活动，因此对加盟方在运营过程中负有经营指导和业务监督的义务。东方爱婴北京总部虽声称海珠中心的经营者违约在先，但在该店停业前从未向公众声明过停止与该店的合作关系，且一直默许该店使用其商标"东方爱婴"，对海珠中心侵害消费者权益的行为是一种

放任，漠视其对消费者应当承担的法律义务。广州市消费者委员会将协助王女士等消费者进行维权，目前正准备通过诉讼途径要求东方爱婴北京总部承担责任。

## 【案例评析】

预付费式早教机构、培训机构"卷款跑路"事件频发，直接引起维权危机，目前大多数消费者出了事后都是"求告无门"。究其原因，是教育培训机构的监管责任主体不明确。商业机构的注册备案属于工商部门管理，法人代表登记要去民政部门，教育部门监管教育教学，但是一旦出现"跑路"，维权危机爆发，多重监管状态随即变成无人监管的空白。各监管部门应当尽快出台相关法律法规明晰监管职责，各行政部门之间应协同监管，发挥合力，净化预付费式早教机构、培训机构市场，确保消费者的品质消费，构建安全放心的消费环境。

## 【推荐意见】

本案中加盟商跑路，特许人以加盟商违反特许合同为由逃避法律责任，使得消费者的维权之路异常艰难。预付费式早教、培训市场乱象频出，本案的出现为相关部门敲响了警钟。预付费式早教、培训机构的资金监管、资质监管以及消费者维权的问题都应当引起相关部门的重视。

（案例来源：广州市消费者权益保护委员会）

## 案例十三：买家具承诺返现金，经营亏损无力兑现

## 【案情简介】

2017 年 11 月 24 日到 12 月 14 日，印台城关消协收到屈某、马某等 5 人共同投诉铜川市天台商贸有限责任公司不履行合同事件。屈某、马某等 5 人购买红苹果家具时签订的合同规定购买的家具每年可返现金价款的 10%。返现三年后，第四年返还现金时要收回合同和返现卡，屈某、马某不允，于是向消协投诉，请求帮助其维权。

## 【处理情况】

经查，铜川市天台商贸有限责任公司租赁柜台给经营户陈某，陈某为了促销打出广告，凡是购买自己品牌家具的每年返还所购家具款的 10% 现金，直到返完为止。但是后因经营不善，亏损严重，返完第三年后给公司留下了第四年返还款就将专卖店转让。100 多名消费者来上门领取返现时，公司只能给消费者第四年返还款后收

回合同和返现卡。100多消费者大多数领了第四年返还款后就将合同和返现卡交回公司。其中屈某、马某等5名消费者不同意，将公司投诉到印台城关消协，城关消协经过多次调解，经营者不同意赔偿消费者，让消费者到法院起诉。印台消协填写了终止调解的协议，支持消费者到法院进行诉讼，该事件涉及案值7.7064万元。

## 【案例评析】

经营者的行为违反了《消费者权益保护法》第16条第2款规定："经营者和消费者有约定的，应当按照约定履行义务，但双方的约定不得违背法律、法规的规定。"铜川市天台商贸有限责任公司不接受调解，按照《消费者权益保护法》第39条，消费者可选择向人民法院诉讼。

（案例来源：陕西省铜川市印台区消协）

## 案例十四：摄影店倒闭失联，消费者预付费用难追讨

### 【案情简介】

2017年初以来，广东省东莞市消委会陆续接到26名消费者投诉，反映因东莞市莞城伊丝蒂娜摄影店（以下简称"伊丝蒂娜"）倒闭，在店内预付的摄影款、未取的照片、未提供的摄影服务等无法兑现，被"打水漂"的投诉。例如，赖小姐于2016年8月份在伊丝蒂娜签订合同，后来被告知业务转移给米兰新娘，交付5200元后，多次联系店长均无人接听，营业部也闭门停业。赖小姐说："3月初结婚，交了5200元什么都没有。"岳女士2016年3月19日在伊丝蒂娜摄影店，交付800元预定拍摄2套照片，5月9日发现店面已经更改名字为米兰新娘，但拒绝提供摄影服务。

### 【处理情况】

东莞市消委会高度重视，立即联合辖区工商分局密切调查跟进此事，发现原伊丝蒂娜已被改名为"米兰婚纱摄影店"，对米兰婚纱摄影店发出调解通知书。但商家并未能在发出投诉调解通知书后的限期内参与调解，亦无正当理由拒绝参与调解。随后，工作人员在"米兰新娘"现场发现，该店大门上锁，玻璃门上张贴有"本商铺已拖欠租金"的告示。经了解，"米兰新娘"在春节假期前已关门暂停营业，且多次致电经营者均无人接听，也存在拖欠租金和工人工资问题。经查，"东莞市莞城米兰婚纱摄影店"未办理注销登记，但长期以来都无法与商家取得联系，早前工作人员也由于无法在登记的场所联系上该企业负责人，将其列入异常名录加强监管。根据《消费者协会受理消费者投诉工作导则》有关规定，被投诉方已不存在的消费

纠纷，消委会将不予受理。由于无法协助消费者解决纠纷，已建议消费者通过司法途径解决合同纠纷，消费者表示理解。

## 【案例评析】

根据《消费者权益保护法》第53条的规定，摄影店承诺以预收款的方式为消费者提供摄影服务的，就应当按照约定提供，未按照约定提供的，应当退回预付款并承担预付款的利息。本案中，摄影店在收取了消费者的预付款之后，关门跑路、彻底失联，消委会在采取了尝试联系经营者、进行现场调查、尽力组织调解等行为之后，无奈无法为消费者解决纠纷，只能建议消费者通过司法途径解决合同纠纷。

（案例来源：广东省消费者权益保护委员会）

## 案例十五：全额返本式消费骗局，案情复杂唯有起诉

## 【案情简介】

2018年6月20日，遵义市湄潭县消费者协会接到湄潭县信访局转办的"邬文会等42人投诉罗娜涉嫌诱骗销售手机"的信访件，请消协调查处理。根据信访件中反映：邬文会等42位消费者，在经营者罗娜的手机店购买手机时，经营者通过诱骗的方式，让消费者通过网络贷款购买其销售的手机。购买手机后，在一定时期内会获得购买手机款的全额返还。但投诉人通过网络贷款购买手机后并没有获得购机款全额返还，购机贷款必须由自己承担，消费者要求经营者履行购机时的承诺。

## 【处理情况】

接到投诉后，湄潭县消费者协会与市场监管局组成工作组，对相关情况及人员进行了调查。经查实，邬文会等42人在罗娜经营的手机店购买手机时，经罗娜介绍后，提供身份证和银行卡向买单侠、普惠、惠金公司签订贷款合同购买手机。借贷的手机款全部进入一个名为麦点的商城，再由麦点商城根据购机款按一定比例返点给消费者和罗娜，共计返点18个月。经营者称只需12个月的返点就可以还清公司的贷款，还可以额外赚取6个月的返点的钱。但麦点商城只兑现返点2个月就停止返点，该经营者以此种模式销售了约200部手机。

湄潭县消费者协会多次联系经营者希望进行调解，但经营者称自身也是受害者，涉及金额巨大无力承担，不愿接受调解，只能找麦点商城。而麦点商城属于克珞世网络科技有限公司，远在北京朝阳区。湄潭县消费者协会根据相关规定，决定终止调解，建议投诉者提起民事诉讼。

## 【案例评析】

此案例是传统预付式消费的新变种典型案例，体现了预付式消费的特征：一是群体性。此案投诉人数达几十人，未投诉的大有人在，充分体现了预付式消费的群体性。二是预付性。消费者通过网络贷款已经支付了购机款，其实购机款也许超过了消费者的购买力，但由于购机全额返本的承诺才使得消费者超实力消费出现，预付了超前消费。现在消费返本不能实现，加重了消费者的负担，损害了消费者利益。随着网络科技的飞速发展和网络经济突飞猛进，各式各样的网络消费伴随在我们左右，网络消费骗局也随之产生。这是典型的网络全额返本预付式消费陷阱案例，预防网络消费陷阱工作任重而道远。

（案例来源：贵州省消费者协会）

## 案例十六：汽车服务公司突然关门，负责人无法联系只能起诉

### 【案情简介】

2018年9月份以来，蚌埠市消保委陆续接到十几位消费者反映安徽名远汽车服务有限公司在未告知消费者的情况下突然关门停业，造成消费者之前办理的充值卡无法继续消费，累计金额5万余元。

### 【处理情况】

蚌埠市消保委在接到投诉后迅速通过工商登记系统查到公司相关信息和负责人联系方式。但是该负责人已更换手机号码，工作人员多次尝试，都无法与该负责人取得联系。最终，蚌埠市消保委将该公司相关登记信息提供给消费者，支持他们通过法律途径维护自己的合法权益。

### 【案件评析】

本案由于店铺关门，经营者失联，造成消费者维权困难。消保委在无法联系上经营者并展开协调的情况下，将经营者的相关信息提供给消费者以便其向法院起诉是一种正确的做法。另一种处理思路是消保委可以与区域内的市场监管部门联系，借助公权力机关的力量保护消费者的合法权益。

（案例来源：安徽省消费者权益保护委员会）

## 案例十七：健身馆借口装修跑路，消费者无奈唯有起诉

### 【案情简介】

2017 年 6 月，长春市消费者郑女士在南湖大路力胜游泳健身会馆办理会员卡次卡 1 张，一共 50 次，花费 2500 元，6 月至 7 月期间共计使用 7 次。在此期间，又办理 5 节私教课，花费 1000 元，但并未使用。7 月末由于消费者身体不适，一直没有前往该健身中心健身。9 月中旬开始，该健身中心开始进行装修，首次通知会员装修结束为 10 月末，10 月末消费者前往健身中心，发现尚未装修完毕，会馆声称具体等通知。2018 年 12 月 14 日，该健身中心仍然没有营业，消费者无奈，投诉到辖区消协，要求退还私教课费用及会员卡次卡余额，共计 3150 元。

### 【处理情况】

消协工作人员受理该投诉后，多次与经营者联系。起初该健身中心经营者以在外地出差为由，拖延办理退款。后来则表示由于健身馆经营不善，亏损倒闭，无法继续营业，无法给消费者办理退款。最终，经营者所有联系方式都无法接通，彻底跑路。消协只能建议消费者通过司法途径维护自己的合法权益。

### 【案例评析】

《消费者权益保护法》第 53 条规定："经营者以预收款方式提供商品或者服务的，应当按照约定提供。未按照约定提供的，应当按照消费者的要求履行约定或者退回预付款；并应当承担预付款的利息、消费者必须支付的合理费用。"本案中，经营者和消费者之间已经形成了预收款方式的服务合同关系。在经营者无法按约定提供服务时，本应承担相应的退款责任，但由于预付式消费产品使用周期长、信息不对称等问题，经营者人去楼空、彻底跑路，导致消协也无法联系到经营者。这也反映出消协在解决预付式消费纠纷时可能出现的由于经营者跑路、无法联系，导致无法为消费者索赔的现实困难。

（案例来源：吉林省消费者权益保护委员会）

# 典型处理手段四：信用、商誉惩戒

## 【处理手段简述】

信用、商誉责任是经济法领域常见的一种责任形态，我国社会信用体系尚在建设之中，预付费消费领域经营者的违约失信行为理应纳入社会信用体系衡量范围之内。目前在各地案例中，也有不少通过信用、商誉惩戒方式以求解决预付费消费纠纷的案例。其中，深圳市消费者委员会创造性地推出互联网消费信用平台，为目前良好地实施这一惩戒方式提供了思路，但总体而言如何高效、精准地实施信用、商誉惩戒，仍需要制度层面的探讨。

## 典型案例十八：深圳市消委会通过信用推送威慑失信商家

## 【案情简介】

2018 年 1 月起，深圳市南山区消委会陆续接到对深圳前海黄牛在线科技有限公司投诉共 125 宗，涉及金额约 120 万人民币。消费者反映该公司自 2017 年 5 月成立以来，在其黄牛拼 APP 以面值 3 折~5 折价格拼团售卖"乐享卡"，该公司宣称通过黄牛拼 APP 购买"享乐卡"后，可以用该卡充值油卡、话费、天猫、携程、京东、水电煤等生活消费。最初消费者购买的"乐享卡"可正常用于生活消费端充值，直至 2018 年春节期间该公司以放假、系统升级等理由停止生活消费端充值，仅售卖"乐享卡"，同时在 APP 平台添加会员机制，哄骗众多会员缴纳年费。2018 年 2 月 26 日该公司以融资失败为由关闭所有生活消费端充值业务，同时将生活消费端充值平台改为商城，限定消费者只能采用"拼团余额+高价现金"的方式购买价格高于市场价 4~5 倍的商城产品。

## 【处理情况】

南山区消委会接到消费者投诉后开展调查，发现该公司经营者地址"深圳市前海深港合作区前湾一路 1 号 A 栋 201 室"（入驻深圳市前海商务秘书有限公司）为虚拟注册地址，客服电话和微信均无法联系，手机 APP 相关业务关闭，无法与该公司取得联系。其后南山区消委会向该企业发送信用推送告知函，均无回音。

2018 年 12 月 17 日，深圳市消委会召开 2018 年度第四次消费维权信息信用推送新闻发布会，联合福田区消委会、龙岗区消委会和光明区消委会，经过严密的信用推送工作流程，依据《深圳市消费者委员会消费维权信用信息管理办法（试行）》第 9 条，将该企业信息推送至深圳市公共信用中心等征信机构。

## 【案例评析】

近年来，各级政府先后出台了社会信用体系建设规划的相关政策和措施。在此背景下，深圳市消委会于 2013 年 3 月创立了消费维权与消费信用公共服务平台——315 消费通。该平台主要有两个功能：一是投诉处理，二是消费信用评价。消费者可通过电脑或手机 APP，随时随地进行投诉、上传投诉证据、查询投诉处理进度、评价企业和消委会。同时，每一件投诉的基本情况和处理结果都会在互联网上公开，接受社会监督。消费信用评价则由诚意度、满意度、对侵害消费者合法权益行为的损害程度、达成的协议是否履行等 4 部分组成。也正是这一平台，为深圳消委会建立消费维权信用信息与"深圳信用网"企业信用信息关联机制创造了契机。

2015 年 9 月，深圳市消委会制定了《深圳市消费者委员会消费维权信用信息管理办法（试行）》，对消费维权信用信息的征集、分类、推送、管理、使用等进行专门规定。2015 年 7 月起，深圳市消委会开始向"深圳信用网"推送消费维权信用信息，内容包括投诉情况、投诉分析、商品比较试验、消费点评、消费提示、法律点评、失信典型案例等。

## 【推荐意见】

315 消费通平台是国内首个推进消费领域信用体系建设的平台。深圳市消委会以搭建和运营全国首个互联网+消费维权和消费信用平台为契机，在深圳市公共信用中心等单位的大力支持下，将消费领域信用纳入社会信用体系，通过对失信商家的信用推送，促使消费信用成为社会信用体系的重要参考指标，让诚信商家得到回报，让失信商家受到惩罚，对不法经营者有威慑力，对消费者有指导作用。

（案例来源：深圳市消费者权益保护委员会）

## 案例十九：装饰公司跑路难寻，消协发布消费警示

## 【案情简介】

2018 年 4 月 17 日至 5 月 16 日，湖南省株洲市消委会、工商局 12315 指挥中心陆续接到多名消费者对株洲苹果装饰设计工程有限公司的投诉及咨询 41 件，其中投

诉 19 件，初步统计涉及金额达 106.4 万余元。投诉集中反映该公司：①装修工程后期维护、维修无人处理；②收取装修全款或部分装修款，但不提供装修服务；③签订合同收取诚意金后要求退款无人处理，且人走楼空。

## 【处理情况】

接到投诉后，株洲市消委会和工商 12315 高度重视、立即组织相关部门进行研究部署，启动应急处置机制，第一时间将投诉分流至管辖地天元区消委会和分局处理，并开展实地核查，依法做好消费纠纷的调解处理工作。

5 月 3 日上午，天元区消委会和天元工商分局执法人员到达该公司所在地长江商务大厦，发现该公司大门紧闭，现场有大批消费者聚集在商务大厦大厅，现场致电法定代表人魏鹏、工商联络员易小亮和店长文杰，均无法联系上（事后多次联系也未成功）。现场共获悉有 41 名消费者需要维权并正在登记相关信息，当即邀请在场投诉代表覃女士等 4 人到所，将该公司注册登记基本信息告知投诉人，并根据《工商行政管理部门处理消费者投诉办法》的相关规定，告知消费者向公安报案或通过司法途径解决。5 月 17 日，市工商局天元分局依据《企业信息公示暂行条例》和《企业经营异常名录管理暂行办法》的规定，已将涉事企业列入异常名录。

针对预付式消费商家投诉量暴增的情况，株洲市消委会和市工商局分别在 2017 年 12 月和 2018 年 4 月在株洲日报、株洲晚报、红网株洲站、株洲市政府网等主流媒体分别发布 2017 年第 6 号和 2018 年第 3 号消费警示，对预付式消费投诉现状进行分析，提醒广大消费者谨慎对待预付式消费，同时呼吁商家诚信、守法经营。

## 【案例评析】

《消费者权益保护法》第 4 条规定了经营者与消费者进行交易时应当遵循诚实信用的原则。装修公司在与消费者形成服务合同关系之前，应当具有能够履行合同约定服务的能力。如果经营者只以聚敛钱财为目的，在明知其无法履行合同的情况下仍向消费者收取费用，达到目的之后就关门跑路，则这种行为不仅是一种违法行为，更是一种犯罪行为。消委会在经营者彻底失联的情况下，也无法为消费者追回预付款项，只能通过信用惩戒、消费警示、媒体宣传等方式提醒消费者谨慎消费，避免再上当受骗。

（案例来源：湖南省消费者权益保护委员会）

## 案例二十：婴儿游泳停业跑路难维权

### 【案情简介】

2016 年 3 月 28 日，两名消费者代表到四川省消委会投诉，称 11 名消费者在成都西村小飞侠婴幼儿游泳馆办理会员卡，3 月 16 日接到经营者通知，游泳馆关门歇业。3 月 29 日，又有一名消费者代表到省消委会投诉，称 31 名消费者在鹏瑞利童生园国际水育中心办理了游泳卡，3 月 17 日在门店看到"告会员书"，彼时已无法与经营者取得联系。消费者称两门店的设立者均为成都达誉教育咨询有限公司，该经营者突然关门停止经营、不履行合同义务的行为侵犯了消费者的财产权，应当依法返还未消费的余款，因此请求省消委会帮助其维权。

### 【处理情况】

经查，上述消费者办理会员卡的时间主要集中在 2015 年 3 月~2016 年 3 月，涉及未消费金额 16 万元。消委会接到投诉后立即对经营者所在的两家商场进行了调查，经营者所在商场均证实消费者反映情况属实，经营者已关门歇业。消委会向经营者邮寄送达《消费争议调查函》被无人签收退回。随后消委会向经营者登记注册地所在市场监督管理局核实相关情况。经核实，该公司的注册地址并非其实际办公地点，留存的所有联系方式均无法联系，且该经营者在成都市设立的 9 个门店，现已全部停止营业，消费者未消费的余款均无法退回。在调查中发现，经营者在 3 月 16 日停止经营并向会员发出停止经营的告知书，但在 3 月 10 日仍在办理预付卡，经营者已明知经营不善仍在吸引消费者办卡，严重地侵害了消费者的合法权益，理应承担退款及赔偿责任。

### 【案例评析】

本案中，因经营者"跑路"，让消费者维权遭遇瓶颈，无法及时追回损失。针对成都达誉教育咨询有限公司这种不诚信经营、侵害消费者合法权益的行为，消委会进行了公开的批评和谴责，并将经营者的违法行为抄送给辖区内的行政机关，建议对其进行信用惩戒。

（案例来源：四川省保护消费者权益委员会）

## 案例二十一：汽车保养关门跑路，卡内余额难追讨

### 【案情简介】

江苏省常州市新北消协接到数起关于常州成城众奥汽车维修服务有限公司（以下简称"成城公司"）的汽车保养消费卡的投诉，投诉所涉汽车保养消费卡价值在一千元至数千元不等。投诉消费者均称卡内有余额，但是商家突然关门，导致消费者无法继续使用上述预付卡，因此向新北消协投诉，希望调解退卡。

### 【处理情况】

新北消协河海分会接到投诉后，与众多消费者联系了解情况。消费者大多反映因为商家对办理预付卡的客户有较大幅度的优惠，且使用预付卡比较方便快捷，又出于对商家的信任，所以消费者们才选择在上述被投诉商家处办理了各类预付卡，但是没想到商家突然关门停业，给消费者造成了相当的损失。消协工作人员随后又与被投诉商家负责人联系，均无人接听，同时赶到上述商家经营地址现场检查，发现成城公司的地址已有另一家汽车维修服务公司入驻，但该公司表示其与成城公司无任何联系，因此原汽车维修公司的预付卡不能在该公司处使用。鉴于以上情况，对商家的处理结果如下：

（1）新北消协已经建议常州（新北区）市场监督管理局将上述已经不在原登记场所开展经营活动的单位移入异常经营名录，对其法定代表人或经营者进行相应限制；

（2）新北消协通过新闻媒体将上述单位向社会公众曝光；

（3）新北消协将上述单位的涉嫌违法违规情况移交给相关部门。

### 【案例评析】

根据《江苏省消费者权益保护条例》第 63、第 64 条的规定，本案中经营者因突然关门导致消费者无法按约定享受服务，应受到行政处罚，同时处罚信息将被计入信用档案，并向社会公布。然而，由于经营者跑路，新北消协无法与经营者取得联系，消费者退卡的诉求也无法得到实现，反映出现实中由于经营者关门跑路、信息虚假、负责人无法联系等问题导致消协无法解决预付式消费纠纷的问题。

（案例来源：江苏省常州市消费者权益保护委员会）

## 典型案例二十二：影楼收60万预付款跑路，消协调解无效联系媒体

### 【案情简介】

2017年12月起，开封市消费者协会及其下属鼓楼区消协陆续接到关于河南好妈妈影视有限公司的投诉，称公司人去楼空，而且无法与经营者取得联系。消费者手中的预付卡余额从几百元到五千元不等，退费无门。本案共涉及400余人，涉案金额达60万元之巨。

### 【处理情况】

开封市消协工作人员接到投诉后，立即通过营业执照注册信息查到该公司主要经营儿童摄影、婴幼儿洗浴服务等。联系上该公司法人代表冯栋良后，该法人代表称他已将公司转让给他人。于是开封市消协人员分别约谈了前任法人代表冯栋良和现任法人代表石芳。冯栋良表示，此债务与石芳无关，并愿意接受调解，遂与消费者代表约定了时间地点，到时开门履行承诺。谁知后来当事人冯栋良并没有在约定时间、地点开门解决消费者的问题。消协人员多次、多途径联系当事人，其以各种理由推脱，不愿去履行承诺，并明确表示不愿意再进行调解，让消费者到法院起诉，他愿意承担一切法律后果。于是开封市消协又积极帮助消费者联系消协律师团律师，为大家提供法律上的援助与支持，还联系汴梁晚报、开封电视台、河南省都市频道等媒体对其进行曝光，向其施加舆论压力。

### 【案例评析】

根据《消费者权益保护法》第53条规定"经营者以预收款方式提供商品或者服务的，应当按照约定提供。未按照约定提供的，应当按照消费者的要求履行约定或者退回预付款；并应当承担预付款的利息、消费者必须支付的合理费用。"本案中，该公司成立于2016年10月，短短一年多的时间就吸纳了大量的预付金，然后突然关门，圈钱跑路。有关行政部门（公安、市监局等）应当依法采取措施，加强监管，积极预防，严惩失信之人，从而切实保护消费者的合法权益不再受到侵害。

### 【推荐意见】

本案经营者以预付式消费的经营方式在短时间内吸收了大量预付金，随后关门跑路，人去楼空，这不仅是违反商业道德的行为，更是违法行为。本案中，消协在调解不成后，采取法律手段为消费者维权，同时联系公共媒体对违法经营者施加舆

论压力，充分体现了消费者组织保护消费者利益的行动宗旨。

（案例来源：河南省消费者权益保护委员会）

# 典型处理手段五：追究刑事责任

## 【处理手段简述】

预付式消费除可能产生民事责任之外，亦可能触犯刑法从而产生刑事责任。在各地案例中，因预付式消费纠纷导致公安机关介入调查的情况并不鲜见。但是刑事案件的高度复杂性决定了即使案件得以侦破，消费者也恐难以挽回损失，故而在预付式消费监管工作中，应当有一重要内容系防止消费者受到诈骗、非法集资等犯罪的侵害，或使消费者在犯罪发生后及时发现犯罪并积极追回损失。在实际经验中，各地消费者权益保护组织往往通过发布消费预警等方式提醒消费者注意风险。

### 典型案例二十三：旅游公司低价揽客骗取预付款 1.8 亿，消协披露公安介入

## 【案情简介】

2017 年 1 月至 2018 年 2 月，上海市消保委接到众多消费者关于悦行信息科技（上海）有限公司（APP 名称为"布拉旅行"，以下简称为"布拉旅行"）不履行约定的投诉，相关投诉数量达 4800 余件。消费者集中反映"布拉旅行"通过微信公众号、微博、APP 等渠道，低价招揽顾客，并以预收款方式销售旅游产品。而在消费者向其确认具体行程时，"布拉旅行"以种种理由拒不履行合同约定且迟迟不予退款。

## 【处理情况】

上海市消保委介入调查后发现，"布拉旅行"的商业模式可能存在重大缺陷，并危及消费者预付款安全。为此，2018 年 1 月，上海市消保委发布公开披露，对"布拉旅行"侵害消费者合法权益的行为予以批评，并对消费者作出相关警示。

披露发布后，公安部门随即跟进介入。2018 年 3 月 5 日，浦东新区人民检察院依法以涉嫌合同诈骗罪对犯罪嫌疑人徐某、种某某批准逮捕。经查，2016 年底，犯

罪嫌疑人徐某、种某某通过"布拉旅行"微信公众号、微博、APP 等渠道对外发布旅游产品，在明知公司无实际履行能力的情况下，仍以低于成本价的价格进行炒卖，以负债来维持公司运作。至 2017 年底案发，二人骗取客户预付款合计人民币 1.8 亿余元，及各类供应商款项 3632 万余元。

## 【案例评析】

消费者在"布拉旅行"成功付款购买预售旅游产品或相关服务，双方即形成合同关系。"布拉旅行"无法提供约定的产品或服务已构成违约，消费者有权要求解除合同。依据《消费者权益保护法》第 53 条"经营者以预收款方式提供商品或服务的，应当按照约定提供。未按照约定提供的，应当按照消费者的要求履行约定或者退回预付款；并应当承担预付款的利息、消费者必须支付的合理费用"的规定，"布拉旅行"应当在约定的退款期限内为消费者办理退款，逾期未退款的，还应承担预付款的利息及消费者必须支付的合理费用。

此外，"布拉旅行"销售会员卡时宣称的广告内容、服务承诺与消费者购卡后接受的实际服务严重不符，既构成违约，也违反了《消费者权益保护法》第 20 条"经营者向消费者提供有关商品或服务的质量、性能、用途、有效期限等信息，应当真实、全面，不得作虚假或者引人误解的宣传"的规定，构成虚假宣传行为。

## 【推荐意见】

《消费者权益保护法》第 4 条规定了经营者与消费者进行交易时应当遵循诚实信用的原则。经营者在预售产品和服务时，应当保证其能够切实履行合同相关约定。如果发生不可预见情形，导致其无法履约的，也应当及时告知消费者并作出相应补偿。如果经营者明知其无法实际履行合同约定，却仍然向消费者销售产品和服务的，其目的显然是骗取消费者钱款。该行为不仅违反了《消费者权益保护法》，更是一种犯罪行为。本案中，"布拉旅行"以预收款方式骗取了消费者 1.8 亿余元，涉及的相关投诉数量达 4800 余件，规模巨大，揭示了一种以预收款方式实现非法集资的商业模式，为经营者、消费者和监管部门敲响了警钟。

（案例来源：上海市消费者权益保护委员会）

## 案例二十四：跆拳道馆关门预付费恐超 120 万，调解无效公安介入

### 【案情简介】

2018 年，广东省河源市消委会陆续接到多起关于知名跆拳道馆关门导致的消费

纠纷群体投诉。投诉内容均为家长为孩子在该跆拳道馆报了跆拳道学习课程，可是最近该家跆拳道馆的四家分店全都关了门，无法联系经营者，只在门口张贴了告示告知家长因"特殊情况"暂时停课的通知，至此杳无音信。根据消费者投诉的情况得知，这些家长绝大多数都是给孩子报了所谓的"黑带直通卡"课程，缴纳了1万至3万元不等的费用。据不完全统计，受害消费者达到200多人，总共涉及的课时费可能超过120万元。这些家长表示当初经营者承诺如果报了"黑带直通卡"，孩子便可以一直在馆内学习，直到通过跆拳道黑带等级考试，因此这才吸引家长们一次性掏出5位数的报名费。一方面是报名"黑带直通卡"比每年缴费性价比高、更划算，另一方面则是大家认为这家跆拳道馆实力雄厚，不容易倒闭。

## 【处理情况】

面对如此众多的消费者及如此庞大的预付资金，河源市消委会高度重视，立即派出工作人员进行调查了解。经调查发现，该聚英跆拳道经营者因涉及刑事违法案件已被公安机关依法拘留，因此市消委会工作人员无法就跆拳道会员卡退费一事协助双方进行调解。根据《消费者协会受理消费者投诉工作导则》第32条第5款规定，河源市消委会决定终止调解，只能建议投诉人前往公安机关报案或通过法律途径维护自身合法权益。

## 【案例评析】

本案中，跆拳道馆经营者由于涉及刑事违法案件被公安机关依法拘留，消委会无法再通过协助经营者和消费者调解来解决纠纷，属于消委会应当终止调解的情况。同时，本案也警示消费者要警惕商家以优惠活动为借口，骗取消费者缴纳预付费用的行为。

（案例来源：广东省消费者权益保护委员会）

## 案例二十五：浴场恶性关门难寻，公安司法程序介入

## 【案情简介】

2018年4月碑林区消费者协会及工商碑林分局陆续接到天源浴场未进行任何告知关门停业，消费者办理的洗浴卡无法使用的投诉，共计受理30件。碑林区消费者协会及工商碑林分局立即组织人员进行调查。天源浴场（西安元弘商贸有限公司）承租的是国防大学政治学院西安校区的房产，由于是军队房产，于2018年4月11日停止对外承租，出租方也提前向天源浴场告知了这一情况。天源浴场在关门停业

前，未对购卡的消费者做任何处置措施。分局安排专人负责接待、登记消费者投诉，此投诉案件共涉及消费者 450 余人，金额 151 万余元，调查中还发现该企业在关门前一天，还在突击办理单用途消费卡。

## 【处理情况】

工作人员多方联系寻找该企业，一直未能联系上，当地政府也出面成立协调小组，由街办牵头，商务公安、消协、工商等部门参加。由于该企业的行为带有故意、恶意性质，而且金额巨大，此事已不是简单的消费纠纷。碑林区消费者协会及工商碑林分局已于 2018 年 5 月 17 日向西安市公安局碑林分局发送案件移送函。部分消费者已启动司法程序，向碑林法院起诉，碑林法院已受理。

## 【案件评析】

本案经营者的行为性质恶劣，已经不仅仅是一种有违商业道德的行为，消协就此案移交公安机关的处理方式是正确的处置思路。同时，本案也给广大消费者敲响了警钟，消费者在选择办卡前，应仔细核实经营者的资质、经营状态，选择规模较大、设备齐全、信誉良好的企业。

（案例来源：西安市消费者协会）

## 案例二十六：游乐园跑路，数十名消费者维权无望

## 【案情简介】

2018 年 7 月份，济南市消费者协会开始陆续收到有关济南某大型商场内游乐园退卡的投诉，消费者投诉在游乐园办理了价值不等的充值卡，结果商家停止经营，也联系不上，无法继续消费，因此来电求助。

## 【处理情况】

接到该投诉后，消协工作人员致电各投诉人了解情况，投诉人纷纷表示在游乐园办了价值不等的充值卡，现商家不再经营，要求协调退费。7 月 26 日，消协工作人员对被投诉方进行现场落实核查，发现该游乐园已经人去楼空，游乐园负责人也已无法取得联系。工作人员在与商场负责人沟通得知该游乐园欠商场租金 100 多万，也无法与游乐园取得联系。鉴于这种情况，消协无法进一步处理，建议市场监管部门将该公司纳入企业异常名录，并将案件线索移交公安机关，同时将上述情况告知各投诉人。

## 【案件评析】

消费者在办理预付卡时一定要谨慎，除了提高自身的防范意识外，还需要特别注意以下几点：一是办卡前一定要查看商家的证照是否齐全，以免自身合法权益受到损害时无法维权；二是办卡时，最好与商家签订正式的书面合同。合同上必须说明双方的权利义务、服务项目、产品名称、扣费标准、适用范围、使用期限等；三是办卡后应及时向经营者索取发票、收据或消费小票等书面凭据，并妥善保存；四是办卡时不要充太多的钱，同时密切关注商家的经营状况，一旦发现有什么异常情况，要及时向消费维权部门投诉举报，必要时去公安部门报案。

（案例来源：济南市消费者权益保护委员会）

## 案例二十七：健身房优惠活动吸纳预付款，老板跑路维权难

### 【案情简介】

9月14日，消费者周女士等一行五人来到凉山州消委会投诉，称西昌市某健身俱乐部9月6日关门后至今没有开门营业，老板可能已携款跑路。如今有六百多位消费者办理的预付卡无法使用，这些消费者大多在8月份该俱乐部促销时刚交了几百到上万元不等的会员费，其中有些会员一次都没参加过健身活动。据不完全统计，该俱乐部预收消费者资金多达50万余元，俱乐部员工却三个月没有领到工资。

### 【处理情况】

接到投诉后，凉山州消委会多次致电经营者，一直无法联系。经核实，该经营者从"跑路"前两个月就开始开展"健身优惠活动"，宣扬一次性购买力度越大，优惠就越多，因此活动期间办理几万元会员卡的消费者不在少数。该俱乐部以极具诱惑的"优惠活动"为噱头吸纳会员缴纳会费，却没有按照合同约定时间正常营业。这起预付式消费的群体投诉涉及金额较大、人员众多，矛盾突出，情况复杂。根据消费者反映的情况和片区派出所的要求，消委会已将收集的150位消费者办理的预付卡金额、电话、签名，办理七百多位消费者预付卡的电脑明细账目及该俱乐部负责人身份证复印件等材料移交片区派出所。

### 【案例评析】

本案中，经营者跑路导致消费者的预付款难以追回。健身、美容行业是预付式消费纠纷多发的行业，消费者在这些行业消费时要加倍提高警惕。对于经营者"循

循善诱"一定要谨慎抉择，理性消费，避免遭受经济损失。

（案例来源：四川省保护消费者权益委员会）

## 案例二十八：教育培训预付式消费无证据难维权

### 【案情简介】

2018 年 3 月，多位消费者向六安市消保委反映，"聪明树早教中心"突然关门，购买的课时根本没上完，学费却不给退。据了解，要求退费的人数至少十几个，金额从几百到上千元不等。"聪明树早教中心"称当时签订的培训合同期限为三个月，超过了合同有效期的协议，就是已履行完毕的协议，根本不存在退费问题。但是消费者反映"聪明树早教中心"口头承诺按课时上课。因此，那些签约超过三个月，但是课没上完的消费者要求退费遇阻。另外该早教中心涉嫌无证办学和超范围经营。

同一时间，六安市消保委接到多位在校大学生反映 DL 流行舞蹈工作室突然关闭，学员预交的培训费都没有退还，老板电话已停机。据不完全统计，有约 20 名学员需要退费，金额从 300 元到 3000 元不等，合计约有 3 万元的学费无法追回。据初步调查，该舞蹈工作室涉嫌无证经营和无证办学。

### 【处理情况】

这两起投诉因缺乏证据和无法联系经营者没有得到解决，六安市消保委只能建议消费者向公安部门寻求帮助。

### 【案件评析】

上述两家培训机构都涉嫌无证经营和无证办学，消费者的权益难以保护。因此选择教育培训机构，一定要留意机构是否取得相关部门颁发的办学许可证等资质。消费者在签订合同时要尽可能签订书面协议，口头承诺无法落实，维权缺乏依据，因此一定要将承诺写进书面合同或培训协议。缴费时应注意索取并妥善保存发票收据，作为维权依据。理性消费，切勿一次性购买过多课时。

（案例来源：安徽省消费者权益保护委员会）

## 案例二十九：装修公司跑路，消费者权益受损

### 【案情简介】

2018 年 5 月，湖北省鄂州市有消费者联名投诉，称武汉面对面家居有限公司鄂

州分公司承接的家居装饰工程不能正常施工，装修老板跑路了。

## 【处理情况】

辖区消委对该公司进行了调查核实，武汉面对面家居有限公司利用酒店场所开展装饰广告宣传及通过与网络平台合作等方式招揽消费者。消费者与武汉面对面家居有限公司鄂州分公司签订合同文本，签约时需交纳 30% 的合同款，然后进行装饰施工。2018 年 4 月 21 日，武汉面对面家居有限公司鄂州分公司因南京面对面总部未下拨资金，经过大区域负责人曹某同意，收取消费者人民币 154 232 元，用于购买材料和人员工资。在调查处理消费者的投诉过程中，发现武汉面对面家居有限公司鄂州分公司涉嫌违法，将案件移交相关部门进行处理。

## 【案例评析】

需要提醒广大消费者，装修选择应谨慎，尽量避免出现经营者停工或跑路的情况。首先，在选择装修公司之前要做基本的市场调查，初步对装饰市场价格有所了解，对于明显低于市场价格的报价一定要提高警惕；其次，在选择装饰公司前要了解这家装饰公司的相关情况，低价装修、贷款装修等商业模式存在一定的风险，消费者需要谨慎。与此同时，装修公司也可能存在利用预付款方式实现非法融资的可能性，这不仅是违反商业道德的行为，还可能是违法行为。

（案例来源：湖北省消费者权益保护委员会）

# 典型处理手段六：消保组织个案调解、多部门联合处置

## 【处理手段简述】

消费者权益保护组织进行调解是目前解决预付式消费纠纷的重要做法之一。在许多具有特殊性的案件中，消保组织通过个案调解寻求消费者和经营者双方均满意的解决方案，同时各地消保组织也通过联合其他部门，多措并举以解决预付式消费纠纷。消费者权益保护组织进行调解具有较高的灵活性，往往可以针对个案获得妥善解决方案，但同时因为这些调解活动缺乏一定的程序依据，其随意性较强，亦因实际情况所限，难以保证每个案件都得以妥善解决。多部门联合行动亦多是各地自发之举，缺乏统一法律依据。

## 典型案例三十：健身会所无故歇业，经消协协调消费者转入 附近健身房

### 【案情简介】

2018 年年初，重庆市北碚区消委会陆续接到消费者投诉：反映重庆某健身有限公司收取会员费后突然停止营业不再提供服务，消费者想退款又找不到负责人。

### 【处理情况】

接到投诉后，重庆市北碚区消委会工作人员立即开展调查。经查：重庆某健身有限公司租赁了北碚区某百货商场六楼的场所作为经营场所，数百名消费者与该公司签定健身服务合同，交纳了 588 元至 10 000 余元的会费，办理了会员卡。后健身会所负责人张某于 2017 年 12 月 29 日突然消失，收取的会费也未入公司账户，涉及金额达 50 余万元，社会影响很大。

随后，北碚区消委会立即启动北碚区消费维权部门联席会议机制，召集区工商分局、区文化委、区公安分局等部门召开联席会议，共同商议处置方案，同时约见提供场所的某百货商场负责人共同商议解决办法，达成一致：由某百货商场出面联系周边健身会所，让办理了会员的消费者凭卡免费到周边会所健身；同时解除与重庆某健身有限公司的场地租赁合同，重新对外招商另一家健身公司入驻，新入驻的公司免费接纳所有会员，并提供免费健身服务到消费者与重庆某健身有限公司签定的原合同期满。该群体投诉得到圆满解决。

### 【案例评析】

本案中，消费者在健身会所办理的健身会员卡属预付式消费卡，双方虽没签定书面合同，但却建立了消费合同关系，健身会所应当依约提供健身服务。后因负责人卷款潜逃，导致合同事实上无法继续履行，属于《合同法》第 94 条第 4 项"当事人一方迟延履行债务或者有其他违约行为致使不能实现合同目的"的情形，消费者有权解除合同关系。但在本案中，消费者解除合同关系后无法退回相应的合同价款，也难以追究健身会所的违约责任，因此，本着维护消费者权益的宗旨，消委会会同相关部门对该起群体投诉进行了进一步协调。

本案中的健身会所系独立法人，该健身会所之前在某百货商场租赁了房屋并交纳了租金，双方房屋租赁合同关系成立，现健身会所抽资出逃，百货商场有权单方解除合同并在扣除违约金的情况下退还未到期的租金，退还租金属于健身会所的公

司财产，应优先用于解决预付式消费卡的善后问题。经协调，由百货商场出资联系周边健身会所让消费者继续健身，并让新入驻的健身会所在原会所的消费合同期间内，继续接纳原有消费者免费健身，以确保消费者能够继续享受健身服务。此种解决方式合法合理，切实保护了消费者的利益，前来投诉的消费者均对投诉结果表示满意。

## 【推荐意见】

近年来，健身房因转让、停业、倒闭等自身原因停止服务的情况时有发生。依据《消费者权益保护法》第53条的规定，健身房以预收款方式向消费者提供服务的，应当按照约定提供；未按照约定提供的，应当按照消费者的要求履行约定或者退回预付款。本案中，消费者与健身房之间形成了服务合同关系，但因健身房抽资出逃导致服务停止。重庆市消委会协调周边健身房继续为消费者提供服务、将健身房退还租金优先解决预付卡善后问题的做法切实维护了消费者的实际利益，为解决健身领域的预付式消费纠纷提供了思路。

（案例来源：重庆市消费者权益保护委员会）

## 案例三十一：摄影店负责人去世无人回应，群体投诉消协多手段应对

## 【案情简介】

2018年7月底，青岛"圣瓦伦丁"婚纱摄影企业负责人因故去世，企业经营管理失控，青岛市区所有"圣瓦伦丁"摄影门店关门停业，无法正常履行合同义务，导致消费者大量投诉。青岛市各级市场监管部门、消保委组织集中受理了众多消费者投诉，并进行了努力协调，但因"圣瓦伦丁"相关经营主体始终对消费者诉求不面对、不回应，相关负责人也无法取得联系，使消费者权益严重受损，引发了不良社会影响。截至2018年10月份，全市市场监管部门累计登记受理消费者投诉2394件，涉及金额1405万元。

## 【处理情况】

青岛市市监局得到"圣瓦伦丁"经营异常信息后，高度重视，迅速责成区局和辖区市场监管所介入调查，积极指导基层妥善处置。一是各区（市）局迅速落实企业及各门店负责人，做好信息登记汇总，区分消费者诉求，有针对性地采取补救措施。特别是对数额较大、涉及人员较多的门店，做好稳控工作。二是企业注册部门和各区（市）局对市内"圣瓦伦丁"及关联企业的登记注册信息予以锁定，在消费者权益未得到有效保护的情况下，不得随意办理注销及变更登记。三是对"圣瓦伦丁"涉及市

南区、市北区等9个区（市）共计9家经营主体全部进行立案调查。由于各分店已闭店停止经营，相关人员查无下落，调查工作进展不顺。市局根据已调查的证据材料和认定的涉嫌合同欺诈事实，于8月23日将案件移交市公安局，并同时报市检察院备案。

为更好地保护消费者合法权益，青岛市消保委也积极采取处置措施。一是通过媒体向社会发布了《致"圣瓦伦丁"相关经营主体及负责人的公开信》，对经营主体涉嫌违反法律法规，侵犯消费者合法权益的行为予以谴责，同时公开要求"圣瓦伦丁"相关经营主体及负责人积极回应处理消费者的诉求，依法承担企业及个人应负的法律责任。二是积极配合有关部门开展相关工作，做好消费者投诉的受理、调解等工作，并通过市消保委律师团向广大消费者义务提供法律咨询服务。三是主动与青岛仲裁委员会案件受理处联络，就"圣瓦伦丁"消费者提请仲裁事宜进行沟通对接，梳理本案中消费者仲裁的五点风险。目前，以婚庆服务合同为由立案且进入仲裁程序的案件不多，被申请人均为青岛圣瓦伦丁婚纱摄影有限公司，因该公司注册的经营场所已关闭，案件正处于公告送达阶段。

青岛市工商局执法人员经多方沟通，获取了"圣瓦伦丁"拍摄基地临时存储照片的电脑，积极联络消费者取回底片。期间，李沧区市场监管局主动作为，在门店负责人不履行职责的情况下，主动将店内成品和半成品予以封存保管，设法联系消费者取回。各区（市）局也想方设法约谈辖区经营主体的实际负责人，拿出实际解决方案。截至目前，累计帮助消费者领回拍摄照片和底片1000余件。此外，青岛市摄影协会动员协会内的企业以成本价为消费者提供服务，青岛天真、薇薇新娘、罗曼庭、美瑧文化等公司发表公开声明，愿意以成本价为受损的消费者提供服务。

当前，仍有大量消费者已预付款项或定金但未拍照，涉及金额约423万元，已取回部分照片和底片的消费者仍有如礼服租赁、冲洗照片等拍摄服务项目未予履行。由于"圣瓦伦丁"始终没有从正面回应社会及消费者的关切，原公司有的高管无法取得联系，联系上的人员更明确表示不能代表公司表态，多数门店负责人也无法行使对公司的有效管控。青岛市工商局已将相关情况及时上报市委市政府，建议政府成立联合调查组，研究应对方案。

## 【案例评析】

本案由于企业负责人的离世，引发了后续一系列事件，相关经营主体不面对、不回应的态度造成了消费者的维权之路异常艰难。本案涉及消费者人数众多、金额巨大，侵害了众多消费者的权益，如若处理不善，将对社会稳定造成不利影响。面对这样一起案件，我们看到了青岛市消保委的积极作为，看到了行政机关的有效处置，也看到了青岛市摄影协会其他会员企业勇于承担企业社会责任的担当。

（案例来源：青岛市消费者权益保护委员会）

## 案例三十二：知名培训机构大股东去世，引发群体投诉事件

### 【案情简介】

自 2016 年 5 月 5 日起，宁波市消保委及 12315 举报中心陆续接到消费者关于艺畅教育（"A&C"艺术）的投诉，反映该培训机构关门停业不能消费，共受理消费者投诉 1348 件，涉及金额 564 万余元。不少消费者为孩子在该培训点报了美术课、手工课，预付学费几百上千元不等，有的仅仅学了几节课。

### 【处理情况】

"A&C"艺术的剧烈变动，源于大股东庄某因病离世，之后股权变动，公司出现拖欠工资的情况，老师陆续辞职。

事件发生后，市消保委畅通投诉渠道，及时登记分流，发布消费警示，引导理性维权。同时，努力查找到法定代表人朱某某及股东，并敦促其履行主体责任、尽快拿出解决方案，协调涉诉区域的政府部门联合处置。

市消保委会同 12315 举报中心及相关成员单位联合行动，并要求江北区等属地消保委，继续保持对该事件的高度关注，依法妥善处置，竭尽全力保护消费者合法权益。如消费者有类似诉求的，可及时向市消保委及江北、海曙、江东、鄞州区消保委反映。辖区市场监管部门和消保委在政府统一协调下，配合其他部门处理该案。

### 【案例评析】

本案是典型的预付式消费纠纷，具有群体性的特点，波及众多消费者的利益。由于企业内部经营的问题，导致消费者的预付式消费债务无法得到清偿。本案中宁波市消保委在事件发酵后及时联系监管部门共同处置，是处理此类事件的正确思路，除此之外，还可以采取诉讼或者仲裁的方式帮助消费者维权。

（案例来源：宁波市消费者权益保护委员会）

## 案例三十三：摄影店资金问题无法退款，消协介入难调解

### 【案情简介】

从 2016 年 10 月 17 日起至 2016 年 12 月底，广东省揭阳市消委会先后接到 119 宗涉及同一家摄影店的投诉。消费者称 2016 年 3 月份参加"简爱婚纱摄影店"的免

费拍摄艺术照活动，并预缴了几百元至几千元不等的金额，该摄影店承诺领取照片成品时即可退还已缴纳的款项，但大多消费者都未能领取到照片及已缴纳的款项，且发现该摄影店已关闭，无人经营，希望有关部门能协调处理，要求该店退还照片及已缴纳的款项。

## 【处理情况】

因涉及该摄影店的投诉量较大，揭阳市消委会高度重视，联合下属辖区维权机构成立事件处理小组，及时主动向街道办及有关部门通报有关情况，并做好安抚受害消费者情绪的工作。经核查，该摄影店已关闭，没有正常营业，通过电话联系该店经营者，经营者自己陈述，2016 年 3 月 15 日 "简爱摄影会所" 举办 "［全城疯抢］3D 看片神器炫彩六色杯免费大放送活动" 以来，共有一千余人参加，涉及金额具体无法统计。经消委会工作人员多次与双方协调，经营者表态，将对已经拍照的消费者赠送所有拍摄底片（内含精修底片 20 个，并送光盘一片），对未拍照的消费者及时为他们补拍照片，并同样赠送所有拍摄底片，（内含精修底片 20 个，并送光盘一片），但由于目前资金困难，无法退回消费者预先支付的金额。最终，仍然只有9 宗调解成功，110 宗无法达成调解协议。

## 【案例评析】

根据《消费者权益保护法》第 53 条的规定，摄影店承诺以预收款的方式为消费者提供摄影服务的，就应当按照约定提供，未按照约定提供的，应当退回预付款并承担预付款的利息。本案中，摄影店凭借免费拍照大放送的活动吸引一千多人预缴了费用，但后期因停业无法为消费者继续提供服务，同时称其资金困难，也无法退回消费者预缴的费用。消委会在处理本案纠纷时，已充分发挥了联系、沟通和协调等作用，但无奈经营者没有足够的资金偿付消费者，最终还是没能成功解决本案纠纷。

（案例来源：广东省消费者权益保护委员会）

## 案例三十四：健身房突然关闭，监管部门高度重视

## 【案情简介】

2016 年 2 月 12 日，南京市鼓楼区消协接到消费者申诉转办单。消费者陈女士反映在南京皇澳健身馆购买了 2800 元的消费卡，现在店家突然关门，无法继续消费。鼓楼区消协的工作人员通过工商登记信息平台调取了该店的基本信息，公司名称为

南京皇澳健身服务有限公司金贸花园分公司，经营场所在南京市鼓楼区金贸花园 12 幢 101-110 室，成立日期是 2013 年 6 月 27 日，负责人为戴淮俊。

次日，鼓楼区消协的工作人员来到了现场南京市鼓楼区金贸花园 12 幢 101-110 室，发现该健身所已被中央门派出所查封，任何人不得进入该健身场馆内（派出所已派保安 24 小时值班）。通过现场了解昨日傍晚约有 100 多名消费者在此地集会，原因是该健身馆突然关闭，消费者之前在该店所购买的预付费卡"打了水漂"，金额从 1000 多元到 30000 多元不等。

## 【处理情况】

鼓楼区消协的工作人员将所了解的情况及时向局领导做了汇报，局领导班子感到此事件是突发群体事件，非常重视，立即召开了碰头会，研究讨论下一步的处理办法。鼓楼区消协的工作人员立即电话联系了该健身馆的负责人戴淮俊，电话关机无法联系。分局将情况立即向上级单位南京市鼓楼区市场监督管理局进行了汇报，南京媒体也对该事件进行了多次报道。鼓楼区消协根据南京市鼓楼区市场监督管理局局长办公室的精神，对南京皇澳健身服务有限公司金贸花园分公司采取了公司警示，并认真做好投诉登记工作，积极联系相关部门做好此事善后工作。

## 【案例评析】

随着社会经济的发展，经营者为了吸引消费者消费和提前回笼资金，纷纷推出各种形式的预付式消费卡。大到豪华酒店、高档健身俱乐部、高尔夫球场，小到美容店、餐饮店、洗衣店、洗车行等，均有各式会员卡。但在这种消费模式的建立发展过程中，还存在一些不足，主要是个别商家常常利用这一新型消费手段，制造商业陷阱，以各种形式侵害消费者的权益。通常表现为以下几个突出问题：

一是严重倾斜的会员条款。二是种类繁多的消费限制，任意转换的会员资格。三是随意打折的服务水平，不断增加的消费价格。擅自改变服务内容，降低商品或服务质量，或者提高使用门槛，限制预付式消费卡使用或要求消费者多支付费用。四是更有甚者直接以办会员卡为名行诈骗之实，一旦敛财成功，即携款外逃关门大吉或者以更换业主等方式躲避义务。

（案例来源：南京市消费者协会）

## 案例三十五：健身馆充值返现当噱头，忽停业拒绝调解玩失踪

## 【案情简介】

2018 年 2 月至 3 月，广州市增城区消委会累计接到多宗消费者对广州市增城海

新峰健身器材经营部（以下简称"海新峰健身馆"）预付款的退费投诉，涉及人数逾30人，涉及金额两万多元。截至目前，通过转会形式，协调解决成功9宗。但其他要求退款的投诉，由于海新峰健身馆负责人失踪而无法落实调解。

海新峰健身馆以用卡返现的方式作为噱头吸引消费者大量充值，如办年卡1088元，办卡1个月内如果使用12次，则可退回一半金额。高额的返现诱惑了不少消费者盲目充值。其后不久，海新峰健身馆以合同到期需停业为由，要求消费者以补差价的形式转会到其他两个健身馆继续消费，但拒绝给消费者退费。

## 【处理情况】

增城区消委会接投诉后联系海新峰健身馆了解情况，该健身馆负责人湛海泳以合同到期需停业为由，要求消费者以补差价的形式转会到其提供的健身馆（皇家永丽佰乐广场店、挂绿广场嘉年华健身俱乐部）继续消费，但拒绝退费。增城区消委会人员在海新峰健身馆电脑发现涉及的消费者达数百人，大部分人未向消委会投诉。增城区消委会当即对商家进行批评教育，并要求商家同意积极协调上述两家健身馆，对转会过去的消费者不得随意加收费用；对不愿意转会的，依法退还预付款。但其后不久，海新峰健身馆就闭门停业，负责人失踪。增城区消委会向该健身馆寄送《消费者权益争议调解通知书》，通知其会参加调解，但该健身馆并未前来参与调解。

## 【案件评析】

经营者卷款潜逃的情况下，消协的调解无法继续开展。经调查，这一家健身馆仅仅只是一家个体工商户，即使支持消费者诉至法院，因被告主体本身偿还能力不足，若出现资不抵债，法院也无法强制执行，因此会出现消费者"赢了官司拿不到钱"的最终结果。当下，美容、健身、美发等服务型行业都常用充值返现，充值打折等优惠吸引顾客充值。但消费者必须充分衡量自身的消费水平和使用服务的频率，充分了解经营者的经营实力，不要为了贪图优惠而贸然大量充值。

（案例来源：广州市消费者委员会）

# 第十九章　新型预付式消费问题

## 一、长租公寓问题

长租公寓运营商的出现，在一定程度上促进了我国住房租赁市场发展，有助于更好地满足人民群众居住需求。但其中也存在不少问题，市场风险正在集聚。有关方面应高度重视其中的问题，尽快出台相关办法，集中整治和规范管理。

### （一）存在的主要问题

#### 1. 长租公寓企业盈利周期较长

目前，国内长租公寓企业在高负债、资金压力大的状态下运营，其中资金压力主要集中于长租公寓的装修成本和租金成本两个方面。一般情况下，长租公寓企业的装修、家电与租金成本在总成本中的占比约为七成。按租售比来说，北京已经远超 1∶200 的安全线，保守估计在 1∶500，但是更有城市在 1∶1000 左右。而租金回报率最低的四个一线城市，上海 1.48%，北京 1.37%，广州 1.69%，深圳 1.38%；在不计算贷款利息成本的情况下，房屋回报率已经超过房屋法定年限七十年。所以这么低的回报率，回收太慢，靠租金来维持长租公寓盈利是相当不客观的。

#### 2. 长租公寓企业运营管理能力差

对于资产管理的盈利模式，长期租赁公寓的运营基本都被移交给运营商，运营情况取决于运营商，这不利于长租公寓企业自身经营能力和精细化管理水平的培育和提升。对于运营服务模式，也将受到其自身的运营能力的影响，并且不如专门的长租公寓运营商（如 YOU+ 和 BUBIK'S APARTMNETS）专业。在未来发展中会受限，进而盈利出现问题。代建运营模式也存在着问题，会受到代建环节的委托方制约和企业在运营长租公寓方面与专业运营商能力上相差悬殊。

#### 3. 不平等格式合同条款的问题

不少消费者反映与长租公寓商家签订的合同存在不平等格式条款，主要体现在加重消费者的责任、减轻商家的责任、商家和消费者的违约责任不对等、消费者若违约存在需要支付高额违约金的风险等方面。

#### 4. 房屋空气质量问题

2018 年第三季度，深圳市、区消委会共有 33 宗有关自如友家房屋空气质量问题的投诉，消费者反映入住长租公寓房屋后身体感到不适，经第三方机构检测后发现房屋甲醛超标。

5. "租金贷"模式可能涉嫌民事欺诈、违约

长租公寓"租金贷"模式容易造成民事欺诈、违约。一旦资金链断裂拖欠房东租金，房东可要求解除原租赁合同，与租客之间的转租合同也将难以继续履行，面临巨额民事赔偿责任。长租公寓未依约给付租金，房东享有合同解除权；房东解除与长租公寓的租赁合同后，租客相对于房东成为无权占有人。一方面，房东可向长租公寓主张违约责任；另一方面，房东还可向租客行使返还原物请求权，要求租客搬离房屋。除非房东与租客就继续履行合同达成一致，由租客代长租公寓支付到期租金，否则租客要求继续履行合同的主张不能支持。如租客强行占用房屋，不配合搬离，房东还可诉至法院要求租客支付房屋占有使用费。对于租客来说，遇此情形仅可向长租公寓主张违约责任，在代为向房东清偿拖欠房租后，可向长租公寓追偿。"贷款租房"看似轻松，实则隐藏着巨大弊端，大大增加了房东和租客的风险。

6. "租赁贷"恶意强占房源，可能涉嫌操纵市场价格

根据《反垄断法》第22条规定，禁止具有市场支配地位的经营者从事滥用市场支配地位的行为，其中第1项即为以不公平的高价销售商品或者以不公平的低价购买商品。个别大型的长租公寓通过"租赁贷"融资方式垄断海量房源，形成了市场支配地位，明显涉嫌"操纵市场价格，损害其他经营者或者消费者的合法权益"。

7. "租金贷"可能涉嫌诈骗、非法集资等刑事犯罪

租客如有需求并委托长租公寓协助租客办理房租贷款，无可厚非。但如果租客在没有需求且不知情的情况下，长租公寓和金融公司通过"合谋"利用租客身份信息去办理贷款、欺骗租户，使租客误以为在通过金融平台支付房租，但实际上是在还贷款，那么长租公寓及金融公司都将涉嫌构成诈骗犯罪。如贷款没有用于租房事宜，而是在搞"资金池"，那么长租公寓还涉嫌非法集资等刑事犯罪。

(二) 问题出现的主要根源

1. 房价居高不下，人口流动规模扩大，居住矛盾突出

2016年前后，全国房价又一次经历了大幅飙升，从一二线城市到三四线城市，房价持续高升，逐渐超出普通家庭的承受能力。在商品住房价格逐渐脱离普通人购买力的同时，流动人口规模扩大。根据卫计委流动人口司发布的《中国流动人口发展报告2017》统计，截至2016年末，我国流动人口高达2.45亿人，在今后较长一段时期，大规模的人口流动仍将持续。根据教育部官方通报，近10年来，高校毕业生年均增长约30万人，2017届全国高校毕业生预计795万人。在此情况下，住房租赁市场成为缓解居住矛盾的必然出口。58同城数据显示，相比2012年，2016年全

国租房需求增长 102%，出租房源供应量增长 93%。预计到 2030 年，中国房屋租赁市场规模将超 4.6 万亿，仅由分散的个人房东和中介二房东构成的供应市场难以满足市场需求，住房租赁市场的蓝海前景对各类资本具有极大吸引力。

2. 传统租房市场痛点多，规模化的长租公寓更加契合市场需求

传统以私人出租为主的租赁市场大多面临中介服务不规范、租期不稳定、品质无保证、监管漏洞多等问题。而长租公寓专业的装修设计，融合社交、创业、休闲娱乐等多种元素打造的平台，对青年人群有很大的吸引力。同时，规模化、规范化的经营，以及专业的服务也在很大程度上减少了矛盾纠纷。

3. 城市租赁住房供需关系的剧烈转换

客观讲，租房市场中"黑中介"、二房东、"霸王条款"、随意涨价、房租欺诈、被迫搬家、不退还押金等乱象过去一直是以各种形式存在的。但在中国人传统居家观念中房子就是"家"，即使在当前房价高居不下、必须掏空"六口人"钱袋才能付起一套房子首付的情况下，人们也偏好于购买自有住房，从而不断将资本挤压进购置房产中。据西南财经大学发布的《中国家庭金融调查报告》显示，中国家庭住房自有率为 89.68%，远超世界的 60% 左右。这就导致前几年租房市场，特别是非热点城市的供需不旺盛，也使租赁市场中的问题限于个性化、小范围。而伴随着近几年我国城市化进程的跃阶，人口向大城市流动加速，以及热点城市房价过高带来的"买不起"和为防房价过热采取的"限购"现象，租赁市场供需关系急速转换，租赁模式也由最早的熟人介绍、同城发布信息等直接租赁演变为以中介机构为主导的模式。涉足住房租赁市场、发展长租公寓契合房企转型需求。经过二十年高速发展，房地产市场逐渐从增量时代进入存量时代，传统的依靠规模化和高周转实现高利润的路径难以长期持续。强化品牌价值、提升产品溢价、加强成本控制，增强经营能力，是企业获得更大发展空间的必由之路。长租公寓可以有效与金融产品结合，注重运营、服务，有助于实现轻资产化，十分契合房企的转型需求，因此吸引大量企业投身其中。随着"房子是用来住的，不是用来炒的"以及"租售并举""租购同权"政策的落实，租赁市场迅速火热，长租公寓因模式创新资本纷纷逐猎。与迅速壮大的市场、快速切换的模式伴生的是各类问题的放大、相关配套举措的滞后，以及各类乱象的频出。

4. 政府规范监管步伐的滞后

长租公寓乱象频现的背后折射出相关部门对房屋租赁行业规范监管的滞后和无力。住房问题是民生工程，涉及群众切身利益，租购并举是国家明确的住房制度，需要健全完善的法律规章去规范约束。但目前国内还没有出台房屋租赁法、房产交易法和房产资本管理办法等针对房屋租赁的顶层制度设计与立法，基层部门对租赁市场就难以依法归置。此外，法律上尚无专门详细的租赁房屋环境安全卫生标准，

判断室内空气质量是否达标，仍依据原国家质监、卫生、环护部门 2002 年批准的《室内空气质量标准》和住建部门 2013 年发布的《民用建筑工程室内环境污染控制规范》。因此，没有建立对租赁各方系统性的保护体系，出现问题相关部门只能以约谈、发文等软性限制为主，房东、租户或机构等各方维权渠道不畅通，有时只能寄希望于媒体曝光或偶发事件引起关注。

### （三）中央与地方层面的相关政策

#### 1. 中央层面关于住房租赁的政策

中华人民共和国住房和城乡建设部 2015 年 1 月 6 日发布《加快培育和发展住房租赁市场的指导意见》，要求各地方政府积极推进住房租赁服务平台建设、大力发展住房租赁经营机构，积极推进房地产投资信托基金（REITs）试点。2017 年 5 月 19 日发布《住房租赁和销售管理条例（征求意见稿）》，对住房租赁市场有了方向性的鼓励政策：首先，为了建立购租并举的住房制度，会更加注重维护承租人的权益，鼓励出租人和承租人签订长期住房租赁合同，进而建立相对稳定的住房租赁关系；其次，为了培育住房经营租赁机构，提出住房租赁企业依法享有金融、税收、土地等优惠政策，并且住房租赁机构可依法将住房租赁相关权益设立质权。

#### 2. 地方层面关于住房租赁的政策

中央层面的指导意见提出后，北京、上海、大连、广州等城市也陆续出台了相关政策。2016 年 11 月 25 日北京市住建委发出《北京市住房和城乡建设委员会关于本市"限房价、竞地价"项目自持商品住房租赁管理有关问题的通知》，以切实做好北京市"限房价、竞地价"项目自持商品住房租赁管理工作。基于住房和城乡建设部的《住房租赁和销售管理条例（征求意见稿）》，上海金融与法律研究院于 2017 年 6 月 12 日邀请十余位房地产业界的从业者和相关研究人员召开了针对《住房租赁和销售管理条例（征求意见稿）》的专题研讨会，并从立法角度提出了政策建议，主要包括：应当分别针对住宅租赁、住宅销售和房地产经纪的监督管理立法；本法规应与现有法律法规如《物权法》和《合同法》一致；应当明确"网签制"的法律地位。2017 年 7 月 17 日，广州市政府办公厅印发《广州市加快发展住房租赁市场工作方案》，提出了一定条件下的购租同权，并强调允许将商业用房按照规定改造成租赁住房，公安和消防等职能部门按照改建后的实际使用性质进行审批验收。

土地出让市场方面，2017 年 7 月 4 日上海市规土局网站公开挂出了浦东新区和嘉定两块"租赁住房"用地的出让公告，这就合理规避了开发商拍得地块后将自持和保障用地成本转移到可售部分房产，进而客观推高楼面价的弊端。2017 年 7 月 6 日上海市政府发布了《上海市住房发展"十三五"规划》，明确提出上海将新增租赁住房 70 万套，各类保障性住房约 55 万套，进一步确定了租赁住房供给在住房供给中的重要地位。

（四）有关的典型案例

1. 鼎家、寓见相继爆仓

8月20日，鼎家发布通知称，由于公司经营不善导致资金断裂，目前已停止运营。实际上，鼎家也并非全国首个宣布破产的长租公寓。与传统的房产中介不同，鼎家的商业模式非常的"互联网+"。简单来说，就是让租客通过网贷，一次性付清1年的租金，分12期还款。鼎家拿到租金后，并不会立即结算给房东，而是按月甚至按季度结算。这么一来，鼎家便有足够多的现金流，去租更多的房子。不难看出，杭州鼎家的长租玩法，其本质就是"巨额融资+资金池+现金流"的运作模式。一旦资金流断裂，那么爆雷就是必然的了。据了解，租客可通过一个名为"爱上街"的APP，一次性将半年、一年或多年的房租付给鼎家，再每月返还给APP相应的金额。如今，鼎家宣告破产，租客不仅拿不回已支付的租金，每个月还要按时向这个APP还款，而房东也因未收到租金，开始准备收回房子。值得注意的是，有类似操作的长租企业不止鼎家一家，比如最近因"哄抬房租"而被约谈的自如和蛋壳，均采用了租房分期的商业模式。

无独有偶，10月中旬，上海长租公寓品牌"寓见公寓"因拖欠房东租金、疑似现金流吃紧，被债权方华瑞银行的一纸告知函公之于众。与鼎家爆仓后的情形一致：租客租期未满将要被迫退房、已退房的未拿到押金、绑定的分期付款无法解除，退房后仍要被迫付费，有相当多的租客因为没有仔细看合同、被管家以优惠诱惑签下租金贷协议，所缴租金被办理了金融分期产品，涉及浦发、建行等商业银行，以及元宝e家和晋商消费金融等民营机构。除了面临被房东赶出的风险，一些租客选择退租之后却无法获得退回的租金，元宝e家等网贷平台也在继续扣款，不付则影响个人征信。

2. 租客控诉自如甲醛超标

8月31日，一篇《阿里P7员工得白血病身故，生前租了自如甲醛房》的文章在网络热传。2018年9月1日，自如发声明表示，公司立即安排与王先生家属联系，跟进相关事宜；自如将积极配合司法部门工作，并尊重法院裁定。与此同时，第二起"甲醛事件"又被曝光。2018年9月1日，阿里的一名吴姓员工则在微博上发起了"自如测甲醛超标"检测监督活动，阿里的另一名员工又爆出自己租住的自如出租屋甲醛"不符合标准"的报告。至10月11日，第三起"甲醛事件"被揭露。有媒体再次爆出"自如出租房屋存在甲醛和总挥发性有机物超标问题"，"有租客入住后，先后出现咳血等症状，去医院查出支气管炎等"。

### （五）加强规范的建议

#### 1. 加强长租公寓运作模式监管

由于缺乏政府的金融监管，部分长租公寓从业者就以此规避融资监管进行套利，就如早期的 P2P 一样。在这种情况下，租房市场不仅会让不同目的的资金流入，使市场鱼龙混杂，也会给市场聚积巨大的金融风险。比如，长租公寓企业既可用租客信贷资金进行相关业务的快速扩张，也可让这些资金挪为他用。如果这些企业过度扩张却经营不善，随时都可能存在资金链断裂的风险，从而引发金融市场危机。

#### 2. "租金贷"模式需警惕

所谓"租金贷"创新，就如"首付贷"创新一样，既有胁迫租客的性质，也是以欺骗的方式让租客就范，这种产品的利益归金融机构及长租公寓公司，成本与风险却完全由租客和业主承担。这种所谓创新产品制造了严重的不公平，侵害租客和业主的利益，对这类的金融产品应坚决取缔。

#### 3. 明确房屋租赁市场服务对象

这种长租公寓经营模式基本上是以业主、租客单边承担风险的模式，一旦爆发危机，最终金融风险将由整个社会来承担。所以，这种经营模式需要全面整顿，让中国住房租赁市场真正回归到为中低收入居民服务的轨道上来。

## 二、装修贷款问题

"装修贷"作为一种新的商业模式，设计初衷是好的，它能够实现业主、装修公司以及银行三方资源互赢互利的目的：装修公司获得了更多装修业务机会；装修业主低成本使用了银行装修贷款，缓解了装修资金压力；银行则增加了个人装修贷款业务量。但是，由于互联网装修平台运营管理不规范以及盲目扩张等问题，出现大量倒闭、跑路等现象，引发了不少问题。这类打着"免息"旗号的公司，实际上是利用"装修贷"托管模式进行了变相融资，资金链风险巨大，从中损害消费者权益。

### （一）装修贷款的主要形式

装修贷款主要可以通过四种渠道实现：第一，银行装修分期贷款是目前最主流的装修分期贷款，建行、工行、中行等银行几乎都有家装贷，较大的装修公司装修平台也都倾向于和银行进行装修分期贷款的合作；第二，第三方公司装修贷的审批简单，放款快也成了不少装修公司合作的首选；第三，装修公司分期贷款除了与银行合作装修，个别实力雄厚或母公司有金融服务的装修公司，也有在推出自营的分期贷款业务；第四，对于装修公司没有提供合作贷款机构，或者自己找工人施工无合同，无发票无法向银行申请贷款的情况，也可以选择信用卡贷款装修。

### （二）存在的主要问题

**1. 部分"装修贷"运作不规范，容易滋生金融风险、危害消费者权益**

例如，优居客承诺给予装修业主免息贷款，并鼓励业主从银行多申请贷款金额。据记者调查，所谓的"免息"实际上由平台贴息，有的贷款年利率为 8.3%，有的为 6%。据了解，这个利率在消费金融领域相对较低，不少消费金融贷款利率都超过10%。优居客这类公司其实很难从银行获取贷款，实际上是利用"装修贷"托管模式进行了变相融资，资金链风险巨大。清华大学民生经济研究院副院长王勇认为，在第三方互联网平台介入的模式下，平台利用业主的个人信用获得低成本的银行贷款，资金用途无法监控，风险不可控。

**2. 银行等金融机构的贷款审批、发放是否符合审慎经营规则遭质疑**

不少业主表示，在办理"装修贷"过程中，银行业务员在明知不少业主偿还能力不足的情况下，依旧鼓励业主多申请贷款。"根本还不起，当初多申请贷款就是打算装修完成后将剩余资金套出来，以偿还银行贷款。"月工资 6000 多元的李帆说，"装修贷"每月要还约 1.3 万元。中国消费者协会发布的信息显示，2018 年上半年，互联网装修公司"跑路"致使消费者财产损失巨大成为前十大投诉热点之一。上海沪泰律师事务所律师吴绍平认为，根据优居客的模式和合同看，优居客已涉嫌合同诈骗犯罪，如果银行与优居客串通共同欺诈业主，那也有合同诈骗共犯的嫌疑。

**3. 装修平台破产跑路**

一些互联网装修平台利用"装修贷"沉淀资金，迅速扩张，但由于运营不规范，随之而来的风险也浮出水面。近日，主打"装修贷"业务的上海互联网装修平台优居客破产倒闭，上千名业主的装修款被卷跑。其中，有不少消费者通过平台从银行申请过"装修贷"，涉案金额初步估算达数亿元。很多客户表示，"房子装修了一半，变成半拉子工程，装修队在催债，还要向银行还贷，苦不堪言"。

### （三）问题出现的主要根源

**1. 互联网装修平台利欲熏心**

一些互联网装修平台利欲熏心，在打出广告招揽装修业务时就可能在密谋欺诈。比如，上海装修平台就宣称，给业主提供免费量房、设计、报价、监理等一站式装修服务，并提供免息装修贷款。其实，这只是利用了贷款人急于贷到一笔钱及贪图"贴息"或"免息"等心理，将其一步步引入设好的圈套。

**2. 银行对"装修贷"业务审核不严**

有业主曾向银行申请装修贷款，但因还款能力不足被拒，而通过装修平台不仅贷到了款而且还远高于装修款；且对装修平台要求业主将贷款转入平台账户进行托管，银行也不进行风险提醒与有效监管，这就给卷款"跑路"留下了隐患。

**相关的典型案例**

优居客倒闭事件：优居客是一家互联网装修平台，优居客官网显示，提供免费量房、设计、报价、监理等一站式装修服务，并提供免息装修贷款。根据优居客合同协议，贷款发放到业主个人账户后必须转入优居客账户进行资金托管。一些业主称有银行员工也要求托管到优居客，对此说法银行则颇感委屈。涉事银行表示，贷款是发放到客户个人账户而非平台，银行对此并没办法约束，银行对员工也要求不得对客户进行诱导、误导。优居客作为互联网装修平台，实际上承担的主要是信息中介的角色，为业主推荐装修公司并负责装修进度的管理和监督；其业务模式就是业主将装修款项托管在优居客，优居客会根据进度分阶段付款给装修公司。令不少客户没想到的是，装修还没完成，优居客就宣布破产倒闭了。很多客户表示，"房子装修了一半，变成半拉子工程，装修队在催债，还要向银行还贷，苦不堪言。"

优居客官网显示，其在建装修项目有 5000 多个。目前，优居客实控人已失联，不少业主到警方报案。

（四）加强规范的建议

1. 严管互联网装修平台

要防范"装修贷"套路，首先要严管互联网装修平台。装修行业线上迁移的趋势很明显，市场规模很大，如果运作不规范，会严重损害到消费者的利益。因此，监管部门应整合监管资源，对互联网装修行业出台具有强约束力的规范措施。

2. 对银行审批发放贷款强化监管

《个人贷款管理暂行办法》规定，银行在办理个人贷款业务时，应严格审查借款人的借款用途、偿还能力；银行也有义务对合作机构进行审慎的风险评估。

3. 贷款人需提升金融风险意识

贷款人也需提升金融风险意识，选择正规装修平台、正规金融机构，签署合同要谨慎，遇到太诱人的条件要权衡可能性，遇到不合理的条件别轻易妥协，以保护好个人利益。

## 三、美容贷问题

（一）案例

据媒体报道，福建傅女士在福州一家美容院做了玻尿酸和苹果肌两个美容项目，合计费用 29 800 元，贷款可以拿到 500 元的返利。然而，中介与美容院合伙，用傅女士贷款时的身份信息、电话和银行卡号，进行二次贷款，傅女士在不知情的情况下，莫名背上了 6 万元的债务。

美容院堂而皇之将"免费美容还有钱拿"作为噱头,将消费者骗进美容院实施诈骗。部分贷款中介与美容机构勾结在一起,利用信誉良好的消费者,疯狂地从贷款平台套取资金。没钱没关系,可以贷款。担心被骗不要紧,先做个信用额度测试。在一些地方,甚至演变成"传销模式",被骗者再去欺骗身边的亲朋好友申请美容贷款,从中抽成挽回自己的损失。

贷款中介以及美容机构赚得盆满钵满,贷款人以及贷款平台则陷入窘境:因为美容院拿到了用户的身份信息、电话号码及银行卡号,于是和贷款中介合作背地里贷款,用户在不知情的情况下,莫名背上数万贷款,一方还不上贷款,征信受影响;另一方贷款收不回,不堪重负。

如今的医美市场已成为犯罪分子的掘金之地。在百度搜索中搜索"美容贷"或"医美分期",出现的各类平台令人眼花缭乱,甚至一些互联网金融大公司也涉及该项业务。

### (二)地方措施

长沙市金融办发布了《关于"美容贷"的风险提示》(以下简称《提示》)。《提示》指出,"美容贷"是近年来随着互联网金融快速发展而出现的信贷产品,作为一种"有场景依托、有指定用途"的小额消费类贷款,其在促进个人消费、丰富贷款品类上发挥着积极作用。但同时,也出现了一些贷款中介机构与不良美容医疗机构勾结、以欺诈手段侵害贷款人合法权益的违法违规行为,相关机构业务极不规范,存在较大风险。针对不良"美容贷",《提示》总结了五项特征。

第一,办公场所隐蔽。该类机构大多集中在高档写字楼、商场,需通过医托或熟人介绍、提前预约才可以进入内部,具有较大隐蔽性。此外,也存在部分正规机构涉险经营,以增值服务的名义,掩盖其"美容贷"实质。

第二,医疗项目虚构。部分无执业资格的"医师"故意夸大事实,对申请人进行过度医疗后,虚构消费项目,借机抬高费用。当申请人无力承担时,一些不法中介机构与美容机构勾结,以"零抵押、零担保"为噱头,诱骗其进行贷款,套取现金。

第三,审批流程虚设。申请不法"美容贷"门槛低,仅需提供身份证、手机号及银行卡等材料,手续极其简便,贷款发放随意性大。不法机构通过自研贷款 App 即时放款,对申请人资质审核形同虚设,"申请即可贷款",存在较大的金融风险。

第四,联手造假骗贷。"美容贷"申请人一般资质较差,难以获得正规渠道贷款,不法美容医疗机构与贷款中介机构合谋,伪造申请资料、串通骗取贷款,款项直接委托支付到相关不法医疗机构账户,在疯狂套现、赚取佣金及美容项目业务分成的同时,申请人也莫名背上巨额债务。

第五,暴力催债频发。不法中介机构收取高额利息费,当借款人无力偿还时,往往通过网络电话、短信等方式不断骚扰申请人及其联系人，伪造、发布个人肖像进行诋毁，甚至使用暴力催收、威胁、恐吓等不法行为，逼迫借款人返还畸高本息。

## 小结

从长租公寓的爆仓，到"美容贷"的纠纷，再到今年一些英语培训机构的跑路，均导致大量消费者背上贷款负担，投诉和维权找不到对象。向商家索赔，商家说我等着破产，账上已经没有钱了；找放贷机构暂停还款，放贷机构说商家把我们发放的贷款已经转走了，现在就只剩下你和我的贷款关系了，无论商家在不在，你都得还款。

这些问题的发生都归因于商家的算计和消费金融风控措施的欠缺。从分期贷款渗透消费市场以来，大量的长租公寓、整形机构、英语培训机构"有计划地"进入爆仓和跑路。

近期，为防止长租公寓蓄意破产，保障租房者的合法权益，杭州市出台了《住房租赁资金监管办法（试行）》，其中明确提出租房机构要设立风险防控金。具体而言，从事租房的企业，须在银行专户中冻结部分资金作为风险防控金，在特定情况下用于支付房源委托出租人的租金及退还承租人押金；风险防控金不得随意使用；风险防控金的总额，按住房租赁企业纳入租赁平台管理房源量对应的应付委托出租人的月租金总额的两倍确定。

这样一条规定，值得其他分期消费领域的监管部门借鉴，如在教育培训市场和整容消费市场，教育、医疗部门也应该推动市场上所有办理分期消费的商家尽快设立风险防控金。以医疗美容机构为例，若其在银行专户中有风险防控金，出现纠纷后，就能够退赔消费者的部分损失，而其自身也会因为防控金的存在，不会贸然选择跑路。

# 第二十章　司法案例

## 【典型案例一】孙宝静与上海一定得美容有限公司服务合同纠纷上诉案
——预付式服务消费合同中余款不退条款的效力认定

## 【案情简介】

2010 年 7 月 18 日，孙宝静与一定得公司签订了服务协议，孙宝静选择一定得公司提供的价值 10 万元的尊贵疗程，所有项目疗程单价按八五折从卡内扣划；如孙宝静未按计划及进程表接受一定得公司提供的服务，经一定得公司善意提醒，其仍未能有所改善，且超过本协议约定的服务期限的，则视为孙宝静放弃一定得公司提供的服务。孙宝静保证遵照一定得公司制定的方案，适时参加各类项目及正确使用相关产品，如因孙宝静自身原因不能按一定得公司制定的方案切实履行，则孙宝静不能要求退还任何已支付一定得公司的费用；孙宝静保证在一定得公司的合理安排下，参加协议约定的各类项目，如因自身原因连续三个月不能参加相关项目，则一定得公司有权终止服务；孙宝静保证不得向一定得公司要求退赔任何费用；孙宝静保证努力遵守一定得公司制定的方案及进程，配合一定得公司服务的实施；孙宝静任何懈怠的态度或违反方案及进程的行为，经一定得公司善意提醒而未有改善的，一定得公司有权终止对孙宝静的服务，孙宝静不得要求一定得公司退赔任何费用。一定得公司为确保双方协议完整履行，特向孙宝静发布声明书，要求孙宝静必须遵从公司的顾问指示，配合纤体安排并参与所有纤体疗程。如果因为孙宝静个人原因，不能配合公司上述安排而导致疗程失败或进度缓慢，公司一概不负任何责任，也不因此退还余款或保留按照协议追究违约责任的权利。孙宝静在该声明书上签字予以确认。

2010 年 7 月 18 日及 20 日，孙宝静分两次向一定得公司支付了 10 万元的服务费。孙宝静于 2010 年 7 月 19 日至同年 7 月 31 日在一定得公司接受了 24 次相应的瘦身疗程服务，后孙宝静因体重未能减轻，停止在一定得公司接受瘦身疗程。

2010年9月，孙宝静以其与一定得公司签订的服务合同未约定具体的服务内容、对孙宝静显失公平、孙宝静对服务协议存在重大误解为由诉至法院，要求撤销其与一定得公司之间于2010年7月18日所签订的服务协议，由一定得公司返还服务费10万元。

## 【裁判结果】

上海市第二中级人民法院作出终审判决，孙宝静需向一定得公司支付2万元的违约金。在孙宝静向一定得公司支付的10万元预付款中扣除服务费用31 800元、违约金2万元后，一定得公司还需返还孙宝静48 200元。

## 【裁判理由】

关于余款退还问题，二审法院认为，虽然双方签署的服务协议和声明书中写明若孙宝静放弃或者不按照一定得公司安排接受服务，则不退还任何费用，但此约定系由一定得公司预先打印拟定的格式化条款，并且服务协议和声明书中的内容仅对孙宝静的权利进行了约束和限制，而丝毫没有关于一定得公司无法达到服务效果时是否承担责任以及承担何种责任等的相关约定。显然，一定得公司提供的格式条款并未遵循公平的原则来确定其与孙宝静之间的权利和义务，服务协议和声明书中关于不退还任何费用的条款明显加重了孙宝静的责任、排除了孙宝静的权利，因此服务协议和声明书中的该些约定应无效。法院综合考量服务协议的履行程度、一定得公司提供服务的情况以及孙宝静单方面放弃服务的过错程度等因素，孙宝静也应当承担违约责任，并依照公平原则和诚实信用原则，确定孙宝静需向一定得公司支付2万元的违约金；一定得公司应从10万元预付款中扣除孙宝静已接受服务价款31 800元、违约金2万元，向孙宝静返还剩余的48 200元。

## 【评析】

预付式消费系一次付款、分期履行的消费模式，因此实务中经常出现因为各种原因导致合同不能完全履行而导致的各种纠纷。本案就属于因为消费者不满意服务效果而单方面终止履行合同而导致的纠纷。双方通过服务协议和声明书约定了服务期限和内容，并约定若消费者放弃或不按照安排接受服务则不退还预付费用。在此种情况下，消费者还能否因不满服务效果而要求返还余款？

首先应当明确的是，本案余款不退的条款应属无效格式条款。根据《合同法》第39条规定（现行《民法典》第496条），格式条款是当事人为了重复使用而预先拟定，并在订立合同时未与对方协商的条款。据此，本案中余款不退条款显然属于格式条款。

其次，根据《合同法》第 40 条规定（现行《民法典》第 497 条），提供格式条款一方免除其责任、加重对方责任、排除对方主要权利的，该条款无效。本案中双方签署的协议和声明书中约定若孙宝静放弃服务，则费用概不退还。该格式条款显然仅对孙宝静的权利进行了限制，并且没有约定一定得公司承担与孙宝静放弃之权利相匹配之义务，属于合同法规定的格式条款无效的情形，应属无效。

综上所述，一定得公司提供的余款不退条款属于格式条款，且明显不合理地免除自己的责任，加重了孙宝静的责任，排除其主要权利，违反了公平原则，未能公平分配双方之间的权利义务，应属无效，不能据此主张不退余款。

上海市第二中级人民法院的郑璐和熊燕法官认为，法院以格式条款相关规定认定本案中的余款不退条款无效，保护了消费者的合法权益，另一方面又以孙宝静单方违约认定消费者存在过错应承担违约责任，兼顾了对契约精神的维护。预付式消费模式下，消费者需要先行支付大额价款并且在一定程度上限制自身的消费选择，因此从公平的角度来说，经营者就需要为此提供价款上或服务上的相应的回报。当消费者权益和经营者权益在合同约定上出现明显失衡时，司法裁判者应当施以救济，实现矫正的正义。

# 【典型案例二】李某诉北京逸丝风尚美容美发设计室 服务合同纠纷案

## ——预付式服务合同中消费者单方解除权的行使

## 【案情简介】

2016 年 9 月，李某到逸丝风尚美容美发设计室做身体护理，期间工作人员向李某推荐一种叫巨邦的保健药物，并在护理中使用了该产品。工作人员称该产品配合按摩手法，经过 10 次治疗会达到最佳治疗效果。李某于当日分 4 次刷卡支付 12 万元，并在巨邦会员的单据上签字。此后，在工作人员的多次推销及劝说下，李某又先后花费 29.4 万元用于其他疗程。其间，李某曾 6 次到该美容美发设计室接受按摩等治疗。后李某以逸丝风尚美容美发设计室存在强迫消费、宣传误导、价格不合理为由，要求逸丝风尚美容美发设计室退费。逸丝风尚美容美发设计室称其销售价格为统一售价，李某长期多次在该美容美发设计室消费，不存在被误导情形，拒绝退还剩余金额。李某提起诉讼，请求：逸丝风尚美容美发设计室返还购买巨邦医疗保健用品及相关服务的金额 29.4 万元。

## 【裁判结果】

北京市朝阳区人民法院一审判决驳回李某的全部诉讼请求，李某不服提起上诉。

北京市第三中级人民法院撤销原判，判决逸丝风尚美容美发设计室退还李某 18.74 万元。

## 【裁判理由】

对于涉案合同的性质认定。本案中存在买卖合同关系与服务合同关系的争议，从两种合同的特点而言，可从以下方面进行判断：首先，从合同内容来看，买卖合同的中心内容通常是标的物的转移和交付，而本案中的书面协议并无类似的内容。其次，从合同目的来看，买卖合同的目的是转移标的物的所有权，而本案中的书面协议并无对于所有权转移的相关约定。最后，在支付价款方面，买卖合同中买受人支付价款用以换取标的物的所有权，而本案中消费者支付的价款虽包含商品价值，但大部分还是用于支付服务，因此不能认定为买卖合同。综上所述，不能将涉案协议认定为买卖合同，从合同内容、目的、支付价款等情况来看，应认定为服务合同。

对于本案中的预付式服务合同能否解除。二审法院认为应结合服务合同的特殊性来看待这个问题。首先，服务具有协作性，当服务者提供服务时，消费者必须予以配合，否则服务者就无法履行相关义务。同时，对于本案的美容行业而言，服务内容具有明确的人身专属性，当消费者明确表示不再接受服务时，服务者就无法继续完成服务并强迫消费者接受，此时服务合同已经事实上不能履行，应准许消费者单方解除合同。其次，在持续性服务中，受各种因素的影响，服务的内容和质量会出现较大的变化，而对此变化最具敏感性的就是消费者，如果这种变化导致无法达到预期的服务效果，合同目的就无法实现，此时，消费者应当具有自由选择是否继续履行合同的权利。因此在本案二审中，合议庭考虑到服务合同的人身专属性，当服务效果无法达到消费者预期，法律不能强制消费者接受服务，因此判决认定原告李某具有单方解除权。

关于解除合同后的法律后果。二审法院在认定原告李某具有单方解除合同的权利之后，对于合同解除的法律后果做出如下认定：1. 退还未消费款项。由于原告李某明确表示不再继续接受服务，本案合同关系已经事实上不能继续履行，李某要求退还支付款项具有合理性。2. 扣除已消费款项。首先，由于服务本身无法返还，使得服务合同解除的法律后果有其特殊性，无法恢复原状。其次，虽然预付式消费系一次性给付，但履行内容因服务项目、次数等相对独立，具有可分割性，因此可以明确认定已经履行的部分。本案中，可以根据各项目的价款和消费者已经使用的次数，对已消费的部分价款进行扣除。经核算，李某已消费金额共计 10.66 万元，逸丝风尚美容美发设计室应将剩余款项 18.74 万元予以退还。

## 【评析】

近年来，预付式消费模式逐渐盛行，这种新型的消费模式有利于经营者筹集资金，促进自身发展，同时也有利于提高消费者的忠诚度。但由于预付式消费"先支付，后履行"的特点，消费者在预付价款后，经常出现商家降低服务质量甚至"跑路"等侵害消费者利益的情况发生。本案即是一起典型的因预付式服务合同的履行而引发的纠纷。消费者预付价款用以购买相关服务，但以购买保健产品的形式订立合同，后消费者因不满服务效果而要求退还预付款项。在此情形下，涉案合同的性质应该如何认定，消费者是否有权退还预付款，是此类案件的两大争议焦点。

对于以购买产品的形式而订立的预付式合同的性质认定问题。此种合同表面上是买卖合同，但从合同的内容、目的和支付价款等方面来看，此类合同的内容并非标的物的转移和交付，也并非为了转移标的物的所有权，且虽有支付价款购买相关产品的行为，但所支付的价款大部分都用以支付服务，由此可见，此类合同不属于买卖合同，而属于服务合同。

消费者是否享有预付式服务合同的单方解除权。北京市第三中级人民法院的程磊和武菁法官认为，预付式服务合同能否解除，受此影响最大的是消费者的消费选择权。消费选择权不仅意味着消费者可以通过事先考察，选择是否接受服务，还意味着消费者在接受服务消费过程中，可以自由选择继续在或者不在、何时在、以何种方式在商家接受服务。因此对于预付式服务合同而言，消费者能否单方解除合同，法律上的认定至关重要。

《合同法》第 268、376、410 条分别规定了承揽合同、保管合同、委托合同所特有的任意解除权，对于服务合同，合同法没有专门的规定。但现行《民法典》新增了物业服务合同这一典型合同。《民法典》第 946 条规定了业主的任意解除权，业主可以接触物业服务合同，但须提前 60 日通知物业服务人。解除合同给物业服务人造成损失的，除不可归责于业主的事由以外，业主应当赔偿损失。虽然与本案中的美容服务合同有一定的区别，但作为服务合同的一类，有一定的参考价值。在服务合同中，基于服务本身的特殊性，当消费者一方明确表示不再接受服务的情形下，服务合同事实上不能履行，此时合同目的无法实现，应准许消费者单方解除合同。并且，在持续性服务过程中，受服务提供者或消费者因素的影响，服务的内容和质量都会出现较大的变化，而对于这种变化最为敏感的就是消费者。当服务效果无法达到消费者的预期时，服务合同的目的就无法实现，应赋予消费者自主选择合同是否继续履行的权利。

# 【典型案例三】赵淑敏与北京紫裕科技有限公司等 教育培训合同纠纷

## ——缴纳预付款后公司跑路

## 【案情简介】

赵淑敏于 2019 年 6 月 16 日参加杏林梵景瑜伽馆预付 200 元抵 2000 元的初始会员招募活动，交付定金 200 元。2019 年 8 月 10 日正式办理会员卡，该卡为两年卡，付款金额为 5000 元。2019 年 9 月 3 日，赵淑敏与北京杏林梵一科技有限公司签署了《会员入会合约》。开业初期去了几次后办理了停卡，后来由于疫情发生一直未开卡。2020 年 8 月 21 日，客服通过微信联系赵淑敏参加 100 元抵 1000 元的店庆活动，赵淑敏通过微信转账再次付款给杏林梵景瑜伽馆 100 元，该卡目前也未开卡。2021 年 1 月 13 日，赵淑敏突然接到瑜伽馆客服的微信通知，称应丰台防控中心通知，决定暂时闭馆停课，具体开课时间另行通知。2021 年 3 月 10 日，赵淑敏欲联系瑜伽馆前去上课，但与馆长及客服均联系不上，后与老师联系得知他们已于春节前跑路。随即拨打 110 报警，后来四合庄派出所回复，告知此问题归丰台市场监督管理局科技园区所管辖。随即赵淑敏又拨打科技园区所电话，得知该公司已于 2020 年 12 月 15 日更名为北京紫裕科技有限公司，法定代表人由聂婷变更为聂勇，有预谋地为后来的跑路做好了准备。鉴于此，赵淑敏同时控告北京紫裕科技有限公司和法定代表人聂勇。

## 【裁判结果】

确认赵淑敏与北京紫裕科技有限公司于 2019 年 9 月 3 日签订的《会员入会合约》于 2021 年 6 月 15 日解除；北京紫裕科技有限公司退还赵淑敏 5000 元。

## 【裁判理由】

依法成立的合同，对当事人具有法律约束力。赵淑敏与北京紫裕科技有限公司（简称"紫裕公司"）签署《会员入会合约》，合同系双方真实意思表示，且未违反法律、法规的强制性规定，不违背公序良俗，合同合法有效，双方应按照约定履行自己的义务。根据《会员入会合约》和收条的内容，赵淑敏享有两年期瑜伽培训服务。赵淑敏主张其接受紫裕公司提供瑜伽培训服务为期不到一个月，其提交微信聊天记录为证，紫裕公司无法提供赵淑敏接受瑜伽培训服务的情况，故法院采信赵淑敏的主张。紫裕公司无法继续提供瑜伽培训服务，故赵淑敏要求解除《会员入会合约》于法有据。

法院于 2021 年 6 月 15 日将赵淑敏的起诉书送达紫裕公司，故应认定《会员入会合约》于 2021 年 6 月 15 日解除。赵淑敏实际支付 5300 元，法院考虑赵淑敏享有两年期瑜伽培训服务、其实际接受服务的时间以及其提供证据证明其暂停使用会员卡的情节，赵淑敏要求紫裕公司退还 5000 元的诉讼请求，于法有据，计算合理。

## 【评析】

预付式消费中一个最大的隐患即为消费者交钱或办卡后商家跑路的情况。预付式消费属于"先付钱，后履行"的消费模式，经营者容易利用这一特征对消费者进行欺诈。比如，利用推销，广泛发行预付卡，在消费者预付定金后，就会通过变更服务主体、降低服务质量甚至关闭经营网点的方式来变相拒绝履行义务。此种行为侵犯了消费者的财产安全权。本案即为商家跑路的一种典型情形，很多经营者以改名或成立新店、新公司的方式躲避消费者的退费要求。因此，消费者在维权时要注意经营者的"金蝉脱壳"。若经营者以"金蝉脱壳"的手段逃避履行义务，消费者可以向有关机关了解其是否改名或是成立了新公司，及时向其主张权利。

因为消费者和经营者之间各方面实力悬殊，信息差异巨大，为了充分保障消费者的知情权，所以应当要求经营者进行必要的信息披露。比如，企业可以在相关信息查询平台上披露自身的业务规模、资产状态和最近的业务报告等，从而使得消费者及时了解企业的经营现状以及合并分立等重大变更，选择是否选择预付式消费的模式、是否及时解除预付式合同，保障消费者的财产安全权。

## 【典型案例四】鲍晓岩与芜湖布拉德健身游泳有限公司、张智成服务合同纠纷
### ——预付式合同解除后责任由谁承担

## 【案情简介】

2019 年 7 月 27 日，鲍晓岩与布拉德健身游泳有限公司（简称"布拉德公司"）签订《布拉德健身游泳会员入会合同》，以 1780 元购买为期 3 年的个人健身服务，另合同备注"多送半年时间"，服务期限共计 42 个月。原告于当年 12 月 12 日开卡接受服务，布拉德公司于 2020 年 10 月 11 日因故停止正常营业。

另查明：布拉德公司于 2019 年 5 月 31 日注册成立，为一人有限责任公司，初始股东登记为王亮，注册资本 500 万元。王亮持股期间，布拉德公司收取的会员费系通过现金或绑定王亮名下银行卡形式直接支付给王亮个人；布拉德公司无银行账户及财务账册。后王亮将其全部股权以 5 万元转让给张智成，并于 2020 年 10 月 14 日完成工商变更登记，即公司现任股东为张智成。张智成自述受让股权时未与王亮进行公司财务账册、审计报表、债权债务等交接。庭审中，鲍晓岩表示放弃要求布拉德公司赔偿损失的诉请。

## 【裁判结果】

一、原告鲍晓岩与被告芜湖布拉德健身游泳有限公司签订的《布拉德健身游泳会员入会合同》于 2021 年 6 月 11 日解除。

二、被告芜湖布拉德健身游泳有限公司退还原告鲍晓岩办理健身卡的费用 1356 元及利息损失。

三、被告张智成、王亮对上述第二项债务承担连带清偿责任。

## 【裁判理由】

法院归纳争议焦点如下：

涉案合同能否解除。

《布拉德健身游泳会员入会合同》是鲍晓岩与布拉德公司真实意思表示，没有违反法律行政法规的强制性规定，依法成立并生效，双方应依约履行该合同。布拉德公司于 2020 年 10 月 11 日停止正常营业至今，致使鲍晓岩剩余 32 个月的服务期限无法使用，系以自己的行为表明不履行服务合同主要义务，故法院支持鲍晓岩解除双方签订的会员合同的诉请。

合同解除后责任主体。

合同解除后，布拉德公司作为合同违约方应将剩余未使用期限对应费用退还给鲍晓岩，法院酌定为 1780 元÷42 个月×32 个月 = 1356 元。因布拉德公司违约给鲍晓岩造成损失，故鲍晓岩有权主张利息损失。

原股东王亮是否对公司上述债务承担连带清偿责任。《公司法》第 63 条规定："一人有限责任公司的股东不能证明公司财产独立于股东自己的财产的，应当对公司债务承担连带责任。"即一人有限责任公司的法人人格否认适用举证责任倒置规则。法院基于维护正常交易秩序及防止股东以转让股权逃避债务等因素考虑，第 63 条中"一人有限责任公司的股东"不仅包括现任股东，而且包括公司债务形成、存续期间担任过一人有限责任公司的原股东。如该股东能够举证证明其作为一人公司股东持股期间的公司财产独立于个人财产，则无需对公司债务承担连带责任。王亮在其持股期间，将本应由公司收取的会员费直接给付王亮个人，王亮个人财产明显没有独立于布拉德公司财产，故王亮理应对其持股期间形成的涉案债务承担连带清偿责任，且该责任不因股权转让而免除。

现任股东张智成是否对公司上述债务承担连带清偿责任。张智成受让股权后，涉案债权债务仍处于存续状态。公司是以持续存在的资产对外承担债务，公司股东均应尽到不滥用权利的义务。一人公司受让股东如有滥用权利应认定股东行为突破法人独立人格，即对公司偿债能力产生影响，应对公司仍存续的债务包括其持股前产生的债务承担连带责任。对受让股东而言，应在受让前尽到基本审慎的注意义务核实调查公司财务状况、是否存在与转让股东财产混同的现象；受让后应按规范财务制度要求公司建立独立财务报表，以证明公司财产独立于股东个人财产。而张智成受让股权时未进行公司财务账册、债权债务等交接，明显未尽到上述合理注意义务，能够推定其应当知晓公司财产混同的事实；受让后公司继续未建立独立财务报表，导致现在无法确认公司财产是否独立于股东个人财产，故法院对张智成因涉案债务不在其经营期间发生而不承担责任的辩称不予采信，张智成应对仍存续公司债务承担连带责任。此外，审查一人公司股东责任重点在于一人公司是否存在独立财务报表以证明公司财产独立于股东个人财产，而公司是否实际经营并非审查重点，因为公司一旦依法设立即具有独立的财产，公司实际经营产生的收入仅仅为公司财产一部分，并非全部，故即使公司未实际经营也不能免除一人公司股东证明公司财产独立于个人财产的举证责任。

## 【评析】

在认定经营者退还预付款后，如果经营者机构或者公司有内部的负责人有变更的情形，应由谁来承担责任？实务中此问题屡见不鲜，必须要明确责任人，否则会出现互相推诿的情况，不利于消费者权益的实现。

对于本案中的一人有限公司，原股东将全部转让后，应该由原股东还是现股东承担责任？根据我国公司法第63条规定："一人有限责任公司的股东不能证明公司财产独立于股东自己的财产的，应当对公司债务承担连带责任。"这里的股东不仅包括现任股东，而且包括公司债务形成、存续期间担任过一人有限责任公司的原股东。对于现任股东来说，应在受让前尽到基本审慎的注意义务核实调查公司财务状况、是否存在与转让股东财产混同的现象；受让后应按规范财务制度要求公司建立独立财务报表，以证明公司财产独立于股东个人财产。如果一人公司受让股东有滥用权利或者不能证明的情况，应认定股东行为突破法人独立人格，即对公司偿债能力产生影响，应对公司仍存续的债务包括其持股前产生的债务承担连带责任。

## 【典型案例五】伦特薇美容（上海）有限公司与陈某某侵权责任纠纷案
### ——经营者欺诈行为的认定（欺诈可主张退一赔三）

### 【案情简介】

2011 年 3 月 4 日，原告陈某某至被告在上海长宁路的店铺（以下简称伦特薇长宁店）接受体验服务。被告销售人员告知原告，被告系国际知名减肥机构，使用的相关美体塑身产品全部为进口产品，且部分产品需配合仪器使用。同时被告又告知原告必须先向被告预付款项，向被告购买相关护理课程（含产品及服务），原告每实际消费一次，由被告从原告会员卡中扣减相应的实际消费金额。双方随后签订了《配套认可书》。从 2011 年 3 月 4 日至起诉时，原告在被告销售人员以店庆、优惠、冲业绩等种种理由的诱导下，先后与被告签订 16 份合同。截至起诉时，原告已累计向会员卡中充值高达人民币 159 万余元。根据被告出具的消费凭据，原告实际消费金额累计 59 万余元，会员卡内资金尚余 100 万余元。原告在接受被告服务的过程中发现，被告提供的美体塑身服务效果并不稳定，而且原告出现了过敏症状。原告认为被告实际采用的美体减肥产品根本不是进口产品，而是国产产品，已构成欺诈。2014 年 3 月 7 日，考虑到被告的种种欺诈行为，原告向被告正式提出解除合同、退还款项的书面申请。2014 年 3 月 20 日，被告委托律师向原告发出《告知函》，拒绝了原告提出的解除合同和退还款项之申请。

原告认为，被告在向原告提供产品及服务的过程中，存在隐瞒产品真实来源，以国产产品假冒进口产品并以进口产品的价格向原告销售，且未取得特殊用途化妆品的经营资质，虚构产品的原价和优惠价，以多种恶劣的手段骗取原告预付款并恶意不予退还，上述行为均构成欺诈，且欺诈的数额特别巨大，行为十分恶劣。原告请求判令被告全额退还 1 597 110 元的合同款项及逾期利息，同时要求被告按照原告支付价款的三倍赔偿原告因被告欺诈行为而遭受的损失。

被告辩称：第一，对于原告涉及的本案合同的财务支付情况不明，可能会出现原告以外的实际支付主体。原告在被告处的大额消费一度曾引起被告的怀疑，但是原告对这些款项的来源从不作正面回答，不断要求解除合同并退款。且原告迟迟不肯通过法律途径解决问题，仅是通过媒体舆论和个人交涉等来要求解决。第二，本案所有合同的签署，均为原告本人的真实意思表示。原告的保全行为已经给被告公司的正常运营造成损失，被告有权要求原告赔偿相关损失。被告公司不存在欺诈消费者的行为，被告公司始终未承诺过自己的产品为进口产品，被告公司一直如实告知消费者其使用的为国产产品。在被告公司的经营范围中，有美容和减肥服务，不存在无经营资质的问题，被告公司在提供减肥服务中使用的产品亦是一般化妆品。对于一般化妆品，根据相关法规规定，生产企业凭营业执照、化妆品生产许可证、全国工业产品生产许可证即可生产销售。销售价不仅包括成本，还包括办公费用及其他服务的价格，并不能仅仅以成本价格低廉就认为存在欺诈。

## 【裁判结果】

一审法院认定被告系欺诈，判决被告伦特薇公司向原告陈某某赔偿已消费的 59 万余元，并增加赔偿其所受损失的三倍即 177 万余元，合计 236 万余元，同时判决被告退还原告会员卡中的余额 100 万余元。

一审判决后，被告不服提起上诉，二审法院判决驳回上诉，维持原判。

## 【裁判理由】

一审法院总结争议焦点如下：

关于被告是否存在隐瞒商品的真实来源，欺诈消费者的行为。本案中，被告虽然否认曾向原告宣称其使用的产品为进口产品，但被告的工作人员在回答原告代理人问题时，直接肯定了产品系进口产品。另外，原告提供的产品瓶体标识为全英文，极易使消费者认为产品系进口产品，并且被告的商号中带有"国际"二字，也容易使消费者误以为其具有国际背景，使用的是进口产品。综上，可以认定被告存在隐瞒商品的真实来源、欺诈消费者的行为。

关于被告是否存在虚假宣传产品功效、欺诈消费者的行为。根据相关法规的规定，要生产特殊用途的化妆品，须有国务院批准并取得批准文号后才可以生产。其中，使体型健美的化妆品即属于特殊用途的化妆品。本案中，被告提供给原告的产品上有容易使消费者相信产品具有减肥瘦身功效的字样，属于特殊用途的化妆品，但被告的上述产品并未取得相关批准。据此，被告将未取得相关批文的特殊用途化妆品销售给消费者，显然对消费者构成欺诈。

关于被告是否存在虚构产品原价及优惠价、欺诈消费者的行为。原告称被告提供的产品成本仅为 20 元，但销售价高达 200 元，构成价格欺诈。对此法院认为，售价除成本外，还包括广告宣传、人力成本、品牌价值等费用，并不能仅以售价和成本之间的差价过大而认定构成价格欺诈。

被告是否存在骗取消费者预付卡金额、欺诈消费者的行为。原告认为在其向被告提出解除合同的请求后，被告拒绝返还相关款项且称仍在正常经营中，要求原告继续消费会员卡中的余额，但在 4 个月后被告就因无力经营而关闭门店，认为被告恶意侵占原告的预付款，构成欺诈。对此法院认为，虽然原告申请解除合同和退款与被告关闭门店仅相差 4 个月，但在企业的经营过程中，可能会有各种各样的风险，不能仅以时间差来推断申请退款时被告就已经有经营不善的情况，也就无法以此推断被告恶意侵占原告预付款，对于该点欺诈理由，法院不予认同。

综上所述，被告存在隐瞒产品来源、虚假宣传产品功效的欺诈行为。在赔偿原告损失的同时，还应依照《消费者权益保护法》的相关规定，增加赔偿消费者购买商品或者接受服务的费用的三倍。此外，由于被告原因导致合同目的无法实现，且被告公司已歇业，客观上无法继续履行合同，故双方之间的服务合同应予解除，被告还应退还原告会员卡中的余额。

## 【评析】

虚假宣传是预付式消费中较易出现的问题之一。经营者为了扩大销售规模，吸引消费者"办卡"，可能会夸大产品或服务的功效和性能，甚至出现欺诈的情况。由于经营者和消费者两者各方面的实力悬殊，导致消费者往往很难获得关于商品或服务的真实和全面的信息，包括优惠条件、有效期、有效使用权数量、使用地点、退款、转让和违约责任等方面。这就提醒消费者在消费时要理性，避免出现因为商家极力推荐而丧失理智的情况。如果消费者在消费后发现自己被欺诈，可以通过法律途径解决。根据《消费者权益保护法》第 55 条规定："经营者提供商品或者服务有欺诈行为的，应当按照消费者的要求增加赔偿其受到的损失，增加赔偿的金额为消费者购买商品的价款或者接受服务的费用的三倍。"虽然退一赔三看起来赔偿力度很大，但消费者要知道，并非起诉就一定能认定为经营者欺诈，如果败诉，不仅无法实现退一赔三的诉讼请求，还要承担诉讼费。因此消费者要依法维权，理性维权。

## 【典型案例六】广东省消费者委员会诉广州悦骑信息科技有限公司消费民事公益诉讼案

### ——小鸣单车用户押金退还案

## 【案情简介】

广州悦骑信息科技有限公司（以下简称"悦骑公司"）通过其开发的"小鸣单车"APP 向消费者提供共享单车服务。消费者在使用小鸣单车之前，需要先下载"小鸣单车"APP 进行注册并预交 199 元押金，退还押金仅基于消费者的申请，公司承诺申请后1~7个工作日内退还押金。自2017年8月开始，广东省消费者委员会陆续收到消费者关于该公司押金逾期未退还的投诉。截至2017年12月8日，广东省消费者委员会共收到消费者投诉2952件次。之后广东省消费者委员会向广州市中级人民法院起诉，请求悦骑公司立即采取有关措施退还押金，并向消费者完整披露。另外还请求该公司对新注册的消费者采用免押金的方式提供服务并在媒体上公开赔礼道歉。

## 【裁判结果】

被告公司应按承诺向消费者退还押金，如不能按时退还，则应对新注册的消费者暂停收取押金，同时应将收取而未退还的押金向"小鸣单车"运营地的公证机关依法提存，并向未退还押金的消费者公告；被告公司应以让公众足以知晓的方式向消费者真实、准确、完整披露押金收支、使用、退还等涉及消费者押金安全的相关机制和流程等信息，将披露内容向注册地公证机关进行公证，并向注册地工商行政管理部门备案；被告公司应在《广州日报》和广东省省级以上电视台发表赔礼道歉声明。

一审判决后，双方当事人均未提出上诉，本判决已经生效。

## 【裁判理由】

广州市中级人民法院审理认为，悦骑公司将消费者交付的押金用于生产经营，应当在责任财产的承受能力范围内。若超出责任财产承受能力，应提供担保保证及时退还消费者的押金，否则挪用消费者押金的行为即为恶意，应承担相应的法律责任。本案中，悦骑公司未能及时退还消费者的押金，并且没有及时披露相关信息，侵犯了消费者的知情权和财产权。该行为既侵犯了已知消费者的合法权益，同时也对潜在消费者的合法权益存在损害危险，因此应认定该公司侵害了不特定消费者群体的合法权益。该公司的行为不仅侵害了消费者的权益，同时破坏了市场秩序，动摇了互联网经济繁荣的信任基础，危及社会公共利益。因此判决其按承诺向消费者退还押金，并且要完整披露押金收支、使用和退还等涉及消费者押金安全的相关机制流程等信息，同时要在"广州日报"和广东省省级以上电视台上发表赔礼道歉声明。

## 【评析】

该案系全国首例共享单车民事公益诉讼案，入选2017年度中国十大公益诉讼。小鸣单车系与摩拜单车、ofo单车并列的共享单车三大品牌。共享单车可谓红极一时，但从2017年开始，共享单车企业陷入经营困难，在中消协公布的《2017年全国消协组织受理投诉情况分析》列出的九大投诉热点中，"共享单车押金难退，群体投诉频发"居于首位。据不完全统计，2017年以来已有6家共享单车企业陷入经营困难，造成用户押金损失超10亿元。

根据本案的裁判要旨可以总结出该类型公益诉讼判决的司法裁判规则如下：

1. "共享单车"经营者将消费者交付的押金用于生产、经营，应以不超责任财产承受能力为限；超出责任财产承受能力的，应有保证及时退还消费者押金的足够担保。否则，"共享单车"经营者的行为构成对众多不特定消费者合法权益的侵害进而损害了社会公共利益。人民法院应当支持消费者委员会提出的经营者停止收取押金的诉讼请求。

2. "共享单车"经营者应以公众知晓的方式向消费者披露押金收支、使用、退还等涉及押金安全的相关信息，以满足消费者的知情权和选择权。

3. "共享单车"经营者不因被裁定破产而停止执行赔礼道歉义务。

4. 消费者委员会为提起公益诉讼而支付的合理费用由被告承担。

# 【典型案例七】沈晓波与上海享骑电动车服务有限公司服务合同纠纷
## ——共享单车用户押金退还

## 【案情简介】

2018年7月30日，原告沈晓波在"享骑出行"APP支付押金299元，同年10月4日原告充值150元，截至庭审时，原告账户内尚有余额114元。该APP"诚信金说明"一项中载明，收取标准为299元。诚信金不可用于消费，用户可随时申请退还。享骑出行收到消费者的诚信金退款申请后会立即办理退还手续，到账时间一般需要7~15个工作日。2019年7月12日，原告申请退还诚信金，但至今未收到任何退款，原告通过多种渠道与被告联系，但均未果。

另查明，目前"享骑出行"APP无法使用。

## 【裁判结果及理由】

上海市闵行区人民法院认为，原告实名注册了"享骑出行"APP且按照约定支付了押金299元，并以付费的方式使用被告提供的共享电动车，可以认定双方之间的服务合同关系成立并生效，双方均应按约履行合同义务。被告公司提供的合同条款约定客户可以随时申请退还诚意金，原告按合同约定要求被告退还押金 299 元于法有据，应予支持。现"享骑出行" APP 无法正常使用，原告无法获得被告提供的可以正常使用的电动车，进而要求退还充值余额 114 元，于法有据，亦应予支持。据此，依照合同法第 60 条的规定，判决被告上海享骑电动车服务有限公司退还原告沈晓波押金 299 元及余额 114 元。

## 【评析】

近年来，共享单车盛行，消费者在初次使用共享单车服务时，需要先缴纳押金，然后进行一定数额的充值，这也属于预付式消费的一种模式。共享单车虽然方便了市民出行，但由于竞争激烈、盲目扩张，各种共享单车乱停乱放，严重影响城市环境和交通秩序。在此背景下，许多共享单车企业遭遇危机，背负着巨大的现金流压力，由此带来的押金难退问题日益突出。但消费者权益不能成为企业经营失败的牺牲品，本案也为存在退押问题的消费者维权展现了一条新的路径。

# 【典型案例八】 王某诉北京伊露游婴儿用品有限公司 服务合同纠纷案二审

——消费者在使用预付卡消费过程中，因经营者不在原地址经营，
导致消费卡无法使用，其有权请求解除合同并退还预付卡余额

## 【案情简介】

2013 年 9 月 3 日，婴儿王某在北京伊露游婴儿用品有限公司（以下简称伊露游公司）体验游泳一次，其母向伊露游公司办理了游泳卡并交付押金 100 元。同月 5 日，其母向伊露游公司办理 40 次游泳卡，卡内余款 2498 元。二审中伊露游公司已不在原地址经营，王某的游泳卡已不能继续使用。王某以伊露游公司提供的服务不符合合同约定，王某无法实现合同目的为由，要求与伊露游公司解除合同，并退还剩余款项，但遭拒绝。遂向北京市丰台区人民法院起诉，请求伊露游公司返还其押金和游泳卡余额。

## 【裁判结果】

一审法院判决驳回王某的诉讼请求。王某提起上诉称，伊露游公司有违约行为，合同应予解除。

二审法院撤销一审判决，判决解除双方之间的服务合同。伊露游公司应向王某返还游泳卡费用 2262.65 元，押金 100 元。

## 【裁判理由】

北京市第二中级人民法院二审审理认为，王某在伊露游公司体验游泳后办理游泳次卡并交纳相应费用，虽然双方并未签订书面合同，但王某与伊露游公司之间已形成服务合同关系，双方均应履行各自的义务。《合同法》第 93 条规定，当事人一方迟延履行债务或者有其他违约行为致使不能实现合同目的的，当事人可以解除合同。王某使用游泳次卡后因出现哭闹现象，其家人与伊露游公司协商退卡事宜未果。在本案二审过程中，伊露游公司未在其经营地及注册地经营，致王某购买的游泳卡无法继续使用，合同事实上已无法履行，合同目的无法实现。王某要求解除合同的上诉主张，符合《合同法》第 93 条规定的合同解除的情形。据此，二审法院判决解除王某与伊露游公司之间的服务合同，伊露游公司返还王某游泳卡费用 2262.65 元，押金 100 元。

## 【评析】

消费者和经营者之间的预付式服务合同既可以采用书面形式订立，也可以采用口头形式或其他形式。在预付式消费模式下，消费者经常因为数额不大，都不会选择订立书面合同，只要双方达成合意，消费者预付相应价款后，合同即为生效，经营者就应该履行合同义务，提供相应的服务。

由于预付式消费属于"一次付款，多次履行"的模式，因此在使用消费者预付卡消费过程中，会出现各种无法预见的情况使得无法达成消费者预期的服务效果。本案中就属于其中的一种情形。因经营者不在原地址经营，导致消费者的服务效果不佳，消费卡无法使用，可以认定为合同事实上无法履行，合同目的无法实现，消费者即享有合同的单方解除权，经营者应退还预付卡的余额和押金。

# 【典型案例九】余某某与北京花千树信息科技有限公司服务合同纠纷二审

## ——预付式婚恋服务合同中预付款退还问题

## 【案情简介】

余某某（甲方）与北京花千树信息科技有限公司（简称花千树公司）（乙方）于2019年先后签订了两份《世纪佳缘VIP会员服务合同》（以下简称服务合同），约定甲方委托乙方进行佳缘红娘服务，分别约定了甲方的择偶要求。乙方向甲方提供红娘服务系人工服务，红娘服务期间根据甲方择偶要求进行匹配筛选，第一份合同约定安排不少于10人次位，第二份合同约定安排不少于12人次位约见等服务。两份合同均约定了在合同履行期间，非因法定情形擅自解除合同的一方需承担合同总金额30%的违约责任，因擅自解除合同使对方实际损失超过违约金的，对于超过部分违约方还应进行赔偿。第二份合同还约定在合同期内满足一定条件的，甲方还可享受福利"结婚返还"。

余某某就上述两份合同向花千树公司支付服务费合计239 800元。经询，双方均确认签署第一份合同后，花千树公司为余某某安排了3人约见；签署第二份合同后，花千树公司为余某某安排了5人约见。

一审庭审中，余某某表示履约过程中，花千树公司多次更换红娘，婚介师不具有从业资质，推荐人员与余某某择偶标准严重不符，除安排约见外，花千树公司未履行其他合同义务。且花千树公司提供格式条款显失公平，违约责任不应超过实际损失的30%，约定标准过高。花千树公司的违约行为导致余某某丧失对其的信任，合同目的无法实现，余某某依法行使合同解除权，并主张退还全部服务费及资金占用费，并就此提交谈话录音、微信截屏等为证。对此，花千树公司表示主要义务系以合同约定择偶标准安排约见，实践中可能会有部分推荐对象不完全符合要求，但在告知情况且余某某同意约见情况下，视为其完成合同义务；其并不存在违约行为，不同意解约退款及支付资金占用费，并就此提交见面确认表为证。

## 【裁判结果】

一审法院判决：一、北京花千树信息科技有限公司于判决生效之日起七日内退还余某某服务费14万元；二、驳回原告余某某的其他诉讼请求。

原告余某某不服，提出上诉。

二审法院驳回上诉，维持原判。

## 【裁判理由】

二审法院总结争议焦点如下：

1. 涉案合同是否达到法定解除的条件

关于合同解除：首先，原被告之间的两份服务合同系当事人真实的意思表示，不违反法律法规的强制性规定，不违背公序良俗，合法有效，双方均应当遵守。其次，对婚介服务的评价往往具有较强主观性，故在评判婚介机构提供的服务是否符合约定时，应当结合当事人的举证情况及案件具体情况加以综合考察。本案中，在两份合同签订后，花千树公司确实分别为余某某提供了合同项下的部分服务，对于合同中约定的各项服务之间的关系、余某某所称更换红娘等问题，花千树公司也作出了相应解释，就本案现有证据及审理查明情况，难以认定花千树公司在履行涉案两份合同的过程中存在根本违约，致使原告的合同目的无法实现，因此原告依法行使解除权依据不足。但因婚介服务具有特殊人身属性，不宜强制执行，原告明确表示不再履约，已不具备合同履行的客观条件，法院支持原告解除合同的诉讼请求。

2. 花千树公司应否全额退还余某某服务费

从订约目的及履约行为的角度来看，两份合同约定安排人员回见系被告公司所附主要合同义务，被告公司于两份合同项下分别履行部分义务，因此不能支持原告全额退款的诉讼请求，只能根据被告公司履约情形酌情判处相应服务费用，剩余部分予以退还。

而双方约定的违约条款，适用于双方当事人，并非仅加重余某某一方的违约责任，因余某某系在合同期内提出解除合同，应当受到该违约责任条款的约束。考虑到余某某明确提出合同约定的违约金标准过高且花千树公司未提交相应证据证明实际损失，法院对此酌情认定，就服务费用及违约金于已付款项中一并予以扣抵，剩余部分由花千树公司退还余某某。

## 【评析】

近年来，随着相亲热的蔓延，婚介机构不断涌现。目前大部分的婚介服务合同均采用预付费用，之后按期或按次接受经营者服务的模式。但由于对此类服务具有较强的主观性，婚介机构不可能保证所推介的对象必然符合消费者的心理预期，对交往对象的评价取决于消费者的主观感受。因此在实务中经常发生消费者预付了高额的费用，但不满意婚介机构所提供服务的情形。

婚介服务的评价往往具有较强主观性，故在评判婚介机构提供的服务是否符合约定时，应当结合当事人的举证情况及案件具体情况加以综合考察。另外，婚介服务合同具有特殊的人身属性，不宜强制执行，如果消费者明确表示不再继续履约，则不具备合同履行的客观条件。因此，即使在合同中有约定任何一方不可以单方解除合同，也应允许消费者单方提出解除。消费者提出返还服务款项请求的，应审查合同不能履行的原因，既要考虑消费者一方的信息劣势地位，又要避免以消费者的主观感受作为唯一判断标准，在考量双方过错程度的基础上综合认定各自应承担的责任。

消费者在面对纷繁复杂的婚介服务宣传时，要保持清醒和理性，不要被美好的宣传语冲昏头脑，要考虑到婚介机构介绍的对象不能满足自己主观要求的情况。同时，消费者事先务必签订并保管好书面协议，对对方可能出现的临时提价、违约责任作特别约定，尽可能根据自身需求进行细化，维护好自身权益。

## 【典型案例十】 重庆市律健健身有限公司与鄢明金服务合同纠纷二审

### 【案情简介】

2018年11月11日，鄢明金与律健健身有限公司（简称律健公司）签订《会员资格申请表》，载明会员卡类型为一年卡，起始时间为2018年11月20日，截止时间为2019年11月20日，入会费为3080元。另备注双十一赠送10个月，截止时间为2020年9月20日。当日鄢明金支付会员费3080元。2019年3月15日，鄢明金与律健公司签订《律健健身私教协议》，协议约定：教练姓名王嘉忠，课程名称MMA综合格斗，课时次数33节，起始日2019年4月1日，终止日2020年9月26日，课程总费用8580元。若终止日前所购买私教课程未如期上完，会员有权延长私教有效期，在有效期延长一年后，若私教课程还未上完，该会员需购买与剩余课时同等节数的私教课用以激活原有私教课程。该会员购买新私教价格按同期公司价格政策执行，否则原有私教课时将作废并概不退款。若原私人教练无法带完私教课程的情况下（调离公司或辞职），会所将有权为学员更换私人教练带完余下的私教课程。私人教练课程一经售出概不退款。当日，鄢明金支付了私教费8580元。现鄢明金已使用私教课8节，还剩25节私教课。私人教练王嘉忠在律健公司单位工作至2020年1月底，之后离职。

庭审中，鄢明金陈述其于2019年7月23日电话通知律健公司员工停会员年卡，故其主张律健公司退还从 2019 年 8 月 20 日至 2020 年 9 月 20 日共计 13 个月的会员费 1820 元，并变更相应的诉讼请求。鄢明金另主张于 2020 年 7 月 4 日曾口头通知律健公司解除合同。律健公司表示未收到鄢明金的停卡通知及解除通知。鄢明金另举示律健会员服务群聊天记录，拟证明律健公司的健身服务不到位。

另查明，因疫情原因，律健公司延迟复工，会员到期时间统一延迟 3 个月。

## 【裁判结果】

一审法院判决解除双方之间的会员协议及《律健健身私教协议》；被告应退还原告私教费及会员费 4500 元。

一审判决后，被告不服，提出上诉。

二审法院驳回上诉，维持原判。

## 【裁判理由】

二审法院总结争议焦点为协议中"私人教练课时费经售出概不退款"的约定是否属于格式条款，是否无效。

根据《合同法》第 39 条对格式条款的界定，本案中私教协议符合格式条款的特征，应属格式条款。另，根据《合同法》第 40 条规定，提供格式合同条款一方免除其责任、排除对方主要权利的，该条款无效。涉案协议中"一经售出概不退款"的约定，明显加重消费者的责任、排除消费者的主要权利，应属无效。

虽然双方在《律健健身私教协议》中约定在原私人教练无法带完私教课程的情况下，会为学员更换私人教练带完余下的私教课程，从而使得原告不能以原私教离职为由要求解除合同。但在健身过程中，学员与私教之间的配合具有一定的身份属性，更换私教可能会使学员感到不适应，从而不利于健身合同的继续履行，如果不允许学员解除合同，双方就会形成合同僵局。另外，在预付式消费中，如果消费者单方终止消费，经营者并无违约或过错行为的，应结合消费者过错程度、经营者提供服务的情况，依照公平原则和诚实信用原则确定消费者的违约责任。

因此法院最终判决解除双方签订的会员协议及《律健健身私教协议》并根据双方的过错程度，依据公平原则和诚实信用原则确定由上诉人律健公司退还被上诉人鄢明金 4500 元。

## 【评析】

预付式消费在健身消费领域中也很常见，特别是近年来健身私教逐渐盛行。当消费者因为私教无法带完剩下课程的情况而希望解除合同时，如果因为协议中的约定被拒绝，可以采用诉讼途径加以解决。当前司法裁判中，考虑到在健身过程中，学员与教练的配合具有一定的身份属性，更换私人教练可能对学员造成不适应，不利于健身合同的继续履行，若一概不允许学员通过起诉方式解除合同，双方必形成合同僵局，有违诚实信用原则。在此种情形下大多都是支持消费者诉请的。当然，消费者在订立协议时要注意如果自己不想更换私教，则在协议中应有相应的体现，诸如加入"如果之后私教无法带完全部课程，则消费者有权解除合同"的条款。这也要求消费者在签订此类预付式服务合同时，一定要详细阅读协议条款。另外，诸如"一经售出概不退款"一类的条款属于无效的格式条款，根据现行《民法典》第497条规定，提供格式条款一方不合理地免除或者减轻其责任、加重对方责任、限制对方主要权利的，该格式条款无效。

## 【典型案例十一】 肖冲与北京拜克洛克科技有限公司申请确认仲裁协议效力民事裁定

### 【案情简介】

原告肖冲系清华大学法学院学生，ofo共享单车APP的注册用户；被告北京拜克洛克科技有限公司（以下简称拜克洛克公司）系ofo共享单车经营企业。2017年1月20日，原告肖冲以手机号注册成为ofo共享单车用户，并通过微信支付押金99元。2020年10月9日，肖冲向北京市第四中级人民法院提起确认仲裁协议无效的申请。

ofo共享单车APP的《用户服务协议》第15.2条约定争议解决方式为，凡因协议引起的或与协议有关的任何争议，均应提交中国国际经济贸易仲裁委员会，按照申请仲裁时该会现行有效的仲裁规则进行仲裁。仲裁应在北京进行，仲裁裁决是终局的，对双方均有约束力。对此，肖冲认为，该仲裁协议无效。理由有四：其一，该条款属于合同法第40条规定的格式条款无效的情形。因为ofo共享单车用户遍布全国，如果受到北京仲裁的纠纷解决条款约束，则主张权利的成本过高，会导致其被迫放弃到北京仲裁，也就意味着排除了消费者程序法权利，从而排除了实体法权利，应认定为无效。其二，《消费者权益保护法》第26条规定，经营者在经营活动中使用格式条款的，应当以显著方式提请消费者注意与消费者有重大利害关系的内容，并按照消费者的要求予以说明。消费者交纳的押金一般为99或199元，而中国国际经济贸易仲裁委员会受理案件的最低费用为6100元，纠纷解决成本与案件标的额相比过高，会实质阻碍消费者权益的维护。而仲裁协议即属于上述所称与消费者有重大利害关系的内容。其三，2019年版《用户服务协议》和APP页面并未将仲裁协议以显著方式提请消费者注意，不足以引起肖冲注意，更未达到法律规定的显著程度，故应认定为无效。其四，肖冲作为 2017 年注册的用户，无法注意到拜克洛克公司 2019 年版《用户服务协议》提示。拜克洛克公司未以显著方式提请肖冲注意该仲裁协议，在后续更新中未以合理方式提示肖冲注意更新后的重要内容，未尽经营者义务。综上所述，原告肖冲认为案涉仲裁协议无效。

对此，被告辩称第 15.2 条并非无效的格式条款，未违反公平原则，平等适用于肖冲和拜克洛克公司；并且《用户服务协议》已经对争议解决条款采取了合理提示，比如在注册页面的下方显示，并将《用户服务协议》使用黄色字体进行标注以提示用户。另外，虽然中国国际经济贸易仲裁委员会的仲裁费起征点较高，但仲裁费用最终由败诉方承担，不会增加当事人的维权成本。

## 【裁判结果】

北京市第四中级人民法院认为原告肖冲提出的确认仲裁协议无效的理由不能成立，依法驳回肖冲的申请。

## 【裁判理由】

经审查，双方认可签订的《用户服务协议》中存在仲裁协议这一事实，本案的争议焦点为仲裁协议的效力。法院认为，肖冲作为完全民事行为能力人，自愿注册成为 ofo 共享单车的用户，现有证据不能认定肖冲对签订《用户服务协议》存在不真实的意思表示，仲裁协议具有明确的仲裁事项、选定的仲裁机构以及意思表示，不存在仲裁协议无效的情形，依法应认定为有效。理由如下：

第一，选择仲裁协议解决纠纷，不能被认定为是对一方责任的加重抑或是主要权利的排除。因此，双方之间的争议解决条款不属于合同法第 40 条规定的格式条款无效的情形。

第二，关于原告提出的被告对仲裁协议未尽显著提示义务的主张。法院认为，根据原告提交的《用户服务协议》，被告以"［审慎阅读］"及争议解决提示内容进行字体形式的加黑加粗、仲裁条款数字下划线的方式进行了提示。且肖冲对其主张的在其注册之时的《用户服务协议》未尽提示义务的主张未予举证，因此其主张无事实依据，法院不予认可。

第三，关于原告提出提交中国国际经济贸易仲裁委员会解决争议产生的仲裁费等维权成本明显高于诉讼费用的主张。法院认为，仲裁庭在裁决时，有权根据当事人承担的责任比例确定仲裁费用如何分担，也有权要求败诉方承担合理费用。并且原告提出的该项无效理由不属于法院对仲裁司法审查案件的审查范围，法院不予支持。

## 【评析】

近年来，共享单车盛行，消费者在初次使用共享单车服务时，需要先缴纳押金，然后进行一定数额的充值，这也属于预付式消费的一种模式。共享单车虽然方便了市民出行，但由于竞争激烈、盲目扩张，各种共享单车乱停乱放，严重影响城市环境和交通秩序。在此背景下，许多共享单车企业遭遇危机，背负着巨大的现金流压力，由此带来的押金难退问题日益突出。

由于申请退还押金的消费者人数巨大，使得消费者维权之路一度十分艰难。除了前述由消协提起公益诉讼要求退还押金的情况，本案的申请确认仲裁协议无效的情形也属于消费者维权的一种形式。但在实务中，此类案件基本上都以消费者败诉而告终。

# 附录
## 附录一　预付式消费立法建议稿

<br>

# 预付式消费立法建议稿

## 第一章　总　　则

**第一条**　为加强预付式消费管理，预防和制止危害消费者财产安全的行为，保护消费者的合法权益，维护市场公平竞争和社会经济秩序，制定本法。

**第二条**　经营者在中华人民共和国境内开展预付式消费经营活动及其监督管理适用本法。

经营者开展预付式消费经营活动，应当遵循自愿、平等、公平、诚信的原则，遵守法律和商业道德。

本法所称经营者是指从事商品生产、经营或者提供服务的自然人、法人和非法人组织。

本法所称预付式消费是指消费者向经营者先行支付约定费用后，按约定方式分次购买商品或接受服务的一种消费方式。预付式消费，通常以经营者所发行的实物卡、虚拟卡为载体，主要分为单用途预付式消费凭证和多用途预付式消费凭证。

本法所称单用途预付式消费凭证，是指经营者发行的消费者仅可在经营者及其所属集团、同一品牌特许经营体系内兑付商品或者服务的预付凭证。

本法所称多用途预付式消费凭证，是指由第三方中介机构（非金融专营机构）负责发放并可以跨地区、跨企业使用的预付凭证。

**第三条**　预付式消费经营活动的监督管理应当坚持规范发展、风险防范、社会共治的原则，采取信息共享和分类监管等措施，建立、健全预付式消费长效监管和服务机制，促进和引导市场有序发展。

**第四条**　县级以上人民政府应当加强对本行政区域内预付式消费经营活动监督管理工作的领导，落实预付式消费经营活动属地监管责任，建立预付式消费协同监管工作机制。

**第五条**　县级以上人民政府市场监督管理、商务、文化、体育、交通、旅游和教育等部门（以下简称预付式消费行业主管部门）负责各自主管行业、领域内预付式消费经营活动的监督管理工作。

**第六条**　预付式消费行业组织应当加强行业自律，制定行业规则，开展行业培训，指导、督促本行业经营者依法、诚信经营，推进行业信用体系建设，开展本行业经营者信用评价和风险预警工作，向社会公众宣传消费注意事项，并配合预付式消费行业主管部门开展投诉处理等工作。

第二章　消费者权益保护

**第七条**　消费者在预付式消费前，有权询问和了解该预付式消费业务的真实情况。消费者要求签订书面合同的，经营者应与消费者签订书面合同。

消费者在进行预付式消费时，应当关注经营者的信用状况，理性消费，并注意防范风险，提高自我保护意识，维护自身合法权益。

**第八条**　经营者以预付式消费方式提供商品或者服务的，消费者有权自付款之日起七日内无理由要求退款，经营者可以扣除其为提供商品或者服务已经产生的合理费用。

经营者未按照约定提供商品或者服务的，消费者有权要求退回预付款。未消费的，应当全额退款并承担预付款的利息；已经消费的，应当按原约定扣除已经消费的金额，予以退款并承担退款部分的利息。

**第九条**　经营者在预付式消费经营活动中应当遵守法律、法规，恪守社会公德、诚信经营，保障消费者合法权益，不得设定不公平、不合理的交易条件，不得强制交易。

**第十条**　经营者应当真实、全面地向消费者提供预付式消费的相关信息，不得作虚假或者引人误解的宣传。经营者对消费者就预付式消费提出的询问，应当作出及时、真实、明确的答复。

**第十一条**　经营者应当与消费者签订预付式消费书面合同。经营者应履行提示告知与说明义务，确保消费者知晓并认可预付式消费合同内容。

县级以上人民政府应当会同预付式消费行业主管部门制定预付式消费合同示范文本，并鼓励经营者使用。

**第十二条**　经营者应当对收集到的消费者个人信息严格保密，不得泄露、出售或者非法向他人提供。

**第十三条**　经营者因停业、歇业或者经营场所迁移等原因影响消费者购买、使用商品或服务的，应当提前三十日在其经营场所发布告示，并以电话、短信、电子邮件等形式通知消费者。经营者应当按照消费者的要求继续履行或者退回预付款余额。

**第十四条**　经营者终止经营活动后，承受其权利义务的经营者应当继续向消费者提供商品或者服务，不得增设不合理的交易条件或者从事其他减损消费者权益的行为。

**第十五条**　经营者应当建立方便、快捷的消费争议处理机制，与消费者采用协商等方式解决消费争议。

消费者可以通过相关投诉举报渠道，对经营者的违法行为投诉举报。

**第十六条** 因预付式消费产生的争议纠纷，经营者就其行为与消费者损害之间的因果关系承担举证责任。

**第十七条** 对损害消费者合法权益的行为，消费者协会和其他消费者组织可以支持消费者向人民法院提起诉讼，或者依法提起公益诉讼。

## 第三章 预收资金监管

**第十八条** 经营者应当依照法律、法规、规章进行备案。

**第十九条** 预付式消费业务规模应当符合经营者的经营能力和财务状况。

**第二十条** 经营者应当对预收资金加强管理。预收资金只能用于经营者主营业务及兑付商品或者服务的开支，不得用于不动产、股权、证券等投资及借贷。

**第二十一条** 经营者应使用保证金或履约保证保险等方式管理预收资金。

**第二十二条** 经营者使用保证金方式的，应当与预付式消费行业主管部门签订保证金托管协议，并在预付式消费行业主管部门指定的商业银行开设托管账户。

经营者应将预付资金中未使用余额的二分之一以上金额作为保证金缴存于托管账户。保证金额不足未使用余额的二分之一的，经营者应补足缺额部分并向预付式消费行业主管部门报告。

预付式消费行业主管部门每半年对其托管的保证金进行一次审查。未足额缴纳保证金的，应要求经营者补足缺额部分或使用其他预收资金管理方式。经营者不得任意挪用已托管的保证金。消费者与预付式消费有关的债权在保证金范围内优先于其他债权人受偿。

## 第四章 信息管理与信用管理

**第二十三条** 省、自治区、直辖市地方人民政府负责组织建设统一的协同服务监管平台，归集本省、自治区、直辖市内经营者发行、兑付、预收资金等信息。

国务院负责各省、自治区、直辖市协同服务监管平台之间的协调工作。

**第二十四条** 协同服务监管平台应当实现与经营者的互联互通，并且应当向消费者开放。

**第二十五条** 经营者应当与协同服务监管平台实现信息对接，及时、准确、完整地传送发卡数量、预收资金以及预收资金余额等基本信息。

**第二十六条** 协同服务监管平台应当按照国家和地方有关规定公示经营者失信信息。

经营者有下列行为之一的，应当将其列入失信主体名单，并标明对该严重失信行为负有责任的法定代表人、主要负责人和其他直接责任人的信息：

（一）因停业、歇业或者服务场所迁移等原因未作出合理安排且无法联络的；

（二）一年内因违反本法受到两次以上行政处罚的；

（三）其他严重侵犯消费者财产权益的行为。

**第二十七条**　经营者有下列情形之一的，不得从事预付式消费经营业务：

（一）经营者或者其控股股东、实际控制人五年内因预付式消费失信行为被列入失信主体名单；或者经营者的法定代表人、主要负责人、实际控制人五年内对预付式消费严重失信行为负有责任的；

（二）经营者或者其法定代表人、主要负责人、控股股东、实际控制人被司法机关确定为失信被执行人。

# 第五章　法律责任

**第二十八条**　预付式消费行业主管部门发现经营者在预收资金管理、信用信息管理等方面存在不规范行为的，应当通过发送监管警示函、约谈经营者或其主要负责人等方式，要求经营者采取相关措施限期予以整改。对拒不整改的，预付式消费行业主管部门应当将经营者涉嫌违法违规的相关信息及时告知预付式消费行政执法部门，由预付式消费行政执法部门依照本法进行处罚。

**第二十九条**　经营者违反本法第十八条的规定，擅自经营预付式消费业务，由违法行为发生地预付式消费行政执法部门责令限期改正；逾期不改正的，处五万元以上十万元以下的罚款；情节严重的，责令停业整顿，并处十万元以上五十万元以下的罚款。

**第三十条**　经营者违反本法第九条至第十四条规定的，由违法行为发生地预付式消费行政执法部门责令限期改正，可以处一万元以上二十万元以下罚款。情节严重的，处二十万元以上二百万元以下的罚款。

**第三十一条**　经营者违反本法第二十条至第二十二条规定的，由违法行为发生地预付式消费行政执法部门责令改正，并处一万元以上十万元以下罚款；预收资金金额五十万元以上的，并处违法预收资金金额的百分之二十以上百分之五十以下罚款。

**第三十二条**　经营者违反本法第二十五条规定的，由违法行为发生地预付式消费行政执法部门责令限期改正，可以处五千元以上五万元以下罚款。

**第三十三条**　行政机关工作人员在单用途卡经营活动监督管理过程中，违反本法，滥用职权、玩忽职守、徇私舞弊的，依法给予处分；构成犯罪的，依法追究刑事责任。

**第三十四条**　经营者在经营过程中有非法吸收公众存款、集资诈骗、洗钱、挪用资金等情形的，由公安等行政管理部门依法处理；构成犯罪的，依法追究刑事责任。

**第三十五条** 经营者违反本法受到行政处罚的，由实施处罚的主管部门在协同服务监管平台上公示处罚信息。

**第三十六条** 本法自××××年××月××日起实行。

# 预付式消费立法理由

## 第一章 总 则

**第一条 【立法目的】**

**【法律条文】** 为加强预付式消费管理，预防和制止危害消费者财产安全的行为，保护消费者的合法权益，维护市场公平竞争和社会经济秩序，制定本法。

**【说明】** 本条是有关立法宗旨的条款，明确了制定本法的多元目的，包括加强管理、预防和制止不法行为、保护消费者合法权益以及维护社会经济秩序等。

**【理由】** 立法宗旨是法律制定的原初动力，也是法律适用的解释依据，对于一部良法不可或缺。本条对于本法的制定和实施具有重大意义，本法的直接目的是加强对预付式消费的管理，主要目的是预防和制止危害消费者财产安全的行为，保护消费者的合法权益，最终目的是维护市场公平竞争和社会经济秩序。这三个目的相互协调配合，具有内在的一致性，有利于本法的贯彻落实。

**【国内外立法例】**

**《单用途商业预付卡管理办法（试行）》**

**第一条** 为加强单用途商业预付卡管理，维护当事人合法权益，防范资金风险，根据有关法律法规，制定本办法。

**《上海市单用途预付消费卡管理规定》**

**第一条** 为了加强单用途预付消费卡管理，保护消费者合法权益，维护市场公平竞争秩序，根据《中华人民共和国消费者权益保护法》等法律、行政法规，结合本市实际，制定本规定。

**《北京市预付式消费市场监督和服务管理办法（征求意见稿）》**

**第一条** 为加强预付式消费市场监管，不断优化提升市场环境和消费环境，更有效保护消费者合法权益，促进消费升级和产业高质量发展，根据《消费者权益保护法》、《合同法》、《电子商务法》、《单用途商业预付卡管理办法（试行）》等法律法规，结合本市实际，制定本办法。

### 第二条　【适用范围、基本原则、基本概念】

【法律条文】经营者在中华人民共和国境内开展预付式消费经营活动及其监督管理适用本法。

经营者开展预付式消费经营活动，应当遵循自愿、平等、公平、诚信的原则，遵守法律和商业道德。

本法所称经营者是指从事商品生产、经营或者提供服务的自然人、法人和非法人组织。

本法所称预付式消费是指消费者向经营者先行支付约定费用后，按约定方式分次购买商品或接受服务的一种消费方式。预付式消费，通常以经营者所发行的实物卡、虚拟卡为载体，主要分为单用途预付式消费凭证和多用途预付式消费凭证。

本法所称单用途预付式消费凭证，是指经营者发行的消费者仅可在经营者及其所属集团、同一品牌特许经营体系内兑付商品或者服务的预付凭证。

本法所称多用途预付式消费凭证，是指由第三方中介机构（非金融专营机构）负责发放并可以跨地区、跨企业使用的预付凭证。

【说明】本条是为明确本法适用的地域范围、基本原则和基本概念的含义。

【理由】本条作为本法总则的重要组成部分，对于本法的具体实行具有重大意义。首先，经营者在我国境内开始预付式消费经营活动及其监督管理适用本法，表明本法为"属地管辖"，这意味着境外经营者在我国境内从事有关业务，也需遵守本法，这解决了本法适用的地域范围问题。其次，本条明确了经营者开展预付式消费经营活动的基本原则，即自愿、平等、公平、诚信。对于经营者与消费者之间的纠纷，若无明确的条文予以规定，可适用基本原则条款进行处理，这在一定程度上提高了本法适用的灵活性。最后，"经营者""预付式消费""单用途预付式消费凭证""多用途预付式消费凭证"等概念是本法的基本要素，本条对其内涵进行明确，有利于本法的准确实施。

【国内外立法例】

**国内立法规定：**

**《单用途商业预付卡管理办法（试行）》**

第二条　从事零售业、住宿和餐饮业、居民服务业的企业法人在中华人民共和国境内开展单用途商业预付卡业务适用本办法。

本办法所称单用途商业预付卡（以下简称单用途卡）是指前款规定的企业发行的，仅限于在本企业或本企业所属集团或同一品牌特许经营体系内兑付货物或服务的预付凭证，包括以磁条卡、芯片卡、纸券等为载体的实体卡和以密码、串码、图形、生物特征信息等为载体的虚拟卡。

**《上海市单用途预付消费卡管理规定》**

**第二条** 本市行政区域内的经营者开展单用途预付消费卡（以下简称单用途卡）经营活动及其监督管理，适用本规定。

本规定所称单用途卡，是指经营者发行的，仅限于消费者在经营者及其所属集团、同一品牌特许经营体系内，兑付商品或者服务的预付凭证，包括以磁条卡、芯片卡、纸券等为载体的实体卡和以密码、串码、图形、生物特征信息等为载体的虚拟卡，但兑付特定商品或者服务除外。

供电、供水、供气等公用事业单位单用途卡经营活动及其监督管理，适用相关法律、法规的规定。

**《北京市预付式消费市场监督和服务管理办法（征求意见稿）》**

**第二条** 本市行政区域内的经营者采用预付式消费方式开展经营活动及其监督管理，适用本办法。本办法所称预付式消费是指经营者通过发行预付费卡、预缴预存等方式收取消费者押金、会员费、课时费（课程费）等预付费用的消费模式，并在经营者及其所属集团、同一品牌特许经营体系内，兑付商品或者服务。预付凭证包括但不限于以磁条卡、芯片卡、纸券等为载体的实体卡和以密码、串码、图形、生物特征信息等为载体的虚拟卡。供电、供水、供气等公用事业单位预付式消费经营活动及其监督管理，不适用本管理办法。

**国外立法规定：**

对预付式消费的定义：

台湾：在预付式消费形态中，由消费者先行向经营者或第三方机构支付钱款之后以记载该价值的礼券或是储值工具作为支付使用的预付式票证。

日本：发行者发行，消费者同意支付对价购买，通过票证、电子或其他方式记载有金额、商品或服务，并能兑付的产品，包括纸质、磁条卡、IC卡等形式。

美国：预先支付的货币价值记录在一个远程数据库中，交易授权必须通过连接该数据库才能完成。

**第三条 【监管原则】**

**【法律条文】** 预付式消费经营活动的监督管理应当坚持规范发展、风险防范、社会共治的原则，采取信息共享和分类监管等措施，建立、健全预付式消费长效监管和服务机制，促进和引导市场有序发展。

**【说明】** 本条是有关监管原则的条款，具体原则包括"规范发展""风险防范""社会共治"，同时明确各行业主管部门信息共享、分类监管的基本措施。

**【理由】** 监管原则是行业主管部门进行监督管理的基本依据，也是完善监管措施、优化监管职能的主要方向。"规范发展"，强调预付式消费行业的发展不可偏离法制的轨道；"风险防范"，强调监管职能重在"事前预防"，而不是"事后救济"，将风险因素从源头消除；"社会共治"，强调行业协会、消费者组织等社会组织要参与到预付式消费行业的治理中来。由于预付式消费经营活动横跨多个行业，所以实行分类监管，由多个政府部门分别进行监管，但也会由此产生信息偏在问题，所以信息共享就显得尤为必要。以上监管原则和监管措施相互配合，共同助力于监管机制的完善。

**【国内外立法例】**

**国内立法规定：**

**《上海市单用途预付消费卡管理规定》**

**第三条**　单用途卡经营活动的监督管理应当坚持规范发展、风险防范、社会共治的原则，采取信息共享和分类监管等措施，建立、健全单用途卡长效监管和服务机制，促进和引导市场有序发展。

**《北京市预付式消费市场监督和服务管理办法（征求意见稿）》**

**第三条**　预付式消费市场监督管理应当坚持精治、共治、法治、信治的原则和方式，通过高强度监管、高科技应用、高水平服务，构建"一体化、智能化、市场化"的预付式消费监管和服务体系，形成政府推动、市场主导的消费服务产业生态，有效降低治理成本，提升治理效能，促进和引导相关行业健康发展。

**第四条　【属地监管机制】**

**【法律条文】**县级以上人民政府应当加强对本行政区域内预付式消费经营活动监督管理工作的领导，落实预付式消费经营活动属地监管责任，建立预付式消费协同监管工作机制。

**【说明】**本条是有关政府领导与协调职能的条款，强调县级以上人民政府的属地监管责任。

**【理由】**由于预付式消费经营活动涉及多个行业，本法实行分类监管，由多个行业主管部门分别进行监管，这必然会产生"监管空白""监管重叠"的问题，进而诱发"争抢权力""推卸责任"的问题。由于预付式消费经营活动的复杂性，立法又不可能彻底划清各个行业的边界，所以本条明确县级以上人民政府对于行业主管部门监管工作的领导与协调职能，授权其建立预付式消费协同监管工作机制，并就此承担属地监管责任，以期解决分类监管带来的问题。

**【国内外立法例】**

**国内立法规定：**

**《北京市预付式消费市场监督和服务管理办法（征求意见稿）》**

**第四条**　市人民政府应当加强对本市行政区域内单用途卡经营活动监督管理工

作的领导，建立单用途卡协同监管工作机制，协调、督促有关部门做好单用途卡监管和服务工作，履行保护消费者合法权益的职责。

区人民政府应当落实单用途卡经营活动的属地监管责任，预防、制止危害消费者财产安全的行为，督促有关部门依法履行单用途卡经营活动监督管理职责。

**第五条　【分类监管机制】**

**【法律条文】**县级以上人民政府市场监督管理、商务、文化、体育、交通、旅游和教育等部门（以下简称预付式消费行业主管部门）负责各自主管行业、领域内预付式消费经营活动的监督管理工作。

**【说明】**本条是有关分类监管的条款，各预付式消费行业主管部门负责各自主管行业内预付式消费经营活动的监督管理工作。其中，零售、餐饮、生活服务等领域，由市场监督管理部门负责实施；文化旅游，由文化综合执法机构负责实施；交通领域，由交通行业主管部门负责实施；体育领域，由体育行业主管部门负责实施；教育培训领域，由教育、人力社保主管部门负责实施；其他领域，由相关部门按行政职责实施。

**【理由】**实行分类监管对于本法的实施具有很强的必要性。一方面，由于预付式消费经营活动极为普遍，有关案件易发、多发，如果由一个部门监管，会面临执法资源严重不足的问题，严重妨碍本法的实施。根据我们前期在四川的调研，不少县区没有商务主管部门，即使有相应部门，专门负责预付卡事务的执法人员也是寥寥无几，因此，本法实行分类监管，以避免执法压力过于集中、执法资源紧张的问题；另一方面，预付式消费横跨零售、餐饮、文化、教育、体育等多个行业、领域，每个领域的执法专业性均较强，如果由一个部门来执法，则会产生专业性不足的问题，基于这种考虑，本法实行分类监管，以提高执法的专业性。

**【国内外立法例】**

**国内立法规定：**

**商务部《单用途商业预付卡管理办法（试行）》**

**第五条**　商务部负责全国单用途卡行业管理工作。县级以上地方人民政府商务主管部门负责本行政区域内单用途卡监督管理工作。

**《上海市单用途预付消费卡管理规定》**

**第五条**　市商务部门负责组织实施本规定。

商务、文化、体育、交通、旅游、教育等部门（以下统称单用途卡行业主管部门）按照市人民政府确定的职责分工，负责各自主管行业、领域内单用途卡经营活动的监督管理工作。

市场监督管理、金融、税务、公安、文化综合执法等部门按照各自职责，共同做好单用途卡经营活动监督管理的相关工作。

**《北京市预付式消费市场监督和服务管理办法（征求意见稿）》**

**第五条**　市人民政府负责组织实施本办法。

商务、文化、体育、交通、旅游、教育等部门（以下统称行业主管部门）按照市人民政府确定的职责分工，负责各自主管行业、领域内预付式消费市场的监督管理工作。

市场监督管理、金融、税务、公安、文化综合执法等部门按照各自职责，共同做好预付式消费市场监督管理的相关工作。

**国外立法规定：**

**关于监管模式：**

我国台湾地区由财政部门集中监管；日本实行中央政府机关（金融厅）主导，自律组织为辅的集中监管；欧盟由欧洲中央银行（ECB）、欧盟委员会（EU）、成员国中央银行、成员国金融监管机构实行分散监管；美国由联邦存款保险公司（FDIC）、联邦贸易委员会、联邦储备管理委员会、财政部实行分散监管。

**第六条　【预付式消费行业组织的职责】**

**【法律条文】**预付式消费行业组织应当加强行业自律，制定行业规则，开展行业培训，指导、督促本行业经营者依法、诚信经营，推进行业信用体系建设，开展本行业经营者信用评价和风险预警工作，向社会公众宣传消费注意事项，并配合预付式消费行业主管部门开展投诉处理等工作。

**【说明】**本条是有关预付式消费行业组织职责的条款，规定了行业组织参与"社会共治"的基本职能，具体包括加强行业自律，制定行业规则，开展行业培训等。同时，行业组织也有义务配合预付式消费行业主管部门开展投诉处理等工作，这是其参与"社会共治"的集中表现。

**【理由】**预付式消费行业组织是指由该行业经营者在自愿基础上，基于共同的利益要求所组成的一种民间性的社会团体，是行业成员利益的代言人和维护者，可能损害消费者利益和社会公共利益。本条对行业组织课以职责，使其成为行业成员与行业主管部门之间的沟通者和协调者，参与社会共治，既有利于减轻行业主管部门的执法压力、节约有限的执法资源，也有利于弱化行业组织的消极影响、促进预付式消费行业的健康发展。

**【国内外立法例】**

**《单用途商业预付卡管理办法（试行）》**

**第六条**　单用途卡行业组织按照章程为其成员提供信息咨询和宣传培训等服务，发挥行业自律作用。

**《上海市单用途预付消费卡管理规定》**

**第二十条** 单用途卡行业组织应当加强行业自律，制定行业规则，开展行业培训，指导、督促会员单位依法、诚信经营，推进行业信用体系建设，开展会员单位信用评价和风险预警，并配合行政管理部门开展投诉处理等工作。

**《北京市预付式消费市场监督和服务管理办法（征求意见稿）》**

**第二十七条第一款** 相关行业组织应当加强行业自律，制定行业规则，开展行业培训，指导、督促会员单位依法、诚信经营，推进行业信用体系建设，开展会员单位信用评价和风险预警，并配合行政管理部门开展投诉处理等工作。

# 第二章 消费者权益保护

**第七条 【消费者知情权】**

**【法律条文】**消费者在预付式消费前，有权询问和了解该预付式消费业务的真实情况。消费者要求签订书面合同的，经营者应与消费者签订书面合同。

消费者在进行预付式消费时，应当关注经营者的信用状况，理性消费，并注意防范风险，提高自我保护意识，维护自身合法权益。

**【说明】**本条是有关消费者知情权的条款，同时对消费者自身的注意义务进行提示，从两个维度出发保护消费者的合法权益。

**【理由】**消费者的知情权，是指消费者享有知悉其购买、使用的商品或者接受的服务的真实情况的权利。在预付式消费实践当中，侵犯消费者知情权的事件屡屡发生，具体表现为经营者隐瞒有关情况、虚假告知和不完全告知等，进而诱导消费者做出错误的选择。消费者的知情权在《消费者权益保护法》中已有规定，但本条予以重申，以期在预付式消费领域中加强对消费者权利的保护。同时，本条也对消费者提出了要求，指出消费者应尽到合理的注意义务，防范可能存在的风险，提高自我保护意识。

**【国内外立法例】**

**《单用途商业预付卡管理办法（试行）》**

**第十四条** 发卡企业或售卡企业应公示或向购卡人提供单用途卡章程，并应购卡人要求签订购卡协议。发卡企业或售卡企业应履行提示告知义务，确保购卡人知晓并认可单用途卡章程或协议内容。

单用途卡章程和购卡协议应包括以下内容：

（一）单用途卡的名称、种类和功能；

（二）单用途卡购买、充值、使用、退卡方式，记名卡还应包括挂失、转让方式；

（三）收费项目和标准；

（四）当事人的权利、义务；

（五）纠纷处理原则和违约责任；

（六）相关法律法规规章和规范性文件规定的其他事项。

《上海市单用途预付消费卡管理规定》第十三条：经营者应当在经营场所、网站首页公示或者向消费者提供单用途卡章程，告知章程的主要内容。单用途卡章程包括单用途卡使用范围、预收资金用途和管理方式、余额查询渠道、退卡方式等内容。市商务部门应当会同相关行业主管部门制定单用途卡章程示范文本。

消费者要求签订书面购卡合同的，经营者应当与消费者签订书面购卡合同。市商务部门应当会同市市场监督管理等部门制定购卡合同示范文本。

**《北京市预付式消费市场监督和服务管理办法（征求意见稿）》**

**第二十三条** 消费者在预付式消费前，有权询问和了解该预付式消费业务的真实情况，有权要求经营者依照法律规定和合同约定提供商品或者服务。消费者要求签订书面合同的，经营者应与消费者签订书面合同。

消费者在缴费充值时，应当关注经营者的信用状况，理性消费，并注意防范风险，提高自我保护意识，维护自身合法权益。

**第八条　【冷静期制度】**

**【法律条文】** 经营者以预付式消费方式提供商品或者服务的，消费者有权自付款之日起七日内无理由要求退款，经营者可以扣除其为提供商品或者服务已经产生的合理费用。

经营者未按照约定提供商品或者服务的，消费者有权要求退回预付款。未消费的，应当全额退款并承担预付款的利息；已经消费的，应当按原约定扣除已经消费的金额，予以退款并承担退款部分的利息。

**【说明】** 本条设立消费者冷静期制度，并赋予消费者要求违约经营者退回预付款的权利。

**【理由】** 在预付式消费中，消费者在预付消费相关信息获取方面处于劣势地位，经营者经常利用较大折扣诱导消费者预先支付交易总费用。"先充值、后消费"的模式极大增加了消费者承担的交易风险，而赋予消费者"后悔权"，体现了对特定消费方式下消费者权益的保护。"后悔权"一方面可以给予信息不对称下基于"冲动消费"或"盲目消费"的消费者一个冷静期；另一方面，可以使消费者在特定时间内考察经营者提供的产品或服务是否达到消费者心理预期。

目前，《消费者权益保护法》第25条列举的适用七日无理由退货的"网络、电视、电话、邮购等方式"中的"等"字具有开放性，事实上为消费者"冷静期制度""反悔权"的确立奠定了法律制度基础。设定冷静期制度，有利于消费者事后反思消费动机和自身真实需求，认真考虑交易风险，避免造成财产损失或落入消费陷阱。

值得注意的是，本条第2款规定"已经消费的，应当按原约定扣除已经消费的金额"，其中，"按原约定"体现了本法对实务中存在的经营者按照市价进行扣款的现象进行回应。实务中，经营者与消费者在退款标准上产生了诸多争议，多次出现经营者擅自认定消费者只能获得扣除原价款后的退款，而非依据办理预付卡后的优惠价格。通常，商品或服务的原价款均会大幅高于办理预付卡后的优惠价格，这就意味着消费者获得的退款将会大幅缩水，经营者则不当地获取了这部分利益。同时，消费者有权要求退回预付款余额，也意味着消费者可以放弃该项权利，并要求经营者按照合同约定继续履行，在倾斜保护消费者权益的同时充分尊重消费者的意思自治。本条对于上述问题的回应，不仅能够在冷静期制度上形成法律保障的闭环，还能够对具有履约风险、履约瑕疵的经营者引发的退款问题进行有效治理。

**【国内外立法例】**

**《消费者权益保护法》**

**第二十五条** 经营者采用网络、电视、电话、邮购等方式销售商品，消费者有权自收到商品之日起七日内退货，且无需说明理由，但下列商品除外：

（一）消费者定作的；

（二）鲜活易腐的；

（三）在线下载或者消费者拆封的音像制品、计算机软件等数字化商品；

（四）交付的报纸、期刊。除前款所列商品外，其他根据商品性质并经消费者在购买时确认不宜退货的商品，不适用无理由退货。消费者退货的商品应当完好。经营者应当自收到退回商品之日起七日内返还消费者支付的商品价款。退回商品的运费由消费者承担；经营者和消费者另有约定的，按照约定。

**第五十三条** 经营者以预收款方式提供商品或者服务的，应当按照约定提供。未按照约定提供的，应当按照消费者的要求履行约定或者退回预付款；并应当承担预付款的利息、消费者必须支付的合理费用。

**《江苏省消费者权益保护条例》**

**第二十八条** 经营者以发行单用途预支付卡方式提供商品或服务的，消费者有权自付款之日起十五日内无理由要求退款，经营者可以扣除其为提供商品或服务已经产生的合理费用。

**《北京市体育健身经营场所预付式消费管理细则（征求意见稿）》**

**第十一条** 消费者在交易合同7天犹豫期内提出退费的，体育健身经营场所应在10天内按原渠道一次性退还所有费用。在预付消费开始后提出退费的，按交易合同有关约定执行。涉及分期式信贷消费退费的，按相关规定办理。

**《北京市预付式消费市场监督和服务管理办法（征求意见稿）》**

**第二十五条** 消费者有权按照章程或者合同约定要求继续履行或者退回预付款余额。

**【国内外案事例】**

1. 冷静期制度案例

2017 年 8 月，江苏省的姜先生热情高涨想学做面包，于是在江苏省常州市新北区某面包店预付了 3900 元办理了一张烹饪培训服务卡，没过两天，姜先生嫌学做过程太麻烦，心生退却之意。姜先生想着在尚未开课前退卡应该容易些，于是找商家要求退款退卡，但商家迟迟不办理退款，姜先生无奈向新北消协投诉，要求商家尽快退钱。收到投诉后，新北消协龙虎塘分会工作人员首先与消费者姜先生取得联系，并让消费者提供了购买烹培训服务卡的消费凭证，详细了解事情发生的经过后，工作人员又将该消费者的情况向商家的相关负责人予以核实，并当场查验了商家资质状况、培训内容、费用标准等情况，并且了解到姜先生所办的预付卡尚未使用。依据《江苏省消费者权益保护条例》第 28 条规定，消费者在 15 天冷静期内享有提出无理由退款的权利，这是江苏省新消保条例赋予消费者的合法权益，应当受到保护。经过消协工作人员耐心调解协商，商家同意当场一次性退还姜先生 3900 元，姜先生表示满意。

2. 退款权事例

家住新港的黄先生一家也遭遇了预付卡消费退还的问题。黄先生给孩子在某商场花费两千多元办理了一张游泳卡，但是没用几次后，该游泳馆经营不善倒闭了，并告知办理预付卡的会员可以去退款。不过在退款时会员与商家产生了矛盾，也是因为退款的标准。单次游泳原价 158 元，办理预付费卡后单次消费仅为 80 元。商家提出，会员退卡消费的次数只能按照单次 158 元计算，而不是 80 元，这就相当于差了一半的价格。

**第九条** **【预付式消费经营者义务的一般性规定】**

**【法律条文】** 经营者在预付式消费经营活动中应当遵守法律、法规，恪守社会公德、诚信经营，保障消费者合法权益，不得设定不公平、不合理的交易条件，不得强制交易。

**【说明】** 本条是预付式消费经营者义务的概括式条款，设定了其应当承担的一般性义务。

**【理由】** 概括式条款是指以综合性、概括性的语言对法律规制的行为进行描述条文。其一般具有抽象性、统一性、全面性的特点，并且往往在某一法条中起到搭建框架、并对法条的逻辑和内涵进行定义的功能。实务中，一些经营者基于其特殊地位，利用双方信息不对称，在预付卡或相关合同上注明一些不公平格式条款，诸如"本卡不得退卡转让""余额过期作废""本公司拥有最终解释权""本公司有权单方面解约"等。有些经营者还借用补充条款设置陷阱，采取"饥饿式"营销、洗脑式宣传等手段，或抓住消费者不仔细阅读合同的习惯，诱导消费者冲动、快速签约，事后发生纠纷，消费者维权困难。本条通过对预付式消费经营者一般性义务的描述，将公序良俗、诚实守信、公平交易等法律原则制度化，只要符合这种一般性描述，即使不符合在该条款之后列举的几项具体义务，也应当对预付式消费经营者的违法行为进行规制，防止预付式消费经营者利用优势地位，通过不公平、不合理的交易条件剥削消费者，或进行强制交易。

**【国内外立法例】**

**《消费者权益保护法》**

**第二十六条** 经营者在经营活动中使用格式条款的，应当以显著方式提请消费者注意商品或者服务的数量和质量、价款或者费用、履行期限和方式、安全注意事项和风险警示、售后服务、民事责任等与消费者有重大利害关系的内容，并按照消费者的要求予以说明。

经营者不得以格式条款、通知、声明、店堂告示等方式，作出排除或者限制消费者权利、减轻或者免除经营者责任、加重消费者责任等对消费者不公平、不合理的规定，不得利用格式条款并借助技术手段强制交易。

格式条款、通知、声明、店堂告示等含有前款所列内容的，其内容无效。

**《上海市单用途预付消费卡管理规定》**

**第七条** 经营者在单用途卡经营活动中应当遵守法律、法规，其合法权益受法律保护。经营者在发行和兑付单用途卡时，应当恪守社会公德、诚信经营，保障消费者合法权益，不得设定不公平、不合理的交易条件，不得强制交易。经营者应当真实、全面地向消费者提供单用途卡购买、使用等信息，不得作虚假或者引人误解的宣传。经营者对消费者就单用途卡提出的询问，应当作出及时、真实、明确的答复。经营者应当对收集的消费者个人信息严格保密，不得泄露、出售或者非法向他人提供。

**《江苏省消费者权益保护条例》**

**第八条** 经营者与消费者有约定的，应当按照约定履行义务，但双方的约定不得违反法律、法规的规定。经营者以广告、产品说明、实物样品或者通知、声明、店堂告示等公示方式，对商品或者服务的质量、计量、价格、售后服务、民事责任等向消费者作出许诺的，其提供的商品或者服务应当与许诺相一致。消费者受上述许诺引导而购买商品或者接受服务的，该许诺应当作为约定的内容。经营者提供商品或者服务时，不得利用合同格式条款、通知、声明、店堂告示等方式作出对消费者不公平、不合理的规定，以及减轻或者免除经营者责任、加重消费者责任、限制或者排除消费者权利的其他规定。

### 《北京市预付式消费市场监督和服务管理办法（征求意见稿）》

**第十九条**　经营者在预付式消费经营活动中应当遵守法律、法规，其合法权益受法律保护。应当恪守社会公德、诚信经营，保障消费者合法权益，不得设定不公平、不合理的交易条件，不得强制交易。应当对收集的消费者个人信息严格保密，不得泄露、出售或者非法向他人提供。

## 第十条　【预付式消费经营者信息披露义务】

**【法律条文】**经营者应当真实、全面地向消费者提供预付式消费的相关信息，不得作虚假或者引人误解的宣传。经营者对消费者就预付式消费提出的询问，应当作出及时、真实、明确的答复。

**【说明】**本条规定预付式消费经营者信息披露义务。预付式消费经营者提供的信息必须真实、全面、及时。

**【理由】**预付式消费中存在的主要问题之一就是经营者虚假承诺，随意降低商品或服务质量。表现为，部分经营者在营销预付卡过程中，以免费体验、高额折扣、上乘服务等各种优惠为诱饵吸引消费者。但当消费者购买预付卡后，却发现原先承诺的服务被经营者以优惠期届满、消费额度不足、特约人员不在、服务方式更新等各种理由不予兑现，或者予以推托。部分经营者还擅自改变预付卡使用范围、履约方式、消费价格或优惠条件，且未有效告知或征得消费者同意。

预付式消费中存在的另一主要问题是经营者与消费者之间的信息不对称。预付式消费行业众多，信息分散，消费者对经营者信息的收集成本过高，难以全面了解和知情选择。随着社会经济的进一步发展，企业分工进一步细化，企业与普通消费者之间的信息鸿沟被越拉越大。在这样的情况下，切实保障消费者的知情权，让消费者知晓更多有关经营者的真实信息，是减少预付卡消费争议、保护消费者权利的重要举措。

**【国内外立法例】**

### 《消费者权益保护法》

**第二十条**　经营者应当向消费者提供有关商品或者服务的质量、性能、用途、有效期限等信息，应当真实、全面，不得作虚假或者引人误解的宣传。

经营者对消费者就其提供的商品或者服务的质量和使用方法等问题提出的询问，应当作出真实、明确的答复。

经营者提供商品或者服务应当明码标价。

**《江苏省消费者权益保护条例》**

**第十一条** 经营者提供商品或者服务，应当用清晰、明白的语言或者文字向消费者作出真实、全面的介绍和说明，并就消费者的询问作出真实、明确的答复。经营者提供商品或者服务时，应当主动向消费者告知下列情况或者出示书面文件：（一）有关商品的价格、计价单位、产地、生产者、用途、性能、规格、等级、主要成份、净含量、生产日期、有效期限、检验合格证明、使用方法说明、售后服务；（二）有关服务的内容、规格、费用、标准、场所、期限、检验检测报告或者维修记录；（三）法律、法规规定或者按照行业规范、行业惯例应当告知的其他内容。

**《北京市预付式消费市场监督和服务管理办法（征求意见稿）》**

**第十八条** 经营者应当在经营场所、网站首页公示或者向消费者提供预付式消费业务章程，公示章程的主要内容包括使用范围、预收资金用途和管理方式、余额查询渠道、退卡方式等内容。不得作虚假或者引人误解的宣传。经营者对消费者就预付式消费提出的询问，应当做出及时、真实、明确的答复。

**《上海市单用途预付消费卡管理规定》**

**第七条** 经营者在单用途卡经营活动中应当遵守法律、法规，其合法权益受法律保护。经营者在发行和兑付单用途卡时，应当恪守社会公德、诚信经营，保障消费者合法权益，不得设定不公平、不合理的交易条件，不得强制交易。经营者应当真实、全面地向消费者提供单用途卡购买、使用等信息，不得作虚假或者引人误解的宣传。经营者对消费者就单用途卡提出的询问，应当作出及时、真实、明确的答复。经营者应当对收集的消费者个人信息严格保密，不得泄露、出售或者非法向他人提供。

**第十一条 【预付式消费经营者合同内容明示义务与合同示范文本】**

**【法律条文】** 经营者应当与消费者签订预付式消费书面合同。经营者应履行提示告知与说明义务，确保消费者知晓并认可预付式消费合同内容。

县级以上人民政府应当会同预付式消费行业主管部门制定预付式消费合同示范文本，并鼓励经营者使用。

**【说明】** 本条规定预付式消费经营者合同内容明示义务以及由县级以上人民政府制定并推行合同示范文本。

**【理由】** 实务中普遍存在的问题是：预付式消费经营者不与消费者签订书面合同，经营者在为消费者办理预付费凭证时无书面合同，在履行合同时无记录或仅有单方面记录。由于对预付款的用途、商品或者服务的数量和质量、合同履行期限和方式等没有约定或约定不明确，极易引起消费纠纷。在事后主张权利时，因缺少相应的书面证据，消费者常常遭遇举证难、索赔难的问题。

尽管消费者与经营者均是在自由意愿下签订合约，具有形式公平，但是，一旦消费者交付预付资金后，消费者已经丧失了根据经营者履约情况进行救济的机会。而对预付卡服务协议进行实质监管，法律直接规定部分与消费者合法权益联系最为紧密的条款内容，则可以有效地降低预付式消费信息不对称性。实务中，部分地方政府已经出台了单用途商业预付卡合同示范文本，对于减少消费纠纷，保护消费者权益方面起到了积极的作用。例如，多个地区消费者权益保护条例中规定了预付式消费合同应当明确的具体事项。经营者以预收款方式提供商品或者服务的，应当与消费者明确约定经营地址、联系方式、商品或者服务的数量和质量、价款或者费用、履行期限和方式、安全注意事项和风险警示、售后服务、民事责任、争议解决等具体事项。消费者要求订立书面合同的，经营者应当与消费者订立书面合同。

由此可见，从法律上直接要求经营者订立书面合同，要求经营者明示合同内容，并由政府部门制定和推广预付式消费合同示范文本，有利于明确预付式消费限定金额及支付方式、双方权责、退费办法、违约责任、争议解决途径等具体内容，为引导商家规范经营和保护消费者权益打好基础。

预付式消费章程和协议应包括以下内容：①法人经营者、非法人组织经营者的名称、住所地、联系人及联系方式，个体工商户经营者的姓名及身份证明、住址和联系方式；②预付式消费的范围及其所涉商品或服务的名称、种类、数量、功能、质量、收费项目和标准、履行期限和方式、安全注意事项和风险警示；③预付式消费商品或服务的支付、使用、退换方式；④预收资金用途、管理方式、余额查询方式；⑤有第三方支付平台的，应当明确第三方支付平台的单位及联系人、扣付方式、退款条件等；⑥当事人的权利、义务；⑦纠纷处理原则和违约责任；⑧相关法律法规规章和规范性文件规定的其他事项。以上内容未作约定或者约定不明确的，应当作出有利于消费者的解释。

**【国内外立法例】**

**《黑龙江省消费者权益保护条例》**

**第四十一条** 经营者以预收款方式提供商品或者服务，应当与消费者约定经营地址、联系方式、商品或者服务的数量和质量、价款或者费用、履行期限和方式、安全注意事项和风险警示、售后服务、民事责任、争议解决方式等事项。消费者要求订立书面合同的，应当订立书面合同。经营者应当保存合同以及合同履行情况的相关资料，方便消费者查询、复制；相关资料至少应当保存至合同履行完毕后两年。经营者以预收款方式提供商品或者服务，应当按照同期银行定期存款利率支付消费者利息，但消费者已享受到预付款优惠的除外。经营者以预收款方式提供商品或者服务，未如约履行的，应当按照消费者的要求履行约定或者退回预付款及其利息，并承担消费者必须支付的合理费用；对退款无约定的，按照有利于消费者的计算方式折算退款金额。以预收款方式提供商品或者服务的经营者，停业、歇业或者变更经营场所的，应当提前一个月通知已交预付款的消费者。工商行政管理部门可以制定预付款合同范本，并鼓励经营者使用。

### 《江苏省消费者权益保护条例》

**第二十七条** 经营者以预收款方式提供商品或者服务，应当与消费者明确约定商品或者服务的数量和质量、价款或者费用、履行期限和方式、安全注意事项和风险警示、售后服务、民事责任等内容。未作约定或者约定不明确的，应当作有利于消费者的解释。经营者发行单用途预付卡（含其他预收款凭证）的，单张记名卡限额不得超过五千元，单张不记名卡限额不得超过一千元。其中，个体工商户需要发行单用途预付卡的，单张限额不得超过一千元。预付卡不得设定有效期。经营者应当对其发放的单用途预付卡向消费者提供担保。鼓励经营者在商业银行开立预付卡资金存管账户，在经营场所定期公示预付卡资金总量和使用情况。经营者应当保存合同及履行的相关资料，方便消费者查询、复制；相关资料应当至少保存至合同履行完毕后两年。

### 《上海市单用途预付消费卡管理规定》

**第十三条** 经营者应当在经营场所、网站首页公示或者向消费者提供单用途卡章程，告知章程的主要内容。单用途卡章程包括单用途卡使用范围、预收资金用途和管理方式、余额查询渠道、退卡方式等内容。市商务部门应当会同相关行业主管部门制定单用途卡章程示范文本。消费者要求签订书面购卡合同的，经营者应当与消费者签订书面购卡合同。市商务部门应当会同市市场监督管理等部门制定购卡合同示范文本。

### 《北京市预付式消费市场监督和服务管理办法（征求意见稿）》

**第十二条** 全面推行规范合同。行业主管部门会同市市场监管部门制定预付式消费合同示范文本，逐步普及电子合同在线签约登记制度，做到合同可溯、可查、可依。支持专业机构开展合同认证和法律援助服务。电子合同可用于消费者发起诉讼、集体诉讼，具有同等法律效力。

**第二十三条** 消费者在预付式消费前，有权询问和了解该预付式消费业务的真实情况，有权要求经营者依照法律规定和合同约定提供商品或者服务。消费者要求签订书面合同的，经营者应与消费者签订书面合同。

### 《北京市交通运输新业态预付式消费管理细则（征求意见稿）》

**第五条（服务合同）** 运营企业与用户须签订书面（含电子信息）的服务合同，服务合同应符合监管规定，合法有效，合同内容包括收费、退费、争议问题解决等。交通、市场监管或行业组织应推荐格式服务合同范本。

**《北京市旅行社及在线旅游企业预付式消费管理细则（征求意见稿）》**

**第四条（服务合同）** 旅游行政管理部门或旅游行业组织推荐使用国家或我市旅游合同示范文本。旅行社应与旅游消费者签订书面或电子形式的包价旅游合同，在线旅游经营者应当主动或配合旅行社与旅游消费者签订书面或电子形式的包价旅游合同。旅游合同应符合法规规定，合法有效，合同内容应包括旅游费用及其交纳的期限和方式、违约责任和解决纠纷的方式等。

**《北京市体育健身经营场所预付式消费管理细则（征求意见稿）》**

**第六条** 预付消费交易时，体育健身经营场所与消费者须签订规范的书面（含电子信息）服务合同，合同内容应包括收费、退费、争议问题解决等事项，符合市场监管规定，合法有效。体育、市场监管应推荐统一规范的服务合同范本。

**《北京市学科类校外培训机构预付式消费管理细则（征求意见稿）》**

**第六条（服务合同）** 培训机构与消费者须签订书面（含电子信息）的服务合同，服务合同应符合监管规定，合法有效，合同内容包括收费、退费、争议问题解决等。教育、市场监管或行业组织应推荐格式服务合同范本。

### 第十二条 【预付式消费经营者信息保密义务】

**【法律条文】** 经营者应当对收集到的消费者个人信息严格保密，不得泄露、出售或者非法向他人提供。

**【说明】** 本条规定预付式消费经营者对消费者个人信息的保密义务。

**【理由】** 消费者隐私外泄已经成为信息经济时代的一个重大的社会问题。尽管大部分作为个体工商户的预付式消费经营者尚不具备利用消费者个人信息进行差别对待或其他剥削行为的能力，但是，泄露、出售、提供消费者个人信息或成为部分预付式消费经营者的另一"创收渠道"。在预付式消费模式中，每一次办卡交易必然需要消费者提供个人信息，经营者则录入该特定预付卡的用户信息并提供服务，在经营者提供后续服务的过程中，根据每一次交易情况扣除相应的已记录的预付款。在这一交易模式中，经营者必然会接触并收集、使用大量的消费者个人信息。实务中，有些行业如健身房、大商场、教育培训机构等的经营者经常会索取消费者个人信息。在这些个人信息中，不仅有与经营业务相关的信息，也有一些敏感的无关信息，如收入、血型、个人喜好等。对于这些信息，有些经营者未加妥善保管，或者出售、转让，造成消费者个人信息泄漏。不少消费者反映，自从办理预付卡后，经常有人打电话推销商品，致使消费者的工作和生活受到严重干扰。因此，在本法中重申预付式消费经营者信息保密义务，有利于落实《消费者权益保护法》第29条的规定，并体现本法对消费者个人信息与隐私权的重点保护。同时，鉴于地方制度实践中已经出现要求经营者建立个人信息保密和管理制度的安排，本法对预付式消费经营者信息保密义务的规定，有利于为地方完善经营者个人信息保密和管理制度提供基础。

**【国内外立法例】**

**《消费者权益保护法》**

**第二十九条**　经营者收集、使用消费者个人信息，应当遵循合法、正当、必要的原则，明示收集、使用信息的目的、方式和范围，并经消费者同意。经营者收集、使用消费者个人信息，应当公开其收集、使用规则，不得违反法律、法规的规定和双方的约定收集、使用信息。

经营者及其工作人员对收集的消费者个人信息必须严格保密，不得泄露、出售或者非法向他人提供。经营者应当采取技术措施和其他必要措施，确保信息安全，防止消费者个人信息泄露、丢失。在发生或者可能发生信息泄露、丢失的情况时，应当立即采取补救措施。

经营者未经消费者同意或者请求，或者消费者明确表示拒绝的，不得向其发送商业性信息。

**《江苏省消费者权益保护条例》**

**第十六条**　经营者收集、使用消费者个人信息，应当遵循合法、正当、必要的原则，明示收集、使用信息的目的、方式、范围和具体规则，并征得消费者同意。但法律、法规要求登记消费者信息的除外。消费者明确要求经营者删除、修改其个人信息的，经营者应当予以删除、修改。本条例所称个人信息，包括消费者的姓名、性别、出生日期、身份证号码、职业、学历、住址、联系方式、婚姻状况、收入和财产状况、指纹、血型、病史等能够单独或者与其他信息结合识别消费者的信息。

**第十七条**　经营者应当建立健全消费者个人信息保密和管理制度，制订信息安全事件应急预案，确保信息安全。在发生或者可能发生信息泄露、丢失时，应当立即采取补救措施，及时通知消费者，避免造成损失或者损失的扩大。经营者及其工作人员对收集的消费者个人信息应当严格保密，不得泄露、出售或者非法向他人提供。

**《北京市预付式消费市场监督和服务管理办法（征求意见稿）》**

**第十九条**　经营者在预付式消费经营活动中应当遵守法律、法规，其合法权益受法律保护。应当恪守社会公德、诚信经营，保障消费者合法权益，不得设定不公平、不合理的交易条件，不得强制交易。应当对收集的消费者个人信息严格保密，不得泄露、出售或者非法向他人提供。

**《上海市单用途预付消费卡管理规定》**

**第七条**　经营者在单用途卡经营活动中应当遵守法律、法规，其合法权益受法律保护。经营者在发行和兑付单用途卡时，应当恪守社会公德、诚信经营，保障消费者合法权益，不得设定不公平、不合理的交易条件，不得强制交易。经营者应当真实、全面地向消费者提供单用途卡购买、使用等信息，不得作虚假或者引人误解的宣传。经营者对消费者就单用途卡提出的询问，应当作出及时、真实、明确的答复。经营者应当对收集的消费者个人信息严格保密，不得泄露、出售或者非法向他人提供。

### 第十三条　【预付式消费经营者停业告知义务与停业救济制度】

**【法律条文】** 经营者因停业、歇业或者经营场所迁移等原因影响消费者购买、使用商品或服务的，应当提前三十日在其经营场所发布告示，并以电话、短信、电子邮件等形式通知消费者。经营者应当按照消费者的要求继续履行或者退回预付款余额。

**【说明】** 本条规定预付式消费经营者应当在发生停业、歇业等影响商品服务提供的情形时，应当履行通过各种渠道告知消费者的义务，并依照消费者要求继续履行或退回余款。

**【理由】** 经营者携款潜逃是影响预付式消费模式发展且亟需监管部门介入的重要问题。在各种预付式消费问题中，资金安全风险最为突出。一些经营者利用低价折扣、特别优惠诱导消费者支付高额预付款，其后在未事先告知消费者的情况下突然关门停业、携款潜逃。其中，部分经营者是因为经营不善、资金链断裂，深陷财务危机，其他经营者则是故设圈套、蓄意骗取消费者钱财，消费者发现时，已人去楼空，难以追索。

预付式消费在消费者和经营者之间建立了消费合同的债权关系。经营者接受的、消费者用于未来支付消费需要的预付资金，并不属于经营者的自有财产，而是消费者为购买商品或者接受服务预先交付给经营者用于自身消费的资金，其使用应遵守合同约定。因此，经营者出现停业、破产等情形无法继续提供商品或服务时，应当将消费者的合法财产予以退还。

本条对经营者无法提供商品服务的原因、告知义务以及争议的解决方式进行了规定。首先，经营者无法提供服务的原因包括停业、歇业或者经营场所迁移等。实务中，无论经营者发生何种原因无法履行预付式消费合同，其无法履行原因合法合理抑或相反，均应当充分保障消费者的权益。其次，经营者充分保护消费者的权益，应当体现在充分且积极履行告知义务。经营者提前30日在其经营场所发布告示、并以电话、短信、电子邮件等形式通知消费者，一是由于大多数预付式消费经营者均为个体工商户，一般均位于居民社区附近提供便民服务，要求其在经营场所发布告示，可以有效告知直接接受其服务的消费者，且这些消费者一般是个体工商户型经营者服务的大多数对象；二是由于预付式消费合同的订立过程中经营者必然接收该特定预付卡用户的电话、电邮等个人信息，且上述设备均为居民通常频繁查看的通信形式，增强了消费者获取信息的有效性。最后，经营者应当按照消费者的要求继续履行或者退回预付款余额体现的仍然是对消费者的倾斜保护。实务中，有经营者以合同到期需停业为由，要求消费者以补差价的形式转会到其他关联经营者处继续消费，但拒绝给消费者退费。本条款赋予消费者选择权，可以在继续履行和退回余款之间选择获得更大利益的途径，有利于防止经营者为逃避履行合同、骗取预付资金而恶意歇业、迁移。

**【国内外立法例】**

**《北京市预付式消费市场监督和服务管理办法（征求意见稿）》**

**第二十二条** 经营者因停业、歇业或者经营场所迁移等原因影响兑付的，应当提前三十日发布告示，并以电话、短信、电子邮件等形式通知记名卡消费者。经营者应当建立方便、快捷的消费争议处理机制，与消费者采用协商等方式，解决消费争议。

**第二十五条** 消费者有权按照章程或者合同约定要求继续履行或者退回预付款余额。

**《上海市单用途预付消费卡管理规定》**

**第十七条** 经营者因停业、歇业或者经营场所迁移等原因影响单用途卡兑付的，应当提前三十日发布告示，并以电话、短信、电子邮件等形式通知记名卡消费者。消费者有权按照章程或者合同约定要求继续履行或者退回预付款余额。

**《北京市体育健身经营场所预付式消费管理细则（征求意见稿）》**

**第八条** 当售卡体育健身经营场所无法持续提供服务时，应提前1个月发布经营风险，及时退还消费者预付余额，或妥善解决后续服务问题，并依法承担经营主体责任。

**【国内外案事例】**

**事例1：经营者停业但不退还预付款**

自2016年5月5日起，宁波市消保委及12315举报中心陆续接到消费者关于艺畅教育（"A&C"）的投诉，反映该培训机构关门停业不能消费，共受理消费者投诉1348件，涉及金额564万余元。不少消费者为孩子在该培训点报了美术课、手工课，预付学费几百上千元不等，有的仅仅学了几节课。"A&C"的剧烈变动，源于大股东庄某因病离世，之后股权变动，公司出现拖欠工资的情况，老师陆续辞职。

事件发生后，市消保委畅通投诉渠道，及时登记分流，发布消费警示，引导理性维权。同时，努力查找到法定代表人朱某某及股东，并敦促其履行主体责任、尽快拿出解决方案，协调涉诉区域的政府部门联合处置。市消保委会同 12315 举报中心及相关成员单位联合行动，并要求江北区等属地消保委，继续保持对该事件的高度关注，依法妥善处置，竭尽全力保护消费者合法权益。辖区市场监管部门和消保委在政府统一协调下，配合其他部门处理该案。

### 事例 2：突然停业事件发生频繁、影响范围大

2017 年 12 月，早教机构东方爱婴广州海珠中心突然停业关闭，负责人失联，广州百余名家长遭受经济损失。面对维权的家长，东方爱婴北京总部称，东方爱婴海珠中心是加盟商，自己对此次事件不负责任，北京总部只提供转中心复课的处理方案，拒绝消费者的退款要求。于是，王女士与其他十多名消费者发起集体维权，一同向市消委会求助。调解过程中，东方爱婴北京总部仍坚持只能提供异地复课的处理方案，而海珠中心负责人仍处于失联状态，消委会已无法通过调解手段处理上述问题。

据不完全统计，仅 2017 年广州市关于预付费式早教机构的消费投诉就有约 200 宗，预付费式早教机构卷款跑路、突然停业的事件影响范围之大，涉及金额之多，消费者维权道路之难，无疑已成为破坏消费环境的一大"公害"，直接增加社会不稳定因素。

### 事例 3：健身馆充值返现很吸引，忽停业拒绝调解玩失踪

2018 年 2 月至 3 月，广州市增城区消委会累计接到消费者对广州市增城海新峰健身器材经营部（以下简称"海新峰健身馆"）预付款的退费投诉多宗，涉及人数逾 30 人，涉及金额 2 万多元。通过转会形式，协调解决成功 9 宗。但其他要求退款的投诉，由于海新峰健身馆负责人失踪而无法落实调解。海新峰健身馆以用卡返现的方式作为噱头吸引消费者大量充值，如办年卡 1088 元，办卡 1 个月内如果使用 12 次，则可退回一半金额；一消费者 2017 年间健身消费 1798 元，收到返现 500 元。高额的返现诱惑了不少消费者盲目充值。其后不久，海新峰健身馆以合同到期需停业为由，要求消费者以补差价的形式转会到其他两个健身馆继续消费，但拒绝给消费者退费。

### 第十四条 【承受权利义务概括转移后经营者的义务】

**【法律条文】**经营者终止经营活动后，承受其权利义务的经营者应当继续向消费者提供商品或者服务，不得增设不合理的交易条件或者从事其他减损消费者权益的行为。

**【说明】**本条规定承受前一预付式消费经营者终止经营后权利义务的经营者，应当继续履行已承受的预付式消费合同义务，且不得增设不合理、减损消费者权益的交易条件。

【理由】预付式消费经营者在正常经营期间，为吸引消费者，通常会告知消费者其经营状态正常，预付卡无期限且可以随时使用。然而，经营不善造成转让与收购并非新事。部分承受前预付式消费经营权利义务的新经营者以不知道前任经营者承诺预付卡的存在为由拒绝提供服务，或拒绝承认原优惠价格，另行增加价款，造成消费者权益损失，由此引发大量纠纷。

转让、合并后新当事人拒绝承担转让、合并前旧当事人债务的行为，无法得到现行法律的支持。《民法典》第 67 条规定："法人合并的，其权利和义务由合并后的法人享有和承担。法人分立的，其权利和义务由分立后的法人享有连带责任，承担连带债务，但是债权人和债务人另有约定的除外。"《合伙企业法》第 44 条规定，"入伙的新合伙人与原合伙人享有同等权利，承担同等责任。入伙协议另有约定的，从其约定。新合伙人对入伙前合伙企业的债务承担无限连带责任。"《公司法》第 174 条规定，"公司合并时，合并各方的债权、债务，应当由合并后存续的公司或者新设的公司承继。"《消费者权益保护法》第 41 条："消费者在购买、使用商品或者接受服务时，其合法权益受到损害，因原企业分立、合并的，可以向变更后承受其权利义务的企业要求赔偿。"由此可见，我国现行法律制度对前述拒绝交易的行为采取基本否定的态度，拒绝承担转让前债务，或擅自增设不合理、减损消费者权益的交易条件的行为于法无据。

目前，关于转让、合并后新当事人拒绝承担转让、合并前旧当事人预付卡债务的行为并无直接相关的预付式消费监管条款进行规制，只能引用《民法典》《公司法》等法律进行间接规制。本法设立承受权利义务概括转移的预付式消费经营者应当履行的义务，有利于对上述问题进行直接规范，对消费者和执法者进行直接指引。

**【国内外立法例】**

**《消费者权益保护法》**

**第四十一条**　消费者在购买、使用商品或者接受服务时，其合法权益受到损害，因原企业分立、合并的，可以向变更后承受其权利义务的企业要求赔偿。

**【国内外案事例】**

**案例：预付卡债务不因经营者关、停、并、转而消失**

2017 年 9 月 7 日起，消费者高、李、陈、吴等 9 位女士先后发现，她们之前在双流蛟龙港消费的美容美发店，突然更换招牌变成了一个"护肤美容美发"的新店，原来的美容美发店已经停业。新店告知，新店与原店的债权债务无关，在原店办卡充值的消费者不能凭卡继续消费，这直接导致 9 位消费者的经济损失，少的损失一二千元，最多者损失近两万元。于是高、李、陈、吴等 9 位女士在 9 月中、下旬分别拨打电话举报投诉，要求予以维权。经受理查明：原美容美发店系林某强于 2015 年 3 月经注册登记开设的个体经营户，并从当年 5 月起开展预付式消费经营，到 2017 年 9 月停业时，拥有较稳定的预付卡客户 30 余位，停业时剩余未消费的预付费金额共计约 15 万元。而新开业的美容美发店，系江某川在 2017 年 8 月底申请注册登记后成立的个人独资企业。虽然前后两家店的法律性质不同，但在对江、林之间的资产转让与收购关系展开调查时发现，江某川此前也开办有一家美容美发店，因无照经营被责令限期整改，于是找到好友林某强，两人商议将两店合并，并签订了合伙经营协议，而新店以江某川个人独资名义进行营业活动。

既然是合并与合伙关系，那么两人不仅都要对美容美发店的债务承担无限连带责任，而且合并后的企业还要依法承受合并前企业的债权债务关系。最后，在消协工作人员的教育、引导与督促下，10 月 23 日，新店门前贴出告示，为持有原美容美发店预付卡的消费者提供了两种解决方案：一、可以持原卡继续在新店消费，消费标准与原有标准一致；二、在新店试消费 2 至 3 次后，仍不满意的可以退卡结款。这样的解决方案得到了持卡人的认可，至 2018 年 2 月 9 日止，本案涉及的卡、费问题全部消化、处理完毕。

### 第十五条　【争议解决机制】

**【法律条文】** 经营者应当建立方便、快捷的消费争议处理机制，与消费者采用协商等方式解决消费争议。

消费者可以通过相关投诉举报渠道，对经营者的违法行为投诉举报。

**【说明】** 本条是有关于争议和纠纷出现后，经营者和消费者初步解决纠纷机制中和解和申诉的相关规定。第一款明晰了经营者的对争议处理机制的建立义务，同时强调解决机制需具有方便快捷的特点、以协商解决的方式为主。第二款鼓励消费者积极投诉和举报违法行为。

**【理由】** 妥善、有效的诉前争议解决机制有利于防止滥诉的发生。本条将和解和申诉两种消费争议作为突出强调，对消费者进行提示说明，也有利于司法成本的节约。

**【国内外立法例】**

**《上海市单用途预付消费卡管理实施办法》**

**第二十四条（投诉举报处理）** 对消费者在持卡消费过程中因经营者逾期不兑付、服务或产品质量出现问题、拒绝退卡等情形引发消费者权益保护事项的投诉，由区单用途卡行政执法部门统一受理。因经营者停业歇业或者经营场所迁移等原因导致单用途卡无法兑付的，由区单用途卡行政执法部门通过内部工作机制移送区行业主管部门牵头处理；涉及跨区域经营的集团、品牌发卡经营者等群体性投诉等重大事件，由区行业主管部门报请市级行业主管部门会同相关区人民政府处理。

**第十六条** **【举证责任转移条款】**

**【法律条文】** 因预付式消费产生的争议纠纷，经营者就其行为与消费者损害之间的因果关系承担举证责任。

**【说明】** 本条确定了在预付式消费纠纷中经营者与消费者的"举证责任倒置"原则。明确了经营者对其行为与消费者损害不存在因果关系承担举证责任。

**【理由】** 司法实践中常基于《消费者保护法》《产品质量法》《侵权责任法》《食品安全法》等法律来追究生产、销售者的法定责任。基于不同请求权，举证责任分配、归责原则也会有所不同。

根据预付式消费的特点，采取举证责任倒置更有利于消费者权益的保护。从预付式消费法律关系的产生来看，经营者往往提供格式合同，或是仅存在一张消费卡，不签订合同。从预付式消费法律关系的内容来看，多数情形下，仅存的会员卡上没有详细载明经营者和消费者之间具体的权利义务，也无法明确服务与产品的具体特性，一旦发生纠纷，无从考证双方约定。如果根据我国《民事诉讼法》采取"谁主张，谁举证"的规定，这将使得本身就处于劣势方的消费者的权益更加无法得到保护。

**第十七条** **【公益诉讼条款】**

**【法律条文】** 对损害消费者合法权益的行为，消费者协会和其他消费者组织可以支持消费者向人民法院提起诉讼，或者依法提起公益诉讼。

**【说明】** 本条规定了消费者协会和其他消费者组织对受损害消费者支持起诉和提起公益诉讼的职能，是对《中华人民共和国民事诉讼法》和《中华人民共和国消费者权益保护法》的补充和呼应。

**【理由】** 结合预付式消费纠纷的特点，绝大多数是商家过错构成违约，而消费者维权艰难主要是因为涉及每个消费者的金额往往不是很大，而且相关的消费者之间互不认识，无法联合维权，真正提起诉讼的消费者较少。因此，在司法救济环节上，除了发挥消费者协会调解纠纷、支持起诉等积极作用外，还可以依据《民事诉讼法》第55条和新《消法》第47条的规定，对侵害众多消费者合法权益的行为，由省级以上的消费者协会代表不特定的多数消费者提起公益诉讼。消费者公益诉讼不仅可以及时有效地保护消费者的合法权益，还能够分担行政机关的管理压力，规范经营者的不法行为。

**【国内外立法例】**

《中华人民共和国民事诉讼法》

**第五十五条** 法律规定的机关以及有关组织，对于涉及环境污染、侵害众多消费者合法权益等损害社会公共利益的行为可以向人民法院提起诉讼。

## 第三章 预收资金监管

**第十八条** 【法定备案条款】

【法律条文】经营者应当依照法律、法规、规章进行备案。

【说明】本条规定了经营者必须备案的义务。

【理由】备案从预付卡消费关系产生的上游环节进行把关。不论是申报方式还是登记方式的备案，都对预付式消费可能引发的不法行为起到了初步过滤的作用。预付卡承载着预收资金的使用权限和价值，其本身具有的金融意义尤其关键。如不对其严格监管，不仅在微观层面会引发消费者的大量财产损失，在宏观层面更甚者可能会引发金融市场的不稳定。

【国内外立法例】

**国内立法规定：**

《中国人民银行法》

**第二十条** 任何单位和个人不得印制、发售代币票券，以代替人民币在市场上流通。

**第四十五条** 印制、发售代币票券，以代替人民币在市场上流通的，中国人民银行应当责令停止违法行为，并处二十万元以下的罚款。

**《单用途商业预付卡管理办法（试行）》**

**第七条** 发卡企业应在开展单用途卡业务之日起 30 日内按照下列规定办理备案：（一）集团发卡企业和品牌发卡企业向其工商登记注册地省、自治区、直辖市人民政府商务主管部门备案；（二）规模发卡企业向其工商登记注册地设区的市人民政府商务主管部门备案；（三）其他发卡企业向其工商登记注册地县（市、区）人民政府商务主管部门备案。

第八、九、十条分别规定了备案需提交的材料。

**《关于加强预付式消费市场管理的意见》**

**第三条** 落实发卡备案制度。严格落实《单用途商业预付卡管理办法（试行）》，督促集团发卡企业、品牌发卡企业、规模发卡企业依规进行备案。针对其他预付式消费市场主体，探索自愿备案制度，将备案情况作为实施监管的重要基础数据。

**国外立法规定：**

日本的《预付式证票规制法》中对不同的发卡主体进行分类监管的方式，例如如果经营者为自然人或者法人那么可以采用登记的方式来备案，如果发卡机构是第三方，那么就实行较严格的核准制度。日本法律的相关规定，对于自家发行型的申报并没有严苛的审查与批准制度，只需要符合一般的规定即可例如需要填写预付式证票的发行机构的基本信息，并提供规范的书面文本。

第十九条　【业务规模概况规定条款】

【法律条文】预付式消费业务规模应当符合经营者的经营能力和财务状况。

【说明】本条规定了经营者的业务规模。

【理由】此条强调了经营者的业务规模应与其财务状况和经营能力相适应。实践中，一方面绝大多数经营者发卡规模与其经营场所的业务承载规模不适应，这导致大量消费者难以及时、便捷地获得服务，最终产生大量消费争议。另一方面，预付式消费会产生大量沉淀资金，如果经营者的经营管理能力和财务管理能力不善，很可能会出现停业、歇业和破产等损坏消费者权益的情况。因此，该条不仅对监管机构的备案审批等工作进行了概括的规定，同时也是预付式消费事前风险防范体系的重要部分。

第二十条　【预收资金使用范围】

【法律条文】经营者应当对预收资金加强管理。预收资金只能用于经营者主营业务及兑付商品或者服务的开支，不得用于不动产、股权、证券等投资及借贷。

【说明】本条是对预付式消费业务资金使用的严格限制，将投资借贷等严格排除在外。

【理由】对预付式消费卡的预收资金的管理，直接关系到消费者能否使用和获取预期服务和产品，故而保证预付资金的安全是消费者权益保护的必要措施。预付式消费预收资金的卡从发行到持卡人进行消费完毕之间，会产生巨额的卡内沉淀资金。现实生活中，许多发卡人运用沉淀资金从事高风险、低流动的投资投机项目，导致资金链断裂，无力继续经营而倒闭或者潜逃的例子屡见不鲜。我国当前预付式消费卡发行量大，使用人多，交易频繁，涉及的货币金额大，因此，严格控制该笔资金的使用目的、使用形式、使用程序，是保证预收资金安全的重要考量，也是防止引发金融市场风险的应然步骤。

【国内外立法例】

国内立法规定：

《单用途商业预付卡管理办法（试行）》

第二十四条　发卡企业应对预收资金进行严格管理。预收资金只能用于发卡企业主营业务，不得用于不动产、股权、证券等投资及借贷。

国外立法规定：

美国《资金划拨法》对预收资金的规定：（一）严格限定非银行金融机构之发行人自收到预付资金时起，至该款项被使用为止对预付资金的使用用途，确保预付资金安全。其中一些州法律更严厉规定未被使用的预付资金应用于高度安全、风险极低的投资中。(二) 预付卡代售点应在限定时间内将预付资金汇入该发行人账户,非银行金融机构对其属下预付卡代售点的合法运营负有监督义务,防止滥发预付卡盗取预付资金情形,确保偿付能力。

### 第二十一条　【预收资金监管方式】

**【法律条文】** 经营者应使用保证金或履约保证保险等方式管理预收资金。

**【说明】** 本条是对预收资金监管方式的一般性规定,明确了经营者管理预收资金的主要方式。

**【理由】** 在各类预付式消费问题中,资金安全问题最为突出,主要体现为经营者在收取了预收资金后,因经营不善、资金链断裂,或是故设圈套、蓄意骗取消费者钱财,而关门停业、携款潜逃,导致消费者无法得到约定的兑付,因此需要对预收资金实施有效监管,保证经营者的履约能力,分担预收资金的兑付风险。2012年商务部颁布的《单用途商业预付卡管理办法(试行)》设立了预收资金存管制度,要求发卡企业将部分预收资金委托商业银行进行监管,这也是目前我国单用途预付卡资金管理的主要方式。但预收资金存管制度在实施过程中暴露出了诸多问题,如存管数据失真、无法实现预收资金的动态监管、消费者无法得到优先受偿等,因此需要寻求更加有效的预收资金监管方式。结合世界各国在预收资金管理方面的经验,以及我国在预收资金管理上的实践与创新,保证金制度和履约保证保险制度是预付式消费中分担预收资金风险的有效监管方式。目前,北京市和上海市都在构建预收资金保证金制度和履约保证保险制度方面进行了实践,为完善预收资金监管制度提供了借鉴的经验。

**【国内外立法例】**

**《单用途商业预付卡管理办法(试行)》**

第二十八条　规模发卡企业、集团发卡企业和品牌发卡企业可以使用担保预收资金的保证保险、银行保函等方式冲抵全部或部分存管资金。

**《北京市预付式消费市场监督和服务管理办法(征求意见稿)》**

第十四条　全面引入消费保险,市市场监管部门会同相关行业主管部门建立信用保证保险、同业相互保险、履约保证保险制度,支持保险机构开展保险产品创新和技术创新,为消费者和开展预付式消费业务的市场主体提供保险产品,发挥商业保险平衡稳定市场的调节作用和风险补偿的兜底作用。支持第三方平台开展集中投保服务。

第十六条　对已经开展预付式消费业务的市场主体,应当加强经营过程的资金监管,建立保证金、第三方托管、保险等管理制度,预收资金余额超过风险警示标准的,应当采取专用存款账户管理,保障资金安全合理使用。

《上海市单用途预付消费卡管理规定》

**第十五条** 本市建立单用途卡预收资金余额风险警示制度。按照规定与协同监管服务平台信息对接的经营者，预收资金余额超过风险警示标准的，应当采取专用存款账户管理，确保资金安全。经营者可以采取履约保证保险等其他风险防范措施，冲抵存管资金。

**第二十二条 【保证金制度】**

**【法律条文】** 经营者使用保证金方式的，应当与预付式消费行业主管部门签订保证金托管协议，并在预付式消费行业主管部门指定的商业银行开设托管账户。

经营者应将预付资金中未使用余额的二分之一以上金额作为保证金缴存于托管账户。保证金额不足未使用余额的二分之一的，经营者应补足缺额部分并向预付式消费行业主管部门报告。

预付式消费行业主管部门每半年对其托管的保证金进行一次审查。未足额缴纳保证金的，应要求经营者补足缺额部分或使用其他预收资金管理方式。经营者不得任意挪用已托管的保证金。消费者与预付式消费有关的债权在保证金范围内优先于其他债权人受偿。

**【说明】** 本条规定了预收资金的保证金制度，具体包括保证金的实施机制、数额要求、外部监督等内容。

**【理由】** 保证金制度是一项主要的预收资金监管制度。日本的预收资金保证金制度较为成熟，设立了预付卡保证金供托制度，即要求预付卡发行者在基准日之际，所发行的预付卡基准日未使用余额超过法定金额（1000万日元）的，应在该基准日的次日起两个月内将相当于该基准日未使用余额1/2以上的金额作为发行保证金，委托距离主营业所最近的供托所（一般为辖区内的法务局）保管并向金融厅报告。在发行者或保证人交付保证金之后，如保证金额超过了基准日未使用余额的1/2的，可依法取回全部或部分保证金；如保证金额不足基准日未使用余额的1/2的，应补足缺额部分并报告。预付卡所有者与预付卡有关的债权在发行保证金范围内优先于其他债权人受清偿。在借鉴日本的保证金供托制度的基础上，我国可以考虑设立预收资金的保证金制度，以实现对预收资金的监管。具体来说，由预付式消费行业主管部门对保证金进行托管，并对其实施监督和审查。此外，对"保证金额应不少于预付资金中未使用余额的二分之一"的规定，除了能够更加有效地保证经营者的履约能力，还是鼓励预付式消费经营者选择履约保证保险制度的一种倒逼机制。

**【国内外立法例】**

《北京市预付式消费市场监督和服务管理办法》

**第十六条** 对已经开展预付式消费业务的市场主体，应当加强经营过程的资金监管，建立保证金、第三方托管、保险等管理制度，预收资金余额超过风险警示标准的，应当采取专用存款账户管理，保障资金安全合理使用。

## 第四章　信息管理与信用管理

**第二十三条　【建设统一的协同服务监管平台】**

**【法律条文】** 省、自治区、直辖市地方人民政府负责组织建设统一的协同服务监管平台，归集本省、自治区、直辖市内经营者发行、兑付、预收资金等信息。

国务院负责各省、自治区、直辖市协同服务监管平台之间的协调工作。

**【说明】** 本条是对各省、自治区、直辖市建设统一的协同服务监管平台的一般性规定，并规定了各个协同服务监管平台之间的协调工作。

**【理由】** 目前，对预付式消费的监管存在信息不对称、监管资源匮乏、监管手段单一等问题。为了实现预付式消费监管信息的互联互通，提高监管效率，创新监管方式，应当在各省、自治区、直辖市范围内建设统一的协同服务监管平台，由省、自治区、直辖市地方人民政府负责组织工作，可依据各地情况制定不同的具体管理办法。协同服务监管平台的主要功能是收集经营者发行、兑付、预收资金等信息，为预付式消费监管提供依据；同时，协同服务监管平台还应当与银行、保险等第三方机构实现对接，实现对预付式消费经营者的动态监管。此外，鉴于目前预付式消费领域中存在大量跨地区、跨省市的投诉纠纷，各个协同监管平台除了实现本省、自治区、直辖市内监管信息的互联互通，还应当实现不同省、自治区、直辖市之间的信息联动，以应对愈发复杂的预付式消费纠纷，并形成上下联动、信息互通的预付式消费监管体系。协同服务监管平台的建设也是对预付式消费实施信用监管的一个重要环节，发挥了事前的信息收集和披露功能，为事中和事后的信用监管提供依据。

**【国内外立法例】**

**《湖北省消费者权益保护条例》**

**第十二条**　省人民政府商务主管部门应当会同有关部门建立统一的单用途商业预付卡协同监管平台，归集经营者单用途商业预付卡发行、兑付、预收资金等信息，加强对单用途商业预付卡经营活动的监督管理和风险控制。

**《北京市预付式消费市场监督和服务管理办法》**

**第九条**　本市建设统一的预付式消费市场协同监管服务平台（以下简称平台），依托北京市企业信用监管和综合服务平台建设，依据相关法律法规归集共享全流程全要素数据信息，并与相关电子营业执照、单用途预付费卡备案、发卡，公共信用，投诉举报等系统平台全面互联互通。平台应当授权银行、保险、互联网服务平台等第三方机构接入。

　　**第十一条**　平台由市人民政府负责组织建设和运行维护。市人民政府应当指导、支持预付式消费行业组织、具备相应能力的企业建立预付式消费业务处理系统（以下简称业务系统），供经营者自主选择使用。业务处理系统与平台对接的具体管理办法，由市人民政府制定。

### 《上海市单用途预付消费卡管理规定》

　　**第九条**　本市建设统一的单用途卡协同监管服务平台（以下简称协同监管服务平台），归集经营者单用途卡发行、兑付、预收资金等信息，但不归集消费者个人信息。

　　协同监管服务平台与本市事中事后综合监管平台、公共信用信息服务平台、相关投诉举报平台等信息系统实现互联互通。

　　**第十一条**　协同监管服务平台由市商务部门负责组织建设和运行维护。市商务部门应当指导、支持单用途卡行业组织、具备相应能力的企业建立公共基础业务处理系统，供经营者自主选择使用，并加强监督。

　　业务处理系统与协同监管服务平台信息对接的具体管理办法，由市商务部门制定。

### 第二十四条　【协同服务监管平台的信息联动功能】

　　**【法律条文】**协同服务监管平台应当实现与经营者的互联互通，并且应当向消费者开放。

　　**【说明】**本条是关于协同服务监管平台信息联动功能的一般性规定，明确了协同服务监管平台与经营者和消费者之间的联动关系。

　　**【理由】**为了实现对预付式消费的信息和信用管理，需要建立一个开放的协同服务监管平台，与经营者、消费者和监管机构实现信息的互联互通。首先，协同服务监管平台应当实现与经营者的互联互通，即应收集、整理、公示经营者的信用信息，尤其是涉及经营者履约能力的经营状况、财产状况等信息。与经营者的互联互通是协同服务监管平台的基础性功能，为实现以信用管理为核心的行政监管、司法救济、社会监督提供依据。其次，协同服务监管平台还应当向消费者开放，消费者有权在平台上查询经营者的预收资金余额、预付式消费交易记录、信用记录、预收资金风险防范措施等信息，保护了消费者的知情权。目前，上海市协同服务监管平台已经实现对消费者的开放，消费者可以通过政府门户网站或指定的手机客户端登录平台进行信息查询，除了可以实时掌握经营者的信息，还可以进行咨询、投诉和举报。

【国内外立法例】

**《北京市预付式消费市场监督和服务管理办法》**

**第十七条**　市市场监管部门应当及时将已与协同监管服务平台信息对接的经营者向社会公布，为消费者查询提供服务，并通过平台或嵌入第三方平台向消费者公示，警示消费风险。

**第二十四条**　消费者有权向经营者查询账户余额、交易记录等信息。消费者可以通过平台查询经营者基本信息、预收资金风险防范措施以及账户余额、信息对接等情况。

**《上海市单用途预付消费卡管理规定》**

**第十条**　市商务部门应当及时将已与协同监管服务平台信息对接的经营者向社会公布，为消费者查询提供服务。

**第十五条**　单用途卡行业主管部门应当根据经营者预收资金余额超过风险警示标准的相关信息以及采取的风险防范措施等情况，对经营者予以分类监管，并通过协同监管服务平台向消费者公示，警示消费风险。

**第十六条**　消费者可以通过协同监管服务平台，查询经营者基本信息、预收资金风险防范措施以及所持单用途卡余额、信息对接等情况。

**第二十二条**　单用途卡行业主管部门应当依托协同监管服务平台，通过信息审核比对、异常信息预警等方式，加强对本行业、本领域单用途卡经营活动的日常监督管理。

**第二十五条**　**【协同服务监管平台对经营者信息的披露】**

**【法律条文】**经营者应当与协同服务监管平台实现信息对接，及时、准确、完整地传送发卡数量、预收资金以及预收资金余额等基本信息。

**【说明】**本条规定了经营者应当如何与协同服务监管平台实现信息对接。

**【理由】**目前我国预付式消费中存在的一大矛盾是经营者携款跑路导致消费者投诉无门，造成这一矛盾的主要原因是在预付式消费中，经营者和消费者之间、经营者和监管机构之间存在信息不对称、信息失真的问题，以至于无法根据经营状况提前预判经营者的兑付风险，以及在发生纠纷之后缺乏追踪经营者的有效信息。为了应对这一矛盾，需要加强对经营者的信息披露，包括对经营者的营业规模、预收资金结算情况、预付式消费交易记录等信息的披露，同时应当借助协同服务监管平台来实现对经营者的信息披露。目前，北京市和上海市都鼓励企业建立预付式消费业务处理系统，与协同监管服务平台实现信息对接，并要求经营者定期向协同监管服务平台准确、完整、及时地报送其预收资金的相关信息。较之于传统的信息披露，经营者在协同监管平台上的信息披露具有传播范围更广、透明度更高、时效性更强等优势。此外，鉴于平台与监管机构、消费者、预付式消费相关的第三方机构之间的信息联通，经营者在平台上的信息披露还将有利于监管机构对预付式消费实施动态监管，及时发现问题并尽快采取或调整相应的治理措施；有利于消费者了解经营者的信用状况，综合判断预付式消费的兑付风险；以及有利于预付式消费配套监管措施的有效实施（例如保险公司可以参考经营者披露的信息确定承保方案）。

【国内外立法例】

**《北京市预付式消费市场监督和服务管理办法》**

**第二十条** 经营者应当于每季度第一个月的二十五日前，在协同监管服务平台上准确、完整地填报上一季度预收资金支出情况等信息，不得隐瞒或者虚报。

**第二十一条** 业务处理系统应当具备预付式消费发卡管理、预收资金清结算、交易记录保存、消费者信息查询等功能，并与平台实时对接。经营者申请对接前，做好发卡承诺，承诺的履约情况记入发卡企业信用档案，作为事中、事后监管依据。

**《上海市单用途预付消费卡管理规定》**

**第十条** 业务处理系统应当具备单用途卡发行管理、预收资金清结算、交易记录保存、消费者信息查询等功能，并与协同监管服务平台信息对接。经营者应当及时、准确、完整地传送单用途卡发行数量、预收资金以及预收资金余额等信息。

**第十二条** 经营者将业务处理系统与协同监管服务平台信息对接后，在五个工作日内通过协同监管服务平台获取信息对接标识，并在经营场所显著位置或者网站首页公示。经营者可以将获取的信息对接标识在单用途卡卡面明示。

经营者应当于每季度第一个月的二十五日前，在协同监管服务平台上准确、完整地填报上一季度预收资金支出情况等信息，不得隐瞒或者虚报。

**第二十六条　【失信主体名单制度】**

【法律条文】协同服务监管平台应当按照国家和地方有关规定公示经营者失信信息。

经营者有下列行为之一的，应当将其列入失信主体名单，并标明对该严重失信行为负有责任的法定代表人、主要负责人和其他直接责任人的信息：

（一）因停业、歇业或者服务场所迁移等原因未作出合理安排且无法联络的；

（二）一年内因违反本法受到两次以上行政处罚的；

（三）其他严重侵犯消费者财产权益的行为。

【说明】本条是关于经营者信用评价及公示的规定，要求形成经营者失信主体名单，并在协同服务监管平台上公示经营者失信信息。

【理由】信用是社会经济发展的必然产物，是现代经济社会运行中必不可少的一环，维持和发展信用关系，是保护社会经济秩序的重要前提。但目前我国在对预付式消费业务的监管中缺乏完整的信用评价和公示措施。为防范风险，维护正常的经济秩序，信用评价在预付式消费业务中发挥了重要作用，既可以为消费者提供公正、客观的信息，起到保护消费者利益的作用，又可以增加企业失信成本，弥补当前监管威慑力的不足，从而促进预付式消费业务的健康发展。因此，应借鉴域外社会诚信体系的成功经验，在预付式消费领域建立经营者信用评价及公示制度，明确经营者的严重失信行为，并据此形成预付式消费经营"失信主体名单"，同时标明对失信行为负有责任的法定代表人、主要负责人和其他直接责任人的信息。失信名单和相关失信信息应当借助协同服务监管平台向全社会公示，各省、自治区、直辖市可以根据各地实际情况制定具体的公示管理办法，以及对"失信主体名单"内经营者的惩戒措施。

**【国内外立法例】**

**《消费者权益保护法》**

**第五十六条**　经营者有前款规定情形的，除依照法律、法规规定予以处罚外，处罚机关应当记入信用档案，向社会公布。

**《北京市预付式消费市场监督和服务管理办法》**

**第三十条**　相关行政管理部门应当按照国家和本市有关规定，将经营者预付式消费经营失信信息向本市公共信用信息服务平台归集，并依法对失信主体采取惩戒措施。

经营者有下列行为之一的，应当将其列入严重失信主体名单，并通过本市公共信用信息服务平台标明对该严重失信行为负有责任的法定代表人、主要负责人和其他直接责任人的信息：

（一）因停业、歇业或者经营场所迁移等原因未对预付式消费兑付、退卡等事项作出妥善安排，未提供有效联系方式且无法联络的；

（二）一年内因违反本规定受到两次以上行政处罚的；

（三）利用预付式消费模式进行犯罪活动受到刑事追究的；

（四）其他严重侵犯消费者财产权益的行为。

对严重失信主体的惩戒措施，由市人民政府依照法律、法规作出规定。

**《上海市单用途预付消费卡管理规定》**

**第二十五条**　相关行政管理部门应当按照国家和本市有关规定，将经营者单用途卡经营失信信息向本市公共信用信息服务平台归集，并依法对失信主体采取惩戒措施。

经营者有下列行为之一的，应当将其列入严重失信主体名单，并通过本市公共信用信息服务平台标明对该严重失信行为负有责任的法定代表人、主要负责人和其他直接责任人的信息：

（一）因停业、歇业或者经营场所迁移等原因未对单用途卡兑付、退卡等事项作出妥善安排，未提供有效联系方式且无法联络的；

（二）一年内因违反本规定受到两次以上行政处罚的；

（三）利用发行单用途卡非法吸收公众存款或者集资诈骗受到刑事追究的；

（四）其他严重侵犯消费者财产权益的行为。

对严重失信主体的惩戒措施，由市人民政府依照法律、法规作出规定。

**第二十七条　【失信禁入制度】**

**【法律条文】**经营者有下列情形之一的，不得从事预付式消费经营业务：

（一）经营者或者其控股股东、实际控制人五年内因预付式消费失信行为被列入失信主体名单；或者经营者的法定代表人、主要负责人、实际控制人五年内对预付式消费严重失信行为负有责任的；

（二）经营者或者其法定代表人、主要负责人、控股股东、实际控制人被司法机关确定为失信被执行人的。

**【说明】**本条是关于预付式消费经营失信禁入制度的规定，明确了两种不得从事预付式消费经营业务的情况。

**【理由】**鉴于经营者可以利用预付式消费经营业务在短期内获得大量预收资金，且可以实现资金数额大且覆盖范围广的效果，预付式消费经营业务容易异化为经营者的低成本融资工具，经营者在获取大量资金后便关门跑路，导致消费者权益受损。因此，需要在市场准入上严格把控经营者的信用状况，对于存在严重失信情况的经营者应当禁止其从事预付式消费经营业务。目前，北京市在其《关于加强预付式消费市场管理的意见》中就明确规定，应当"推行失信禁入制度，对卷款跑路等严重损害消费者权益的企业及其董事、监事、经理等管理人员实施市场禁入，限制其在京继续开展经营活动。对同一经营场所反复出现以关门闭店、更换经营者等方式逃避兑付预收款的，探索对该经营场所实施市场禁入，停止使用该场所办理登记注册。"本条款除了要求对于应列入本法第26条的"失信主体名单"的经营者适用失信禁入制度，还要求对于《最高人民法院关于公布失信被执行人名单信息的若干规定》中规定的列入"失信被执行人名单"的经营者也适用失信禁入制度，扩大了失信禁入的主体范围，有利于从源头上实现对预付式消费经营业务的信用管理。

**【国内外立法例】**

**《最高人民法院关于公布失信被执行人名单信息的若干规定》**

**第一条**　被执行人未履行生效法律文书确定的义务，并具有下列情形之一的，人民法院应当将其纳入失信被执行人名单，依法对其进行信用惩戒：

（一）有履行能力而拒不履行生效法律文书确定义务的；

（二）以伪造证据、暴力、威胁等方法妨碍、抗拒执行的；

（三）以虚假诉讼、虚假仲裁或者以隐匿、转移财产等方法规避执行的；

（四）违反财产报告制度的；

（五）违反限制消费令的；

（六）无正当理由拒不履行执行和解协议的。

**第七条** 各级人民法院应当将失信被执行人名单信息录入最高人民法院失信被执行人名单库，并通过该名单库统一向社会公布。

**第八条** 人民法院应当将失信被执行人名单信息，向政府相关部门、金融监管机构、金融机构、承担行政职能的事业单位及行业协会等通报，供相关单位依照法律、法规和有关规定，在政府采购、招标投标、行政审批、政府扶持、融资信贷、市场准入、资质认定等方面，对失信被执行人予以信用惩戒。

人民法院应当将失信被执行人名单信息向征信机构通报，并由征信机构在其征信系统中记录。

**《北京市预付式消费市场监督和服务管理办法》**

**第十三条** 普及电子营业执照应用。经营者在开展预付式消费业务前，应当通过平台获得主体资格认证（电子营业执照），通过统一社会信用代码，实现相关经营主体全量记录，对无证无照、信用异常、严重失信的市场主体进行精准拦截。

## 第五章 法律责任

### 第二十八条 【预付式消费的行政监管和行政执法主体】

【法律条文】预付式消费行业主管部门发现经营者在预收资金管理、信用信息管理等方面存在不规范行为的，应当通过发送监管警示函、约谈经营者或其主要负责人等方式，要求经营者采取相关措施限期予以整改。对拒不整改的，预付式消费行业主管部门应当将经营者涉嫌违法违规的相关信息及时告知预付式消费行政执法部门，由预付式消费行政执法部门依照本法进行处罚。

【说明】本条是对预付式消费行政监管和行政执法主体的一般性规定。

【理由】首先，按照本法分类监管的整体性原则，由市场监督管理、商务、文化、体育、交通、旅游、教育等部门（即"预付式消费行业主管部门"）负责各自主管行业、领域内预付式消费经营活动的监督管理工作。根据中国消费者协会关于预付式消费投诉涉及各领域情况的调研资料，受到消费者投诉的预付式消费领域包含健身、影院、电信、商品房、教育培训、共享单车、网约车和网络游戏等。可见其涉及面广，专业性强，因此由行业主管部门进行作为监管主体更能适应当前的预付式消费市场的发展状况，有利于第一时间发现案件线索，也便于消费者识别主管部门，防止推诿。

另一方面，执法主体和监管主体需分别进行规定。其一，预付式消费领域混业经营的问题影响预付卡消费监管行业范围的划分，进而降低行政效率，增加行政成本，多部门协同执法的难度很大；其二，部分行业主管部门，尤其是基层主管部门并未配备专业的执法队伍，或是执法人员严重不足，实际上难以承担预付式消费的行政处罚职责；其三，本条所称"预付式消费行政执法部门"，具体可以是县级以上人民政府的综合执法大队，目前综合执法大队已涉及市场监管、交通运输、文化市场、城市管理等多个领域，行政监管部门可以在调查结束后将具体案件的行政处罚执行交由执法部门负责。

**【国内外立法例】**

**《上海市单用途预付消费卡管理规定》**

**第二十一条** 对单用途卡经营活动违法行为的行政处罚，由下列部门（以下统称单用途卡行政执法部门）负责实施：

（一）商务领域，由市场监督管理部门负责实施；

（二）文化、体育、旅游领域，由文化综合执法机构负责实施；

（三）其他领域，由各自行业主管部门负责实施。

**第二十二条** 单用途卡行业主管部门发现经营者在信息报送、预收资金管理等方面存在异常或者不规范行为的，应当通过发送监管警示函、约谈经营者或者其主要负责人等方式，要求经营者采取相关措施限期予以整改。对拒不整改的，单用途卡行业主管部门应当将经营者涉嫌违法违规的相关信息及时告知单用途卡行政执法部门，由单用途卡行政执法部门依照本规定进行处罚。

**《北京市预付式消费市场监督和服务管理办法（征求意见稿）》**

**第二十八条** 相关行业主管部门发现经营者在预收资金管理等方面存在异常或者不规范行为的，应当通过发送监管警示函、约谈经营者或者其主要负责人等方式，要求经营者采取相关措施限期予以整改。对拒不整改的，行业主管部门应当将经营者涉嫌违法违规的相关信息及时告知行政执法部门，由行政执法部门依照本规定进行处罚。

**第二十九条 【经营者违反登记备案义务的行政处罚】**

**【法律条文】**经营者违反本法第十八条的规定，擅自经营预付式消费业务，由违法行为发生地预付式消费行政执法部门责令限期改正；逾期不改正的，处五万元以上十万元以下的罚款；情节严重的，责令停业整顿，并处处十万元以上五十万元以下的罚款。

**【说明】**本条是对未经登记备案，擅自从事预付式经营活动经营者的行政处罚。

【理由】预付式消费领域的备案制度首次出现在 2012 年商务部颁布的《单用途商业预付卡管理办法（试行）》。该《办法》区分了不同类型的发卡企业，并规定了相应的备案制度，但从数年实际情况来看，落实情况不容乐观，已经确定的各种制度还只存在于纸面上基本没有得到执行。

备案制度是加强预付式消费事前监管的重要举措，明确预付式消费资质门槛。凡拟推行预付式消费的，必须进行备案登记，不进行备案登记的应视同违法违规行为予以处罚。为落实本法第 18 条规定的备案制度，监督经营者切实履行备案义务，有必要为登记备案配置相应的行政责任条款。

对于预售金额较少、及时改正违法行为，没有产生社会危害的经营者，行政执法部门责令其在一定期限内（如：5 个工作日内）予以补登记。无正当理由逾期不改正的，应当处以罚款，目的是敦促经营者尽快登记，并予以惩戒。经营者未经登记备案程序擅自经营，产生一定社会影响，侵害众多消费者权益；或是预收金额较大（如：预售金额 50 万元以上）；或是具有其他严重情节（如：拒不登记），均可视为本条中的"情节严重"，此时有权部门应当要求违法经营者暂停营业，及时消除影响，并增加罚款数额。本条罚款最高金额为 50 万元，是考虑到经营者如果仅未依规定进行备案登记，没有从事其他违法违规行为，客观上通常不会对消费者造成严重影响；如果经营者在未备案登记的情况下，还从事了本法其他条款规定的事项，则可以在罚款金额上合并进行处罚。

【国内外立法例】

**《单用途商业预付卡管理办法（试行）》**

**第七条** 发卡企业应在开展单用途卡业务之日起 30 日内按照下列规定办理备案：

（一）集团发卡企业和品牌发卡企业向其工商登记注册地省、自治区、直辖市人民政府商务主管部门备案；

（二）规模发卡企业向其工商登记注册地设区的市人民政府商务主管部门备案；

（三）其他发卡企业向其工商登记注册地县（市、区）人民政府商务主管部门备案。

**第三十六条** 发卡企业违反本办法第七条规定的，由违法行为发生地县级以上地方人民政府商务主管部门责令限期改正；逾期仍不改正的，处以 1 万元以上 3 万元以下罚款。

**《上海市单用途预付消费卡管理规定》**

**第二十二条** 单用途卡行业主管部门发现经营者在信息报送、预收资金管理等方面存在异常或者不规范行为的，应当通过发送监管警示函、约谈经营者或者其主要负责人等方式，要求经营者采取相关措施限期予以整改。对拒不整改的，单用途卡行业主管部门应当将经营者涉嫌违法违规的相关信息及时告知单用途卡行政执法部门，由单用途卡行政执法部门依照本规定进行处罚。

**第二十六条** 经营者违反本规定第十条第二款、第十二条第二款的规定，未报送有关信息的，由单用途卡行政执法部门责令限期改正；逾期不改的，处二千元以上二万元以下罚款；情节严重的，处二万元以上五万元以下罚款。

经营者违反本规定第十五条第一款的规定，未采取相关风险防范措施的，由单用途卡行政执法部门责令限期改正；逾期不改的，处二万元以上二十万元以下罚款。

**《单用途商业预付卡管理办法（试行）》**

**第三十六条** 发卡企业违反本办法第七条规定的，由违法行为发生地县级以上地方人民政府商务主管部门责令限期改正；逾期仍不改正的，处以1万元以上3万元以下罚款。

**第三十条 【对经营者不公平交易、虚假宣传、违反消费者信息管理和订约、履约义务的行政处罚】**

**【法律条文】** 经营者违反本法第九条至第十四条规定的，由违法行为发生地预付式消费行政执法部门责令限期改正，可以处一万元以上二十万元以下罚款。情节严重的，处二十万元以上二百万元以下的罚款。

**【说明】** 本条是对预付式消费领域经营者从事不公平交易、虚假宣传等违法行为，以及经营者违反消费者个人信息管理、签约和履约义务的行政处罚。

**【理由】** 本法第9~14条规定了预付式消费市场经营者必须遵守的几项义务，简单可概括为公平交易义务、诚信经营义务、个人信息保密义务、订约和合理履约义务等。但没有法律责任的义务是形同虚设的，需要对违反上述义务的经营者进行行政处罚。前述第9~14条的设立目的是通过增加经营者义务来保护消费者权益，其行为、风险类型具有一定相似性，因此合并在同一责任条款中。

鉴于前述几类违法行为跨度较大，既涉及民法、合同法等私法领域，也涉及消费者权益保护法、竞争法等非私法领域内容；且违法行为危害性差异较大，需要根据个案进行评估，因此本条在处罚金额上给予执法机关更大的裁量范围。对于情节轻微危害不大的，根据经营者对违法行为的改正情况以及对利益受损消费者的补偿情况，可不处罚款或处20万元以下罚款。对于情节严重的经营者，执法机关在责令限期改正的基础上应当处以罚款。

几点说明：其一，对"情节严重"的认定，可参考本法第29条的认定标准；其二，本条规定的罚款上限主要参考《反不正当竞争法》，根据该法规定，经营者对其商品作虚假或者引人误解的商业宣传，处20万至200万元罚款；其三，本条规定的行政责任，与所涉违法行为主体依照其他法律对消费者应承担的民事责任互不冲突，且民事赔偿责任优先。

**【国内外立法例】**

**《消费者权益保护法》**

第五十六条　经营者有下列情形之一，除承担相应的民事责任外，其他有关法律、法规对处罚机关和处罚方式有规定的，依照法律、法规的规定执行；法律、法规未作规定的，由工商行政管理部门或者其他有关行政部门责令改正，可以根据情节单处或者并处警告、没收违法所得、处以违法所得一倍以上十倍以下的罚款，没有违法所得的，处以五十万元以下的罚款；情节严重的，责令停业整顿、吊销营业执照：

……

（六）对商品或者服务作虚假或者引人误解的宣传的；

……

经营者有前款规定情形的，除依照法律、法规规定予以处罚外，处罚机关应当记入信用档案，向社会公布。

**《反不正当竞争法》**

第二十条　经营者违反本法第八条规定对其商品作虚假或者引人误解的商业宣传，或者通过组织虚假交易等方式帮助其他经营者进行虚假或者引人误解的商业宣传的，由监督检查部门责令停止违法行为，处二十万元以上一百万元以下的罚款；情节严重的，处一百万元以上二百万元以下的罚款，可以吊销营业执照。

**《电子商务法》**

第八十二条　电子商务平台经营者违反本法第三十五条规定，对平台内经营者在平台内的交易、交易价格或者与其他经营者的交易等进行不合理限制或者附加不合理条件，或者向平台内经营者收取不合理费用的，由市场监督管理部门责令限期改正，可以处五万元以上五十万元以下的罚款；情节严重的，处五十万元以上二百万元以下的罚款。

**第三十一条　【经营者违反预收资金管理相关规定的行政处罚】**

**【法律条文】** 经营者违反本法第二十条至第二十二条规定的，由违法行为发生地预付式消费行政执法部门责令改正，并处一万元以上十万元以下罚款；预收资金金额五十万元以上的，并处违法预收资金金额的百分之二十以上百分之五十以下罚款。

**【说明】** 本条是对经营者违反本法关于预收资金管理规定的行政处罚。

**【理由】** 资金安全风险是预付式消费领域最为突出的问题。前期调研显示，一些经营者利用低价折扣、特别优惠诱导消费者支付高额预付款，其后在不事先告知消费者的情况下突然关门停业、携款潜逃，其中有的是因为经营不善、资金链断裂，深陷财务危机，有的则是故设圈套、蓄意骗取消费者钱财。对于这类情况，消费者在发现时往往为时已晚，难以追索。因此必须严厉处罚未按规定不当使用或管理预收资金的经营行为。

对于情节轻微，及时改正的此类违法行为，执法部门也应当视具体情形处以一定罚款，以起到法律的震慑作用；对于预收资金超过五十万的，推定为情节严重，罚金按照预收资金金额以一定比例进行计算。经营者违反本法第二十至二十二条的行为，其行为危害程度和预售资金金额是成正比关系的，金额越大，经营者违规投资借贷或未使用保证金和履约保证保险等方式管理预收资金带来的风险就越大。因此预收资金超过五十万的，以金额为基数按照一定比例收取罚款，最低为十万元，也与本条前半部分罚款金额相衔接。

【国内外立法例】

《单用途商业预付卡管理办法（试行）》

**第三十七条**　发卡企业或售卡企业违反本办法第十四条至第二十二条规定的，由违法行为发生地县级以上地方人民政府商务主管部门责令限期改正；逾期仍不改正的，处以 1 万元以上 3 万元以下罚款。

发卡企业违反本办法第二十四条至第二十七条、第三十一条规定的，由备案机关责令限期改正；逾期仍不改正的，处以 1 万元以上 3 万元以上罚款。

集团发卡企业、品牌发卡企业疏于管理，其隶属的售卡企业 12 个月内 3 次违反本办法规定受到行政处罚的，备案机关可以对集团发卡企业、品牌发卡企业处以 3 万元以下罚款。

**第三十二条　【经营者违反信息管理相关规定的行政处罚】**

【法律条文】经营者违反本法第二十五条规定的，由违法行为发生地预付式消费行政执法部门责令限期改正，可以处五千元以上五万元以下罚款。

【说明】本条是对违反信息管理相关规定，不配合预付式消费监管平台信息对接经营者的行政处罚。

【理由】依据本法规定，由省级人民政府牵头组建协同服务监管平台。而平台的顺利运行，以及发挥其设想的信息公示、风险预警、资金监管等职能，都必须以及时、真实、完整的经营者相关信息为前提。根据经济理性人的假设，经营者不具备向平台提供其经营信息的主动性，因此必须依托一定的行政强制力敦促预付式消费市场经营者接入平台，配合平台的运行全过程，以此更好地保护消费者，保障预付式消费安全和稳定。

当然，本条的立法目的是以警示、督促为主，因此在处罚力度上不宜过重，对于配合执法工作，及时改正违法行为的经营者，可以不处罚金；此外，本条的处罚金额上限为五万元，在整部法律责任一章中也位于最低水平。

【国内外立法例】

**《上海市单用途预付消费卡管理规定》**

**第二十二条** 单用途卡行业主管部门应当依托协同监管服务平台，通过信息审核比对、异常信息预警等方式，加强对本行业、本领域单用途卡经营活动的日常监督管理。

单用途卡行业主管部门发现经营者在信息报送、预收资金管理等方面存在异常或者不规范行为的，应当通过发送监管警示函、约谈经营者或者其主要负责人等方式，要求经营者采取相关措施限期予以整改。对拒不整改的，单用途卡行业主管部门应当将经营者涉嫌违法违规的相关信息及时告知单用途卡行政执法部门，由单用途卡行政执法部门依照本规定进行处罚。

### 第三十三条 【行政工作人员违法行为的法律责任】

**【法律条文】** 行政机关工作人员在单用途卡经营活动监督管理过程中，违反本法，滥用职权、玩忽职守、徇私舞弊的，依法给予处分；构成犯罪的，依法追究刑事责任。

**【说明】** 本条规定了预付式消费行政部门工作人员违法行为的法律责任。

**【理由】** 公权力机关在行政监管过程中，难免会出现滥用职权、权力寻租的情形，因此需要对行政权力予以必要的限制。根据行政工作人员违法行为的严重程度，按照《行政机关公务员处分条例》等相关制度安排对违法个人给予不同的处分；对于违反《刑法》的犯罪行为，依法追究其相应的刑事责任。

**【国内外立法例】**

**《上海市单用途预付消费卡管理规定》**

**第二十四条** 行政机关工作人员在单用途卡经营活动监督管理过程中，违反本规定，滥用职权、玩忽职守、徇私舞弊的，依法给予处分；构成犯罪的，依法追究刑事责任。

**《北京市预付式消费市场监督和服务管理办法（征求意见稿）》**

**第三十四条** 行政机关工作人员在预付式消费经营活动监督管理过程中，违反本规定，滥用职权、玩忽职守、徇私舞弊的，依法给予处分；构成犯罪的，依法追究刑事责任。

**《电子商务法》**

**第八十七条** 依法负有电子商务监督管理职责的部门的工作人员，玩忽职守、滥用职权、徇私舞弊，或者泄露、出售或者非法向他人提供在履行职责中所知悉的个人信息、隐私和商业秘密的，依法追究法律责任。

**第三十四条** 　**【经营者违法行为的刑事责任】**

**【法律条文】** 经营者在经营过程中有非法吸收公众存款、集资诈骗、洗钱、挪用资金等情形的，由公安等行政管理部门依法处理；构成犯罪的，依法追究刑事责任。

**【说明】** 本条规定了预付式消费经营者违法行为的刑事责任。

**【理由】** 本条是为处理好本法与《刑法》的衔接问题，以及明确违反刑法的预付式消费经营者违法行为管辖问题。经营者在预付式消费市场中的违法行为，可能同时触犯本法和刑法，当出现法律竞合时，未避免出现"一事二罚""一事多罚"的情形，此时应适用我国《刑法》追究严重违法经营者的相关责任，具体而言，经营者行为主要可能涉及《刑法》第三章破坏社会主义市场经济秩序类犯罪。

同时，根据我国行政机关职权划分，刑事管辖机关包括公安机关、检察机关和审判机关，除法律另有规定的，其中绝大多数普通刑事案件都由公安机关立案进行侦查，预付式消费行业主管部门和预付式消费行政执法部门在发现涉案经营主体可能违反《刑法》时，应及时将案件信息移送公安等行政管理部门，并配合其调查与审理。

**【国内外立法例】**

**《上海市单用途预付消费卡管理规定》**

**第二十七条** 　单用途卡行政执法部门应当依照法律、法规等规定，及时将涉嫌构成犯罪的案件移送同级公安机关。

经营者在经营过程中有非法吸收公众存款、集资诈骗、洗钱、挪用资金等情形的，由公安等行政管理部门依法处理，构成犯罪的，依法追究刑事责任。

**《北京市预付式消费市场监督和服务管理办法（征求意见稿）》**

**第三十一条** 　预付式消费行政执法部门应当依照法律、法规等规定，及时将涉嫌构成犯罪的案件移送同级公安机关。

经营者在经营过程中涉嫌犯罪的，由公安等行政管理部门依法处理。

**《消费者权益保护法》**

**第五十七条** 　经营者违反本法规定提供商品或者服务，侵害消费者合法权益，构成犯罪的，依法追究刑事责任。

**第三十五条** 　**【经营者违法信息公示】**

**【法律条文】** 经营者违反本法受到行政处罚的，由实施处罚的行政执法部门在协同服务监管平台上公示处罚信息。

**【说明】** 本条是对经营者行政违法信息平台公示制度的相关规定。

【理由】本条是在立法中尝试着探索和完善信用责任机制。违法信息公示制度对刺破公司面纱，追究企业的法定代表人、主要负责人以及实际控制人等的个人责任，依法进行信用惩戒都起着至关重要的作用。这一制度能够体现法的权威性和震慑性，有效减少经营者收到预付资金后不履行承诺的服务和提供商品，甚至出现破产倒闭或携带预付资金潜逃的现象，以保护消费者的合法权益。

从监管执法角度而言，平台违法信息公示能够更好克服领域受限造成的监管空白，解决信息失真带来的监管失败，变"被动监管"为"主动预警"，变"单边管理"为"多边共治"，构建起对预付式消费经营行为监管的系统信息对接、资金风险防控、信用管理、社会共治的全方位、协同性管理框架。

"徒法不足以自行"，良好的制度需要执法部门在具体个案中不断落实和完善，为了保障违法信息公示起到实在的社会效应，还可以根据实际情况辅以在公众媒体上披露，或通过"信用中国"网站、国家企业信用信息公示系统、商务诚信公共服务平台等公示联合惩戒对象的违法失信信息；地方层面可以同当地政府事中事后综合监管平台、公共信用信息服务平台、相关投诉举报平台等信息系统实现互联互通。

**【国内外立法例】**

**《北京市预付式消费市场监督和服务管理办法（征求意见稿）》**

**第三十条**　相关行政管理部门应当按照国家和本市有关规定，将经营者预付式消费经营失信信息向本市公共信用信息服务平台归集，并依法对失信主体采取惩戒措施。

经营者有下列行为之一的，应当将其列入严重失信主体名单，并通过本市公共信用信息服务平台标明对该严重失信行为负有责任的法定代表人、主要负责人和其他直接责任人的信息：

（一）因停业、歇业或者经营场所迁移等原因未对预付式消费兑付、退卡等事项作出妥善安排，未提供有效联系方式且无法联络的；

（二）一年内因违反本规定受到两次以上行政处罚的；

（三）利用预付式消费模式进行犯罪活动受到刑事追究的；

（四）其他严重侵犯消费者财产权益的行为。

对严重失信主体的惩戒措施，由市人民政府依照法律、法规作出规定。

**《单用途商业预付卡管理办法（试行）》**

**第三十九条**　发卡企业和售卡企业违反本办法受到行政处罚的，由实施处罚的商务主管部门在指定媒体上公示处罚信息。

**第三十六条　【施行日期】**

**【法律条文】**本法自××××年××月××日起施行。

附件：

## 各国、地区预付卡相关信息的对比

除日本外，其他海外国家与我国单用途预付卡定义有一些差别，并且，欧盟、美国、加拿大关于单用途预付卡的立法有限，材料较少，因此本文主要根据日本的情况进行研究。

通过对不同国家、地区资料的搜集与对比，得出如下结论：

### 一、各国预付卡概念的区别

各国预付卡的种类、概念不尽相同，但是目前各国、各地区和国际组织对其的定义均基本涵盖预付卡作为支付工具的性质及其预付和储值的基本功能。

日本对预付卡有着严格而明确的定义，日本法律上将具有预付卡性质的券卡统称为"预付手段"或"预付卡"。根据《资金结算法》（《资金决済に関する法律》）第3条、第4条的规定，预付卡指发行者发行，消费者同意支付对价购买，通过票证、电子或其他方式记载有金额、商品或服务，并能兑付的产品，包括纸质、磁条卡、IC卡等形式。但政府明确的车票、门票、政府或特设的公共福利组织发行的预付卡、政府明确的专为企业内部职工使用而发行的预付卡、正常的商业预付款等不适用预付卡相关法律。

国际清算银行和支付清算委员会发布的《电子货币发展报告》将预付卡定义为一种具有预付和储值功能的电子货币产品，该电子货币产品用于记录消费者能够使用的资金金额或货币价值，并协助消费者完成交易支付。这一定义既涵盖有实体卡片形式的预付卡（也可称为"电子钱包"），又包含用于互联网交易环境的虚拟预付账户相关的各类产品和服务，如电子现金等。欧洲中央银行在《关于预付卡致EMI委员会的报告》（Report to the council of the European Monetary Institute on prepaid cards）中将预付卡描述为"以特种塑料板形式存在的，具有真实购买力的多用途支付卡"，同时明确指出，多用途预付卡属于"电子货币"的一种，应将其和单一用途预付卡、有限用途预付卡进行区别。预付卡在美国被称为储值卡（stored-value cards），美国存款保险公司（FDIC）在《关于非传统的存款机构开展预付卡储值融资活动的意见》中，将预付卡定义为以取代现金为目的的小额经常性交易中使用的支付卡，同时，将预付卡按发卡机构分为两类：商业企业发行的预付卡（封闭式系统）和银行机构发行的预付卡（开放式系统）。

### 二、日本对预付卡采用集中监管，欧盟、美国为分散监管

对于预付卡监管方面，日本由财政部集中监管，欧盟、美国则为分散监管。

日本采用中央政府机关主导，自律组织为辅的集中监管模式。日本对预付卡管理的监督职责由金融厅承担。监督权具体体现为报告书审查权、检查权、责令整改

权、取消登记权和行政处罚权。预付卡发行人应于基准日次日起 2 个月内向金融厅提交业务报告书，详述发行额和未使用额等预付卡业务具体情况，金融厅应对报告书进行审查。检查权允许监督主体在法律施行的必要限度内，对预付卡发行者的营业所或事务所有关业务、财产状况、账簿文件或其他物件进行检查，并可以对相关者进行讯问。金融厅发现有侵害预付卡消费者利益的情况发生时，为了保护消费者的利益，在必要的限度内，可以命令发行者采取必要措施改正有关业务方式，改善有关业务的运营状况。金融厅在一定情况下可以取消多用途预付卡发行者的登记，或命令在一定期间内（6 个月以内）全部或部分停止预付卡的发行业务。违反预付卡管理法律规定的，可根据相关法律给予行政处罚。除此之外，日本专门设有自律组织来进行监管。日本支付服务协会前身是日本预付卡发行协会，根据《资金结算法》变更为日本支付服务协会。协会旨在促进预付卡行业、支付结算业有关业务规范实施，并保护相关消费者的利益。《资金结算法》第五章专门对日本支付服务协会的宗旨和工作职责等相关内容作出规定。就预付卡方面而言，协会吸收各类预付卡发行人入会，并开展以下业务：

（1）开展预付卡发行业务时，通过指导、劝告等形式提醒会员遵守相关法律和法令，根据自主规制规则对会员进行自律管理。

（2）在会员发行预付卡时，为了保护消费者的利益，对其契约内容的规范性及公平合理性进行必要的指导和劝告。

（3）根据《支付结算法》第 13 条第 3 项的规定，对于预付卡票面表示事项，如预付卡名称、发行人姓名或商号、住所或营业所、预付卡额度、使用期限、余额查询方式、投诉电话等，在协会进行公示。

（4）解决消费者针对会员发行的预付卡的投诉。

（5）预付卡发行人可以经由协会向财务局报送通知报告。

（6）为发行人提供预付卡审批咨询和服务。

（7）向预付卡发行人、消费者宣传或提供其他必要的信息和服务。

其中，解决投诉是协会的重要职能。协会根据预付卡消费者对于会员的投诉，通过沟通交流的方式，一方面给予投诉人必要的建议，另一方面在调查事实真相的同时将投诉内容通知该会员发行者，以寻求事件纠纷的迅速处理和解决。协会根据调查结果依法作出的决定，会员没有正当的理由不能拒绝执行。协会在事件解决后应将投诉及其解决结果告知所有会员。支付服务协会是具有一定强制约束力的自律组织。日本支付服务协会在预付卡体系中，扮演着极为重要的角色，它成为预付卡发行企业、金融厅、消费者之间的桥梁。为预付卡发行企业审批提供咨询和服务，递交相关通知及报告；加强自律管理，传递监管信息；扮演消费者纠纷解决中间人的角色，具有中立性和协调性。

### 三、市场准入情况不一

大部分国家和地区发卡机构为银行和银行投资开办的企业，或者为经金融监管机构批准成立的公司。欧盟法律体系只允许吸收存款的金融机构和经过授权的机构发行储值卡，澳大利亚、捷克和立陶宛等国支付工具的发行机构需要获得许可，在印度、墨西哥、尼日利亚、新加坡，储值卡只能由银行发行。加拿大、马来西亚、瑞士和美国没有严格限制，只规定能由哪一种机构发行多用途储值卡。新加坡金融监管当局对储值卡的非交通小额消费功能实行了市场准入管理，如果储值卡只在交通领域使用，其管理部门就是交通管理当局；当储值卡延伸到非交通的小额消费领域，具备了电子钱包的特征后，发卡公司应视为接受存款机构，则金融监管当局应对其实施市场准入管理。

### 四、银行管理模式和企业管理模式是两种主流的支付结算体系

由于各国的经济发展和金融市场环境存在差异，不同国家的预付卡支付结算体系采取不同的运行机制。银行管理模式和企业管理模式，是两种主流的支付结算体系。新加坡金融监管局授权 QB 公司与新加坡最大的区域银行（CITY BANK 和 DBS BANK）签署协议合作，由银行负责充值和管理沉淀资金。

### 五、对发卡主体的管理与预付卡管理大都较为严格

在对预付卡的管理上，目前，各国消费卡用于小额支付，消费卡一般为带芯片的 IC 卡或者带内置晶片的非接触式智能卡，主要在停车场、自动售货机、便利店、快餐通道、报刊零售商、公共交通系统，以及相关市政服务等行业用于小额支付。大多数消费卡卡内余额上限从 26 美元到 1024 美元不等，但是一般而言金额都比较小。消费卡消费处理过程是将销售金额从多用途消费卡写入到商家的终端机内，大多数消费卡都禁止卡与卡之间转账。在技术层面上，发行机构通常会采取一些措施保证安全，尽量减少在安全方面可能造成的损失，如在卡上安装防篡改芯片、利用复杂的加密技术等，限制消费卡的可充值金额、限制单次交易金额、利用 PIN 码授权充值和转账等方法也被广泛应用。

### 六、各国、地区均较为重视对消费者权益的保护，分别对此设置了不同的制度、发布了不同的法律法规

在对消费者权益的保护上，各国都投注了相当精力，其中突出表现在信息披露上。

日本、欧盟、美国、加拿大对信息披露都作出了相关规定，总结起来主要有以下几点：

1. 信息披露的标准：

（1）信息是否足以引起消费者注意并进行阅读；

（2）关于信息的措辞和格式是否易被消费者理解；

（3）信息是否在消费者能够看到的地方；

（4）是否最大限度地披露信息的真实内容。

2. 信息披露的具体内容：

（1）收费项目；

（2）到期日期；

（3）获取信息渠道；

（4）使用范围。

### 七、相比多用途预付卡，单用途预付卡的监管程度较松

单用途预付卡因其性质，不需要太严格的监管力度，以日本为例，对比其对单用途预付卡和多用途预付卡的监管制度区别：

日本在预付卡发行上，对单用途预付卡实行事后报告制度，对多用途预付卡实行事前登记制度。

单用途预付卡事后报告制度包括两个部分：第一部分是基准日余额申报制度。即指在计划发行或正在发行预付卡时，若在"基准日"之时（3月31日和9月30日）未使用的余额在法定金额（1000万日元）以上的发行者，必须在该基准日次日之后的2个月内，将发行情况报告金融厅，包括发行人名称、注册资本、住所、高级管理人员、预付卡未使用的余额、预付卡名称、金额、期限、投诉方式、加入支付服务协会的名称等情况。第二部分是对已申报的单用途预付卡发行者，出现前述申报内容变更的，应及时向金融厅报告。单用途预付卡的申报书只要符合基本的格式和内容要求，不需要经过严格的审批。但是，法律规定申报后的单用途预付卡发行人同样有支付保证金、提交业务报告书、随时接受主管机关检查的义务。

与单用途预付卡发行相比，多用途预付卡的登记制度要严格得多。法律明确规定，多用途预付卡只能由获得金融厅批准的法人发行，其登记制度程序为申请—审查—登记—公开。欲获批准的法人首先需递交申请书。其次，金融厅对申请人资格进行审查。审查是整个登记制度的核心程序。在审查时，遇到以下情况可以拒绝批准：①不具备法人资格；②提供的商品或服务违反公序良俗原则；③申请者欲使用的商号或名称与其他多用途预付卡发行者正在使用的商号或名称相同或相似，有被误认的可能；④根据法律规定被取消登记后不满3年的法人；⑤根据相关法律规定被处罚金，执行完毕或刑罚消灭之日起不满3年的法人；⑥负责人中有不符合法律规定任职条件的人；⑦经确认没有足以完成多用途预付卡发行业务的财产基础的法人（全国范围的总资产1亿日元，地区范围的总资产1000万日元）。

### 八、各国关于预付卡采取的不同立法模式

由于预付卡存在单用途与多用途的类型差异，用于规制预付卡的立法也就可能存在不同的模式选择。若是将用于规制单用途预付卡与多用途预付卡的法律制度共同置于一部法律规范之内，可被称为一元立法模式，日本用于规制消费预付卡的立

法《资金决算法》即采一元立法模式。

早在 1989 年，日本就出台了《预付票证管理法》（《前払式证票の规制等に関する法律》），对预付卡的登记、发行、保证金等内容进行了详细规范。2010 年 4 月，日本出台《资金结算法》（《资金决済に关する法律》），代替了《预付票证管理法》，支付服务协会的职责进一步明确。日本预付卡管理法律体系除上述两部立法外还有：2011 年的《资金结算法实施条例》（《资金决済に关する法律施行令》）、《关于预付式支付方法的内阁府令》（《前払式支払手段に关する内阁府令》）、《关于资金转移者的内阁府令》（《资金移动业者に关する内阁府令》）、《关于资金移动业的指定纷争解决机构的内阁府令》（《资金移动业の指定纷争解决机关に关する内阁府令》）、《预付款支付方式保证金规则》（《前払式支払手段发行保证金规则》）、《资金移动的保证金规则》（《资金移动业履行保证金规则》）等。

美国大多没有特定的立法来专门对预付卡相关事项进行规制，其规定多数散见于一些相关的法律文件，如 1950 年的《联邦存款保险法》（The Federal Deposit Insurance Act，FDIA）、1978 年的《1978 年电子资金划拨法》（Electronic Fund Transfer Act，EFTA）及其实施细则《E 规则》（Regulation E）、2006 年的《礼品卡指导意见》（Gift Card Disclosures：Guidance on Disclosure andMarketing Issues）和 2009 年的《2009 年信用卡业务相关责任和信息披露法案》。《联邦存款保险法》涉及预付卡的规制，但并非所有预付卡都能适用该法。联邦存款保险公司（FDIC）认为，潜在于预付式支付工具（Stored-value products）中的资金只有在已寄存在联邦保险的存款机构（federally insured depository institution）的情况下才能被视为"存款"。而且符合条件的预付卡往往是开放式预付卡，一般不包括商业企业发行的预付卡。《1978 年电子资金划拨法》及《E 规则》旨在规范通过电子系统转移资金的行为，但没有将预付卡全部纳入到监管机制之中，只对在金融机构设有账户的预付卡进行规制。《2009 年信用卡业务相关责任和信息披露法案》旨在对信用卡经营机构的行为予以进一步规范，涉及与礼品卡相关的消费者保护问题。《无主财产法》规定，无人认领财产的持有人在尝试寻找所有者未果的情况下应将此财产上交各州政府保管。如此可以保护忘记使用卡中余额的消费者的利益。《资金划拨法》旨在保证非银行汇款业务的安全和稳定，而并非对预付卡的直接规制。《礼品卡指导意见》（Gift Card Disclosures：Guidance on Disclosure andMarketing Issues）规定了"消费者披露"（Consumer Disclosures），详细规定了"disclosures on gift cards"和"disclosures accompanying gift cards"两项内容。

当然，二元立法模式可以灵活调整不同类型的预付卡，分别对其进行有针对性的规定，但是，不同法律规范之间的差异与冲突将会影响到预付卡法律规制的实际效果，如何避免冲突与协调不同立法的关系将是立法者需要面对的问题之一。

附：

**各国预付卡制度对比表**

| 模块 ＼ 国家 | 日本 | 欧盟 | 美国 | 加拿大 |
|---|---|---|---|---|
| 定义 | 发行者发行，消费者同意支付对价购买，通过票证、电子或其他方式记载有金额、商品或服务，并能兑付的产品，包括纸质、磁条卡、IC 卡等形式 | 以特种塑料板形式存在的，具有真实购买力的多用途支付卡 | 预先支付的货币价值记录在一个远程数据库中，交易授权必须通过连接该数据库才能完成 | 通过预先支付的方式，允许消费者从一个或多个商人那里获得某种商品或者服务的交换卡、证明或任何文书 |
| 种类 | 1. 单用途预付卡是指仅能在发行者处使用的预付卡 2. 多用途预付卡指可以在发行者以外的商品、服务等的提供者处使用的预付卡，消费者使用后，再由发行者和特约商户结算 | 1. 单一用途预付卡（single use prepaid card） 2. 有限用途预付卡（limited use prepaid card） 3. 多用途预付卡（the multi - purpose prepaid card）注：属于电子货币的一种 | 业务主体自己发行：封闭型/私人型预付卡（closed or private program）第三方主体（支付卡公司或金融机构）发行：开发型/品牌型预付卡（open or branded program） | |
| 发行主体 | 金融企业 非金融企业 | 金融企业 | 银行 存款机构 商业企业 | 银行 被授权的外国银行 零售协会 公司 |

| 模块 \ 国家 | 日本 | 欧盟 | 美国 | 加拿大 |
|---|---|---|---|---|
| 发行主体的条件 | 多用途预付卡：<br>1. 经济要求：全国范围的总资产1亿日元，地区范围的总资产1000万日元<br>2. 负责人要求：行为能力，个人信用，守法情况 | 特许经营，得到行业主管部门批准，发行机构资本、负债符合监管要求，具有健全的内部控制和风险管理体系 | | |
| 监管模式 | 中央政府机关主导，自律组织为辅的集中监管 | 分散监管 | 分散监管 | 分散监管 |
| 监管机构 | 金融厅、自律组织 | 欧洲中央银行（ECB）、欧盟委员会（EU）、成员国中央银行、成员国金融监管机构 | 联邦存款保险公司（FDIC）、联邦贸易委员会、联邦储备管理委员会、财政部 | |
| 预存资金使用限制措施 | 预付卡发行者在基准日之际，所发行的预付卡基准日未使用余额超过法定金额（1000万日元）的，应在该基准日的次日起两个月内将相当于该基准日未使用余额1/2以上的金额作为发行保证金，委托距离主营业所最近的供托所（一般为辖区内的法务局）保管并向金融厅报告 | 按支付令完成支付预付存入的资金只能投资高流动性、风险权重为零的资产（发行机构的投资额度不能高于自身资本的20倍） | 严格限制资金用途：<br>1. 将由雇主直接或间接开立的工资卡账户和消费者福利收入的转移均包括在监管范围内<br>2. 沉淀资金应以安全方式持有，在特定时间内转移给已获许可的专业货币汇兑机构<br>资金需要：<br>1. 定期审计、上报<br>2. 按比例缴纳保费 | |

续表

| 模块＼国家 | 日本 | 欧盟 | 美国 | 加拿大 |
|---|---|---|---|---|
| 其他监管措施 | 1. 单用途预付卡：事后报告制度<br>2. 多用途预付卡：事前登记制度<br>3. 保证金制度<br>4. 发行机构地位继承制度 | | 1. 信息披露要求<br>2. 存款保险机制<br>3. 限定预付款用途<br>4. 收费行为约束 | 1. 信息披露制度<br>2. 余额返还制度 |
| 持卡人权益保护措施 | 1. 自律协会处理消费者投诉<br>2. 利用保证金对消费者进行补偿 | 赎回机制：在预付卡有效期内，消费者可以要求预付卡发行机构免费赎回预付卡内金额，并支付物理货币 | 1. 存款保险制度<br>2. 严格的预付卡期限规定<br>3. 无主财产处理制度<br>4. 信息披露制度 | 1. 余额返还制度：卡中余额少于行政法规规定数额且消费者要求的情况下，商业企业应当返还卡中余额<br>2. 使用条件告知制度：商业企业必须通过书面形式告知消费者使用商业预付卡的条件 |
| 立法情况 | 1989年：《预付票证管理法》（《前払式証票の规制等に关する法律》）<br>2010年：《资金结算法》（《资金决济に关する法律》）<br>2011年：<br>1.《资金结算法实施条例》（《资金决济に关する法律施行令》）<br>2.《关于预付式支付方法的内阁府令》（《前払式支 | 1994年：《关于预付卡致EMI委员会的报告》（Report to the council of the European Monetary In-stitute on pre-paid cards）<br>注：在此报告中将预付卡定义为"多用途预付卡"（the multipurpose pre-paid card）<br>2000年：<br>1.《关于对信贷机构经营监管规则 | 1950年：《联邦存款保险法》（The Federal Deposit In-surance Act, FDIA）<br>1978年：<br>1.《1978年电子资金划拨法》（Elec-tronic Fund Transfer Act, EFTA）<br>《E规则》（Regu-lation E）注：《E规则》是《EFTA》的实施细则<br>2006年：《礼品卡指导意见》 | 2009年：《第60号法律》（The Sixtieth Law）<br>2010年：《消费者保护法》（Consumer pro-tection Law）<br>2014年：《预付卡规则》（Pre-paid Payment Products Regula-tions） |

| 国家<br>模块 | 日本 | 欧盟 | 美国 | 加拿大 |
|---|---|---|---|---|
| | 払手段に関する内閣府令》)<br>3.《关于资金转移者的内阁府令》(《资金移動業者に関する内閣府令》)<br>4.《关于资金移动业的指定纷争解决机构的内阁府令》(《资金移動業の指定紛争解決機関に関する内閣府令》)<br>5.《预付款支付方式保证金规则》(《前払式支払手段発行保証金規則》)<br>6.《资金移动的保证金规则》(《资金移動業履行保証金規則》) | 的修订意见》<br>2.《关于对电子货币经营机构的审慎监管规则》2009年:《电子货币指引》(Directive 2009/110/EC of the European Parliament and of the Council of 16 September 2009 on the taking up, pursuit and prudential supervision of the business of electronic money institutions) | (Gift Card Disclosures: Guidance on Disclosure and Marketing Issues)<br>2009年:《2009年信用卡业务相关责任和信息披露法案》(Credit Card Accountability Responsibility and Disclosure Act of 2009)<br>州级:<br>1.《无主财产法》(Abandoned Property)注:为州法律<br>2.《资金划拨法》(Money Transmitter Laws)<br>注:各州大多制定了以上两种法案。 | |

附录二

# 上海市单用途预付消费卡管理规定

（2018 年 7 月 27 日上海市第十五届人民代表大会常务委员会第五次会议通过）

**第一条**　为了加强单用途预付消费卡管理，保护消费者合法权益，维护市场公平竞争秩序，根据《中华人民共和国消费者权益保护法》等法律、行政法规，结合本市实际，制定本规定。

**第二条**　本市行政区域内的经营者开展单用途预付消费卡（以下简称单用途卡）经营活动及其监督管理，适用本规定。

本规定所称单用途卡，是指经营者发行的，仅限于消费者在经营者及其所属集团、同一品牌特许经营体系内，兑付商品或者服务的预付凭证，包括以磁条卡、芯片卡、纸券等为载体的实体卡和以密码、串码、图形、生物特征信息等为载体的虚拟卡，但兑付特定商品或者服务除外。

供电、供水、供气等公用事业单位单用途卡经营活动及其监督管理，适用相关法律、法规的规定。

**第三条**　单用途卡经营活动的监督管理应当坚持规范发展、风险防范、社会共治的原则，采取信息共享和分类监管等措施，建立、健全单用途卡长效监管和服务机制，促进和引导市场有序发展。

**第四条**　市人民政府应当加强对本市行政区域内单用途卡经营活动监督管理工作的领导，建立单用途卡协同监管工作机制，协调、督促有关部门做好单用途卡监管和服务工作，履行保护消费者合法权益的职责。

区人民政府应当落实单用途卡经营活动的属地监管责任，预防、制止危害消费者财产安全的行为，督促有关部门依法履行单用途卡经营活动监督管理职责。

**第五条**　市商务部门负责组织实施本规定。

商务、文化、体育、交通、旅游、教育等部门（以下统称单用途卡行业主管部门）按照市人民政府确定的职责分工，负责各自主管行业、领域内单用途卡经营活动的监督管理工作。

市场监督管理、金融、税务、公安、文化综合执法等部门按照各自职责，共同做好单用途卡经营活动监督管理的相关工作。

**第六条**　单用途卡行业主管部门应当加强单用途卡规范经营教育，向社会公众宣传消费注意事项，提示单用途卡兑付风险。

**第七条** 经营者在单用途卡经营活动中应当遵守法律、法规，其合法权益受法律保护。

经营者在发行和兑付单用途卡时，应当恪守社会公德、诚信经营，保障消费者合法权益，不得设定不公平、不合理的交易条件，不得强制交易。

经营者应当真实、全面地向消费者提供单用途卡购买、使用等信息，不得作虚假或者引人误解的宣传。经营者对消费者就单用途卡提出的询问，应当作出及时、真实、明确的答复。

经营者应当对收集的消费者个人信息严格保密，不得泄露、出售或者非法向他人提供。

**第八条** 消费者在购买单用途卡时，有权询问和了解该单用途卡的真实情况，有权要求经营者依照法律规定和合同约定提供商品或者服务。

消费者在购买单用途卡时，应当关注经营者的信用状况，理性消费，并注意防范风险，提高自我保护意识，维护自身合法权益。

**第九条** 本市建设统一的单用途卡协同监管服务平台（以下简称协同监管服务平台），归集经营者单用途卡发行、兑付、预收资金等信息，但不归集消费者个人信息。

协同监管服务平台与本市事中事后综合监管平台、公共信用信息服务平台、相关投诉举报平台等信息系统实现互联互通。

相关行政管理部门应当对通过协同监管服务平台获悉的有关经营者的商业秘密予以保密，确保信息安全。

**第十条** 经营者是企业或者同一品牌特许经营体系内的个体工商户，开展单用途卡经营活动的，应当建立与单用途卡经营活动相适应的自有业务处理系统或者使用单用途卡公共基础业务处理系统（以下统称业务处理系统）。

业务处理系统应当具备单用途卡发行管理、预收资金清结算、交易记录保存、消费者信息查询等功能，并与协同监管服务平台信息对接。经营者应当及时、准确、完整地传送单用途卡发行数量、预收资金以及预收资金余额等信息。

本条第一款规定以外的个体工商户与协同监管服务平台信息对接的具体办法由市人民政府制定。

市商务部门应当及时将已与协同监管服务平台信息对接的经营者向社会公布，为消费者查询提供服务。

**第十一条** 协同监管服务平台由市商务部门负责组织建设和运行维护。市商务部门应当指导、支持单用途卡行业组织、具备相应能力的企业建立公共基础业务处理系统，供经营者自主选择使用，并加强监督。

业务处理系统与协同监管服务平台信息对接的具体管理办法，由市商务部门制定。

　　**第十二条**　经营者将业务处理系统与协同监管服务平台信息对接后，在五个工作日内通过协同监管服务平台获取信息对接标识，并在经营场所显著位置或者网站首页公示。经营者可以将获取的信息对接标识在单用途卡卡面明示。

　　经营者应当于每季度第一个月的二十五日前，在协同监管服务平台上准确、完整地填报上一季度预收资金支出情况等信息，不得隐瞒或者虚报。

　　**第十三条**　经营者应当在经营场所、网站首页公示或者向消费者提供单用途卡章程，告知章程的主要内容。单用途卡章程包括单用途卡使用范围、预收资金用途和管理方式、余额查询渠道、退卡方式等内容。市商务部门应当会同相关行业主管部门制定单用途卡章程示范文本。

　　消费者要求签订书面购卡合同的，经营者应当与消费者签订书面购卡合同。市商务部门应当会同市场监督管理等部门制定购卡合同示范文本。

　　**第十四条**　单用途卡单张限额应当符合国家有关规定。

　　单用途卡发行规模应当符合经营者的经营能力和财务状况。经营者应当按照国家和本市有关规定，对预收资金加强管理和风险控制，确保预收资金用于兑付商品或者服务的开支。

　　**第十五条**　本市建立单用途卡预收资金余额风险警示制度。按照规定与协同监管服务平台信息对接的经营者，预收资金余额超过风险警示标准的，应当采取专用存款账户管理，确保资金安全。经营者可以采取履约保证保险等其他风险防范措施，冲抵存管资金。

　　单用途卡行业主管部门应当根据经营者预收资金余额超过风险警示标准的相关信息以及采取的风险防范措施等情况，对经营者予以分类监管，并通过协同监管服务平台向消费者公示，警示消费风险。

　　市商务部门应当会同金融以及相关行业主管部门根据经营者行业类别、经营规模、信用状况等，确定经营者预收资金余额风险警示标准和风险防范措施。

　　**第十六条**　消费者有权向经营者查询单用途卡余额、交易记录等信息。经营者应当为消费者提供快速、便捷的查询渠道。

　　消费者可以通过协同监管服务平台，查询经营者基本信息、预收资金风险防范措施以及所持单用途卡余额、信息对接等情况。

　　**第十七条**　经营者因停业、歇业或者经营场所迁移等原因影响单用途卡兑付的，应当提前三十日发布告示，并以电话、短信、电子邮件等形式通知记名卡消费者。消费者有权按照章程或者合同约定要求继续履行或者退回预付款余额。

　　**第十八条**　经营者应当建立方便、快捷的单用途卡消费争议处理机制，与消费者采用协商等方式，解决单用途卡消费争议。

消费者可以通过相关投诉举报平台，对经营者的违法行为投诉举报。单用途卡行业主管部门、市场监督管理部门和文化综合执法机构按照各自职责，处理消费者投诉举报。因经营者停业、歇业或者经营场所迁移等原因，导致单用途卡无法兑付而引发的群体性投诉等重大事件，由市级单用途卡行业主管部门会同相关区人民政府处理。

**第十九条** 消费者权益保护委员会应当向消费者宣传有关法律、法规，提供消费信息和咨询服务，引导消费者树立科学理性的消费观念，及时处理单用途卡消费者投诉，适时发布单用途卡消费警示、消费维权情况，引导经营者规范经营。

对损害消费者合法权益的行为，消费者权益保护委员会可以支持消费者向人民法院提起诉讼，或者依法提起公益诉讼。

**第二十条** 单用途卡行业组织应当加强行业自律，制定行业规则，开展行业培训，指导、督促会员单位依法、诚信经营，推进行业信用体系建设，开展会员单位信用评价和风险预警，并配合行政管理部门开展投诉处理等工作。

**第二十一条** 对单用途卡经营活动违法行为的行政处罚，由下列部门（以下统称单用途卡行政执法部门）负责实施：

（一）商务领域，由市场监督管理部门负责实施；

（二）文化、体育、旅游领域，由文化综合执法机构负责实施；

（三）其他领域，由各自行业主管部门负责实施。

**第二十二条** 单用途卡行业主管部门应当依托协同监管服务平台，通过信息审核比对、异常信息预警等方式，加强对本行业、本领域单用途卡经营活动的日常监督管理。

单用途卡行业主管部门发现经营者在信息报送、预收资金管理等方面存在异常或者不规范行为的，应当通过发送监管警示函、约谈经营者或者其主要负责人等方式，要求经营者采取相关措施限期予以整改。对拒不整改的，单用途卡行业主管部门应当将经营者涉嫌违法违规的相关信息及时告知单用途卡行政执法部门，由单用途卡行政执法部门依照本规定进行处罚。

单用途卡行业主管部门可以通过政府购买服务的方式，委托单用途卡行业组织、专业服务机构等为单用途卡经营活动监督管理提供技术和专业服务支持。

**第二十三条** 单用途卡行业主管部门和单用途卡行政执法部门在监督管理过程中，可以进行现场检查，向经营者及其工作人员询问、调查有关情况，查阅、复制有关合同、发票、账簿以及其他相关资料。

**第二十四条** 行政机关工作人员在单用途卡经营活动监督管理过程中，违反本规定，滥用职权、玩忽职守、徇私舞弊的，依法给予处分；构成犯罪的，依法追究刑事责任。

　　**第二十五条**　相关行政管理部门应当按照国家和本市有关规定，将经营者单用途卡经营失信信息向本市公共信用信息服务平台归集，并依法对失信主体采取惩戒措施。

　　经营者有下列行为之一的，应当将其列入严重失信主体名单，并通过本市公共信用信息服务平台标明对该严重失信行为负有责任的法定代表人、主要负责人和其他直接责任人的信息：

　　（一）因停业、歇业或者经营场所迁移等原因未对单用途卡兑付、退卡等事项作出妥善安排，未提供有效联系方式且无法联络的；

　　（二）一年内因违反本规定受到两次以上行政处罚的；

　　（三）利用发行单用途卡非法吸收公众存款或者集资诈骗受到刑事追究的；

　　（四）其他严重侵犯消费者财产权益的行为。

　　对严重失信主体的惩戒措施，由市人民政府依照法律、法规作出规定。

　　**第二十六条**　经营者违反本规定第十条第二款、第十二条第二款的规定，未报送有关信息的，由单用途卡行政执法部门责令限期改正；逾期不改的，处二千元以上二万元以下罚款；情节严重的，处二万元以上五万元以下罚款。

　　经营者违反本规定第十五条第一款的规定，未采取相关风险防范措施的，由单用途卡行政执法部门责令限期改正；逾期不改的，处二万元以上二十万元以下罚款。

　　**第二十七条**　单用途卡行政执法部门应当依照法律、法规等规定，及时将涉嫌构成犯罪的案件移送同级公安机关。

　　经营者在经营过程中有非法吸收公众存款、集资诈骗、洗钱、挪用资金等情形的，由公安等行政管理部门依法处理，构成犯罪的，依法追究刑事责任。

　　**第二十八条**　本规定施行前已经开展单用途卡经营活动的经营者，应当在本规定施行之日起六个月内，将业务处理系统与协同监管服务平台对接，报送相关信息。

　　**第二十九条**　经营者发行的，仅在其经营场所入驻商户内兑付商品或者服务的预付消费卡经营活动及其监督管理，参照适用本规定。但法律、法规或者部门规章另有规定的，从其规定。

　　**第三十条**　本规定中有关用语的含义：

　　（一）预收资金，是指经营者通过发行单用途卡所预收的资金总额；

　　（二）预收资金余额，是指预收资金扣减已兑付商品或者服务价款后的余额；

　　（三）集团，是指由同一企业法人绝对控股的企业法人联合体；

　　（四）同一品牌特许经营体系，是指使用同一企业标志或者注册商标的经营者联合体。

　　**第三十一条**　本规定自 2019 年 1 月 1 日起施行。

附录三

# 北京市单用途预付卡管理条例

## 第一章 总 则

**第一条** 为了加强单用途预付卡管理，保护消费者的合法权益，规范市场秩序，防范社会风险，根据《中华人民共和国消费者权益保护法》等法律、行政法规，结合本市实际情况，制定本条例。

**第二条** 本市行政区域内单用途预付卡的发行、兑付及其监督管理等活动适用本条例。

本条例所称单用途预付卡（以下简称预付卡），是指经营者以预收资金方式面向消费者发行的，供消费者按照约定仅在经营者及其合作范围内，可以分次兑付商品或者服务的实体凭证或者虚拟凭证。实体凭证包括磁条卡、芯片卡、纸券等载体；虚拟凭证包括密码、串码、图形、生物特征信息及其他约定信息等载体。

**第三条** 预付卡管理坚持规范发展、行业监管、社会共治、防范风险的原则。

**第四条** 预付卡交易遵循平等、自愿、公平、诚信原则。

消费者、经营者应当考虑预付卡的信用风险和法律风险，理性交易。

**第五条** 市、区人民政府应当加强对预付卡工作的领导，建立健全长效管理工作协调机制，明确有关部门监督管理职责，做好消费者合法权益保护工作。

街道办事处、乡镇人民政府依法做好辖区预付卡监督管理相关工作。

**第六条** 市市场监督管理部门负责本条例实施的统筹、组织和协调；教育、科技、民政、人力资源和社会保障、城市管理、交通、水务、农业农村、商务、文化和旅游、卫生健康、市场监督管理、体育等行业主管部门按照职责分工，负责本行业、本领域预付卡的监督和管理。行业主管部门不明确的预付卡，由市人民政府指定相关部门负责监督管理。

公安、地方金融监管等部门按照各自职责，做好预付卡监督管理相关工作。

**第七条** 行业主管部门及其他相关部门应当加强有关法律法规的宣传，运用政策解读、案例剖析和风险分析等多种方式，向消费者、经营者宣传注意事项，提示预付卡兑付风险，依法为消费者维护合法权益行为提供支持、帮助和便利。

**第八条** 行业协会、商会应当加强本行业、本领域的自律管理、自我约束，引导会员依法、合规发行预付卡，根据本行业、本领域预付卡特点和业务开展规律，有针对性地向消费者、经营者提示预付卡兑付风险，协助化解预付卡消费纠纷。

**第九条** 消费者协会应当向消费者提供消费信息和咨询服务，引导消费者树立科学、理性的消费观念，披露损害消费者合法权益的行为，提高消费者防范风险的意识和维护自身合法权益的能力，依法调解预付卡消费纠纷，对违反本条例规定损害消费者合法权益的行为依法进行社会监督。

## 第二章　发行与兑付

**第十条**　经营者发行预付卡的，应当真实、全面、准确向消费者介绍预付卡购买、使用相关信息，不得作虚假或者引人误解的宣传。

**第十一条**　经营者有下列情形之一的，不得发行预付卡或者为消费者办理续卡：

（一）被列为失信被执行人的；

（二）法定代表人、主要负责人因供职单位违法行为被列为失信被执行人的；

（三）被列入经营异常名录的；

（四）申请注销或者正在办理注销手续的；

（五）法律、法规规定的其他情形。

**第十二条**　消费者享有下列权利：

（一）了解经营者备案及预收资金存管情况；

（二）向经营者全面了解预付卡所兑付的商品或者服务内容、数量和质量、价格和费用、有效期限、余额退回、风险警示、违约责任、争议解决等信息；

（三）自主决定购买预付卡；

（四）了解预付卡使用情况、查询消费记录、余额等信息；

（五）法律、法规规定的其他权利。

**第十三条**　经营者应当向消费者出具载明下列内容的凭据：

（一）双方名称或者姓名、联系方式等；

（二）经营者收款账户信息、预收金额、支付方式、履约保证措施；

（三）兑付商品或者服务项目的内容、地点、数量、质量及兑付计算种类、收费标准、扣费方式；

（四）履行期限，以及经营场所自有或者租赁、租期；

（五）风险提示；

（六）赠送权益的使用范围、条件及退款的处理方式；

（七）变更、中止、终止等情形预收款的处理方式；

（八）退款计算方法、渠道、手续费；

（九）挂失、补办、转让方式；

（十）消费记录、余额查询方式；

（十一）违约责任；

（十二）解决争议的方法。

经营者与消费者签订载明本条前款规定内容的书面合同的，视为已经出具凭据。

预付卡书面合同的示范文本由市行业主管部门会同市市场监督管理部门制定。制定合同示范文本，应当听取消费者、经营者、消费者协会、行业协会、商会的意见建议。

**第十四条** 预付卡设定有效期限、预收金额较大等对消费者有重大利害关系的内容，经营者应当在书面合同中向消费者作出风险提示。

**第十五条** 经营者制定的格式条款、通知、声明、店堂告示、消费者须知等不得包含概不退款、不补办、解释权归经营者等对消费者不公平、不合理的规定。

格式条款、通知、声明、店堂告示、消费者须知等包含本条前款规定内容的，其内容无效。

**第十六条** 消费者自购买预付卡之日起七日内未兑付商品或者服务的，有权要求经营者退卡，经营者应当自消费者要求退卡之日起五日内一次性全额退回预收款；消费者因购买预付卡获得的赠品或者赠送的服务，应当退回或者支付合理的价款。

**第十七条** 符合下列情形之一，消费者要求退款的，经营者应当按照约定期限一次性退回预收款余额；没有约定或者约定不明确的，应当自消费者提出退款要求之日起十五日内退回：

（一）经营者未按照约定提供商品或者服务的；

（二）双方协商一致的；

（三）法律规定可以解除合同的其他情形。

余额不足以兑付单次最低消费项目的，依照本条前款规定处理。

由于经营者原因导致消费者退款的，按照原约定的优惠方案退回预收款余额。

**第十八条** 经营者应当为消费者了解预付卡使用情况、消费记录、余额等信息提供查询。

经营者出现停业、注销等情形导致预付卡无法兑付或者经营场所变更的，应当及时通过电话、短信或者微信等方式告知消费者，并在经营场所、网页的显著位置发布公告。

**第十九条** 经营者应当自交易完成之日起保存交易记录至少三年。

电子商务平台经营者应当记录、保存平台内经营者预付卡的交易资料，并确保交易资料完整、准确。交易资料自交易完成之日起至少保存三年。

经营者对收集的消费者个人信息必须严格保密，不得泄露、出售或者非法向他人提供。

## 第三章　监督管理

**第二十条** 经营者发行预付卡超过一定数量、金额规模，应当将名称、经营场所自有或者租赁、租期等信息准确、完整地向行业主管部门备案，不得迟报、瞒报、虚报。其中，分公司发卡规模计入总公司。

经营者发行预付卡未超过一定数量、金额规模，可以向行业主管部门自主备案。具体规模、备案要求，由市行业主管部门确定，并向社会公布。

**第二十一条** 本市建立预付卡服务系统，为经营者备案、消费者查询等提供便利。具体办法由市市场监督管理部门制定。

**第二十二条** 本市建立预付卡预收资金存管制度。

实行资金存管的行业、纳入存管管理的经营者范围计算、资金存管的要求、资金支取方式等的具体办法，由市行业主管部门会同地方金融监管部门制定并报市人民政府批准后向社会公布。

纳入存管管理的经营者应当在存管银行开立预付卡预收资金专用存管账户，将符合规定要求的预收资金存入专用存管账户并按照规定方式支取。

**第二十三条** 市地方金融监管部门建设预付卡预收资金存管信息平台，明确存管银行接入标准，规范存管服务，归集开展存管业务的存管银行报送的资金存管信息。存管银行应当按照要求接入存管信息平台。

**第二十四条** 行业主管部门应当按照本条例的规定履行监督管理职责，加强对经营者发行、兑付预付卡情况的监督检查，并有权采取下列措施：

（一）进入经营者的经营场所，了解有关情况；

（二）要求经营者就有关问题作出说明；

（三）要求经营者提供有关证照、凭据、合同、交易记录等资料并有权复印。

经营者应当配合行业主管部门的监督检查，不得拒绝和阻挠。

**第二十五条** 消费者向有关行业主管部门或者执法部门投诉的，有关部门应当自收到投诉之日起七个工作日内予以处理，并将处理结果告知消费者。

## 第四章 法律责任

**第二十六条** 经营者违反本条例规定，损害消费者权益的，消费者有权要求经营者依法承担民事责任。

电子商务平台经营者知道或者应当知道平台内经营者有损害消费者合法权益行为，未采取必要措施的，依法承担连带责任。

**第二十七条** 本条例规定的行政处罚，分别由民政、人力资源和社会保障、交通、水务、农业农村、文化和旅游、卫生健康、市场监督管理等部门及城市管理综合执法机构，按照市人民政府确定的执法分工实施。

**第二十八条** 经营者违反本条例第十一条规定发行预付卡或者为消费者办理续卡的，责令立即停止发卡、续卡，处两万元以上十万元以下罚款；情节严重的，责令停业。

**第二十九条** 经营者违反本条例规定，有下列情形之一，责令限期改正；逾期不改的，可以处二千元以上一万元以下罚款，并责令暂时停止发行预付卡：

（一）违反第十三条第一款、第二款规定未向消费者出具载明规定内容的凭据的；

（二）违反第十八条规定未按照规定提供查询或者未按照规定履行告知义务的；

（三）违反第十九条第一款规定未按照规定保存交易记录的。

**第三十条** 经营者违反本条例第十六条、第十七条规定故意拖延或者无理拒绝退回预收款的，责令限期改正；逾期不改的，可以处一万元以上五万元以下罚款，并责令暂时停止发行预付卡。

**第三十一条** 经营者违反本条例第二十条规定迟报、瞒报、虚报有关信息的，责令限期改正；逾期不改的，处一千元以上五千元以下罚款。

**第三十二条** 经营者违反本条例第二十二条规定未按照规定存管资金的，责令存管并暂时停止发行预付卡；逾期不改的，处两万元以上十万元以下罚款，并责令停止发行预付卡；继续发行预付卡的，责令停业。

**第三十三条** 经营者违反本条例第十条规定作虚假或者引人误解宣传的，按照消费者权益保护法、反不正当竞争法或者广告法予以处罚；电子商务平台违反本条例第十九条第二款规定，按照电子商务法予以处罚；经营者构成非法集资的，按照国家防范和处置非法集资的有关规定予以处理；经营者构成诈骗犯罪的，依法追究刑事责任。

**第三十四条** 行业主管部门和执法部门应当依法将经营者的行政处罚等信息，共享到本市公共信用信息服务平台，并向社会公布。行业主管部门和执法部门可以依法采取相关信用管理措施。

## 第五章　附　　则

**第三十五条** 本条例自2022年6月1日起施行。本条例施行前已经发行预付卡的经营者，按照本条例规定应当备案或者资金存管的，应当自本条例施行之日起九十日内完成备案或者资金存管。

附录四

# 杭州市预付式消费交易管理办法（草案）

## 预付式消费立法建议稿

### （20210816 征求意见稿）

#### 第一章　总　则

**第一条　【立法目的】**为保障消费者和经营者的合法权益，促进预付式交易的健康发展，根据《中华人民共和国消费者权益保护法》等法律、法规的规定，结合本市实际，制定本办法。

**第二条　【交易原则】**开展或者参与预付式交易活动的经营者，应当遵循自愿、平等、公平、诚信的原则，遵守法律和商业道德，不得欺骗和误导消费者。

消费者应当努力掌握所需商品或者服务的知识，提高反欺诈、反误导能力，自觉抵制经营者违反法律法规和本办法规定的预付式交易行为，依法维护自身合法权益。

**第三条　【政府职责】**区、县（市）人民政府应当统一协调预付式交易的监督管理工作，采取必要措施防止预付式交易群体事件的发生，努力化解社会矛盾。

市场监督管理部门和行业主管部门应当按照本办法规定的职责，做好预付式交易的监督管理工作。

公安机关应当依法查处预付式交易中的强制交易和诈骗行为，并对诈骗等犯罪行为依法追究刑事责任。

地方金融、税务等行政部门按照各自职责，做好预付式交易的相关监督管理工作。

**第四条　【行业和消保组织】**行业协会（含商会，下同）应当加强行业自律，按照章程建立健全行业规范和奖惩机制，提供预付式交易相关信息和互助互帮等服务，引导和督促本行业经营者依法开展预付式交易活动，推动行业诚信建设，促进行业健康发展。

消费者权益保护委员会应当对预付式交易进行社会监督，保护消费者合法权益，履行公益性职责，发布消费警示，并依法支持受损害的消费者进行民事诉讼。

## 第二章　预付式交易

**第五条**　**【概念定义】**本办法所称预付式交易，是指经营者以预收款方式向消费者提供商品或者服务的经营行为，但下列情形除外：

（一）使用由人民银行监督管理的多用途商业预付卡的；

（二）使用按照国家规定在商务部门备案的集团发卡企业、品牌发卡企业或者规模发卡企业发售的单用途商业预付卡的；

（三）供电、供水、供气以及动力燃料销售企业，以预收款方式向消费者提供商品或者服务的；

（四）使用一次性兑付特定商品或者服务凭证的。

前款第（二）项企业，选择按照本办法备案的，适用本办法。

**第六条**　**【预付卡】**预付式交易，可以采用预付卡方式，也可以采用其他消费者认可的方式。

本办法所称"预付卡"，是指经营者按照本办法规定进行预付式交易，向消费者提供的磁条卡、芯片卡、纸券等为载体的实体卡和以密码、串码、图形、生物特征信息等为载体的虚拟卡等预付凭证。预付卡分为记名卡和不记名卡，且均为单用途。

按照国家有关规定发售的商业多用途预付卡和商业单用途预付卡以及前条第一款第（三）项和第（四）项所指的预付凭证，按照国家有关规定管理，不属于本条第二款所指的预付卡。

**第七条**　**【合同订立义务】**经营者开展预付式交易活动，向消费者出售预付卡的，应当与消费者订立合同。合同内容应当符合《中华人民共和国消费者权益保护法》等法律法规的规定，载明下列事项：

（一）经营者的法定名称（个体工商户还应当同时有业者的真实姓名）、有效地址、有效联系方式；

（二）预付卡的用途、可兑付的商品或服务项目内容及收费标准；

（三）预付卡的购买、充值和扣费方式；

（四）预付卡的余额查询方式；

（五）预付卡退卡条件、退卡途径及退费计算方法；

（六）预付卡的挂失、补卡、转让方式；

（七）双方权利、义务；

（八）预付资金安全保障；

（九）争议解决方式；

（十）相关法律、法规规定应当载明的其他事项。

前款第（七）项的"双方权利、义务"应当包括，经营者在预付式交易活动中违反法律法规和本办法规定，消费者有权终止合同的内容。

**第八条**　【预付式合同禁止内容】经营者预付式交易合同不得含有下列内容：

（一）办卡缴费概不退还；

（二）记名预付卡丢失、损毁后概不补办；

（三）设置预付卡有效期，过期余额归经营者所有；

（四）经营者单方享有解释权或者最终解释权；

（五）经营者有权任意变更或者解除合同；

（六）限制消费者依法变更或者解除合同权利；

（七）其他对消费者不公平、不合理的内容。

**第九条**　【合同文本公示】以格式条款方式订立合同的，合同文本应当在经营者网站（网页）或者其委托的行业协会、中介代理机构网站持续公示。

通过网络交易平台开展预付式交易活动的，网络交易平台经营者应当按照《中华人民共和国电子商务法》等规定，制定相应的专项预付式交易平台规则（协议），并在其首页显著位置予以持续公示。

公示的格式条款合同文本或者平台规则（协议）需要修改的，应当向购买预付卡的消费者征求意见，修改内容应当至少在实施前七日予以公示。对不接受修改的消费者，经营者应当按修改前的合同或者规则（协议）予以一次性退款，不得阻止消费者退出预付式交易。

**第十条**　【合同文本一致】经营者采用格式条款方式与消费者订立预付式交易合同的，订立的合同文本应当与公示的文本内容一致，两者不一致的，应当以公示的合同文本为准。

行业主管部门可以对公示的合同文本进行审查，发现不符合法律、法规或者规章规定的，有权要求经营者修改。经营者按照行业主管部门要求修改的，向消费者征求意见时应当予以注明。

**第十一条**　【合同示范文本】行业主管部门可以单独或者联合市场监督管理部门针对本行业制定预付式交易合同示范文本，供经营者选用。

行业协会可以根据章程制定全行业遵循的预付式交易格式条款的合同文本，供行业内经营者使用。行业协会制定合同文本，可以向行业主管部门、消费者权益保护委员会等定向征询意见。

**第十二条**　【预付卡销售原则】经营者开展预付式交易活动，应当保障消费者合法权益，不得以欺骗和误导方式向消费者出售预付卡。

经营者出售预付卡的折扣优惠应当明示，不得低于成本价出售预付卡。

**第十三条**　【中介机构代理】经营者可以根据合同约定委托具有会计或者审计

资质的中介机构，管理预付卡资金；也可委托具有代理服务资质的中介机构发售预付卡。

前款中介机构应当具备《浙江省市场中介机构管理办法》等规定的资质条件，并向消费者明示中介机构名称、地址等市场主体基本信息。

中介代理费不得高于国家规定，扣除中介代理费等费用后预付卡实际金额（消费者实付款项值）不得低于其所含商品或者服务价值的成本。

除第一款中介机构以及担保第三方外，其他单位和个人不得代售预付卡。

第十四条 【预付卡销售的第三方介入】经营者发售的预付卡额度较高、发售量较大的，应当按照本办法规定予以备案，并与第三方签订担保协议或者采用本办法规定的其他方式担保。第三方可以受委托代售预付卡。

商业银行、保险公司、信托机构以及其他具有金融服务资格的经营者可以成为前款所指的第三方担保主体。预付卡具体额度和发售量，按照担保协议的约定办理。

经营者发售第一款规定的预付卡，应当公示第三方的基本信息以及发售额度和发售量的约定。

第十五条 【公平竞争和禁止行政干预】商业银行、保险公司、信托机构以及其他具有金融服务资格的经营者参与预付式交易，应当遵循自愿、平等、诚信原则，开展公平有序地竞争。

政府及其所属部门、行业协会，不得实施影响公平竞争的行为，不得指定或者变相指定前款经营者参与某项特定的预付式交易活动。没有法律法规或者国务院决定的依据不得设置参与预付式交易的条件，不得介入对经营者预付式交易资金的管控。

第十六条 【经营者违约特别责任】经营者违反预付式交易合同约定，未提供商品（服务）或者提供的商品（服务）与合同约定不一致的，消费者有权要求退还预付款余额，并要求依法赔偿损失；消费者已享受的折扣等优惠，经营者不得在消费者的预付款余额中扣减。

第十七条 【经营者变动保障】经营者因分立、合并、停业、迁址等原因导致不能正常使用预付卡或者转让预付式交易合同的，应当提前三十日发布告示，并以电话、短信、电子邮件等形式通知消费者。经营者应当按照合同约定或者法律法规的规定处理消费者预付卡余额。经营者违约的，应当承担违约赔偿责任。

有前款情形，消费者要求退款的，经营者不得拒绝，也不得附加不合理的退款条件。已经分立或者合并的，由新的责任主体承担退款义务；合同转让的，由转让方与受让方承担退款的连带责任。经营者退还预付卡余额的计算，按照合同约定，合同没有约定的，应当按预付卡留存的金额退还。

第十八条 【个人信息保护】经营者开展预付式交易活动，收集消费者个人信息，应当遵循合法、正当、必要的原则，明示收集、使用信息的目的、方式和范围，并经消费者同意。

前款中的消费者个人信息是指经营者在预付式交易活动中收集的消费者姓名、性别、职业、出生日期、身份证件号码、住址、联系方式、收入和财产状况、健康状况、消费情况等能够单独或者与其他信息结合识别消费者的信息。

第二款所指的个人信息，属于消费者的父母、子女以及其他亲属的，应当作为消费者个人信息，按照第一款规定办理。

**第十九条** 【消费者责任义务】消费者因自身原因解除预付式交易合同的，应当按照合同约定承担责任；合同中没有约定的，依照有关法律、法规执行。

消费者知道或者应当知道经营者违反本办法开展预付式交易活动，消费者权益保护委员会已经发布警示信息，仍然购买预付卡或者继续进行预付式交易的，应当承担相应的风险责任。

## 第三章 预付式交易备案

**第二十条** 【预付式交易备案条件】经营者发售下列预付卡，应当向区、县（市）商务部门备案：

（一）单张记名预付卡金额超过两千元，且发行额度超过 10 万元的；

（二）单张不记名预付卡金额超过五百元，且发行额度超过 5 万元的；

（三）预付卡可以在经营者 3 家门店以上通用的；

（四）实行加盟连锁店互通互用的；

（五）市商务部门认为应当备案的其他情形。

发售前款以外预付卡的，应当遵守本办法第七条、第八条和第九条的规定，无需备案。

**第二十一条** 【备案文件】按照前条规定向商务部门备案的，应当提交下列文件：

（一）《预付式交易备案表》；

（二）预付卡发售者的有效营业执照复印件；

（三）市商务部门认为应当提交的其他文件。

预付式交易与第三方签订担保协议的，应当一并提交担保协议，以及第三方的营业执照和相应许可证复印件。

采用行业协会认可的行业成员单位"互保"发售预付卡的，应当提交由行业协会签章的"互保"协定书。

**第二十二条** 【备案信息公布】商务部门对申请文件齐全、符合法定形式的，应当当场作出准予备案的决定，并发给申请人备案号，同时在市商务部门网站显著位置持续公示备案信息。

预付式交易的备案信息，包括备案号、预付卡发售经营者的名称和住址、预付交易的商品或者服务内容、担保第三方名称或者行业组织名称、预付卡面值和最大预售款额等。

**第二十三条　【备案信息变更】**经营者备案信息发生变动，包括增加备案信息事项的，应当申请备案事项变更。

经营者不按前款规定申请备案信息变更的，其变动事项对购买预付卡的消费者不发生效力。

不按规定办理备案信息变更的，商务部门可以建议市场监督管理部门依法停止办理该经营者的相关地址、股东（投资人）、法定代表人等变更登记。

**第二十四条　【备案号用途】**预付式交易备案号，是开展预付式交易活动经营者的唯一识别码，实行"一个主体一个号"，不得变动和重复使用。

经营者应当将备案号印制在预付卡或者其他预付式交易文书上，并可以在网站信息和广告中进行展示。公示的合同文本应当显著标示备案号，便于消费者识别。

经营者终止预付式交易活动、或者因违法被责令关闭、被撤销或者吊销与预付式交易有关的行政许可（证）、吊销营业执照的，应当由商务部门取消备案号。

**第二十五条　【预付资金清退】**经营者因终止或者违法被取消备案号的，应当按照合同约定承担对消费者预付卡留存资金的清退责任。预付卡面值或者留存的余额资金，应当扣除优惠折扣部分，按消费者实际缴存金额一次性退还，但是经营者记录不全，难以据实计算的，应当按面值或者留存的余额退款。

无需备案的预付式交易终止，应当向消费者退款的，适用前款规定。

## 第四章　监督与管理

**第二十六条　【自觉接受监督】**从事预付式交易活动的经营者应当自觉接受行政部门的监督，接受消费者权益保护委员会的社会监督和新闻媒介的舆论监督，努力为消费者提供优质商品和服务，

**第二十七条　【市场监督管理部门职责】**市场监督管理部门依法履行对预付式交易市场的监督管理职责，维护公平竞争的市场秩序，查处虚假宣传、市场混淆、商业贿赂、贬低竞争对手等不正当竞争行为以及价格欺诈等侵害消费者权益行为，并依法查处垄断行为。

**第二十八条　【信息公示与共享】**商务部门应当建立预付式交易备案信息的公示系统，及时准确地向社会公众发布备案信息，为公众查询提供便利服务。同时应当通过监督管理平台，实现备案、监督管理信息的实时互通共享。

行业主管部门应当根据商务部门提供的备案共享信息，在各自网站显著位置公

示本行业预付式交易经营者的备案信息，为本行业消费者查阅提供便利。

商务部门应当将备案以及取消备案的信息及时通报给同级消费者权益保护委员会。

**第二十九条** 　**【行业主管部门职责】**行业主管部门应当按照下列规定，履行对本行业的预付式交易监督管理职责：

（一）商务部门负责零售业、住宿和餐饮业以及洗染服务、理发及美容服务、洗浴和保健养生服务的监督管理；

（二）教育部门负责学科类和非学科类教育培训服务的监督管理；

（三）人力资源和社会保障部门负责职业技能类培训服务的监督管理；

（四）文化广电旅游部门负责文化、旅游业的监督管理；

（五）体育部门负责棋牌、健身、游泳等体育行业的监督管理；

（六）交通运输部门负责交通运输行业的监督管理；

（七）卫生健康部门负责医疗美容、托育行业的监督管理；

（八）住房保障和房产管理部门负责房地产行业的监督管理；

（九）其他行业主管部门按照市、区、县（市）人民政府的职责分工负责相关行业的监督管理。

**第三十条** 　**【行业职责冲突的协调】**各行业主管部门之间发生职责管辖冲突，或者管辖界限不明的，应当由区、县（市）人民政府进行协调，确定具体的管辖部门。

监督管理责任较重的行业主管部门，可以与同级市场监督管理部门协商，采用个案支援、联合执法或者委托执法的方式办理。

**第三十一条** 　**【公安部门职责】**下列违法行为，由公安机关依法查处：

（一）将预付卡存储的资金用于赌博等违法活动的；

（二）将预付卡存储的资金用于归还本企业、股东、实际控制人等债务，且无相应财产担保的；

（三）没有相应商品或者服务而开展预付式交易活动，骗取消费者钱财的；

（四）以诱骗、胁迫等方式违背消费者意愿进行预付式交易的；

（五）诱骗强拉顾客入店或者兜售低于成本价的预付卡的；

（六）其他强迫交易和诈骗行为。

发售预付卡无担保措施保障，发生店铺关门无法找到经营者及其主管人员，根据行业主管部门的请求，公安机关可以协助处理。构成诈骗的，公安机关应当依法查处。

**第三十二条** 　**【投诉举报处理】**行业主管部门对消费者反映本行业的商品或者服务质量、经营者违反预付式交易规定和行业规范行为的投诉举报，应当依法处理，不得推诿。

市场监督管理部门负责处理消费者对经营者虚假宣传等不正当竞争行为、价格欺诈等侵害消费者权益行为的投诉举报。

行业主管部门和市场监督管理部门对经营者违法行为的举报，按照行政处罚程序规定办理。

**第三十三条　【行政调解】**对消费者权益争议的投诉，行业主管部门和市场监督管理部门应当按照消费者权益保护法的规定，自接到投诉之日起 7 个工作日内作出是否受理的决定。

行业主管部门、市场监督管理部门受理消费者权益争议投诉的，应当对争议的民事纠纷实行行政调解。行政调解的程序按照本部门规章的规定执行；没有规定的，按照《浙江省行政调解办法》（浙政办法〔2016〕172 号）的规定执行。

行业主管部门可以通过政府购买服务的方式，委托行业协会、人民调解组织以及司法部门批准的法律服务机构负责具体的行政调解工作。

**第三十四条　【争议事实裁决】**行业主管部门、市场监督管理部门在行政调解中，可以根据消费者或者经营者的请求，对争议事实、双方责任以及具体处理作出裁决。

消费者和经营者对前款裁决没有异议的，应当以此为基础达成调解协议；任何一方对裁决有异议的，应当终止行政调解，并告知双方申请仲裁（前提是双方达成仲裁条款）或者向人民法院起诉。

**第三十五条　【备案监管】**经营者预付式交易备案后，有下列情形之一的，应当由商务部门取消备案号：

（一）自备案之日起超过三个月，仍未按本办法规定采取预付卡资金保障措施的；

（二）不按规定办理备案信息变更手续，经催告逾期仍然未办理的；

（三）引起群诉群访，自发生之日起超过 30 日仍未妥善处理的；

（四）不按规定公示预付式交易格式条款合同，经催告逾期仍然未予以公示的；

（五）网络交易平台经营者不按规定制定预付式交易平台规则协议，被处罚后仍然未改正的；

（六）其他违反本办法应当取消备案号的情形。

前款第（三）项，民事纠纷处理已进入仲裁或者司法程序的除外。

**第三十六条　【消费警示】**有下列情形之一的，消费者权益保护委员会应当向公众发布消费警示信息，提示消费者可能存在交易风险，注意防范、谨慎交易：

（一）被商务部门取消备案号的；

（二）符合备案条件不予申请备案的；

（三）明显低于市场价销售预付卡的；

（四）其他预付式交易有较大风险的。

前款警示信息应当清楚、明白，便于消费者识别。

**第三十七条　【消费者退款权利】**消费者可以根据消费者权益保护委员会的前条警示，提出终止与经营者预付式交易，退还预付卡留存款项的要求。经营者不得拒绝，应当一次性退还预付卡留存的金额。具体按照本办法第二十五条的规定办理。

**第三十八条　【行业协会自律】**行业协会应当规范本行业经营者预付式交易活动，可以制定符合本行业实际的成本价，禁止本行业内经营者进行低价恶性竞争。

行业协会制定前款成本价，不得变相实行行业统一价，不得影响经营者开展的商品或者服务质量、价格等的公平竞争。

# 第五章　法律责任

**第三十九条　【行政部门责任】**行政部门及其工作人员，不按本办法的规定履行职责，相互推诿，对消费者的投诉举报不依法处理，对违法行为不依法查处的，对负有责任的主管人员和直接责任人员，依法给予处分。

行政部门负责预付式交易相关监督管理工作的人员玩忽职守、滥用职权、徇私舞弊的，依法给予处分。

**第四十条　【合同等公示责任】**经营者违反本办法第九条第一款规定，未将格式条款合同文本予以持续公示的，由行业主管部门或者市场监督管理部门处1万元以上5万元以下的罚款。

经营者违反本办法第十四条第三款规定，未公示第三方的基本信息以及发售额度和发售量信息的，由商务部门或者行业主管部门，责令限期改正，逾期不改正的，处2000元以上1万元以下的罚款。

网络交易平台经营者违反本办法第九条第二款规定，未制定专项预付式交易平台规则（协议）或者未将规则（协议）置于平台首页显著位置的，由市场监督管理部门按照《中华人民共和国电子商务法》的规定予以处罚。

**第四十一条　【拒绝退款的责任】**经营者违反本办法第九条第三款、第十六条、第十七条第二款、第二十五条和第三十七条的规定，拒绝向消费者退款的，应当认定为对消费者合理要求"故意拖延或者无理拒绝"行为，由行业主管部门或者市场监督管理部门按照各自职责，依照《中华人民共和国消费者权益保护法》第五十六条的规定予以行政处罚。情节严重的，由市场监督管理部门吊销营业执照。

前款拒绝退款，是指自消费者提出退款要求之日起超过十五日仍未退款的情形，但按照合同约定或者行业主管部门同意的退款方案，陆续分批退款的除外。

**第四十二条　【低于成本价和违法代售预付卡责任】**经营者违反本办法第十二

条第二款规定，低于成本价销售预付卡，构成低价倾销的，由市场监督管理部门依照《中华人民共和国价格法》和《价格违法行为行政处罚规定》予以处罚。

违反本办法第十三条第四款规定代售预付卡的，由市场监督管理部门予以责令改正，处 5000 元以上 5 万元以下的罚款；构成无照经营的，按照《无证无照经营行为查处办法》第十三条的规定，并处没收违法所得。

**第四十三条** 【备案号未标示的责任】经营者违反本办法第二十四条第二款规定，未将备案号印制在预付卡或者其他预付式交易文书上，或者公示的合同文本没有备案号的，由商务部门责令限期改正，逾期不改正的，处 2000 元以上 3 万元以下的罚款。

**第四十四条** 【强迫交易和诈骗的责任】有本办法第三十一条第一款所列情形，构成强迫交易或者诈骗行为的，由公安机关依照《中华人民共和国治安管理处罚法》的规定予以处罚；构成犯罪的依法追究刑事责任。

属于本办法第三十一条第一款第（二）项情形，及时将预付卡存储资金返还，或者提供财产担保的，可以不予行政处罚。

属于本办法第三十一条第一款第（五）项行为，尚不足给予行政拘留处罚的，可以由公安机关对强拉诱骗或者兜售者处 2000 元以下罚款。

## 第六章 附 则

**第四十五条** 【过渡安排】本办法施行前，已经发售预付卡的，准予继续使用，但应当在本办法施行后六个月内进行规范。超过六个月仍未规范的，应当终止预付式交易，并向消费者清退预付卡留存余额。

**第四十六条** 【备案细则】预付式交易备案及管理，由市商务部门按照本办法的规定，制定具体实施细则。

**第四十七条** 【生效日期】本办法自 2021 年 月 日起施行。

附录五

# 最高人民法院关于审理预付式消费民事纠纷案件适用法律若干问题的解释（征求意见稿）

（20240606 征求意见稿）

为正确审理预付式消费民事纠纷案件，保护消费者和经营者合法权益，根据《中华人民共和国民法典》《中华人民共和国消费者权益保护法》《中华人民共和国民事诉讼法》等法律规定，结合审判实践，制定本解释。

**第一条　【本解释适用范围】** 在零售、住宿、餐饮、健身、出行、理发、美容、教育培训等生活消费领域，经营者收取预付款后多次或者持续向消费者兑付商品或者提供服务产生的纠纷适用本解释。

**第二条　【持卡人作为原告】** 不记名预付卡的持卡人起诉请求经营者承担民事责任的，人民法院应当依法受理。记名预付卡持卡人与预付卡或者预付式消费合同记载当事人不一致，但提供证据证明其系合法持卡人，起诉请求经营者承担民事责任的，人民法院应当依法受理。

有其他证据证明消费者与经营者存在预付式消费合同关系，消费者起诉请求经营者承担民事责任的，人民法院应当依法受理

**第三条　【监护人作为原告】** 监护人与经营者订立预付式消费合同约定由经营者向被监护人兑付商品或者提供服务，监护人以被监护人名义起诉请求经营者承担民事责任的，人民法院应当向监护人释明应以其本人名义起诉。

**第四条　【名义经营者作为责任主体】** 消费者请求经营者承担民事责任，经营者以其并非实际经营者为由主张不承担民事责任，存在下列情形之一的，人民法院对消费者请求应予支持：

（一）经营者允许他人使用其营业执照；

（二）经营者的其他行为使消费者有理由相信其受预付式消费合同约束。

**第五条　【商业特许经营体系内责任主体】** 消费者与同一品牌商业特许经营体系内企业标志或者注册商标使用权的特许人订立预付式消费合同后，因合法权益受到损害请求被特许人承担民事责任，存在下列情形之一的，人民法院应予支持：

（一）被特许人事先同意承担预付式消费合同义务；

（二）被特许人事后追认预付式消费合同；

（三）特许经营合同约定消费者可以直接请求被特许人向其履行债务；

（四）被特许人的行为使消费者有理由相信其受预付式消费合同约束。

消费者与被特许人订立预付式消费合同后，因合法权益受到损害请求特许人承担民事责任的，参照适用前款规定。虽不存在前款情形，特许人对消费者损失产生或者扩大有过错，消费者请求特许人按照其过错承担民事责任的，人民法院应予支持。

**第六条　【商场场地出租者作为责任主体】** 消费者在租赁商场场地的经营者处接受商品或者服务，合法权益受到损害，请求经营者承担民事责任的，人民法院应予支持。租赁期满或者经营者终止经营后，消费者请求场地出租者赔偿损失的，人民法院可以参照适用消费者权益保护法第四十三条关于柜台出租者责任的规定。

租赁商场场地的经营者收取消费者预付款后，终止经营，既不按照约定兑付商品或者提供服务又恶意逃避消费者申请退款，场地出租者不能提供租赁商场场地的经营者的真实名称、地址和有效联系方式，消费者请求场地出租者承担偿还剩余预付款本息等民事责任的，人民法院应予支持。

场地出租者明知或者应知租赁商场场地的经营者在租赁其场地经营期间侵害消费者合法权益，未采取必要措施，消费者请求其与租赁商场场地的经营者承担连带责任的，人民法院应予支持。

场地出租者承担赔偿责任后，向租赁商场场地的经营者追偿的，人民法院应予支持。

**第七条　【清算义务人和帮助逃债人作为责任主体】** 经营者收取预付款后因经营困难不能按照合同约定兑付商品或者提供服务的，应当及时清理资产和负债、通知消费者办理返还预付款等事宜。经营者依法应当清算但未及时进行清算，造成消费者损失，消费者请求经营者的清算义务人依法承担民事责任的，人民法院应予支持。

第三人帮助经营者逃避债务，造成消费者损失，消费者请求第三人和经营者承担连带责任的，人民法院应予支持。

**第八条　【预付式消费合同的解释】** 经营者未与消费者就商品或者服务的质量、价款、履行期限、履行地点和履行方式等内容订立书面合同或者虽订立书面合同但对合同内容约定不明，依照民法典第五百一十条、第五百一十一条等规定对合同内容可以作出两种以上解释，消费者主张就合同内容作出对其有利的解释的，人民法院应予支持。

**第九条　【格式条款无效的情形】** 消费者依据消费者权益保护法第二十六条、民法典第四百九十七条等法律规定，主张经营者提供的下列格式条款无效的，人民法院应予支持：

（一）排除消费者依法解除合同或者请求返还预付款的权利；

（二）不合理地限制消费者转让预付式消费合同权利；

（三）约定消费者遗失记名预付卡后不补办；

（四）约定经营者有权单方变更兑付商品或者提供服务的价款、种类、质量、数量等合同实质性内容；

（五）免除经营者对所兑付商品或者提供服务的瑕疵担保责任或者造成消费者损失的赔偿责任；

（六）排除消费者住所地法院管辖，不合理增加消费者维权成本；

（七）存在其他排除或者限制消费者权利、减轻或者免除经营者责任、加重消费者责任等对消费者不公平、不合理情形。

**第十条**　**【无民事行为能力人或者限制民事行为能力人订立预付式消费合同的效力】**无民事行为能力人与经营者订立预付式消费合同，向经营者支付预付款，法定代理人请求确认合同无效、经营者返还预付款的，人民法院应予支持。

限制民事行为能力人与经营者订立预付式消费合同，向经营者支付预付款，法定代理人请求确认合同无效、经营者返还预付款的，人民法院应予支持，但该合同经法定代理人同意、追认或者预付款金额与限制民事行为能力人的年龄、智力相适应的除外。

经营者主张从预付款中抵扣已经兑付商品或者提供服务价款的，人民法院依法予以支持，但下列情形除外：

（一）经营者违反法律规定向未成年人提供网络付费游戏等服务；

（二）经营者向无民事行为能力人提供服务；

（三）经营者向限制民事行为能力人提供服务的价款数额与限制民事行为能力人的年龄、智力不相适应的部分。

**第十一条**　**【预付式消费合同债权的转让】**消费者转让预付式消费合同债权的，自债权转让通知到达经营者时对经营者发生法律效力。债权转让发生效力后，受让人请求经营者依据预付式消费合同约定兑付商品或者提供服务的，人民法院依法予以支持。受让人请求经营者提供预付卡更名、修改密码等服务的，人民法院依法予以支持。

**第十二条**　**【消费者拒绝经营者单方变更合同的权利】**经营者与消费者订立预付式消费合同后，未经消费者同意，单方提高商品或者服务的价格、降低商品或者服务的质量，消费者请求经营者继续按合同约定履行义务的，人民法院应予支持。

**第十三条**　**【消费者对预付式消费合同的解除权】**消费者请求解除预付式消费合同，经营者存在下列情形之一的，人民法院应予支持：

（一）变更经营场所致使消费者不便于接受商品或者服务；

（二）未经消费者同意将预付式消费合同义务转移给第三人；

（三）变更服务人员等行为导致消费者对经营者提供的具有人身、专业等信赖的服务丧失信任基础；

（四）承诺在合同约定期限内提供不限次数服务，但无法正常提供服务；

（五）法律规定或者合同约定消费者享有解除合同权利的其他情形。

**第十四条** 【消费者合理原因解除合同】预付式消费合同成立后，消费者身体健康等预付式消费合同的基础条件发生了当事人在订立合同时无法预见的、不属于商业风险的重大变化，继续履行合同对于消费者明显不公平的，消费者可以与经营者重新协商；在合理期限内协商不成，消费者请求人民法院变更或者解除预付式消费合同的，人民法院应予支持。

**第十五条** 【消费者七日无理由退款】消费者自付款之日起七日内请求经营者返还预付款本金的，人民法院应予支持，但消费者系在充分了解商品或者服务的信息后支付预付款的除外。

预付式消费合同对消费者无理由退款作出对消费者更有利的约定的，按照约定处理。

**第十六条** 【经营者返还预付款责任】预付式消费合同解除、无效、被撤销或者确定不发生效力，消费者请求经营者返还剩余预付款并支付利息的，人民法院应予支持。

经营者已收取预付款扣减其已兑付商品或者提供服务价款后的余额，为经营者应当返还消费者的剩余预付款。

**第十七条** 【当事人赔偿损失责任】预付式消费合同解除、无效、被撤销或者确定不发生效力，当事人依据民法典第一百五十七条、第五百六十六条等规定请求赔偿其支付的合理费用等损失的，人民法院依法予以支持。

经营者支付给员工等人员的预付款提成不属于前款规定的合理费用。

**第十八条** 【合同履行期限届满的处理】预付式消费合同履行期限届满，预付款尚有剩余，消费者请求返还预付款，经营者请求延长合同履行期限的，人民法院应当按当事人约定处理。没有约定或者约定不明的，人民法院可以结合当事人过错、继续履行合同的现实可行性等因素作出判决。

消费者未按照约定在预付式消费合同履行期限届满前消费全部预付款，延长合同履行期限或者退还剩余预付款导致经营者损失，经营者请求消费者赔偿损失的，人民法院应予支持。

**第十九条** 【退款利率】当事人对返还预付款利息计付标准有约定的，按照约定处理。没有约定或者约定不明，因经营者原因返还预付款的，按照预付式消费合同成立时一年期贷款市场报价利率计算利息；因消费者原因返还预付款的，按照预付式消费合同成立时中国人民银行公布的一年定期存款基准利率计算利息。

经营者依照行政主管部门要求已将预付款转入监管账户，消费者请求按被监管资金的实际利率计算应返还的被监管部分预付款利息的，人民法院应予支持。

**第二十条　【退款利息起算时间】**预付式消费合同解除、无效、被撤销或者确定不发生效力，消费者请求返还预付款的，自合同解除、被确认无效、被撤销或者确定不发生效力时起计算利息。

当事人对返还预付款利息起算时间作出对消费者更有利的约定或者法律另有规定的，按照当事人约定或者法律规定处理。

**第二十一条　【非因消费者原因退款时已消费价款的计算】**非因消费者原因返还预付款的，人民法院按下列方式计算已兑付商品或者提供服务的价款：

（一）经营者向消费者提供折扣商品或者服务的，按折扣价计算已兑付商品或者提供服务的价款；

（二）经营者向消费者赠送消费金额的，根据消费者实付金额与实付金额加赠送金额之比计算优惠比例，按优惠比例计算已兑付商品或者提供服务的价款。

根据前款规定，按折扣价或者优惠比例计算已兑付商品或者提供服务的价格低于成本，经营者主张按成本价计算已兑付商品或者提供服务价款的，人民法院可予支持。

预付式消费合同就已兑付商品或者提供服务折价作出对消费者更有利的约定的，按照约定处理。

**第二十二条　【因消费者原因退款时已消费价款的计算】**因消费者原因返还预付款，经营者向消费者提供折扣商品或服务或者向消费者赠送消费金额的，人民法院应当按合同约定原价计算已兑付商品或者提供服务的价款。

消费者主张合同约定原价明显不合理，经营者不能提供其按原价进行交易的记录的，人民法院可以按照订立合同时履行地同类商品或者服务的市场价格计算已兑付商品或者提供服务的价款。

预付式消费合同就已兑付商品或者提供服务折价作出对消费者更有利的约定的，按照约定处理。

**第二十三条　【消费者支付价款责任以预付款为限】**按折扣价或者优惠比例计算已兑付商品或者提供服务的价款未超出消费者预付款，但按原价计算已兑付商品或者提供服务的价款超出消费者预付款，经营者请求消费者支付按原价计算超出预付款部分价款的，人民法院不予支持。

**第二十四条　【剩余赠送消费金额等的处理】**预付式消费合同解除、无效、被撤销或者确定不发生效力后，约定赠送的商品、服务或者消费金额未全部交付或者消费，经营者主张不再承担剩余商品、服务或者消费金额赠送义务的，人民法院应予支持。

**第二十五条　【已经赠送商品或者服务的处理】**经营者向消费者赠送商品或者

服务，消费者在预付式消费合同解除、无效、被撤销、确定不发生效力或者履行期限届满后请求返还剩余预付款，经营者主张消费者返还或者折价补偿已经赠送的商品或者服务的，人民法院对经营者主张不予支持，但赠送的商品或者服务价值较高，不返还或折价补偿对经营者明显不公平或者合同另有约定的除外。

第二十六条 【计时卡的退款】预付式消费合同约定经营者在履行期限内向消费者提供不限次数服务，消费者请求按合同解除、被确认无效、被撤销或者确定不发生效力后的剩余履行期限与全部履行期限的比例计算应予返还的预付款的，人民法院应予支持。消费者因自身原因未在合同约定履行期限内请求经营者提供服务，请求返还预付款的，人民法院不予支持。

第二十七条 【经营者欺诈消费者承担惩罚性赔偿责任】经营者存在下列行为，消费者依据消费者权益保护法第五十五条第一款规定请求经营者支付赔偿金的，人民法院应予支持：

（一）虚构或者夸大宣传商品的质量、功能，服务的内容、功效，误导消费者进行预付式消费；

（二）通过虚假折价、减价、价格比较等方式误导消费者进行预付式消费；

（三）收取预付款后，终止经营，既不按照约定兑付商品或者提供服务又恶意逃避消费者申请退款；

（四）隐瞒计划终止经营或者不能正常经营的事实，诱导消费者支付预付款；

（五）存在其他欺诈消费者的行为。

经营者行为涉嫌刑事犯罪的，人民法院应当将犯罪线索移送公安机关。

第二十八条 【经营者提供预付卡激活等服务的责任】消费者请求经营者对尚有资金余额的预付卡提供激活、换卡等服务的，人民法院应予支持。

消费者请求经营者对尚有资金余额的记名预付卡提供挂失和补办服务的，人民法院应予支持。

经营者收取激活、换卡、挂失和补办等服务费用明显高于成本，消费者请求返还超过成本的费用的，人民法院应予支持。经营者应当举证证明其提供激活、换卡、挂失和补办等服务的成本。

第二十九条 【偿还消费借款责任】消费借贷合同的贷款人请求消费者偿还借款本息，消费者主张其仅应当在经营者已兑付商品或者提供服务价款范围内偿还借款本息，存在下列情形之一的，人民法院对消费者主张应予支持：

（一）贷款人与经营者恶意串通，套取消费者预付款，损害消费者合法权益；

（二）与经营者就预付款贷款有合作关系的贷款人在订立消费借贷合同时知道或应当知道经营者不具备履约能力或者未审查经营者履约能力，仍然向消费者贷款用于支付该经营者预付款，经营者收取预付款后既不按照约定兑付商品或者提供服务又恶意逃避消费者申请退款。

贷款人经审查经营者资产负债情况、贷款规模、兑付商品和提供服务能力等情况，基于一般经营者的判断，认为在经营者正常经营情况下贷款消费者在合同履行期限内不会面临兑付风险的，可以认定贷款人已经履行前款规定的对经营者履约能力的审查义务。

贷款人请求经营者偿还其已兑付商品或者提供服务价款范围之外的借款本息的，人民法院应予支持。

**第三十条　【经营者提供其控制证据的责任】**经营者控制合同文本或者记录消费内容、消费次数、消费金额、预付款余额等信息的证据，无正当理由拒不提交，消费者主张该证据的内容不利于经营者的，人民法院可以根据消费者的主张认定争议事实。

**第三十一条　【预付卡的范围】**本解释所称预付卡包括以磁条卡、芯片卡、纸券等为载体的实体卡和以密码、串码、图形、生物特征信息等为载体的虚拟卡。

因多用途预付卡产生的纠纷不适用本解释。

**第三十二条　【附则】**本解释自2024年　月　日起施行。

本解释施行后尚未终审的民事案件，适用本解释；本解释施行前已经终审，当事人申请再审或者按照审判监督程序决定再审的民事案件，不适用本解释。